Gottfried Kiesow

Architekturführer Wiesbaden

Die Stadt des Historismus

DEUTSCHE STIFTUNG DENKMALSCHUTZ

MONUMENTE Publikationen

Dieses Buch ist meiner lieben Frau gewidmet.

Gottfried Kiesow

Architekturführer Wiesbaden

Die Stadt des Historismus

DEUTSCHE STIFTUNG DENKMALSCHUTZ
MONUMENTE Publikationen

Inhalt

Vorwort

Nachdem ich mich in meinem Buch „Das verkannte Jahrhundert – der Historismus am Beispiel Wiesbaden" um eine Ehrenrettung für die lange Zeit hindurch geschmähte Baukunst des 19. Jahrhunderts bemüht habe, möchte ich mit diesem Architekturführer versuchen, den Wiesbadenern und ihren Gästen die kunstgeschichtlichen Besonderheiten der historistischen Bauten ihrer Stadt nahe zu bringen.

Das Einmalige an dieser schönen Stadt beruht auf der raschen Entwicklung, die sie innerhalb eines Jahrhunderts durchgemacht hat, als sie sich von einer unansehnlichen Kleinstadt mit 2500 Einwohnern 1799 innerhalb von 100 Jahren zu einer Großstadt mit 100000 Einwohnern im Jahr 1905 entwickelte. Dieses ungewöhnliche Wachstum war mit einer stürmischen Bautätigkeit verbunden, und es ist nur der Stilvielfalt des Historismus zu verdanken, dass diese nicht in einer monotonen Massenbauweise mündete, wie sie mehrere Satellitenstädte der 50er und 60er Jahre des 20. Jahrhunderts aufweisen.

Der Historismus hat nämlich zwischen 1800 und 1914 einen erstaunlichen Formenwandel durchgemacht, wie wir dies bei keinem anderen Stil in so kurzer Zeit beobachten können. Die meisten deutschen Städte sind ohnehin erst im Laufe der Jahrhunderte um eine Burg oder ein Kloster herum allmählich aus bescheidenen Anfängen gewachsen. Die planmäßig angelegten Städte behielten zwar ihren Grundriss und die Struktur bei, wechselten aber die Bebauung aus dem Anlass von Stadtbränden oder Kriegszerstörungen ständig aus und wurden so das Ergebnis eines sich über Jahrhunderte erstreckenden Geschichtsprozesses.

Diese städtebaulichen und architektonischen Einschnitte hat Wiesbaden inzwischen auch erlitten, jedoch durch ein gütiges Geschick nur in geringem Maße. So ist die Stadt heute nach der Zerstörung Berlins im Zweiten Weltkrieg zum bedeutendsten Stadtdenkmal des Historismus in Deutschland geworden, das mit der Eintragung in die UNESCO-Liste des kulturellen Welterbes gewürdigt werden sollte, wofür die Stadt zur Zeit den Antrag stellt.

Die stilistische Entwicklung verlief in Wiesbaden in den folgenden fünf Hauptphasen:

1. Dem Klassizismus (1803–1835)
2. Dem Romantischen Historismus (1835–1866)
3. Dem Strengen Historismus (1866–1888)
4. Dem Späthistorismus (1888–1914)
5. Dem Jugendstil und Neoklassizismus (1895–1914)

Wenn sich die beiden letzten Phasen zeitlich überlappen, so liegt dies an der Abneigung Kaiser Wilhelms II. dem Jugendstil gegenüber, worauf die monarchistisch gesinnten wohlhabenden Bürger bei ihren Bauten Rücksicht nahmen. So beherrschte der Späthistorismus in Wiesbaden ungewöhnlich lange das Baugeschehen, der Jugendstil trat nur am Rande in Erscheinung, stärker eher der Neoklassizismus, der den

Übergang zur Neuen Sachlichkeit der 20er Jahre einleitete. An Hand der kunstgeschichtlichen Einordnung der wichtigen Bauten in diese fünf Stilphasen habe ich versucht, den Betrachtern die Augen für die Vielfalt der Erscheinungsformen in ihrer individuellen Ausprägung zu öffnen. So wie die Baukunst machte auch der Städtebau in den 100 Jahren eine Entwicklung durch, die es zu schildern und zu würdigen gilt. Das dritte in Wiesbaden entscheidend prägende Element ist das städtische Grün in den Parks, Villengärten und Bäumen der Alleen, auf das die zum Weltbad aufsteigende Kurstadt von Anfang an besonderen Wert gelegt hat.

Schließlich darf man sich bei einem Architekturführer nicht nur auf das Gebaute und Gestaltete beschränken, sondern muss auch schildern, wer die Bauherren waren und was sich hinter den Fassaden an geschichtlichen Ereignissen ereignete. Hier verdanke ich den drei Büchern „Zeitzeugen" der „Gesellschaft Mattiaca" die notwendigen Quellen.

Das vorliegende Buch und die DVD stellen 16 Touren vor, beginnend im Kurviertel und endend mit Schloss und Park von Biebrich, das zwar bis 1926 eine selbständige Stadt war, die aber im Historismus der Entwicklung von Wiesbaden folgte und über die Biebricher Allee mit ihr verbunden war. Die diesem Buch beigefügte DVD erlaubt es, sich rasch über Stichworte und Fachausdrücke zu informieren. Im Film auf der DVD führe ich in das Thema Historismus ein und hoffe, dass die bewegten Bilder meine Begeisterung für die Stadt noch viel besser weitergeben können.

Die Touren umfassen sehr unterschiedliche Weglängen. Sie sind weniger als Rundgänge mit festen Stationen gemeint, die es „abzuklappern" gilt, vielmehr sind sie als Anregungen zu verstehen, sich mit Entwicklungen auseinander zu setzen und den Blick für Architektur zu schärfen. An manchen bedeutenden Bauwerken geht oder fährt man oft genug vorbei, ohne sich über deren architektonischen Wert bewußt zu sein.

Daher empfielt es sich, ein Kapitel vorab in Gänze zu lesen, um Querbezüge, Vor- und Rückgriffe nachvollziehen zu können. Je nach Wetter, Spazierlaune und persönlicher Zeit lassen sich Touren zusammenlegen oder in einzelne Abschnitte unterteilen – hier möchte ich der Entdeckungsfreude der Spaziergänger keine Grenzen setzen.

Meine Hoffnung ist es, mit dem Buch und der DVD den Bürgern von Wiesbaden ihre Stadt so nahe zu bringen, dass sie sich selbst für deren Erhaltung engagieren. Zugleich möchte ich möglichst viele Gäste aus anderen Regionen Deutschlands, besonders aber auch aus anderen Ländern, für die Stadt des Historismus interessieren und so in der Kombination der Kureinrichtungen mit dem Bildungstourismus etwas von der wirtschaftlichen Kraft des 19. Jahrhunderts für die Zukunft sichern.

Wiesbaden, im Juli 2006

Siehe vergrößerten Ausschnitt
Theaterkolonnade
Hess. Staatstheater
Schiller Denkm.
Warmen
Damm
Am
Paulinen
Parkstraße
Thelemann-str.
Erath-straße
Ferd.-Hey'l-Weg
Grünweg
Steuben-straße
Rosenstraße
Weiher
Kaiser-Wilhelm Denkm.
Sp.Pl.
Min. Präs. Staats-kanzlei
Engl. K.
Kleine Wilhelmstr.
Frankfurter Straße
Bierstadter straße
Mainzer Straße
Wilhelm-straße
Karl-Glässing-Str.
Passage
Kaiser-Friedr.-Platz
Br.
rgstraße
Herrnmühlgasse
TG
P
1
2
3
4
5
6
8
9
10
11
12
13
14
15
16
17
18
19
20
21
22
23
24
25
26

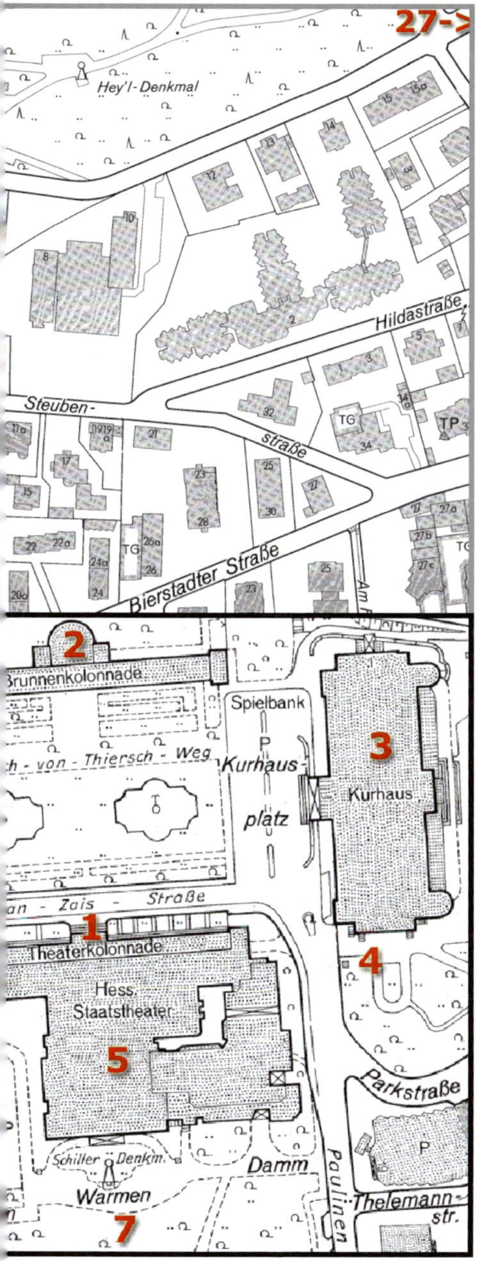

Tour 1

Der Kurbezirk

1 Theaterkolonnade
2 Brunnenkolonnade
3 Neues Kurhaus
4 Kurpark, Kassenpavillon
5 Staatstheater
6 Nassauer Hof
7 Warmer Damm
8 Wilhelmstraße 40 / Ecke Burgstraße
9 Wilhelmstraße 34, 36
10 Wilhelmstraße 30, 32
11 Wilhelmstraße 28
12 Erbprinzenpalais
13 Deutsche Bank
14 Wilhelmstraße 20
15 Café Kunder
16 Eckbau Wilhelmstraße / Rheinstraße
17 Villa Clementine
18 Säule Warmer Damm
19 Englische Kirche
20 Ehem. Staatskanzlei
21 Villa Bierstadter Straße 1
22 Villa Bierstadter Straße 3
23 Weißes Haus Paulinenstraße 7
24 Denkmal Kaiser Wilhelm I.
25 Pfandbriefanstalt
26 Villa Parkstraße 6
27 Villa Parkstraße 18

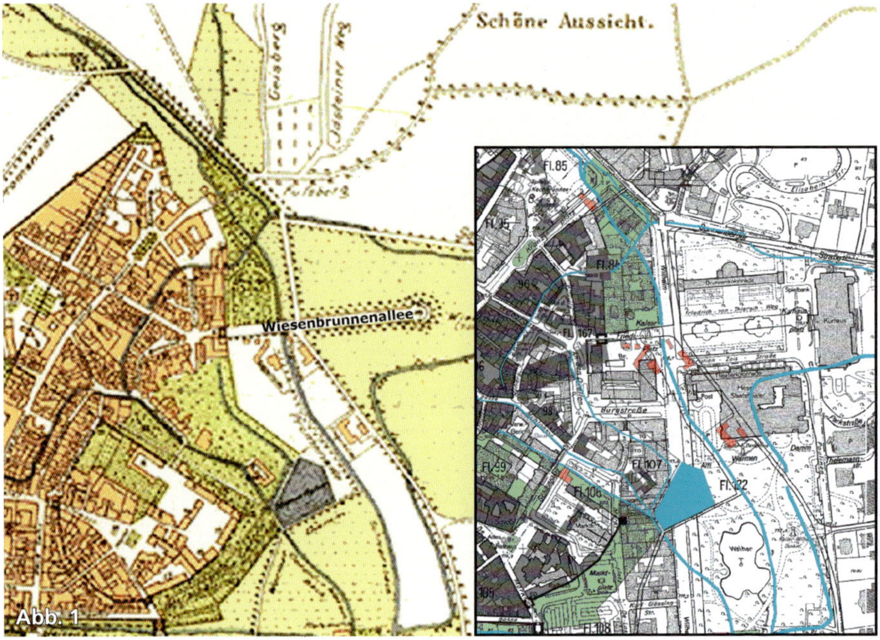

Abb. 1

Tour 1: Der Kurbezirk: Kurhaus und Park, Theater und Wilhelmstraße

Der erste Rundgang führt in das Herz der Kurstadt zu den Bauwerken, mit denen sich Wiesbaden in Wilhelminischer Zeit auch architektonisch als „Weltbad" präsentierte. Glanzpunkt ist das Neue Kurhaus, das Kaiser Wilhelm bei der Eröffnung als „das schönste Kurhaus der Welt" lobte und das mit dem davorliegenden Bowling-Green und den beiden Kolonnaden damals wie heute den repräsentativen Rahmen für Festivitäten bietet. Unser Besuch im Theater gilt diesmal nicht dem Schauspiel auf der Bühne, sondern der ungewöhnlichen städtebaulichen Einbindung des mächtigen, späthistoristischen Baus und einer Architektur, deren Außen- und Innengestaltung bereits eine großartige Kulisse für den festlichen Auftritt am Abend bieten.

Wir spazieren die Wilhelmstraße entlang – Flanier- und noble Einkaufsmeile, „gute Stube" des mondänen Wiesbaden der Gründerzeit am Ende des 19. Jahrhunderts. Mit dem Erbprinzenpalais von 1813–20, dem eindruckvollsten Zeugnis des Hochklassizismus, und der gegenüberliegenden Villa Clementine, einem Beispiel der Villenarchitektur des Strengen Historismus, stehen an der Wilhelmstraße zwei weitere Höhepunkte.

Ein Kurbezirk ist ohne Grünanlagen kaum denkbar. In Wiesbaden sind dies der Warme Damm und der Kurpark, Beispiele der vielseitigen Grünanlagen, die Wiesbadens Besonderheit ausmachen und an deren Rändern in Paulinen- und Parkstraße Villen in bevorzugter Lage entstanden.

Mit dem Bau des Kurhauses und des davor liegenden Bowling-Greens 1904–07 fand die Entwicklung Wiesbadens zum „Weltbad" ihren architektonischen Höhepunkt. Bis dahin hat der heutige, von der Wilhelmstraße getrennte Doppelplatz aus Kurhausplatz und Bowling-Green im Osten und Kaiser-Friedrich-Platz im Westen fünf Stufen der Gestaltung erlebt:

1. An der Westseite des heutigen Kaiser-Friedrich-Platzes stand bis zum Beginn des 19. Jahrhunderts das Sonnenberger Tor als Teil der barocken Stadtbefestigung. Von ihm verlief nach Osten die relativ breite, von vier Baumreihen eingefasste Wiesenbrunnen-Allee (Abb. 1). An deren Ende befand sich etwa an der Stelle des heutigen Kurhauses der von Süßwasser gespeiste Wiesenbrunnen. Im übrigen bedeckten Wiesen das durch den Sonnenberger Weg im Norden begrenzte Gelände, das vom Rambach und den in ihn mündenden Mühlgraben durchflossen wurde.

2. Die entscheidende Veränderung geht auf die Pläne von Christian Zais zum Bau eines Gesellschaftshauses für die Kurgäste zurück, die bald nach dem Beschluss eines Aktienkonsortiums zu dessen Errichtung 1805 geschaffen worden waren. Anstelle des Wiesenbrunnens entstand 1808–10 das schon im Spielmann-Plan von 1810 „Kurhaus" genannte Gesellschaftshaus, dessen Name auch für das Neue Kurhaus bis heute insofern irreführend ist, als hier keine Kurmittel wie Thermalbäder oder Brunnenwasser verabreicht wurden. Vielmehr ging es um ein festliches Gebäude für eine unterhaltsame Freizeitgestaltung, vor allem für das Glücksspiel. Hier wollten sich die Gäste nach der eigentlichen Kur entspannen und Kontakte knüpfen. Deshalb wählte Zais diesen Platz im Tal des Rambachs abseits der Innenstadt und der Badhotels rings um den Kochbrunnen. An die Stelle der Wiesenbrunnen-Allee trat eine rechteckige Fläche, das Bowling-Green, zunächst nur mit Klee eingesät (Abb. 2).

Nach Norden und Süden fassten sie je drei Baumreihen ein, nach Westen die Straße „Vor dem Sonnenberger Tor", Vorläuferin der von Carl Florian Goetz 1806 projektierten Wilhelmstraße[1]. Seitliche Kolonnaden waren noch nicht vorgesehen, denn im Spielmann-Plan von 1810 befanden sich dort noch die äußeren Baumreihen, an deren Ende im Norden ein Wachgebäude stand.

3. Der Platz vor dem 1812 abgebrochenen Sonnenberger Tor wurde von Christian Zais

Abb. 2

Abb. 3

Abb. 4

ab 1810 neu gestaltet. Im zurückliegenden westlichen Teil entstanden zunächst zwei dreigeschossige Bauten (Abb. 3), das eine südliche als Wohnhaus für Zais, das andere nördliche als Hotel „Nassauer Hof“. Im nächsten Abschnitt schuf Zais ab 1816 vorn an der Südecke zur Wilhelmstraße das langgestreckte Badhaus „Zu den vier Jahreszeiten“, dessen Vollendung Zais durch seinen Tod 1820 nicht mehr erlebte. Wohl nach seiner Planungsvorstellung entstand 1826–27 als Pendant an der Nordostecke von Landbaumeister Eberhard Friedrich Wolff das Alte Hoftheater (Abb. 4), der ehemalige Platz vor dem Sonnenberger Tor hieß von da an bis 1898 „Theaterplatz“. Das Alte Hoftheater war mit dem „Nassauer Hof“ ebenso mit einer Kolonnade verbunden, wie das Wohnhaus von Zais mit dem Badhaus „Vier Jahreszeiten“ (Abb. 5). Insofern könnte auch Zais schon 1816 die Vorstellung gehabt haben, seine neue Platzschöpfung mit dem abseits liegenden Kurhaus durch seitliche Kolonnaden zu einer großen, weiträumigen Anlage zu verbinden.

Als Erstes verwirklichte Baurat Heinrich Jacob Zengerle 1826–27 die heute noch
erhaltene **Brunnenkolonnade** im Norden 2
(Abb. 6), erst 1839 kam die südliche, ursprünglich „Neue Kolonnade“ genannte durch Baurat Karl Friedrich Faber hinzu (Abb. 7): Nach dem Bau des Neuen Hoftheaters erhielt sie den heutigen Namen
Theaterkolonnade. Beide gehören zu den 1
wichtigsten Leistungen des Klassizismus in Wiesbaden. Zwischen je einem Pavillon im Osten und Westen erstrecken sich in straffer Reihung dorische Säulen ohne Kanneluren. Einziger Schmuck sind die Metopen und Triglyphen über dem Architrav. Von der Form und Funktion her gleichen die Kolonnaden den Stoa genannten Säulenhallen, die die Agora griechischer und römischer Städte einfassten. Wie jene enthielten sie Ladengeschäfte, wie einige auch heute noch in der Theaterkolonnade existieren. Diese wurde in ihrem Mittelteil 1892–94 mit einem vorgezogenen Säulenportikus verändert, um einen Akzent für den Haupteingang

Abb. 5

Abb. 6

des neuerbauten Theaters zu schaffen. Die Brunnenkolonnade hat von Anfang an auf ihrer Rückseite zur Sonnenberger Straße eine halbrunde Exedra. Ihre Räume dienen heute dem „Kleinen Spiel" der Spielbank und verschiedenen Veranstaltungen, der westliche Pavillon als Restaurant.

Mit dem Bau der Kolonnaden verschwand eine Baumreihe der zuvor sechsreihigen Allee. Für Jahrzehnte war die Fläche des Bowling-Green einfach mit Klee begrünt, erst ab 1855 wurde sie gärtnerisch mit regelmäßig geschwungenen Wegen um ein mittleres polygonales Beet gestaltet. Baurat Theodor Goetz entwarf 1856 die beiden großen Bassins in Vierpassform mit den großartigen Kaskadenbrunnen (Abb. 8), ausgeführt von dem Bildhauer J. J. Gerth. Die sich über drei nach unten breiter werdende Schalen ergießenden Wasserkaskaden wurden damals schon durch Gaslaternen beleuchtet und deshalb sehr bewundert. Elektrisch angestrahlt schaffen sie noch heute zusammen mit dem im Hintergrund aufragenden Kurhaus und den seitlichen, dezent beleuchteten Kolonnaden ein stimmungsvolles Ensemble, das zu den schönsten des Historismus gehört und zum Wahrzeichen Wiesbadens geworden ist.

Abb. 7

Abb. 8

Im Spielmann-Plan von 1868 erscheint nur noch je eine, dem Zustand bis 2005 entsprechende Baumreihe direkt am Bowling-Green. Der Platz zwischen den Kolonnaden hieß damals Kursaalplatz.

4. Die nächste große Veränderung des Bereiches zwischen Webergasse und Kurhaus wurde durch den Bau des Neuen Theaters 1892–94 ausgelöst. Das Alte Hoftheater war dadurch überflüssig geworden und musste ebenso wie das alte Badhotel „Nassauer Hof" 1897–98 dem prachtvollen Neubau gleichen Namens (Abb. 9) weichen. Seine

Abb. 9

hochragende Eckkuppel wurde zum beherrschenden Blickpunkt im nördlichen Teil der Wilhelmstraße. Die Theaterkolonnade überragte von nun an das Bühnenhaus des Staatstheaters, für dessen Haupteingang wie schon erwähnt ein mittlerer, vortretender Säulenportikus geschaffen wurde (Abb. 7). Auf den Anblick des großen Bowling-Green mit den beiden inzwischen hochgewachsenen Platanenreihen hatte dies auf den ersten Blick keine gravierende Auswirkung.

Die **5.** und letzte große Veränderung vor den Zerstörungen des Zweiten Weltkrie-
3 ges war der Bau des **Neuen Kurhauses** 1904–1907 durch Friedrich von Thiersch (1852–1921). Er verstand es durch eine geschickte Staffelung des Baukörpers mit einem zurücktretenden dritten Geschoss die größere Höhenentwicklung zu kaschieren. Die Vergrößerung der bebauten Grundfläche von 4 887 m² auf 6 235 m² verbarg er durch die Verbreiterung nach Norden und Süden auf eine Fassadenlänge von 128 m. Mit Fotomontagen (Abb. 10, 11) bemühte sich Thiersch um den Beweis, sein neues, auf die gewachsenen Bedürfnisse abgestimmtes Kurhaus sei nur unwesentlich größer als das alte, von den Wiesbadenern so geliebte, das Christian Zais 1808–10 erbaut hatte.

Zu dessen Erinnerung wählte Thiersch für den Außenbau den Stil des Klassizismus, der sonst in seinem Œuvre nicht vorkommt. Vor allem behielt er das Motiv des mittleren Portikus aus ionischen Säulen (Abb. 12) bei, gearbeitet aus schlesischem Quarzsandstein. Er lässt ihn allerdings überragen von der großen, 21 m hohen Glaskuppel über der inneren zentralen Wandelhalle. Im übrigen aber erkennt man an dem reichen plastischen Schmuck des sorgfältig aus graugelben Sandsteinquadern gefügten Baus, dass wir ein neoklassizistisches Werk des Späthistorismus, und nicht das Original von Zais mit dem strengen Klassizismus der Zeit um 1800 vor uns haben.

Die beiden großen, die Auffahrtsrampe zum Portikus flankierenden Bronzekandelaber (Abb. 13) in manieristisch-frühbarocken Formen entsprechen ganz dem eigentlichen Bedürfnis der Zeit nach Formenreichtum, wie man es im Inneren vorfindet, das wohl mehr noch als der Außenbau Kaiser Wilhelm II. zum begeisterten Ausruf veranlasste, das neue Kurhaus sei das schönste der Welt.

Abb. 10

Abb. 11

Abb. 12

Beim Eintreten aus dem hohen Säulenportikus durch eine der drei Drehtüren gelangt man sogleich in die zentrale Wandelhalle (Abb. 14) und ist überwältigt von der Monumentalität und Festlichkeit des Raumes, dem Herzstück des Bauwerks.

Im Unterschied zum alten Kurhaus von Zais ist die **Wandelhalle** nicht der eigentliche Festsaal, sondern in erster Linie eine Verkehrsfläche, von der aus alle anderen Räume über je zwei seitliche Korridore und daran anschließende Treppenhäuser erschlossen werden. Darin zeigt sich, dass Thiersch nicht nur ein Meister des Dekorativen, sondern auch des Funktionellen war, wie er es anschließend bei seiner Festhalle der Messe in Frankfurt 1907–09 mit einer weitgespannten Eisenkonstruktion der Kuppel bewiesen hat.

Doch wird man der zentralen Wandelhalle im Kurhaus nicht gerecht, wenn man sie nur als Verkehrsverteiler betrachtet, denn zum einen versetzt sie alle Besucher sofort in eine festliche Stimmung, zum anderen ist sie Foyer für die beiden Konzert- und Ballsäle und dient selbst zahlreichen Veranstaltungen in unserer Zeit zum Beispiel zu Firmenausstellungen bei Kongressen.

Thiersch begründete den klassizistischen Charakter seiner Fassade auch mit der Er-

Abb. 13

Abb. 14

Abb. 15

innerung an das römische Wiesbaden, was auch mit seinem ersten Namen „Aquis Mattiacis" am Gebälk des Portikus zum Ausdruck kommt. Daran knüpft ebenfalls der Stil der zentralen Wandelhalle an, denn sie geht auf römische Thermenbauten wie etwa die Caracalla-Thermen von Rom zurück, jene von riesigen Bögen und Kuppeln bekrönten Räume, die in der Lage waren, Tausende von Besuchern aufzunehmen.

Von römischen Thermen übernahm Thiersch, dass die reichsten Wandverkleidungen aus kostbarstem, farbigem Naturstein nur bis zum Ansatz der Pendentifs beziehungsweise Tonnengewölbes reichen. Darüber verwandte er hauptsächlich Stuck, Putz, Mosaiken und Malereien. Den Eingangsbereich vom Kurhausplatz aus und den Ausgang zum Kurpark schließen kassettierte Tonnengewölbe ab, der kreisförmige Mittelteil endet über Pendentifs, einem Tambour in einer gläsernen Kuppel. Diese hat ungefähr die Form einer Halbkugel, folgt also der bevorzugten Kuppelform des Klassizismus, wie sie bis 1945 beim Schloss Wilhelmshöhe in Kassel (1791–98 von Heinrich Christoph Jussow) vorhanden war, und nicht der neuen Mode des Haubendaches, wie ein Jahrzehnt zuvor beim Wiesbadener Staatstheater von Helmer & Fellner.

Die Abfolge von tonnengewölbten Räumen mit kuppelüberdeckten geht wie erwähnt auf römische Thermen zurück, inspirierte aber auch Raffael zu seinem berühmten Fresko von 1509–10 „Die Schule von Athen" in den Stanzen des Vatikans. Der weitgereiste, überaus gebildete Thiersch hat es mit Sicherheit gekannt und sich seinerseits hiervon zu seiner Wandelhalle im Wiesbadener Kurhaus anregen lassen. Dort sind die Säulen und Pilaster aus dunkelrotem schwedischem Granit gearbeitet, ihre Basen und Kapitelle aus Bronze gegossen. Die Kuppelpfeiler selbst und die Türrahmen bestehen aus gelbem sienesischem Marmor. Vor den vier Eckpfeilern stehen auf Postamenten aus grünem Serpentin Statuen aus weißem Marmor von Carrara, die folgende Begriffe symbolisieren:

1. Die Weisheit, eine Kopie der Athena Lemnia nach dem Torso in Dresden und dem Kopf in Bologna;
2. Den Frieden und den Reichtum, eine Kopie der Eirene mit Pluto als Kind nach dem Original in der Münchner Glyptothek;
3. Die Künste, eine Kopie nach dem Original des Apollo, ebenfalls in München;
4. Die Gesundheit durch die Kunst der Ärzte, eine Kopie nach dem Original des Äskulap in Florenz.

Abb. 16

In den vier Medaillons der Pendentifs stellte Julius Diez Apollon, Venus, Diana und Neptun dar. Auch im Reigen von Tänzerinnen des großen Frieses von E. Pfeiffer im Kuppeltambour sind antike Gottheiten zu sehen. Die Supraporten über den Türen enthalten Marmorreliefs, ebenfalls mit Gestalten der antiken Mythologie. An den Schmalseiten der Wandelhalle liegen Balustraden, die zur Verbindung der Gebäudeflügel im Obergeschoss dienen, über ihnen die für Thermen typischen Lünettenfenster (Abb. 15).

Ihre Glasgemälde wurden im Zweiten Weltkrieg zerstört, denn das Kurhaus wurde in der Nacht des 2./3. Februar 1945 schwer von Bomben getroffen. Doch merkt man heute davon weder außen noch innen etwas, denn die meisten Räume wurden vor allem in den Jahren 1983–87 mit einem Kostenaufwand von 55 Millionen DM denkmalpflegerisch sorgfältig restauriert. Sehr hilfreich dafür war es, dass in der Architektursammlung der Technischen Universität München noch der gesamte zeichnerische Nachlass von Thiersch vorhanden ist. Dort konnte man die rund 1000 Originalentwürfe – zum Teil im Maßstab 1:1 – für das Wiesbadener Kurhaus ausleihen und danach die Innendekorationen ein zweites Mal detailgetreu ausführen. Die Glasfenster wurden nach Entwürfen von Thiersch durch die Mayersche Hofkunstanstalt in München angefertigt, die sie auch ein zweites Mal herstellte. In einem erscheinen die drei Lilien auf blauem Schild des Wappens von Wiesbaden, im anderen der schwarze preußische Adler. Die seitlichen Bögen des Kuppelraumes sind verglast, so dass die Räume optisch miteinander verbunden sind.

Rechts vom Eingang gesehen schließt nach Süden der große Konzertsaal, seit 1987 **Friedrich-von-Thiersch-Saal** (Abb. 16) genannt, an. Er ist mit großer Prachtentfaltung im Stil des Neobarock gehalten.

Abb. 17

Abb. 18

Beim ersten Wiederaufbau nach 1945 erfuhr er eine wesentliche Veränderung durch die Verlängerung der umlaufenden Galerien in den Raum hinein zur Gewinnung zusätzlicher Sitzplätze. Auch hatte man die gewölbte Decke mit dem Querschnitt eines Korbbogens durch eine flache, kassettierte Holzdecke ersetzt, die ästhetisch durchaus befriedigend, akustisch sogar hervorragend, jedoch feuerpolizeilich bedenklich war. So wurde sie durch ein massives Gewölbe nach den Originalplänen von Thiersch (Abb. 17) erneuert und dabei der Radius aus akustischen Gründen etwas vergrößert.

Das Gebälk tragen 24 kolossale rotbraune Säulen aus nassauischem Marmor von der Lahn. Die lateinische Inschrift am Fries über dem Architrav lautet in der deutschen Übersetzung: „Unter Kaiser Wilhelm II. ist dieses Kurhaus durch die Stadt Wiesbaden von Grund auf in schönerer Gestalt erneuert und ausgeschmückt, darauf in Anwesenheit des Kaisers selbst feierlich eröffnet worden im Jahre MDCCCCVII nach Chr. Geburt." Das Datum der jüngsten Restaurierung wurde 1987 hinzugefügt. Die Wandvertäfelungen aus rötlichem Mahagoni wurden 1983–87 zweischichtig als Klangkörper ausgebildet, um die Akustik zu verbessern. Dazu wurden auch die Ornamente der Kassetten in der gewölbten Decke aus einem speziellen weichen Stuck geformt. Die rekonstruierte Szene in der Apsiswölbung von B. Bleeker zeigt den Sonnengott Helios, die über der einstigen Kaiserloge, jetzt Regieraum, Apoll mit den Musen, an der Decke Nereiden und Tritonen. Die Außenwände auf den Galerien sind rot marmoriert. Bei dem vielen Gold an Wänden und Decken handelt es sich nicht um echtes, sondern um eine Messinglegierung, entsprechend dem Original von 1907.

Das nördliche Gegenstück zum großen Konzertsaal ist der **Christian-Zais-Saal** (Abb. 18) genannte kleine Saal. Bei ihm handelt es sich nach den Worten von Thiersch um eine Wiederaufführung des alten Kursaales, 1808–10 geschaffen von Christian Zais. Seine verkleinerte Rekonstruktion war

Abb. 19

ein Zugeständnis an die Bevölkerung und die Denkmalpflege. Original sind dabei nur die marmornen Säulenschäfte, welche abgedreht und neu poliert wurden. Sie tragen die umlaufenden Galerien.

Im übrigen bewahrte der Raum seinen klassizistischen Charakter durch seine sparsame Dekorierung mit den korinthischen Kapitellen und Basen aus Bronze und einem bronzefarbenen Fries aus Greifen, Vasen, Säulchen und Akanthusranken (Abb. 19). Die Flachdecke mit der großen Voute ist in flachem Relief kassettiert, das Oberlicht in der Mitte dürfte eine Zutat von Thiersch sein. Die Empireleuchter sind noch die originalen, sie wurden lediglich elektrifiziert. Um beide Konzertsäle legte Thiersch kleinere, jedoch ebenfalls reich ausgestattete Räume, von denen einige im Krieg zerstört worden sind, der Biersaal mit seinen glasierten Terrakotten sogar erst in der Nachkriegszeit.

Abb. 20

Damals ging man rücksichtslos mit dem Baudenkmal um, wollte 1964 sogar den großen Konzertsaal bis zur südlichen Außenwand verlängern, was die Zerstörung des dort liegenden Muschelsaales (Abb. 20) bedeutet hätte. Zum Glück scheiterte dieser Plan an Geldmangel, so blieb einer der kostbarsten Innenräume erhalten. Er ist ganz in Stein gehalten und hat die Funktion der Sala Terrena barocker Schlösser, die zum Aufenthalt an sehr warmen Sommertagen diente. Er sollte ganz der Entspannung der Kurgäste dienen, zum geruhsamen Lesen,

Abb. 21

zum erholsamen Blick durch die Glastüren in den Kurpark.

Als einziger Raum ist der **Muschelsaal** durch die Gemälde des Münchener Malers Fritz Erler (1868–1940) vom Jugendstil geprägt. Kaiser Wilhelm weigerte sich, den Muschelsaal bei der offiziellen Eröffnung zu betreten, da er vor dessen Fertigstellung die Fresken gesehen hatte, deren

Abb. 22

nackte Gestalten er angeblich der Kaiserin nicht zumuten konnte. In Wirklichkeit hatte man ihm sicher zugetragen, dass Erler das Titelblatt der Zeitschrift „Jugend" gestaltete, die dem Stil ihren Namen gab und die aufmüpfige, republikanisch gesonnene Jugend repräsentierte.

Thiersch versuchte zu vermitteln und führt dazu aus: „Daß diese Überfülle von Farbenhelligkeit den Kaiser überraschte, ist das etwas Absurdes? Jeder, der den Muschelsaal betritt und das leuchtende, neidische Gelb auf ihn eindringt, wird die gleiche Überraschung erleben. Dazu kommt, daß aus den Fresken förmlich ein heimliches Kichern und Lachen klingt, mit Groteskheit sich verbindet."

Und die Königsberg-Hartungsche Zeitung berichtet am 14. Mai 1907: „Das eine Gemach, dem Fritz Erler mit seinen dreisten Fresken den Ton der lauten zügellosen Freude zu geben suchte, wirkt, weil hier Zweck und Ausführung wenigstens zum Teil die gleiche Linie halten. Aber gerade dieser kecke Kopf, der die Kühnheit besessen hat, Weinlaune nicht durch Tempelformen erzeugen zu wollen, der die Weinstimmung durch weiße, leuchtende Frauenkörper, durch bärtige, allegorische Berg- und Waldgeister, durch verschmitzte kichernde Genien zu locken suchte, ist in Bann und Acht getan worden."

In der Tat wurde Erler nicht zur Eröffnungsfeier eingeladen. Kaiser Wilhelm hat sich noch einmal abfällig über die „Erlersche Manier" geäußert, als er 1914 das Kaiser-Friedrich-Bad in Wiesbaden besichtigte, wo ihm der gemalte Fries im Obergeschoss von Fritz Kaltwasser ebenfalls missfiel, und er beklagte, „daß unsere deutschen Maler doch so schwer Malen lernen".

Die Hannoversche Abendpost vom 25. Mai 1914, Nr. 120, berichtete sogar, „daß man sich jetzt mit dem Gedanken trägt, die Fresken zu entfernen und durch eine dekorative Ausschmückung zu ersetzen."

Zum Glück für die sehr bedeutenden Fresken kam es nicht dazu, vermutlich durch den Ausbruch des Ersten Weltkrieges.

Die Wandgemälde Erlers haben die vier Jahreszeiten und das Thema Jugend und Alter zum Inhalt und sind in einem nordisch-düsteren Stil gehalten.

Betritt man den Saal vom langen Gang rechts des Thiersch-Saales aus, erblickt man zuerst rechts das Wandbild „Frühling" (Abb. 21), an der Längsseite gegenüber den Fenstern folgen dann „Sommer", „Alter und Jugend" sowie „Winter" und an der östlichen Schmalseite über dem Kamin „Herbst".

Gegenüber den im Barock üblichen Darstellungen der vier Jahreszeiten hat Erler das Thema durch Szenen aus der Arbeit und dem Leben der Menschen bereichert, die für die jeweilige Phase des Jahres typisch sind. Thiersch hatte ihm das Thema vorgegeben, dazu auch noch die Freskotechnik gewünscht. In dieser war Erler noch nicht geübt, offensichtlich auch seine beiden Helfer Alexander von Salzmann (1870–1933) und Ferdinand Spiegel (1879–1950) nicht, denn bei dem ersten von ihnen in Angriff genommenen Bild „Alter und Jugend" über dem Wandbrunnen musste mehrfach der Putz abgeschlagen und erneut aufgetragen werden, da er zu schnell getrocknet war. Beim echten Fresko, bei dem die Farbe auf den nassen Putz aufgetragen wird, kann sich der Künstler kaum korrigieren, die Wirkung der Farben nach dem Austrocknen auch nicht so gut abschätzen.

Als Erler seine Bilder schuf, befand sich der Saal noch im Rohbau. Durch die jetzt überreich wirkenden Wanddekorationen treten sie stärker als beabsichtigt in den Hintergrund. In die Säulen und den Putz der Wände sind unzählige Muscheln und farbige Kieselsteine (Abb. 22) eingelassen, die dem Raum einen grottenartigen Charakter verleihen.

Auf der westlichen Langseite schließt an den Muschelsaal das heute **Ferdinand-Hey'l-Salon** genannte ehemalige Schreibzimmer an. Es ist in Renaissanceformen mit einer geschwungenen Decke aus Vergoldermasse mit altdeutschen Sinnsprüchen gehalten. Nach Norden folgen zwei Lesesäle, jetzt als Carl-von-Ibell-Zimmer und Fjodor-Dostojewski-Saal bezeichnet. Sie wurden nach den Worten von Thiersch „im strengen Stil" gehalten mit grauen Marmorinkrustationen, weinroten Wandbespannungen und einer Nachbildung des berühmten Frieses vom Parthenon in Athen unter weißen Stuckdecken.

Südöstlich des großen Konzertsaales liegt der **Carl-Schurich-Salon**, benannt nach dem langjährigen Generalmusikdirektor. Er war einst Spielzimmer und ist ebenso wie die beiden nach Norden folgenden Konversationssäle neobarock im Stil des 18. Jahrhunderts ausgestattet. Der größere heißt jetzt Kaiser-Wilhelm-Salon, was gut zu den prunkvollen Stukkaturen passt. Außerdem ist der Kaiser in dem großen Gemälde mit der Pose als Herrscher stets gegenwärtig.

Abb. 23

Unter den Räumen im Nordosten ragt der ehemalige **Weinsaal** (Abb. 23) durch seine großartige Wandvertäfelung und Kassettendecke aus deutschem Kirschbaumholz besonders hervor. Die Formen entlieh Thiersch der deutschen Renaissance. Wie er selbst vermerkt, erinnert die Decke „an Plafonds der schönsten alten Patrizierhäuser Danzigs", von denen der Zweite Weltkrieg uns nichts als diesen Abglanz gelassen hat. Oberhalb der Galerie sind die Wände verputzt, ihre Malereien nach dem Überstreichen in der Nachkriegszeit seit 1987 mit hohem Aufwand wieder sichtbar gemacht. Der Raum dient heute als Spielbank und wurde nach Osten im Charakter eines Wintergartens in zeitgenössischen, aber gut eingestimmten Formen erweitert.

Am stärksten unter den Kriegszerstörungen und Veränderungen danach haben die einst drei **Räume an der Westseite** des Nordflügels gelitten. Im früheren Biersaal wurden die reichen Dekorationen aus glasierten Terrakotten abgeschlagen, die Trennwand zum Speisesaal beseitigt und so das heutige Restaurant in den derzeit üblichen

Abb. 24

Formen geschaffen. Erhalten blieb nur die originelle Decke im anschließenden, Bacchuszimmer genannten Eckzimmer (Abb. 24). Ihre durch schmale Felder bohlenartig gegliederte Segmentbogendecke hat spätgotischen Charakter, auch durch die teils ironischen, teils ernsthaften Sinnsprüche, die in der mittelhochdeutschen Sprache gehalten und dadurch nicht leicht zu verstehen sind. Die Ornamentik gehört der deutschen Renaissance des 16. Jahrhunderts an.

Mit der Verwendung nahezu aller Baustile von der Antike über die Spätgotik, die italienische und die deutsche Renaissance, den Barock und Klassizismus ist das Kurhaus ein besonders typischer wie auch qualitätvoller Vertreter des auch Stilismus genannten Späthistorismus in Deutschland. Thiersch vertritt damit die gleiche Linie wie Gottfried Semper, dem Wegbereiter dieser Entwicklung. Auch er baute in allen Stilen, die er jedoch gezielt für die jeweilige Bauaufgabe einsetzte. Stilmischungen lehnte er ebenso wie Thiersch ab, auch weil beide so profunde Kenntnisse der abendländischen Kunstgeschichte besaßen, die sie in ihrer Reinheit als Zitate verwenden wollten. Thiersch wollte jedem Raum entsprechend seiner Funktion die entsprechende Stilhaltung für die erwünschte Stimmung geben: Die Erhabenheit der Antike beim Betreten, die heitere Eleganz für Kammermusik im kleinen und die Prachtentfaltung für Symphoniekonzerte im großen Konzertsaal, Stille in den Lesesälen, erfrischende Kühle bei der für Wiesbaden typischen Schwüle der Sommertage im grottenartigen Muschelsaal, Besinnlichkeit beim Rebensaft im Weinsaal und lärmende Heiterkeit im Biersaal und Bacchuszimmer.

Da Semper, Thiersch und andere Vertreter des Stilismus jeden Stil mit einer bestimmten Stimmung assoziierten, verwandte Nikolaus Pevsner[2] dafür schon 1965 die Bezeichnung „assoziativer Historismus". Das Kurhaus in Wiesbaden mit seinen Innenräumen ist dafür eines der hervorragendsten Beispiele in Deutschland. Es wurde bisher nur noch nicht entsprechend gewürdigt. Das verhinderte die Neue Sachlichkeit des 20. Jahrhundert mit ihrer Feindschaft jedem Ornament gegenüber und ihrer Definition der Funktion als nackte Zweckbestimmung. Selbst im Katalog zur Wiesbadener Ausstellung 1977 zum Lebenswerk von Thiersch[3] ist noch die Rede von der Oberflächlichkeit und Flüchtigkeit der ganzen Atmosphäre, von der Geschichte als Folie und ihrer Inszenierung durch den Architekten.

Die vielseitige Begabung von Thiersch wird deutlich, wenn man den technischen Fortschritt in der ursprünglichen Ausstattung des Kurhauses betrachtet. So schuf er bereits ein ausgeklügeltes System zur Be- und Entlüftung sowie Beheizung der Räume. Sie war im großen Konzertsaal so ausgelegt, dass stündlich pro Person 40 m^3 Frischluft zugeführt werden konnten. Die Kanäle und Gitteröffnungen wurden bei der jüngsten Instandsetzung 1983–87 von den Architekten geschont, soweit möglich wiederbenutzt oder als technisches Denkmal erhalten. Besonders fortschrittlich war die Wasserversorgung über zwei völlig getrennte Systeme, nämlich eine Leitung für Nutzwasser und eine separate für Trinkwasser. Für das Nutzwasser legte man zwei Brunnen auf dem Grundstück an und speiste damit die Toiletten, die Gartenhydranten, die Berieselung der Glasdächer und die Wandbrunnen. Das Trinkwasser kam aus der städtischen Wasserleitung. Hätte man diese weitsichtige Trennung von Brauch- und Trinkwasser damals in ganz Wiesbaden eingeführt, würden wir heute viele Kosten sparen können. Es gab im Kurhaus auch bereits eine Eismaschine, betrieben durch einen 10-PS-Elektromotor und Ammoniak-Flüssigkeit zur Herstellung von Kunsteis sowie für die Kühlung der Fleisch-, Wein- und Bierlager. Da waren auch Elektromotoren für die Brotschneide-, Messerputz- und Geschirrspülmaschinen sowie vier elektrische Aufzüge und eine Druckluftreinigung des Gebäudes mit 25 Anschluss-Stellen für Vorhänge, Teppiche und Architekturteile. Mit dem vom Ende des 18. Jahrhunderts an wachsenden Kurbetrieb verstärkte man auch die Bemühungen um **Grünanlagen** zum Promenieren für die Gäste. Die

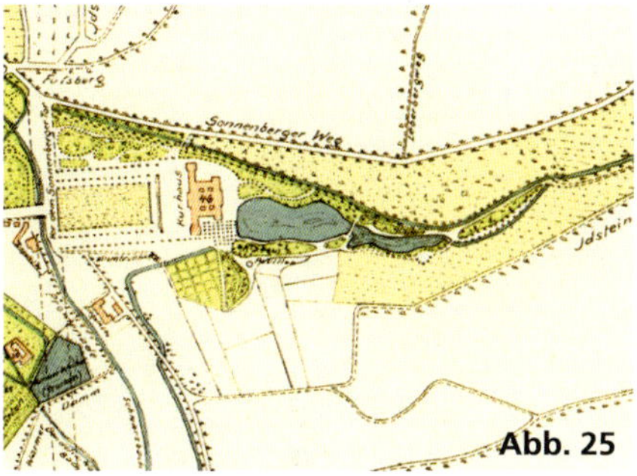

Abb. 25

überflüssig gewordenen Wälle wurden abgetragen, Gräben und Teiche zum Teil zugeschüttet, auf den freigewordenen Grundstücken Gärten angelegt, von denen der Herrengarten vor dem Mainzer Tor der größte war. Ferner gab es auch einen gleichnamigen am Sonnenberger Tor, wo heute die Hotels „Nassauer Hof" und „Rose" stehen. Der erste **Kurpark** (Abb. 25) entstand unmittelbar 4
nach Fertigstellung des Gesellschaftshauses von Zais in den Jahren 1810–12, entworfen vom Hofgärtner Schweitzer. Er war nur halb so groß wie der heutige und bestand überwiegend aus dem großen Weiher, umstanden von Bäumen und eingebettet in Rasenflächen (Abb. 26). Die erste Veränderung erfuhr er 1838, finanziert durch die Einnahmen aus der Vergabe der Spielbankkonzes-

Abb. 26

Abb. 27

sion, die zweite Veränderung zur heutigen Größe und Gestalt und 1855/56 nach den Plänen des herzoglichen Gartenbaudirektors Carl Friedrich Thelemann aus Biebrich, dem wir auch die Planung für die Anlage des Warmen Dammes verdanken.

Auf Kosten des bereits 1838 verkürzten Weihers, der eine Insel erhalten hatte, wurde der Park noch stärker zum Landschaftsgarten ausgebaut. Dazu gehörten inzwischen verschwundene Staffagebauten, aber auch ein malerisch verschlungenes Wegenetz, eine Fontäne und künstliche Felsgruppen. 1873 kam ein Wasserfall auf der kleinen Insel hinzu, die vergrößerte Fläche zwischen Weiher und Kurhaus gestaltete man zu einem Konzert- und Promenadenplatz um und umzäunte das gesamte, auf die heutige Größe erweiterte Gelände. Die Entstehung der eisernen Zaungitter in drei Phasen lässt sich an den Formen ablesen: Die erste von 1873 mit girlandenartig durchhängenden Gitterstäben an der Parkstraße, die zweite um 1890 mit bekrönenden Lilien auf den Pfosten und flammenartigen Stabenden am hinteren Eingang und an der Sonnenberger Straße sowie die dritte 1904–07 in typischen Jugendstilformen im Eingangsbereich aus Anlass des Kurhausneubaus 1904 bis 1907, bei dem auch das Wegenetz den heutigen Verlauf erhielt (Abb. 27).

Der **Kassenpavillon** 4 (Abb. 28) gibt sich durch seine neoklassizistische Gestalt als Schöpfung von etwa 1904–07 zu erkennen und erinnert an den Bautyp klassizistischer Torhäuser des frühen 19. Jahrhunderts.

Nach dem Eintritt in den Kurpark gelangt man zunächst auf das Nizza-Plätzchen genannte Gelände vor der Südseite des Kurhauses (Abb. 29) mit dem Muschelsaal, der sich zu ihm öffnet.

Abb. 28

Abb. 29

Abb. 30

In diesem intimsten Teil des weitläufigen Parks stehen zur Parkstraße hin zwei ionische Säulen mit einem Gebälkstück sowie Giebelansatz (Abb. 30). Sie stammen vom Portikus des Alten Kurhauses, worauf das in römischen Ziffern wiedergegebene Datum 1810 hinweist. Ihre Aufstellung war zusammen mit der „Wiederaufführung" des alten Kursaales im heutigen Christian-Zais-Saal eine Geste der Besänftigung der Wiesbadener Bürger, die sich gegen den Abbruch des klassizistischen Originals von Zais gewandt hatten.

Die **Konzertmuschel** (Abb. 31) auf dem Promenadenplatz zwischen Kurhaus und Weiher hatte zwei Vorgänger und ist

Abb. 31

in ihrer heutigen Gestalt ein Produkt von 1904–07. Ihre mächtige, kassettierte Kalotte ruht an der Frontseite auf zwei Pfeilern mit Reliefs von Frauengestalten, die mit Früchten und Blumen gerahmt sind.

Vor der Rückseite, der Ostseite des Kurhauses, lagen einst offene Terrassen, von denen die nördliche 1987, die südliche vor einigen Jahren überbaut wurden. Deshalb befinden sich die dortigen Pfeiler mit Frauengestalten aus glasierten Tonfliesen von Wilhelm Köppen (1876–1917) nun in Innenräumen. Die dargestellten Tänzerinnen erinnern an die Wandmalereien aus Pompeji, ihre Rahmen sind vom Jugendstil beeinflusst.

Abb. 32

Die Ufer der kleinen Insel im Weiher sind 1837–38 mit Felsbrocken befestigt worden. Die kleine Brücke besitzt noch ihr Geländer, wahrscheinlich von 1873. Entlang der Wege bemerkt man unterschiedliche Typen historischer Laternen, die von den verschiedenen Ausbaustufen des Parks stammen.

In dessen östlichem Teil steht das Denkmal für den verdienstvollen Kurdirektor Ferdinand Hey'l (1830–97) (Abb. 32), der bis

Abb. 33

zur Übernahme seines Amtes ein beliebter Schauspieler am Hoftheater war. Das 1907 aufgestellte Denkmal besteht aus einem Granitsockel und einer Marmorbüste von Professor Hugo Berwald aus Schwerin.

Ganz am östlichen Ende des Kurparks bildet das Denkmal für Gustav Freytag (1816–95) (Abb. 33) einen kleinen Platz, halbkreisförmig von einer Balustrade gerahmt, an deren Enden Putten auf Pfeilern stehen. In der Mitte steht auf hohem Sockel vor einem Wasserbecken das überlebensgroße Standbild des berühmten Dichters, geschaffen 1905 aus weißem Marmor von dem bekannten Berliner Bildhauer Fritz Schaper. Nördlich des Weihers wurde 1965 auf der Rasenfläche die Bronzefigur des „Flötenspielers" von W. Wadephul aufgestellt.

Jenseits der Einfriedung setzt sich der Grünzug am Rambach bis nach Sonnenberg fort.

5 Schreitet man vom Kurpark kommend in Richtung Wilhelmstraße, bemerkt man vom **Staatstheater** wenig, nur der vorragende Portikus an der Theaterkolonnade verrät, dass hier der Haupteingang mit der Kassenhalle liegt. Östlich davor befindet sich der Zugang zum Kleinen Haus, einem mehrfach veränderten Neubau des 20. Jahrhunderts, der das Äußere des Foyers völlig verdeckt und der seine heutige Außengestalt mit der Bleiverkleidung bei der Errichtung des Technikbaues 1974–78 erhalten hat. Der Außenbau des Theaters erschließt sich dem Besucher am besten von der Einmündung der Burgstraße in die Wilhelmstraße (Abb. 34) und vom Warmen Damm aus. Er ist das Werk der berühmten Theaterarchitekten Fellner & Helmer, die in den 34 Jahren ihres gemeinsamen Ateliers in Wien 47 Theater in ganz Europa erbauten. Den Auftrag in Wiesbaden erhielten sie als Sieger in einem 1891 ausgelobten Wettbewerb und konnten das monumentale, innen und außen reich ausgeschmückte Bauwerk in nur zwei Jahren von 1892 bis 1894 fertigstellen, wobei sie allerdings die Baukosten von den vereinbarten 1 590 000 Mark um nur 1 800 Mark überschritten.

Den ersten Rang im Wettbewerb sprach man ihnen 1891 aus drei Gründen zu, die auch heute noch überzeugen:

Abb. 34

1. Wegen der geschickten städtebaulichen Anlage auf dem schwierigen Gelände,
2. wegen des reichen architektonischen Schmucks,
3. wegen der vollkommenen Einhaltung der feuerpolizeilichen Vorschriften von 1888.

Den ersten Grund stellt man selbst am Kurplatz fest, an dem die Einheit von Bowling-Green, Kolonnaden und Kurhaus vom Theater nicht gestört wird, weil es geschickt dahinter in den Warmen Damm hineingebaut worden ist, dabei den Geländeversprung nutzend. Dafür nahm man in Kauf, dass das Theater seine Hauptfassade nur an der Rückseite zum Warmen Damm (Abb. 35) entfalten konnte.

Abb. 35

Es war mehr als Festspielhaus und weniger für den Dauerbetrieb konzipiert. Deshalb reichten die technischen Einrichtungen und die Bühne nicht mehr aus, so dass 1974–78 ein Erweiterungsbau erforderlich wurde. Am schwierigsten war der Anbau einer Seitenbühne, die direkt in gleicher Höhe an das Bühnenhaus anschließen musste, was jedoch dank einer Ganzglasfassade gelang. Der Entwurf stammte von Prof. Hardt-Waltherr Hämer (* 1922) aus Berlin, dem es gelang, den Erweiterungsbau in eine Bodensenke zu legen, wodurch er sich in seiner Höhe dem Hauptbau unterordnet.

Im übrigen wurde nicht versucht, den Historismus zu kopieren, jedoch durch eine starke Staffelung und Gliederung des Baukörpers wie auch mittels der patinierenden Bleiverkleidung eine Einstimmung in das historische Ambiente zu erreichen. An der als prachtvolle Hauptfassade gestalteten Rückseite liegt lediglich der Bühnenausgang. Dies wurde von den am Funktionalismus geschulten Architekten des 20. Jahrhunderts genüsslich kritisiert, denen jedoch die große denkmalpflegerische Leistung der Wiener Architekten offensichtlich gleichgültig war.

Fellner & Helmer brachten mit ihrem Theaterbau erstmals den Stil des Neobarock nach Wiesbaden, der als letzter vom Historismus aufgegriffen wurde – zum ersten Mal in Paris ab 1851 beim Bau der neuen Teile des Louvre von Louis Tullius Visconti und 1861 beim Bau der Oper von Charles Garnier. In Wiesbaden geschah dies noch vor dem Bau des Berliner Domes 1894 von Julius Raschdorf. In seiner Prachtentfaltung kam der Neobarock so ganz den Wünschen Kaiser Wilhelms II. entgegen.

Den Stil des Neobarock erkennt man an der vielteiligen Staffelung der Bauteile, der Verwendung gekuppelter Kolossalsäulen und des sogenannten Haubendaches, das den aus technischen Gründen hoch aufragenden Bühnentrakt bekrönt.

Es handelt sich nicht um eine Kuppel, bei der ein kreisförmiger, achteckiger oder ovaler Grundriss sowie die Form der Halbkugel Vor-

Abb. 36

aussetzungen sind, sondern um vier gewölbte Dachflächen mit einem flachen oberen Abschluss, der in Wiesbaden noch einen Aufsatz mit einem konkav geschweiften Pyramidendach erhielt. Diese Haubendächer wurden erstmals 1874 beim Volkstheater in Budapest von Fellner & Helmer eingeführt und zum bevorzugten kuppelartigen Motiv der Baukunst des Späthistorismus.

Den neobarocken Charakter des Staatstheaters erkennt man an dem schon bei der Preisverleihung gerühmten reichen architektonischen Schmuck, dessen Schöpfer in einem eigenen Wettbewerb mit vier Preisen ausgewählt wurden. Man kann ihn am besten in größerem Abstand vom Park aus betrachten.

Im Giebeldreieck (Abb. 36) ist von dem ersten Preisträger, Bildhauer Prof. Volz, in der Mitte sitzend die Poesie dargestellt, links von ihr die Trauer, rechts zu ihren Füßen der Schmerz, in der rechten Giebelecke ein von Amor belauschtes Liebespaar, in der linken ein sterbender Held auf dem Schoß einer der Parzen. Rechts und links des Giebeldreiecks erheben sich auf Pfeilerpostamenten geflügelte Gestalten mit Leier und Posaune.

Die aus Zinkblech gefertigten Viergespanne der Panther mit Lenkerinnen in zweirädrigen Wagen auf den Eckpostamenten der Balustrade (Abb. 37) stammen von G. Eberlein.

Das Baumaterial ist ein goldgelber Heilbronner Sandstein der Firma Winterhelt aus Miltenberg a. M., die ornamentalen Steinbildhauerarbeiten stammen von der Firma L. Schulz, die Tonbildhauerarbeiten von Christian Höppli, beide aus Wiesbaden.

Die Längsseite des Theaters zur Wilhelmstraße ist durch zwei altanartig vortretende Risalite mit Kolossalsäulen gegliedert. Diese Gestaltung hat auch feuerpolizeiliche Ursachen, denn sie erlaubt es, direkt aus dem Umgang des Zuschauerraumes durch mehrere Türen die umlaufenden offenen Terrassen zu betreten und das Haus über Treppen in das tieferliegende Gelände des heutigen Parkplatzes zu verlassen. Die schrecklichen Theaterbrände des 19. Jahrhunderts mit einer großen Zahl von Opfern hatten zu

Abb. 37

strengen Brandschutzauflagen geführt. Nimmt man die einzelnen Nebentreppen zu den Rängen und die direkten Öffnungen zur Theaterkolonnade dazu, waren alle 1 241 im Parkett und auf den Rängen vorhandenen Plätze durch eine so große Zahl von Türen erschlossen, dass maximal 50 Personen durch eine Tür entkommen mussten, um das Theater im Brandfall innerhalb von zwei bis drei Minuten zu räumen.

Bevor nachträglich 1901/02 das von Felix Genzmer gestaltete Foyer errichtet wurde, verwandte man die Theaterkolonnade zum Lustwandeln in den Pausen. Hier liegt auch der Eingang zu dem schlichten Vestibül, von dem auch die Zugänge zum Parkett und die Treppen zu den Rängen ausgehen. Von einem bogenförmigen Umgang aus werden die Plätze im Parkett erschlossen.

Der Zuschauerraum (Abb. 38) ist eine Mischung aus Hoftheater und Volkstheater. Der relativ großen Zahl von 552 Plätzen im Parkett, 234 im zweiten und 259 Plätzen im dritten Rang stehen 196 Logenplätze im ersten Rang gegenüber.

Die eigentliche Kaiserloge war die linke Proszeniumsloge mit dem preußischen Wappen und nicht die optisch hervorgehobene Mittelloge des ersten Ranges. Sicherheitsgründe waren dafür verantwortlich, denn die Proszeniumsloge konnte von einer eigenen Auffahrt unter dem Theater und über eine separate Treppe erreicht werden, ohne dass der Kaiser mit dem übrigen Publikum in Berührung kam, was bei der Mittelloge des ersten Ranges nicht möglich gewesen wäre. Die Anordnung von drei Rängen über einem U-förmigen Grundriss geht bereits auf den Barock zurück, zum Beispiel auf das Markgräfliche Opernhaus in Bayreuth von 1748–50.

Damals überwogen für ein reines Hoftheater noch die Logen, die terrassenartig angeordneten beiden unteren Ränge ruhten auf Stützen und engten dadurch das Parkett stark ein.

Abb. 38

Fellner & Helmer konnten in Wiesbaden bereits über Eisenträger verfügen und den unteren Rang stützenlos auskragen lassen, wodurch darunter zusätzlicher Platz für Sitze im Parkett gewonnen wurde.

Beim Bombenangriff im Februar 1945 erlitt das Staatstheater einen Verlust von 35 % der Bausubstanz. Vor allem die Kolonnaden und der Eingangsbereich mit dem Vestibül sowie die Decke im Zuschauerraum wurden zerstört, beim Wiederaufbau bis 1949 mit Ausnahme der Decken historisch getreu wiederhergestellt.

Bei der Instandsetzung 1974–78 wurde das von Stuckornamenten gerahmte Deckengemälde im Zuschauerraum nach einer Fotografie von 1907 und genauen Beschreibungen rekonstruiert (Abb. 39).

Dabei sollte sich der durch einen Wettbewerb ausgewählte Maler Lothar Lenz aus Würzburg nur an die Komposition und den

Abb. 39

Bildinhalt des untergegangenen Originals von Caspar Kögler von 1892-94 halten, im Detail aber durchaus seinen eigenen Stil zeigen.

Abb. 40

Dargestellt ist in dem kleineren Deckengemälde über der Bühnenöffnung „Die entfesselte, aufschwebende Phantasie" und in der großen über dem Zuschauerraum die „Allegorie auf die Stadt Wiesbaden". In den Stichkappen des Gewölbes befinden sich die Porträts berühmter Komponisten. Zusammen mit den originalen Brüstungen der Ränge mit ihrem reichen, figürlichen und ornamentalen Schmuck ist nun wieder die Prachtentfaltung des Neobarock mit jener festlichen Raumstimmung zurückgewonnen, die insbesondere zum Genuss von Opernaufführungen wesentlich beiträgt.

Das fehlende Foyer konnte auf die Dauer nicht durch die Theaterkolonnade ersetzt werden, bot es doch keine ausreichende Möglichkeit zur Präsentation aufwendiger Garderoben.

So wurde Felix Genzmer mit dem Bau eines Foyers im östlichen Winkel zwischen Zuschauerraum und Theaterkolonnade beauftragt. Er schuf in den Jahren 1901–02 auf elliptischem Grundriss eine Halle (Abb. 40), den die Zeitgenossen[4] mit Recht als „Wunderbau" bezeichneten, „der schwerlich in irgend einem Schauspielhaus der Erde seinesgleichen hat."

Seinen Formenschatz hat Genzmer von den Barockschlössern in Brühl, Bruchsal und vor allem vom Kaisersaal in der Würzburger Residenz bezogen und dennoch etwas ganz Eigenständiges geschaffen. Die Eleganz und Heiterkeit des Raumes versetzen nun schon seit mehr als 100 Jahren die Besucher in eine festliche und beschwingte Stimmung. Vom Umgang des Parketts aus erreicht man das Foyer direkt durch niedrige Bogenöffnungen, vom ersten Rang aus über eine zweiläufige, großzügig und schwungvoll geführte, raumgreifende Treppe. Auf dem Gebälk unterhalb der Kuppelwölbung stellen allegorische Frauengestalten Frieden und Ruhm, Wahrheit und Gerechtigkeit, Ernst und Würde, Scherz und Frohsinn dar.

Abb. 41

Die Wölbung der Decke (Abb. 41) wurde wie beim Zuschauerraum von dem Wiesbadener Maler Kaspar Kögler ausgemalt. Es handelt sich um verschiedene, inhaltlich aber zusammenhängende Einzelbilder um das Generalthema „Die Beglückung und Erhebung der Menschheit durch den vom Himmel herniedergestiegenen Genius der Kunst."

Bis zum Abbruch des alten Hoftheaters nannte man den **Kaiser-Friedrich-Platz**, den einstigen Platz östlich vor dem Son-

Abb. 42

nenberger Tor, Theaterplatz. Einst von vier gestaffelt angeordneten klassizistischen Bauten gerahmt (Abb. 42) ist heute kaum noch etwas von der großartigen Raumschöpfung durch Christian Zais zu spüren. Die erste große Veränderung erfolgte nach dem Abbruch des alten Hoftheaters (1825–27) von Eberhard Friedrich Wolff im Jahre 1898.

6 An seiner Stelle und als Ersatz des Alten von Zais erbauten Hotels „Nassauer Hof" entstand durch den Architekten Alfred Schellenberg der späthistoristische Prachtbau des neuen gleichnamigen Hotels (Abb. 43, s. Abb. 9 auf S. 14), einst bekrönt von einer großen Kuppel an der Wilhelmstraße und einer kleineren in der nördlichen Platzecke, die das Bild der oberen Wilhelmstraße wesentlich prägten. Der Neubau des Hotels **„Nassauer Hof"** von 1898–1907 bezog auch das Gelände des Blockschen Hauses mit ein, so dass es sich bis an die Taunusstraße erstreckte. Der dortige Eckbau wurde allerdings 1945 zerstört und in den 80er Jahren durch einen Neubau ersetzt.

Der Wiederaufbau des 1945 schwer getroffenen Hotels ist im Kopfbau an der Wilhelmstraße (Abb. 44) durch die zwei zusätzlichen, sehr sachlich gehaltenen Geschosse und ein flaches Dach mit breiter Blende nicht gelungen und nimmt den erhaltenen drei unteren Geschossen ihre Wirkung.

Besser ist die neue Dachlösung beim Südflügel (Abb. 45), hier wie an den anderen Fassaden kann man noch die Qualität des neobarocken Bauwerks mit seiner Kolossalgliederung durch Säulen erkennen.

Im Inneren hat der Krieg leider nichts von den alten gründerzeitlichen Prunkräumen übriggelassen, jedoch strahlen auch die großzügig gestalteten modernen Räume noch die Atmosphäre des damals wie heute

Abb. 44

Abb. 45

bekanntesten Luxushotels von Wiesbaden aus. Lang ist die Liste prominenter Gäste, die hier wohnten, darunter auch 1865 Fjodor Dostojewski, der nach einem Verlust in der Spielbank von 3 000 Rubel das Hotel fluchtartig verließ, ohne seine Rechnung zu begleichen[5].

Nur der nördliche Platzteil zwischen den Flügeln des Hotels bewahrt die Erinnerung an die Schönheit des alten Kaiser-Friedrich-Platzes, der südliche wurde sowohl im Grundriss als auch durch den viel zu großen und zu hohen Neubau des Appartmenthauses „Vier Jahreszeiten" (Abb. 46) entstellt.

Der maßstabslose Ersatzbau für das untergegangene Original von Christian Zais wurde 1958 an der Wilhelmstraße nach den Plänen von Rudolf Dörr seitlich verschoben aufgeführt. In einem zweiten Bauabschnitt fasste man 1964 den rückwärtigen Platz durch aufgeständerte Flügelbauten parallel zur Burgstraße und An den Quellen. Sie sollten eine gewisse Transparenz erzeugen,

Abb. 46

die jedoch zu keiner Belebung geführt hat, so dass die südliche Hälfte des Platzes bis heute nahezu ungenutzt als tote Fläche daliegt. Der Fehler liegt einerseits im Abweichen vom alten Stadtgrundriss, was sich immer rächt, außerdem in der zu starken kommerziellen Vermarktung des Grundstücks. Hier spiegelt sich mehr der Zeitgeist des aufkommenden Wirtschaftswunders wi-

Abb. 47

der, in dem historische Bezüge nichts galten, zudem der Historismus noch missachtet wurde. Denn Rudolf Dörr gehörte durchaus zu den qualitätvollen Architekten jener Zeit, wie man an seinen Bauten in der Webergasse feststellen kann. Hier behielt er ungefähr den Straßengrundriss und die Höhe der Fassaden bei, während die nach seinen Plänen sehr stark aufgeweitete Burgstraße (Abb. 47) zur reinen Verkehrsfläche ohne Aufenthaltsqualität abgesunken ist.

Abb. 48

Den Mittelpunkt des Kaiser-Friedrich-Platzes behauptet nach wie vor das Denkmal für den nur 99 Tage regierenden Kaiser (Abb. 48). Seine Aufstellung erfolgte nicht ohne Proteste, die sich nicht gegen den Monarchen richteten, sondern gegen die Beseitigung von Schillers Bronzebüste, die seit 1866 hier auf dem damals Theaterplatz genannten Gelände gestanden hatte und seit 1905 den Schulhof der Oberrealschule am Zietenring ziert. Den sehr massiven Sockel ließ man stehen und stellte darauf das 58 Zentner schwere und 3,80 m hohe Bronzestandbild des Kaisers in der Uniform der Pasewalker Kürassiere, geschaffen vom Berliner Bildhauer Professor Joseph Uphues[6].

Während das obere Ende der **Wilhelmstraße** städtebaulich durch den Neubau der „Vier Jahreszeiten" und vor allem durch das 71 m hohe und völlig falsch platzierte Raiffeisenhochhaus von 1971 (Abb. 49) empfindlich gestört worden ist, hat der untere Teil zwischen Burg- und Rheinstraße trotz der Kriegsverluste den Charakter einer wilhelminischen Prachtstraße bewahrt.

7 Zwischen der Südfassade des Staatstheaters und der Villa Clementine liegt der **Warme Damm**, letzter Teil eines Gürtels von Gärten und Grünflächen, der vom Ende des 18. Jahrhunderts an nahezu vollständig die Altstadt umschloss und dem Kurgast einen ansprechenden Rundgang ermöglichte.

Das sah auch noch die Konzeption des Historischen Fünfecks vor, bei dem man auf der einen Seite den klassizistischen Prospekt der Stadt, auf der anderen den freien Blick in die Landschaft genießen konnte. Als die Stadt jedoch immer stärker über

Abb. 49

die Randstraßen des Historischen Fünfecks hinauswuchs, blieb letztendlich nur am Warmen Damm die für einen Kurort typische Situation erhalten.

Der Park wurde 1859–60 vom herzoglichen Gartenbaudirektor Carl Friedrich Thelemann angelegt. Der Name entspricht der alten Flurbezeichnung und leitet sich von einem durch zufließendes Quellwasser warmen Weiher her. Mit einem großen Ententeich (Abb. 50), der darin aufsteigenden Fontäne, malerischen Baumgruppen aus zum Teil exotischen Gewächsen und geschwungenen Wegen besitzt der Park alle Elemente eines Landschaftsgartens, wie er von der Mitte des 18. Jahrhunderts an von

Abb. 50

England aus auf dem Kontinent den kunstvollen französischen Barockgarten ablöste und in Deutschland besonders im Romantischen Historismus beliebt war. Die Anlage dient der Erholung, zugleich aber als Skulpturengarten des städtischen Kulturamts, in dem sich historische und zeitgenössische Bildhauerkunst begegnen.

Vor die Südfassade des Staatstheaters stellte man als Ersatz für das umgewidmete Denkmal auf dem Kaiser-Friedrich-Platz 1905 ein neues Schiller-Denkmal (Abb. 51), ebenfalls ein Werk des Berliner Bildhauers Professor Joseph Uphues. Auf dem hohen Sockel erhebt sich der Dichter, zu seinen Füßen die Muse mit besinnlich-traurigem Gesichtsausdruck, das ganze aus feinstem Carrara-Marmor.

Abb. 51

Obwohl Schiller im Gegensatz zu Goethe Wiesbaden nie besucht hat, erfreute er sich hier großer Beliebtheit, wie die Inschrift auf der Rückseite vermeldet: „Dem Dichterfürsten Friedrich von Schiller in Liebe und Verehrung MDCCLIX-MDCCCV".

Zu seinem 50. Geburtstag hatte man auf dem damaligen Friedrichsplatz eine Schillerlinde gepflanzt, die jedoch mehrfach umgefahren wurde, so dass man sich 1872 gezwungen sah, sie an die Stelle umzusetzen, an der jetzt das Denkmal für Kaiser Wilhelm I. steht. Von da aus wanderte sie 1894 in die Frankfurter Straße in den Garten der Villa Götz. Der Friedrichsplatz wurde in Schillerplatz umgenannt und heißt auch heute noch so, ohne als Platz empfunden zu werden.

Unweit des Schillerdenkmals steht an der Wilhelmstraße ein bemerkenswertes Kunstwerk mit dem Titel „Leben", geschaffen von France Rotar 1981 in Gestalt einer inneren Kugel, die ihre äußere Hülle gesprengt hat (Abb. 52). Das aus Bronze gegossene Werk besticht durch seine überaus ästhetische Form, die von allen Seiten neue Eindrücke vermittelt.

Abb. 52

Die **Wilhelmstraße** wurde schon bald nach ihrer Eröffnung 1810 zur wichtigsten und beliebtesten Flanierstraße in Wiesbaden und blieb dies bis heute, von den alteingesessenen Wiesbadenern auch kurz „die Rue" oder „unser gud Stubb" genannt. Ihre Planung zunächst unter dem Namen „Alleestraße" erfolgte vom unteren Ende her durch Carl Florian Goetz, vom oberen durch Christian Zais. Wie kurzfristig ihre Anlage in Betracht gezogen wurde, erkennt man daran, dass erst kurz zuvor das Gelände nach Beseitigung der Befestigungsanlagen und der Trockenlegung des warmen Teiches in private Gärten umgewandelt worden war, die jetzt enteignet werden mussten. Im Spielmann-Atlas trägt sie 1826 bereits den Namen Wilhelmstraße, benannt nach Herzog Wilhelm von Nassau (1816–39).

Ihrer von Anfang an hervorgehobenen Bedeutung entsprechend erhielt sie mit 120 Fuß (= 36 m) die vierfache Breite gegenüber den barocken Altstadtstraßen. Die Anpflanzung von zwei Baumreihen auf der Ostseite sollte den Charakter der Promenade betonen. Eine erste Pflasterung erfolgte 1820 bis 1824, dabei wurde die Fahrbahn gegenüber dem Promenadenweg durch Ketten zwischen Prellsteinen abgetrennt. In unserer Zeit haben Stolperdrähte zwischen Holzpfählen diese Funktion übernommen. Ihre erste Beleuchtung bestand aus Öllampen mit Spiegeln. Sie ruhten auf Sandsteinsäulen, die ab 1847 durch Gaslicht in gusseisernen Kandelabern nach dem Entwurf von Schinkel ersetzt wurden und von denen einige von Philipp Hoffmann beim Bau des Monopteros 1851 auf dem Neroberg wiederverwandt worden sind. Die historischen „Schinkelleuchten" mussten in unserer Zeit modernen Kugellampen weichen, die zwar ein sehr helles, festliches Licht verbreiten, in ihrer Massierung aber für die Wirkung der Architektur etwas zu aufdringlich sind.

Die Bebauung der Wilhelmstraße hat in ihrer fast 200 Jahre langen Geschichte vier Phasen der Entwicklung durchgemacht:

Die erste (Abb. 53) entstand abschnittsweise von 1810–26 und bestand aus

Abb. 53

zehn privaten Wohnhäusern unterschiedlicher Größe, die zwischen den Großbauten des Badhauses „Vier Jahreszeiten" im Norden und dem Erbprinzenpalais an der Ecke zur Friedrichstraße errichtet worden waren. Das untere Stück bis zur Rheinstraße war erst 1857 ganz bebaut, zuvor nur die Ecken an der Einmündung von Friedrich- und Luisenstraße.

Von dieser ersten Bebauung ist nur das Erbprinzenpalais erhalten geblieben, denn den Kontrast zwischen dem Anspruch der breit angelegten Straße mit der Promenade zu den bescheidenen, zweigeschossigen Modellhäusern im Stil des frühen Klassizismus hielt man nicht lange durch. Die exponierte Lage an der vornehmsten Straße Wiesbadens förderte eine stärkere Ausnutzung der Grundstücke durch höhere, aufwendigere Wohnhäuser.

Dies erfolgte in einer zweiten Phase ungefähr zwischen 1840 und 1860, aus der die

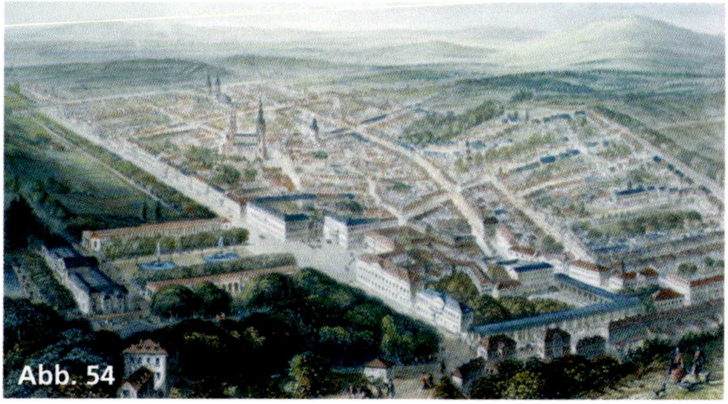
Abb. 54

einst dreigeschossigen Häuser Wilhelmstraße 20 und 28 in spätklassizistischen Formen des Romantischen Historismus erhalten sind. Das sogenannte Ballonbild von A. Carse 1857 (Abb. 54) gibt diesen zweiten Zustand wieder. Man erkennt, dass die beiden Großbauten damals nicht mehr so stark herausragten, weil die Wohnhäuser auf drei bis vier Geschosse erhöht worden waren.

Abb. 56

8 Mit der Errichtung des Hotels „**Spehner**" 1871 im Abschnitt zwischen Burg- und Museumsstraße (jetzt Karl-Glässing-Straße) ging man in der dritten Phase zur viergeschossigen Bauweise in den Formen der italienischen Hochrenaissance über. Die Häuser von der Burgstraße bis zum Haus **Wilhelmstraße 40** wurden im Zweiten Weltkrieg zerstört. Der Wiederaufbau in den schlichten Formen der 50er Jahre (Abb. 55) nimmt durch die Einhaltung der Geschosshöhen, die Verwendung von Naturstein und Putz sowie stehender Fensterformate Rücksicht auf die erhaltenen Häuser Wilhelmstraße 28-38.

9 Die Häuser **Wilhelmstraße 34 und 36** (Abb. 56) waren einst das Hotel „Spehner", erbaut 1871/72 und das „Hôtel du Parc", errichtet 1881/82 von Eduard Mecklenburg. Sie blieben unzerstört (Abb. 57), wurden aber an den Balkonen verändert; noch stärker das ehemalige Bankhaus Berle Nr. 38 von 1879. Alle drei sind in den Formen der italienischen Hochrenaissance entstanden.

Die beiden nach Süden folgenden Häuser 10
Wilhelmstraße 30 und 32 (Abb. 58), erbaut 1907 und 1904, dagegen entstammen der vierten Bauphase des Späthistorismus, wie man an der starken Plastizität der Fassaden besonders des Hauses Nr. 30 erkennen kann, bei dem neben dem Aufschluchten mit Loggien im linken Teil das Vorkragen von

Abb. 55

Abb. 57

Balkonen und einem Erker im rechten für starke Kontraste sorgen. Die Einzelformen sind dem Neobarock zuzuordnen.

11 Das Eckhaus **Wilhelmstraße 28** zur Karl-Glässing-Straße (Abb. 60) wurde von dem Regierungsrat Friedrich Wilhelm Emmermann von 1817 an als zunächst zweigeschossiges Modellhaus errichtet und erhielt durch den Ausbau von 1856 seine heutige dreigeschossige Gestalt. Die Formen sind noch ganz klassizistisch, nur das Abschrägen und das turmartige Hochziehen der Ecke deuten auf den Romantischen Historismus hin. Bei der letzten Instandsetzung vor einigen Jahren hat man zur besseren Raumausnutzung aus dem flachen Satteldach ein voluminöses Mansarddach (Abb. 59) gemacht, es so stärker seinen 40–50 Jahren jüngeren nördlichen Nachbarn angepasst und dadurch in den Proportionen gestört, im übrigen aber vorbildlich restauriert.

Es diente von 1878 bis 1901 als Hotel, von da an wurde es bis 1970 als Ladengeschäft für die bekannte Spitzenmanufaktur Franke[7] genutzt.

Eine alte Fotografie von 1896 zeigt, dass die Platanen auf der Wilhelmstraße damals nicht so streng zurückgeschnitten waren wie heute.

Abb. 58

Abb. 59

Abb. 60

Zu den bedeutendsten Profanbauten in Wiesbaden generell zählt das **Erbprinzenpalais**, seit 1971 Sitz der Industrie- und Handelskammer (Abb. 61). Es ist dies der einzige aus dem Œuvre von Christian Zais erhaltene Großbau, errichtet 1813-20 als Palais für den Erbprinzen Wilhelm, der es jedoch nie bezog, weil er 1816 unerwartet früh den Herzogsthron bestieg. Zunächst blieb es als Rohbau liegen und wurde erst nach dem Tod von Zais vereinfacht ausgebaut und als Landesbibliothek sowie Museum genutzt. Dann war es Sitz von verschiedenen Behörden, zuletzt des Hessischen Justizministeriums. Nach dessen Auszug verpasste das Land Hessen die Chance, hier die Staatskanzlei einzurichten, doch hatte man damals keinen Sinn für Baukultur. Mit seinem klaren Kubus, mit der Betonung der harten Kanten, dem Verstecken des flachen Satteldaches hinter der Attika und der Reduzierung der Schmuckfor- 12

Abb. 61

Abb. 62

men auf das Notwendigste ist das Erbprinzenpalais das eindrucksvollste Zeugnis des Hochklassizismus, wie er in Europa zwischen 1789 und 1820 verbreitet war. Die Einfachheit war nicht Folge einer Sparsamkeit, sondern Programm zur Rückkehr zur „stillen Einfalt und edlen Größe" nach dem Vorbild der griechischen Baukunst, in der man die Ideale der Zeit verwirklicht sah, um sich dadurch vom Pomp des Barock als Kunst des Absolutismus abzugrenzen. So sind die Erdgeschossfenster als einfache Rechtecke aus dem gebänderten Putz herausgeschnitten, ohne durch ein Gewände hervorgehoben zu werden, wie dies in stark reduzierter Form bei den beiden Obergeschossen der Fall ist. Hauptschmuck sind die freistehenden ionischen Säulen des Portikus vor den beiden Obergeschossen.

Im vortretenden Unterbau lag einst die Durchfahrt, die 1857 in ein Vestibül (Abb. 62) verwandelt wurde. Auch hier sind die dorischen Säulen der einzige Schmuck, in den übrigen Innenräumen sind keine historischen Formen mehr überliefert.

In einer Zeit, als man beim Hauptbahnhof und Landeshaus noch ganz in den Formen des Neobarock schwelgte, schufen Philipp Holzmann & Co. mit E. Rückgauer
1908 für die **Deutsche Bank** das Wohn- 13
und Geschäftshaus (Abb. 63) an der dem Erbprinzenpalais gegenüberliegenden Ecke zur Friedrichstraße. Die vertikalen Lisenen und horizontalen Brüstungsbänder bilden eine modern anmutende Rasterfassade, beeinflusst wohl vom Kaufhaus Wertheim in Berlin von Alfred Messel 1896-97.

Das anschließende Haus **Wilhelmstraße** 14
20 (Abb. 64) war in der zweiten Phase der

Abb. 63

Abb. 64

Abb. 65

Abb. 66

Abb. 67

Bebauung mit einer für die Zeit um 1860-70 typischen Fassade errichtet worden. Es glich mit dem flachen, die beiden mittleren Achsen der Fassade zusammenfassenden Dreiecksgiebel dem 1864 erbauten Hotel „Zum weißen Roß“ am Kochbrunnenplatz. Bei der Erweiterung der Deutschen Bank 1975 wurde die Fassade in den Neubau einbezogen und um ein viertes Geschoss im spätklassizistischen Stil aufgestockt.

Die großartigsten Vertreter aus der vierten, der späthistoristischen Bauphase der Wilhelmstraße waren – abgesehen vom Hotel „Nassauer Hof“ – die beiden Eckbauten zur Luisenstraße (Abb. 65), der südliche 1894 von Friedrich Lang als Hotel „Metropole“, der nördliche 1900 als „Café Hohenzollern“, mit neobarocken Prachtfassaden und bekrönenden Kuppeln erbaut. Der nördliche Bau (Abb. 66) dient heute
15 dem **„Café Kunder“** und beherrscht mit seiner großartigen Kuppel heute noch die untere Wilhelmstraße und trägt wesentlich zum Charakter der wilhelminischen Prachtstraße bei.

Der südliche Bau (Abb. 67) war 1897 aus den zwei Hotels „Monopole“ und „Metropole“ in einem repräsentativen Neubau zusammengefasst worden, von dem nur die Fassaden der vier unteren Geschosse erhalten geblieben sind. Darüber liegt ein schlichtes fünftes Geschoss aus der Zeit um 1950, in der auch der Nachbarbau mit sechs Geschossen neu entstand.

Im Vorgängerbau des Hauses Wilhelmstraße 4 wohnte von etwa 1875 bis 1898 der berühmte Arzt Dr. Emil Pfeiffer[8] (1846 bis 1921), bekannt vor allem durch das nach ihm benannte Drüsenfieber. Er gehörte zu den Mitbegründern des seit 1882 in Wiesbaden jährlich tagenden „Kongresses der Deutschen Gesellschaft für Innere Medizin“, vereinfacht „Internistenkongress“ genannt. Nach seinem Auszug in die Parkstraße 13 wurde das Haus Wilhelmstraße 4 als viergeschossiger Bau in den Formen der Neorenaissance 1899 zusammen mit dem fünf-
geschossigen **Eckbau** zur Rheinstraße (Abb. 16
68) neu errichtet. Dieser erfüllt hervorragend die Funktion eines Torbaus im Eingang zur Wilhelmstraße. Er leistet dies sowohl durch seine größere Höhe als auch durch den Erker an der abgeschrägten Ecke. Bis zur Kriegszerstörung 1945 hatte er an der südöstli-

Abb. 68

chen, gegenüberliegende Ecke ein Pendant im „Victoria Hotel und Badehaus" aus der Zeit um 1880 mit erstaunlich schlichten, neoklassizistischen Fassaden (Abb. 69). Sie folgen darin wohl dem alten, hier zwischen 1834 und 1843 im Spielmann-Atlas auftauchenden Eckbau. Bedingt durch den starken Rückgang der Kur nach dem Ende des Ersten Weltkriegs wurde das Hotel 1921 zum Sitz der Dresdner Bank umgewandelt. Heute liegt hier ein Parkplatz, ein idealer Standort für das lang ersehnte Stadtmuseum.

Während drei Ecken der Kreuzung von Wilhelm- und Rheinstraße architektonisch besetzt sind, fehlt die vierte mit der wichtigen Torfunktion, zumal der sehr große und etwas klobige Neubau der Dresdner Bank 1978 in das Gelände des ehemaligen Bismarckplatzes zurückgeschoben wurde. Der kreisförmige Platz mit seinen Randbauten tauchte erstmals im Spielmann-Atlas von 1888 auf und wurde Opfer der fragwürdigen städtebaulichen Neuordnung. Zwischen 1879 und 1888 waren auch die Villen Wilhelmstraße 9, 11, 15 und

Abb. 69

17 (Abb. 70) im Stil der italienischen Hochrenaissance entstanden.

Von dem damals noch jungen Architekten Alfred Schellenberg stammte der Entwurf von 1868 für die Villen Nr. 9 und 11. Auch die Villa Nr. 17 erbaute Alfred Schellenberg, jedoch erst 1881. Die ersten Bewohner waren der Architekt selbst, ferner der bekannte Landschaftsmaler Eduard Cohen (1838–1910) und der Bankier Jakob Berle. Der berühmteste Mieter aber war von 1912 bis zu seinem Tod der Maler Hans Christiansen (1866–1945), der zu den wichtigsten Mitgliedern der Künstlerkolonie auf der Mathildenhöhe in Darmstadt gehörte. In Wiesbaden ist er bis heute kaum bekannt, auch wenn wesentliche Teile seines Œuvres hier entstanden sind. Doch wurde er im Dritten Reich wegen seiner jüdischen Frau, zu der er tapfer hielt, und wegen seiner

Abb. 70

Abb. 71

Kunst ab 1933 mit einem Malverbot geächtet. Ohne die schützende Hand des ehemaligen Oberbürgermeisters Glässing hätte Claire Christiansen nicht überlebt. Nach ihrem Wegzug nach Paris ließ sich die Stadt Wiesbaden den Nachlass entgehen, dessen Bedeutung indes das Städtische Museum Flensburg erkannte und ihn zu einem geringen Preis erwarb. Bis heute fehlt eine Erinnerungstafel für den nach Jawlenski wohl herausragendsten Maler, der in den Mauern von Wiesbaden gelebt hat.[9]

Wie wenig in den 60er und frühen 70er Jahren des vorigen Jahrhunderts in Wiesbaden Baukunst und Bildende Kunst geachtet wurden, wird deutlich durch den Magistratsbeschluss, alle Villen auf der Ostseite der unteren Wilhelmstraße für den Bau einer U-Bahn zum Abriss zu bestimmen.

17 Erst 1975 wurde dieser Beschluss auf Initiative des damaligen Stadtentwicklungsdezernenten Jörg Jordan aufgehoben und die **Villa Clementine,** Frankfurter Straße 1 (Abb. 71), als Beitrag zum Europäischen Denkmalschutzjahr restauriert. Sie wird im Souterrain vom Presseklub, in den beiden Obergeschossen vom Kulturamt der Stadt für Vorträge und Ausstellungen genutzt. Ihr Bauherr war der Mainzer Fabrikant Ernst Mayer, der den anspruchsvollen Bau 1878-82 durch den Architekten Georg Friedrich Fürstchen erschaffen und nach seiner Frau „Villa Clementine" nennen ließ. Als diese aber noch vor der Vollendung des Hauses starb, verlor der trauernde Gatte die Lust an der Villa und bot sie 1882 zum Verkauf an, der aber erst 1891 vollzogen wurde.

Bis dahin stand sie zeitweise leer, wurde 1888 aber auch Schauplatz einer dramatischen Begebenheit, die als „Wiesbadener Prinzenraub" in die Geschichte eingegangen ist. Königin Natalie von Serbien hatte ihren Mann König Milan Obrenowitsch fluchtartig verlassen und war in die Villa Clementine eingezogen. Sie hatte dabei ihren zwölfjährigen Sohn, Kronprinz Alexander, gegen den Willen des Vaters mitgenommen. Diesem gelang es, auf diplomatischem Wege die Auslieferung an den Wiesbadener Polizeipräsidenten und den serbischen Kriegsminister durchzusetzen.

Von Georg Friedrich Fürstchen (1848-84) hätte man noch Großes erwarten können, wäre er nicht schon im Alter von 36 Jahren verstorben. In seinem ersten Werk, dem Rathaus von Biebrich von 1875-76, folgt er noch mehr dem Neoklassizismus, bei der Villa Clementine dagegen der italienischen Hochrenaissance, wie sie in Deutschland vor allem von Gottfried Semper vertreten wurde.

Lange hatte man im Wiesbadener Villenbau an dem Vorbild Berlins mit den schlichten, klaren Kuben des Klassizismus festgehalten. Da muss Fürstchens Villa Clementine mit ihrer starken Aufgliederung des Baukörpers in Wiesbaden große Aufmerksamkeit erregt haben. Vielleicht stieß der aufwendig gestaltete, fast protzig wirkende Bau auch auf Ablehnung in den Kreisen, die vornehme

Abb. 72

Zurückhaltung für den gesellschaftlich angemessenen Ausdruck von Reichtum hielten. Konnte die Villa deshalb so schwer vermietet werden? Sowohl zur Wilhelmstraße nach Westen als auch zum Warmen Damm nach Norden wurde über einem stark vorgezogenen Mittelrisalit eine Loggia hinter einer Säulenstellung angeordnet. Ist hier noch eine Symmetrie zu erkennen, so wurden die beiden anderen Seiten (Abb. 72) asymmetrisch gestaffelt durch einen Säulenportikus an der Ostseite für den Eingang, einen kräftig ausgebildeten Risalit für das Treppenhaus, einen Wintergarten und eingeschossige Bauteile mit Dachterrassen. Der Verzicht auf kubische Geschlossenheit und strenge Symmetrie erlaubte eine bessere Differenzierung der Räume in Größe und Anordnung in Bezug auf ihre Funktion. Es ergaben sich so kleine Nebenräume und eine Dienertreppe.

Dem repräsentativen Äußeren entsprechen im Inneren (Abb. 73) die mit festlichen Stuckdecken und Wanddekorationen ausgestatteten Räume. Dabei sind die einzelnen Salons durch unterschiedliche Stilhaltungen geprägt, eine Vorwegnahme des Stilismus im Späthistorismus.

Am Eingang zum Warmen Damm gegenüber der Villa Clementine steht eine
Säule (Abb. 74), die aus der karolingi- 18
schen Kaiserpfalz von Ingelheim – also aus

Abb. 73

Abb. 74

Abb. 75

Abb. 76

dem 9. Jahrhundert – stammen soll. Beim Schaft könnte es sich um eine antike Spolie handeln, denn Karl der Große bevorzugte für seine Bauten römische Säulen, die er sich beispielsweise für seine Pfalzkapelle in Aachen aus Ravenna beschafft hatte. Das daneben am Boden liegende Stück eines römischen Gebälks wurde im Bereich des Schützenhofes gefunden und könnte zu einem Tempel gehört haben.

19 Östlich der Villa Clementine steht an der Frankfurter Straße 3 die **Englische Kirche**, erbaut 1863–65 von Theodor Goetz für die zahlreichen englischen Einwohner und Kurgäste anglikanischen Glaubens. Der neogotische Ursprungsbau aus Backstein (Abb. 75) ist ein rechteckiger, an den vier Ecken durch Fialen akzentuierter Saalbau, dessen Eingangsfassade im Norden durch ein großes Spitzbogenportal mit Wimperg und Fialen wie auch eine Maßwerkrosette hervorgehoben wird. Zu den drei Jochen des Inneren wurde 1887/88 im Süden ein Chor (Abb. 76) hinzugefügt, im Norden ein Turm.

An der Sonnenberger Straße und im Bereich Frankfurter und Bierstadter Straße waren ab 1840 die ersten Villen entstanden, zu denen das bis November 2004 noch von
der **Staatskanzlei** genutzte Haus Frankfurter Straße 2 (Abb. 77) gehört. 20 Der herzogliche Oberstleutnant Carl Freiherr von Rettberg, Flügeladjutant des Herzogs Wilhelm von Nassau, ließ es sich 1840–41 von dem berühmten Darmstädter Architekten Georg Moller als Landhaus errichten. Es war so bemerkenswert, dass es um 1845 in einer französischen Bauzeitschrift veröffentlicht wurde. Doch leider hat man es um 1870 durch ein zweites Obergeschoss und ein niedriges Dachgeschoss aufgestockt und

Abb. 77

Abb. 78

Abb. 79

Abb. 80

Abb. 81

stark verändert. Am einst schlichten klassizistischen Kubus ersetzte man die Balkone mit ihren zarten Eisengittern durch Loggien und Vorbauten mit Dachterrassen. Einst waren dem Landhaus zwei eingeschossige Flügelbauten für Dienerschaft, Stallungen und Remisen zugeordnet, von denen einer erhalten blieb. Er erhielt um 1900 ein Obergeschoss aus Fachwerk.

Der frühere Hauptsitz des Hessischen Ministerpräsidenten war die Villa in der Bierstadter Straße Nr. 2 (Abb. 78), 1891 vom Architekturbüro Schellenberg & Jacobi als **Hotel „Oranien"** erbaut. Die Hauptfassade ist im Vergleich zu der ein Jahrzehnt älteren Villa Clementine in ihren relativ flachen, neoklassizistischen Formen altertümlich, die in jener Zeit bereits aufkommenden Formen des Neobarock treten nur in den Balkonen vornehmlich der Längsseiten auf. Von 1928 bis 1933 wohnte hier der berühmte Dirigent Carl Schuricht, der innerhalb von 20 Jahren fünfmal umgezogen ist, so dass es noch vier weitere „Schuricht-Häuser" in Wiesbaden gibt.[10]

Städtebaulich bedeutsam ist die Villa 22
Bierstadter Straße 3 (Abb. 81) durch ihren turmartig hochgezogenen Trakt an der Ecke zum Hainer Weg. Dem Architekten Friedrich Rock gelang es dadurch 1892, für das schiefwinklige Grundstück eine befriedigende Lösung zu finden, wozu auch

der polygonale Altan beiträgt. Die Formen des Neobarock prägen den Bau außen wie innen. Hier kündet ein prächtiges Treppenhaus durch die Verwendung von ornamentierten Stahlträgern für die Marmorstufen vom Einzug moderner Materialien in Bauten des Späthistorismus.

21 Die gegenüber an der Ecke Frankfurter Straße befindliche Villa **Bierstadter Straße 1** (Abb. 79) enthält noch den Kern des Gründungsbaus von 1849 nach Plänen von Richard Goerz. Den würfelförmigen Kubus bereicherte man 1876 durch den Anbau von Loggien und Wintergärten mit Dachterrassen. Den ursprünglichen klassizistischen Charakter gibt noch das zur Villa gehörende Kutscherhaus (Abb. 80) wieder.

23 Die sehr stattliche Villa **Paulinenstraße Nr. 7** (Abb. 82) nennt man **„Weißes Haus"**, weil man sich auf Wunsch der amerikanischen Ehefrau des Sektfabrikanten Söhnlein, Emma Pabst, den Amtssitz des Präsidenten von Amerika in Washington zum Vorbild genommen hat. Den Auftrag für den 1903-06 errichteten Bau erhielten die jungen Architekten Otto Wilhelm Pfleghard und Max Haefeli aus Zürich, die in Wiesbaden durch ihre Tätigkeit im Architekturbüro von Alfred Schellenberg 1893–95 bekannt geworden waren.

Es ist nicht sicher, ob allein der Wunsch der Bauherrin nach einem Abbild des Weißen Hauses in Washington für die äußere Gestalt des Hauses verantwortlich war, oder ob der den Neobarock und Jugendstil um diese Zeit ablösende Neoklassizismus hinzukam. Denn etwa gleichzeitig entstand 1904–05 Schloss Freudenberg nach dem Entwurf von Paul Schultze-Naumburg in neoklassizistischen Formen, die auch zwei Jahre später die Sektfabrik Henkell von Paul Bonatz beherrschen. Bei der segmentbogig vorschwingenden, durch beide Geschosse reichenden monumentalen Loggia mit ihren ionischen Kolossalsäulen spürt man in der Tat das Vorbild in Washington. Die Schmalseiten sind durch Risalite und eingeschossige Vorbauten mit Dachterrassen belebt. In den Einzelformen wie den Festons an den Pfeilern der Einfahrt fühlt man sich an den Frühklassizismus des späten 18. Jahrhunderts in Frankreich erinnert, während der Innenraum (Abb. 83) weitgehend von Dekorationen im Neorokoko geprägt wird.

Abb. 82

Abb. 83

Nach dem Tod von Friedrich Wilhelm Söhnlein1938 wurde die Villa zunächst 1940 an die Polizeiverwaltung vermietet, 1944 kaufte sie das sog. Dritte Reich, von 1945 bis 1995 diente sie der amerikanischen Militärverwaltung, die sie in erstaunlich gu-

Abb. 84

tem Zustand verließ. Leider scheiterte der Plan, sie zum Sitz des Hessischen Ministerpräsidenten zu machen, und so steht sie seitdem leer, was ihrer kostbaren Innenausstattung gewiss nicht bekommt.

24 Östlich des Entenweihers steht im Warmen Damm das **Denkmal für Kaiser Wilhelm I.** (1797–1888) (Abb. 84), dem die Stadt Wiesbaden viel verdankt, denn er besuchte sie in der Zeit zwischen 1867 und 1884 fünfzehnmal und trug dadurch wesentlich dazu bei, die vornehme Gesellschaft anzulocken und die Stadt zum Weltbad werden zu lassen. Darauf bezieht sich die Inschrift am Sockel: KAISER WILHELM I. DIE DANKBARE STADT WIESBADEN.

Der Entwurf stammt von dem berühmten Bildhauer Professor Johannes Schilling aus Dresden, dem Schöpfer der Pläne für das Niederwald-Denkmal mit der Germania in Rüdesheim. Das 3,52 m hohe Standbild des Kaisers aus carrarischem Marmor ist das Werk des italienischen Bildhauers Raffaelo Celai aus Florenz.

Die feierliche Enthüllung in Gegenwart Kaiser Wilhelms II. fand am 16. Oktober 1894 statt, an dem auch das neue Staatstheater eröffnet wurde.[11]

Am nördlichen Ende der Paulinenstraße 25
ließ sich 1955 die Deutsche **Pfandbriefanstalt** – eine Körperschaft des öffentlichen Rechts im Besitz des Bundes – vom renommierten Architekten Alexander von Branca ihr neues Bürogebäude (Abb. 85) als querrechteckiges, siebengeschossiges Hochhaus über einem zweigeschossigen Vorbau errichten.

Die sehr ausgewogen proportionierte Rasterfassade ist ein typisches Zeugnis der 50er Jahre, das in die sensible Umgebung durch die zurückliegende Anordnung und geschickte Ausnutzung der Hanglage gut

Abb. 85

Abb. 86

Abb. 87

früh um 1845 entstandene **Parkstraße 6** (Abb. 86) im Rundbogenstil, der für den Romantischen Historismus bezeichnend ist. Das trifft auch auf die kompromisslos klare Kubusform des Baukörpers zu. Die rechteckige Rahmung der Fenster an der Hauptfassade erinnert an das etwa zehn Jahre zuvor entstandene Haus Luisenplatz 1, mit dem erstmals Formen der italienischen Frührenaissance Einzug in Wiesbaden fanden. 26

eingestimmt ist. Der Erweiterungsbau von ungefähr 1980 wurde ebenfalls durch von Branca geschaffen, dabei in einer anderen, stärker plastischen Gliederung gehalten.

Die am Kurpark entlangführende **Parkstraße** enthält in bester Wohnanlage eine Reihe stattlicher Villen, darunter die sehr

Zu den seltenen Beispielen für neogotische Bauformen im Villenbau gehört das um 1860 entstandene Haus **Parkstraße 18** (Abb. 87). Doch sind nur die Schmuckformen neugotisch, der Baukörper selbst ist jener für Wiesbaden typische würfelförmige Kubus mit strenger Symmetrie der Fassaden. 27

---

[1] Ulrike von Hase: Wiesbaden – Kur- und Residenzstadt, Abb. 1, S. 130, in: Ludwig Grote (Hrsg.), Die deutsche Stadt im 19. Jahrhundert. Studien zur Kunst des 19. Jahrhunderts, Bd. 24, München 1974

[2] Nikolaus Pevsner: Möglichkeiten und Aspekte des Historismus, in: Studien zur Kunst des 19. Jahrhunderts, Bd. I, S. 13–24, Prestel-Verlag München 1965

[3] Winfried Nerdinger: Friedrich von Thiersch 1852–1921, Ausstellungskatalog der Landeshauptstadt Wiesbaden, München 1977

[4] Otto Weddigen: Geschichte des Theaters in Wiesbaden, Wiesbaden, Bd. 2, S. 1337

[5] Zeitzeugen II, Wiesbadener Häuser erzählen ihre Geschichte, Thorsten Reiß Verlag Wiesbaden, 1998, S. 50

[6] Kurt Buchholz: Wiesbadener Denkmäler, Thorsten Reiß Verlag Wiesbaden, 2004, S. 60–64

[7] Zeitzeugen III, Wiesbadener Häuser erzählen ihre Geschichte, Thorsten Reiß Verlag Wiesbaden, 2000, S. 90

[8] Zeitzeugen II, a.a.O. S. 234

[9] Zeitzeugen II, a.a.O. S.12–14

[10] Zeitzeugen I, Wiesbadener Häuser erzählen ihre Geschichte, Thorsten Reiß Verlag Wiesbaden, 1996, S. 150

[11] Kurt Buchholz, a.a.O. S. 56–60

Verw.-Gericht
Bäcker Br.
(i.Bau)
Mühlgasse
10
9
Hess. Landtag
Schloßplatz
8
1
Schloß
Altes Rathaus
Br.
3
2
6
P
Rathaus
4
5
Markt-
Ellenbogengasse
Mauer-gasse
Synagoge
15
str.
P
14
Schiller-
Br.
Neu-
gasse
Markt
Graben-
straße
Wagemann
langg.
Mittelstraße
Lang-
chützen-hofstr.
kl. Kirchg.
Br.
ul-gasse
P

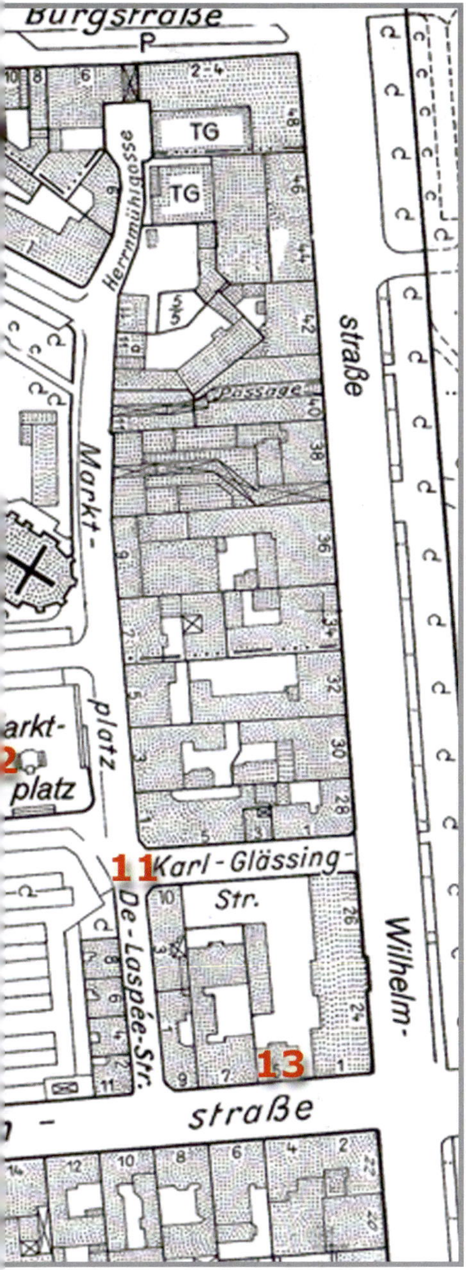

Tour 2

Rund um das Rathaus

1 Stadtschloss (Landtag)
2 Altes Rathaus
3 Marktbrunnen
4 Ecke Marktstraße/Ellenbogengasse
5 Hotel „Grüner Wald"
6 Neues Rathaus
7 Marktkirche
8 Denkmal des Schweigers
9 Wilhelms-Heilanstalt
10 Ecke Schlossplatz/Mühlgasse
11 De-Laspée-Straße
12 Marktsäule
13 Friedrichstraße 5
14 Schillerplatz
15 Neues Polizeipräsidium

Abb. 88

Tour 2: Rund um das Rathaus – Schlossplatz, Schillerplatz

Diese Tour führt uns zu den Wurzeln der Stadt Wiesbaden rund um das Rathaus und den Marktplatz, wo bereits im frühen Mittelalter ein befestigter Ort lag. Oft genug passiert man den Marktplatz auf dem Weg in die Altstadt oder zu den Einkaufstraßen, ohne sich zu vergegenwärtigen, dass man sich vor dem heutigen Landtag auf einer Stätte mit über 1 200 Jahren kontinuierlicher Siedlungstradition bewegt. Vielleicht liegt das auch daran, dass dieses Gelände im 19. Jahrhundert ein völlig neues, großzügiges Aussehen erhielt, das als Ensemble alle Stilphasen des Historismus in qualitätvoller Weise repräsentiert:

Der Kavaliersbau (Bild oben) steht für den Klassizismus, das Stadtschloss, die grandiose Marktkirche und das Eckhaus zur Ellenbogengasse für den Romantischen Historismus, das Neue Rathaus und die Wilhelms-Heilanstalt für den Strengen Historismus der Gründerzeit und das Hotel „Grüner Wald", Marktstraße 10, für den Späthistorismus. Daneben zeigt sich das völlig andere Gesicht der Nachkriegsbauten in der Friedrichstraße.

Der Rundgang beginnt am Marktbrunnen vor dem Landtagsgebäude, führt den Schlossplatz am Kavaliersbau entlang bis zur Ecke Mühlgasse hinauf, zurück zur Westseite des Rathauses, über den Markt und das Dernsche Gelände zur Friedrichstraße.

Ein Besuch in der Marktkirche ist ebenfalls möglich, sie ist für Besucher und Gläubige täglich geöffnet. Führungen durch die Räume des Schlosses/des Landtages gibt es jeden ersten Samstag im Monat um 10 Uhr ab Haupteingang sowie nach Voranmeldung im Internet.

Kurhaus, Bowlinggreen und Wilhelmstraße sind seit dem 19. Jahrhundert der Mittelpunkt für Kurgäste, Touristen und Kongressbesucher. Das historische, bürgerschaftliche und politische Zentrum aber ist der Schlossplatz. Hier entwickelte sich im frühen Mittelalter die Burg als Keimzelle der Stadt. Beim Wiederaufbau des von Bomben getroffenen Kavaliersbaus, heute der mittlere Teil des Hessischen Landtags, fand man 1952 bei Ausgrabungen die Fundamente einer Turmburg, wahrscheinlich Teil des von Einhard 828 erwähnten „castrum, quod moderno tempore vocatur Wisibada". Um diese Burg entwickelte sich eine in der Fachsprache „Burgum" genannte, mit einer Mauer und Tortürmen eingefasste Siedlung, in der sich Handwerker und Kaufleute niederließen. Sie erhielt vor 1241 Stadtrechte.

Die Burg wurde während des Mittelalters ausgebaut, 1503–05 um einen Schlossflügel erweitert. Dessen Funktion übernahm 1596 das „Neue Schloss", das sich rechtwinklig vom Haupteingang im heutigen Kavaliersbau in Richtung Marktkirche erstreckte und 1696 erneuert und vergrößert worden ist. Dieser historische Komplex war wohl eine recht verbaute und nicht sehr bedeutende Anlage, denn er war nicht Sitz der Grafen und späteren Fürsten von Nassau wie die Schlösser in Idstein oder Weilburg, sondern nur Nebenresidenz. Nach der Vereinigung der Landesteile Nassaus 1806 zum Herzogtum und der Bestimmung Wiesbadens 1816 zur Hauptstadt wurde der Bau eines Residenzschlosses in der Stadt notwendig.

Bis dahin diente das Schloss Biebrich sowohl der herzoglichen Familie als Wohnsitz als auch dem Monarchen als Residenz. Den Platz des alten Schlosses hatte man wegen der Lage inmitten der Bürgerstadt und des unglücklich geschnittenen Grundstücks wohl zunächst aufgegeben, denn der Herzog schenkte eine abgetrennte Parzelle der katholischen Gemeinde für den Bau einer Kirche, erlaubte aber dann, sie an den Dachdeckermeister Konrad Kalb weiter zu verkaufen. Er baute sich 1826 hier ein Wohn- und Geschäftshaus, das dann 1841 wieder von der herzoglichen Verwaltung zurückerworben und zum Kavaliershaus (Abb. 88) des Schlosses gemacht wurde.

Leider wurde der 1945 zwar beschädigte, aber weitgehend erhaltene Bau abgebrochen und verändert mit vier Geschossen anstelle der drei ursprünglichen neu aufgeführt. So kann man die schlichte Fassade nur eingeschränkt als typisch für den Klassizismus des frühen 19. Jahrhunderts werten.

Im ersten Viertel des 19. Jahrhunderts 1
gab es verschiedene Vorschläge zum Bau des **Residenzschlosses** (heute Landtag), darunter den Plan von Christian Zais[13] für das Gelände nördlich des Warmen Dammes neben dem Kurhaus. Nach dem Einsturz der ersten Bonifatiuskirche auf dem Luisenplatz 1831 plante man, hier das Residenzschloss zu errichten. Dies wäre ein Standort ganz im Sinne absolutistischer Herrscher des Barock gewesen: Abseits der Bürgerstadt mit einem Paradeplatz vor dem Schloss und einer Verbindungsachse zur Sommerresidenz in Biebrich. Der durch die Französische Revolution vor einer allzu großen Bürgerferne gewarn-

Abb. 89

te, aufgeklärte Herzog Wilhelm beschloss jedoch, inmitten der Stadt zu residieren und den historischen Standort zu besetzen. Mit dem geschichtlichen Bezug auf seine hier bereits seit dem 13. Jahrhundert herrschenden Vorfahren, vor allem des deutschen Königs Adolf von Nassau, wollte er seinen Anspruch auf den Thron von Nassau begründen. Das durch die Abtrennung der Parzelle für das Kavaliershaus beschnittene Grundstück war so begrenzt, dass man das Schloss an beiden Seiten direkt an bestehende Häuser anbauen musste. Da es auch in der Größe im Vergleich zu barocken Residenzen beschränkt ist, vermutet man in ihm eher ein Adelspalais als das Schloss eines Landesherren (Abb. 89).

War in den Barockschlössern, wie zum Beispiel auch in Biebrich, noch der ganze Hofstaat untergebracht, so wurde für die Ministerien 1839–42 ein besonderes Gebäude in der Luisenstraße geschaffen. Das Residenzschloss war damit ausschließlich Wohn- und Repräsentationsbau der herzoglichen Familie. Doch selbst dafür war der zur Verfügung stehende Bauplatz zu klein und dazu noch in der stumpfwinkligen Ecklage unglücklich geschnitten.

Der großherzogliche Oberbaudirektor Georg Moller aus Darmstadt war hier mit seinen besten Fähigkeiten und seiner Erfahrung gefordert. Es gelang ihm in der Tat, eine ebenso ungewöhnliche wie auch eindrucksvolle Lösung zu finden. Herzog

Abb. 90

Wilhelm von Nassau erteilte ihm 1835 den Auftrag zur Planung, konnte selbst aber nicht mehr in das neue Schloss einziehen. Denn er verstarb bereits 1839, so dass sein Sohn Adolf 1841 der erste und zugleich einzige ständige Schlossherr wurde. Schon 1866 musste er ins Exil gehen. Das Schloss wurde bis 1918 vom Königreich Preußen für die Aufenthalte von Kaiser Wilhelm I. und Wilhelm II. genutzt, 1925 Sitz der britischen Rheinarmee und 1930 von der preußischen Staatlichen Schlösserverwaltung zum Museum eingerichtet.

Bei einem Bombenangriff erlitt es 1945 schwere Beschädigungen (Abb. 90), nach der Wiederherstellung wurde es Sitz des Hessischen Landtags, der am 1. Dezember 1946 gewählt worden war. Nach Abbruch der historischen Reithalle von Georg Moller 1960 wurde der neue Plenarsaal angebaut, für den derzeit wegen seiner ausschließlich künstlichen Belichtung ein Neubau entsteht.

Ungewöhnlich für ein Residenzschloss ist der Verzicht auf einen zentralen, repräsentativen Eingang. Dies war aber wegen des Grundstücks nicht möglich, so dass sich Moller zu einer Diagonalerschließung entschloss, für die er sich schon zuvor planerisch interessiert und die er bereits 1815 beim Casino in Darmstadt angewandt hatte. Er hat also nicht nur aus der Not eine Tugend gemacht, sondern die Chance zur Verwirklichung lang gehegter Ideen genutzt, indem er den Eingang in einen Rundbau mit Säulenportikus an der stumpfwinkligen Ecke legte.

Darüber liegt ein schmaler Altan, gerade ausreichend für Proklamationen an das Volk. Die ornamentale Ausschmückung ist gegenüber dem Erbprinzenpalais (Abb. 61, S. 38) im Sinne des Romantischen Historismus deutlich gesteigert worden. Zwischen Erdgeschoss und erstem Obergeschoss liegt ein breiter Ornamentfries, die Fensterlaibungen und das Kranzgesims sind kräftiger und differenzierter profiliert. In die Attika sind

Abb. 91

die Fenster der Dienstbotenzimmer eingefügt. Der über eine relativ schmale Treppe ins Innere führende Eingang war nicht für die regierenden Häupter bestimmt, die ohnehin in der Kutsche oder – wie häufig Kaiser Wilhelm II. – hoch zu Ross ankamen.

Dafür gibt es eine heute nicht mehr benutzte Durchfahrt in der Marktstraße, in der man aussteigen und über einen Gang und eine 1960 beseitigte Treppe zu dem stattlichen Treppenhaus und damit in das Obergeschoss kam. Um von dort aus in die größeren, im Westen gelegenen Repräsentationsräume zu gelangen, musste man über bogenförmige Galerien gehen. Das umständlich erscheinende Erschließungssystem mit relativ langen Wegen hatte den Vorteil, dass dem Besucher das Schloss innen größer erschien, als es in Wirklichkeit ist. Zwar war dadurch auch der Anteil der Verkehrsflächen ungewöhnlich groß, jedoch ließen sich wegen der fehlenden Belichtung in dem sehr tiefen Baukomplex ohnehin nicht mehr vollwertige Räume schaffen.

Beim Umbau zum Landtag hat man die Wegeführung vereinfacht, indem man vom ersten Podest des Treppenhauses aus über einen auch als Garderobe genutzten Gang und eine neue Treppe den Rundsaal im ersten Obergeschoss direkt erreicht. Im Unterschied zu den allgemein recht bescheidenen Treppenhäusern des Klassizismus ist das im Wiesbadener Schloss (Abb. 91) schon recht aufwendig mit dem einläufigen Anstieg vom Eingang aus und der doppelläufigen Fortführung nach den Umkehrpodesten angelegt. Ein kassettiertes Tonnengewölbe überspannt das durch alle drei Geschosse reichende Treppenhaus. Die Stäbe der bronzenen Treppengeländer sind durch feuervergoldete Akanthusranken miteinander verbunden. Die Laternen sind integriert, sie waren bereits 1841 für Gaslicht eingerichtet. Das Gas ließ man sich mit Kesselwagen aus Frankfurt kommen, denn ein eigenes, zunächst privates Gaswerk erhielt Wiesbaden erst 1847, 1873 übernahm es die Stadt.

Abb. 92

Die Wände sind im unteren Teil braun marmoriert, in der oberen, durch weiße Pilaster gegliederten Wandfläche hellgelb. In sechs Wandnischen stehen lebensgroße Standbilder aus grauem Sandstein, 1838 von dem Bildhauer Ludwig Schwanthaler aus München gearbeitet. Sie stellen die griechischen Götter Artemis, Pan, Demeter, Dionysos, Aphrodite und Apollo dar. Vom Treppenhaus kommt man zunächst in ein halbrundes Vestibül, das über dem gleichgroßen des Erdgeschosses liegt. Das anschließende runde Balkonzimmer (Abb. 92) ist zugleich der Verbindungsraum zu den Räumen im Flügel am Schlossplatz einerseits und den an der Marktstraße gelegenen andererseits.

Diese insgesamt sechs Räume von wohnlicher Größe sind kostbar mit Parkettböden, Wanddekorationen, Deckenmalerei, Möbeln und Gemälden ausgestattet. Das Intarsienparkett aus verschiedenen Hölzern wie Mahagoni, Nussbaum, Ahorn, Ebenholz und Palisander enthält Einlagen aus Perlmutt und Messing. Wände und Decken wurden wie in allen historischen Räumen ornamental von den Brüdern Ludwig und Friedrich Wilhelm Pose aus Mannheim beziehungsweise Düsseldorf bemalt. Die Deckenmalerei im Balkonzimmer ist nach der völligen Kriegszerstörung dieses Raumes von dem Kunstmaler Professor Kurt Bunge aus Kassel in Gestalt einer flachen, illusionistisch gefalteten Kuppel frei erfunden worden. Er war von 1961 an mit der Restaurierung aller Malereien an Wänden und Decken beauftragt, war mehr Künstler als Restaurator, so dass man viele Details ihm und nicht den Brüdern Pose zuordnen muss.

Für die Beleuchtung wählte man feuervergoldete Bronzekronen oder Wandleuchter. Im Balkonzimmer sind zwei der einst zahlreichen weißen, runden Kachelöfen erhalten. Die Stühle bestehen aus schwarz lackiertem Eichenholz, das spiralförmig gedrechselt ist. Man bestellte die Möbel zu-

Abb. 93

nächst bei der Firma St. Laurent in Paris, bis Richard Goerz als örtlicher Bauleiter dagegen protestierte. Es könnte sich um die drei Sofas, vier Sessel und sechs Stühle im Gelben Salon handeln, die vollständig vergoldet sind und die typischen geschwungenen Beine aufweisen. Wenn er behauptete, diese Art sei längst nicht mehr in Gebrauch, hielt er sie wohl für Rokoko des 18. Jahrhunderts und wusste nicht, dass man in Paris bereits beim Zweiten Rokoko angekommen war. Von da an wurden die Möbel ausschließlich in Mainz bei der Firma Anton Bembé bestellt, die auch die Parkettböden verlegte.

Daneben waren auch die Firmen Kimbel und Knussmann tätig. Sie arbeiteten im Stil des Empire und Biedermeier. An das Balkonzimmer schließen zur Marktstraße hin der Rote und der Gelbe Damastsalon (Abb. 93) an, genannt nach den Wandbespan-

Abb. 94

Abb. 95

nungen zwischen Rahmen aus Stuckmarmor. Die Türen bestehen aus reich gemaserter ungarischer Esche. Die Gemälde stammen von namhaften deutschen und italienischen Malern der Romantik.

Vom Gelben Damastsalon gelangt man in den ehemaligen Speisesaal (Abb. 94), der ursprünglich als Tanzsaal geplant war, worauf die gemalten Tänzerinnen nach römischen Vorbildern in Pompeji hinweisen. Der Saal reicht mit seiner reich ornamentierten Voutendecke durch anderthalb Geschosse, die außen im zweiten Obergeschoss liegenden Fenster sind nur vorgeblendet, ihre dunklen Scheiben auf den Putz gemalt. Die Räume zum Schlossplatz hin wurden 1945 weitgehend zerstört.

Zu den größeren Repräsentationsräumen im westlichen Teil des Schlosses gelangt man über die beiden gebogenen, zum Lichthof hin weitgehend in Glasflächen aufgelösten Galerien (Abb. 95), die der begeisterte Amateurbotaniker Herzog Adolf zugleich als Gewächshaus nutzte. Sie münden in den großen runden Kuppelsaal, dem ehemaligen Tanzsaal, der ursprünglich Speisesaal werden sollte, dann aber wegen der schlechten Akustik die Funktion mit dem alten Tanzsaal tauschte. Die Kuppel ist eine Eisenkonstruktion, deren Haltbarkeit von der herzoglichen Zeughausdirektion zu Unrecht bezweifelt wurde, denn sie hat alle Fährnisse in 165 Jahren schadlos überstanden.

Von ihrem verglasten Auge hängt ein großer Kronleuchter herab, der 1829 für die Rotunde des Biebricher Schlosses angefertigt worden war und 1930 hierher gebracht wurde, weil man den für diese Stelle geschaffenen Leuchter 1907 in das Kurhaus brachte, wo er noch heute im Zais-Saal hängt. Die Raummitte wurde von einem mit Samt bezogenen Rundsofa eingenommen, in dessen Zentrum aus einer Brunnenschale eine Fontäne aufstieg.

Vom Kuppelsaal gelangt man in den größten Festraum des Schlosses, den Konzertsaal (Abb. 96), der zu der Erweiterung des Raumprogramms unter Herzog Adolf ab 1839 gehört. Er wurde von den Gebrüdern Pose besonders reich ausgestaltet und weist darauf hin, wie weit man sich im Romantischen Historismus von der betonten

Abb. 96

Schlichtheit des Klassizismus entfernt hatte. Zum festlichen Eindruck tragen die vier großen Kronleuchter und zwölf Wandarme aus feuervergoldeter Bronze mit insgesamt 264 Kerzen bei. Die figürlichen Darstellungen beziehen sich hauptsächlich auf die einstige Rolle als Musiksaal. Heute ist er Hauptteil der Lobby des Landtages. Für den Anbau der neuen Lobby und des Plenarsaales verwandelte man die einstige halbrunde Konche, vergleichbar der im Süden noch vorhandenen Konche, in einen breiten Durchgang. Die Veränderung erfolgte geschickt, wenn auch verfälschend in historischen Formen kaschierend. Dahinter lag bis zu ihrem Abbruch 1960 die großzügig von Georg Moller gestaltete Reithalle (Abb. 97).

Abb. 97

Seitlich zum Innenhof befinden sich noch zwei nach wie vor historisch gestaltete Gesellschaftszimmer, die heute dem Kabinett und dem Landtagspräsidenten als Besprechungsräume dienen.

Aus Sicht der Denkmalpflege wäre die 1930 eingeleitete Verwendung als Schlossmuseum besser gewesen, denn das Schloss war noch weitgehend mit seiner alten Ausstattung erhalten, von der inzwischen – vor allem zwischen 1960 und 1970 – viel verloren gegangen ist. Für die geschichtliche Kontinuität eines demokratischen Staates jedoch ist es nicht nur von symbolischer Bedeutung, wenn an eine jahrhundertlange Tradition eines Standortes angeknüpft wurde, von dem aus mit den unterschiedlichsten Regierungsformen die Stadt Wiesbaden und das Land Nassau beherrscht wurden.

Das **Alte Rathaus**, Marktstraße 16 (Abb. 98), gegenüber dem Stadtschloss heißt zu Recht so, denn es ist nicht nur der älteste Bau am Schlossplatz, sondern auch der Innenstadt Wiesbadens insgesamt. Man sieht ihm das nicht auf den ersten Blick an, denn 2

Abb. 98

Abb. 99

nur noch das Erdgeschoss und die beiden Giebelseiten stammen von 1609/10, das originale Obergeschoss aus Fachwerk wurde 1828 massiv erneuert. Im Auftrag von Graf Ludwig II. von Nassau hatte Stadtbaumeister

Valerius Bausendorf den Bau entworfen und ein heute noch im Museum aufbewahrtes Modell angefertigt, die Ausführung lag in den Händen von Antonius Schöffer.

Abb. 100

Abb. 101

Die Mauern des Erdgeschosses und die steinernen Giebelwände sind in einfachen Formen der späten Renaissance gehalten, das Fachwerk wies mit seinem geschweiften Giebel Beziehungen zum Nordgiebel in der Vorburg von Idstein von 1565, zum Amtshof in Camberg von 1608 sowie zu Bürgerhäusern von Limburg a. d. Lahn und Bad Camberg aus der Zeit um 1600 auf. Die elf hölzernen Relieftafeln – früher unter den Fensterbrüstungen – schuf der Straßburger Meister Hans Jacob Schütterlin. Sie befinden sich seit 1829 im Museum und stellen Wappen sowie Tugenden dar. Beim Umbau 1828 hat man sie durch flache Steinreliefs ersetzt. Angeblich war damals das hölzerne Obergeschoss so zerstört, dass es nicht erhalten werden konnte. In dieser Zeit hatte man aber für Sichtfachwerk noch kein Verständnis, sondern bevorzugte nach antikem Vorbild die Massivbauweise, die man vielfach – auch in Wiesbaden – bei klassizistischen Neubauten durch verputztes Fachwerk vortäuschte. Vom Gesamteindruck herrscht beim Alten Rathaus der Stil des Romantischen Historismus vor.

Der **Marktbrunnen** (Abb. 99) hatte 3
einen im Dreißigjährigen Krieg zerstörten hölzernen Vorgänger, der heutige stammt von 1753, errichtet nach dem Entwurf von Johannes Bager. Er gehörte zu einer bedeutenden Architektenfamilie aus Tirol, die in Biebrich am Schloss und der Hauptkirche sowie bei den Kirchen in Bierstadt und Naurod tätig war. Die Steinmetzarbeiten am Trog mit den Wappen der Stadt und der Grafschaft Nassau kamen aus der Hand des in Mainz tätigen, aus Reistenhausen in Mainfranken stammenden Anton Widtemann. Der Löwe mit dem Wappenschild auf dem Kapitell des Brunnenstocks ist das Werk des Mainzer Bildhauers Jung.

Den unteren Teil der Marktstraße schloss ursprünglich der Uhrturm (Abb. 100) ab, der zur mittelalterlichen Befestigung des Burgbezirkes gehörte und wegen der Einschränkung des Verkehrs als letztes der his-

Abb. 102

Abb. 103

torischen Tore noch 1873 abgebrochen wurde, als sich allgemein in Deutschland schon der Denkmalschutz durchgesetzt hatte. Den einstigen Standort kennzeichnet heute nur noch der Name einer Gaststätte.

4 Das zwischen 1843 und 1857 entstandene Eckhaus zur **Ellenbogengasse** (Abb. 101) links neben dem Alten Rathaus nimmt mit seinem 1876 hinzugefügten Rundbau in den Formen des Romantischen Klassizismus das Motiv des Schlosses auf.

5 Das prachtvoll im Stil des Neobarock ausgeschmückte Haus **Marktstraße 10** (Abb. 102) war wie viele andere Häuser in der Marktstraße ein Gasthof, in den Jahren 1899/1900 als Hotel „Grüner Wald" durch den Architekten Wilhelm Rehbold neu errichtet. 1995–97 vorbildlich restauriert dient es seit einigen Jahren als Geschäfts- und Wohnhaus.

6 Das **Neue Rathaus** (Abb. 104) nimmt seit seiner Erbauung 1883–87 ein Kerngebiet der Altstadt ein. Auf der sogenannten Insel zwischen Marktstraße und Marktkirche standen neun Häuser, von denen das bedeutendste der „Koppensteinsche Hof" ist, den die Stadt schon 1868 vom Oberforstrat Dr. Dern gekauft und als Rathaus genutzt hatte. Von seinen Gärten leitet sich die heute „Dernsches Gelände" genannte große Fläche südlich des Rathauses ab. Vom Oktober 1881 an wurden die anderen acht Häuser aufgekauft und abgebrochen. Den Auftrag für das Neue Rathaus erhielt der Architekt Professor Dr. Georg Ritter von Hauberisser, der seinen Ruf als Spezialist für Rathausbauten mit dem Bau in München begründet hatte. Außerdem entwarf er die Rathäuser von Kaufbeuren

Abb. 104

Abb. 105

Abb. 106

und Saarbrücken-St. Johann. Als Schüler des Neugotikers Friedrich von Schmitt in Wien wählte er für das Rathaus in München sehr reiche und malerisch bewegte neogotische Formen, die in Wiesbaden weitgehend den Sakralbauten vorbehalten waren, weshalb er sich hier für den Stil der deutschen Renaissance entschied. Leider ist die Hauptfassade zum Schlossplatz (Abb. 103) 1945 zerstört und nüchtern vereinfacht wiederaufgebaut worden. Bis dahin war der Schlossplatz ein hervorragendes Ensemble aller Stilphasen des Historismus. Dabei stand der Kavaliersbau für den Klassizismus, das Stadtschloss, die Marktkirche und das Eckhaus zur Ellenbogengasse für den Romantischen Historismus, das Neue Rathaus und die Wilhelms-Heilanstalt für den Strengen Historismus der Gründerzeit sowie das Lyzeum für den Späthistorismus.

Hauberisser hat sich bei der einst sehr malerisch mit Risaliten, Giebeln, Treppentürmen, Gauben und Obelisken ausgestatteten Hauptfassade des Rathauses an der Weserrenaissance orientiert. Die Fassaden zur Marktkirche und dem Dernschen Gelände (Abb. 104) sind einfacher gehalten, blie-
7 ben aber unverändert bestehen und bieten einen Abglanz von der einstigen Qualität dieses herausragenden Bauwerkes, die auf der Baumassenbewältigung auf fünfseitig polygonalem Grundriss und auf der Ornamentik sowie sorgfältigen Sandsteinquadertechnik beruht.

Im Inneren wurden beim Wiederaufbau 1951 als historische Teile die gewölbte Eingangshalle, das Treppenhaus (Abb. 105) und der breite Korridor des ersten Obergeschosses (Abb. 106) beibehalten. Der vor einige Jahren neu gestaltete Stadtverordneten-Sitzungssaal erhielt sehr schöne moderne Glasfenster von Johannes Schreiter aus Frankfurt, der Festsaal von Jochem Poensgen und das Treppenhaus (Abb. 107) von Ludwig Schaffrath.

Abb. 107

Abb. 108

7 Die **Marktkirche** (Abb. 108) wurde als Nachfolgebau der 1850 durch Brand zerstörten Mauritiuskirche in der Altstadt errichtet. Sie ist das älteste Gotteshaus der Kernstadt, wurde als Nassauischer Landesdom konzipiert und erfüllt noch heute die Funktion der Hauptkirche Wiesbadens. Nachdem durch das Gutachten von Richard Goerz feststand, dass die stehengebliebenen Außenwände der Mauritiuskirche für einen neuen Innenausbau nicht mehr tragfähig waren, wurde Karl Boos am 26. 1. 1851 zunächst beauftragt, einen Bauplatz für den Neubau auszusuchen.

Einen Monat später machte er folgende drei Vorschläge:

1. den Weinberg hinter dem Schützenhof,
2. die jetzige Stelle am Schlossplatz,
3. die alte Stelle auf dem Mauritiusplatz.

Die fünf Geistlichen stimmten im Kirchenvorstand für den Weinberg, weil sie den nassauischen Landesdom als Stadtkrone auf der Höhe wünschten, die sechs Laien überstimmten sie mit dem Vorschlag, an den Neuen Markt (Schlossplatz) zu gehen, weil sie den weiten, steilen Weg auf den Weinberg scheuten. Für den Neubau verzichtete man auf einen Wettbewerb, denn der 1806 in Weilburg geborene nassauische Baurat Karl Boos war durch den Bau des Ministerialgebäudes in der Luisenstraße so anerkannt, dass man ihm 1851 den Auftrag erteilte und ihm weitgehend freie Hand ließ. Nur zwei Forderungen stellte man, nämlich „die in akustischer Beziehung bewährte Basilikaform" und „einen hohen Turm für die Würde als Landesdom". Die feierliche Grundsteinlegung wurde am 22. 9. 1853 vorgenommen, die Einweihung am 13. 11. 1862.

Die am 14. 1. 1852 genehmigten Pläne von Boos sahen zunächst einen verputzten Bruchsteinbau mit Hausteingliederungen vor, am 25. 2. 1852 plädierte er jedoch wegen der Billigkeit, Schönheit und Dauerhaftigkeit für einen Backsteinbau.

Der ihm zuarbeitende Bauaccessist Alexander Fach wurde nach Berlin gesandt, um dort den Ziegelrohbau an der 1824–30 von Schinkel erbauten Werderschen Kirche zu studieren. So ganz ohne Absicherung wollte man wohl doch nicht einen so großen Kirchenbau errichten lassen und bestellte deshalb beim badischen Landbaumeister Heinrich Hübsch (1795–1863) ein Gutachten, in dem der ortsfremde Ziegelbau, die Verwendung des gotischen Stils und der zu hohe Turm kritisiert wurden.

Boos ließ sich davon nicht beirren, blieb beim Backstein als Baumaterial, erhöhte den Hauptturm sogar noch um 48,5 Fuß auf 300 Fuß (98 m), die vorderen Seitentürme auf 175 Fuß (rund 57 m), die hinteren auf 220 Fuß (rund 72 m). Diese vieltürmige Silhouette war damals im Kirchenbau etwas ganz Neues, auch bei neogotischen Kirchen. Heute beherrscht sie wesentlich das Bild der Stadt und verleiht dem Bau am stärksten den Charakter der Gotik, die Boos mit den Worten verteidigte, „daß sie die Schwere des Materials überwinden, den Beschauer mit in die Höhe ziehen oder sein bescheidenes

Abb. 109

Abb. 110

Dasein in Demut fühlen lasse, das christliche Empfinden voll zum Ausdruck bringe."

Im Baukörper der Basilika selbst lebten aber noch die kubischen Gestaltungsprinzipien des Klassizismus weiter. Man erkennt dies an der Unterdrückung der Dächer, die doch in der mittelalterlichen Gotik besonders steil und voluminös waren, hier aber als flache Pult- und Satteldächer weitgehend hinter den Maßwerkbrüstungen (Abb. 109) verschwinden. Die Details sind stärker als bei Schinkel der Gotik entlehnt, der noch Obelisken statt der hier eingesetzten Fialen verwandte. Sie treten aber in einer gewissen klassizistischen Kühle und gemischt mit antikisierenden Formen auf. Dazu gehören die Palmettenaufsätze auf dem Scheitel der Spitzbögen ebenso wie die Akanthusblätter an den Portallaibungen (Abb. 110).

Abb. 111

Im Abschluss des spitzbogigen Hauptportals durch einen flachen Dreiecksgiebel fühlt man sich eher an die Antike als an einen gotischen Wimperg erinnert. Alle Schmuckelemente sind Terrakotten aus der Werkstatt von Johann Jacob Höppli, der mit der Bonifatius- und der Marktkirche seine ersten großen Aufträge erhielt, ab 1872 seine Werkstatt in der Wörthstraße

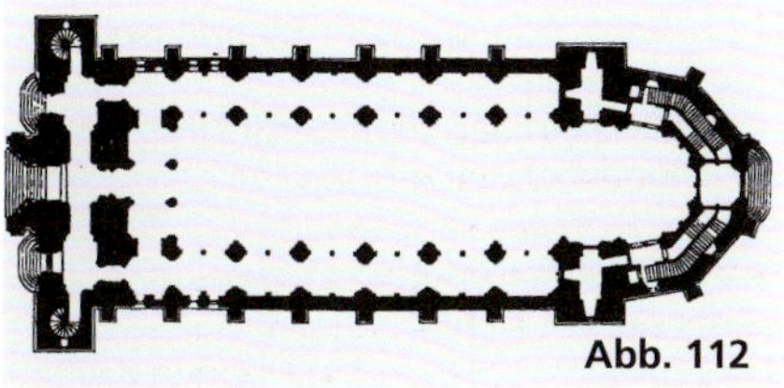
Abb. 112

Abb. 113

einrichtete und bis zum Ersten Weltkrieg Schmuckelemente für sakrale und profane Bauten herstellte.

Bei der besonders eindrucksvollen Westfassade der Marktkirche (Abb. 111) spürt man in dem blockhaft geschlossenen Unterbau in der optischen Brechung der vertikalen Strebepfeiler und Lisenen durch die betonte Horizontale der Gesimse noch jene Ausgewogenheit, die für klassizistische Bauten bezeichnend ist. In den Türmen aber ist das Höhenstreben der Gotik voll entwickelt.

Bei der Raumform handelt es sich um eine Basilika mit steinernen Emporen, die um den Umgangschor geführt wurden. Der Bau betont mit einem Maß von 61,5 m vom Eingang im Westen zum Chor im Osten eindeutig die Längsachse (Abb. 112) und steht damit dem mittelalterlichen Prozessionsraum näher als dem zum Zentralraum tendierenden protestantischen Predigtraum.

Die Wiederaufnahme gotischer Formen hatte ihre Konsequenzen. Die am Außenbau in den Türmen zum Ausdruck kommende Höhentendenz wird im Inneren (Abb. 113) durch die relativ steilen Proportionen im Verhältnis von der Breite zur Höhe des Mittelschiffs wie 12 m : 25 m = 1 : 2,08 bewirkt. Etwas gemildert wird sie durch die Horizontale der steinernen Emporenbrüstungen, gesteigert wiederum durch die steil aufsteigenden Kreuzrippengewölbe.

Abb. 114

Die Seitenschiffe sind mit einer Breite von nur 4 m gangartig schmal, erreichen in ihren Gewölben eine Höhe von 15 m. In den Kapitellen der Bündelpfeiler, vor allem aber in der Ornamentik der Emporenbrüstungen (Abb. 114), lebt die Ornamentik des Klassizismus weiter.

In die Wandstärke des Chorumgangs sind nach dem Vorbild von St. Philippe du Roule in Paris logenähnliche Oratorien für die herzogliche Familie[14] eingetieft. Dadurch hatte die Marktkirche die Funktion einer Hofkirche, die sich auch nach 1866 fortsetzte, als die Kaiser Wilhelm I. und Wilhelm II. bei ihren Aufenthalten in Wiesbaden die nördliche Loge, in der jetzt die Chororgel steht, benutzten.

Die originale Ausmalung sollte „keusche Einfachheit" und „jungfräuliche Zartheit" ausstrahlen und war in den abgestuften Tönen eines lichten Brauns mit weißen Kapitellen gehalten, andere Quellen sprechen vom lichtgrau-rötlichen Ton der Wände und Gewölbe sowie vom Weiß der Kapitelle und Ornamente. Ungefähr in dieser Farbstimmung wurde die Kirche 1963–64 neu ausgemalt, gegenüber dem Original wohl mit etwas kräftigeren Tönen. Zwischendurch besaß sie seit dem Jahr 1900 eine figürlich-ornamentale Ausmalung in dunklen pastosen Farben, von der sich noch Reste in der Taufkapelle befinden. Damals erhielten die fünf Chorfenster eine Farbverglasung, die 1945 der Druckwelle der detonierenden Bomben zum Opfer fiel, danach wurden die drei heutigen gearbeitet. Wichtigster Teil der künstlerischen Ausstattung ist die im Chorhaupt stehende Figurengruppe von Christus und den vier Aposteln, gestiftet von Herzog Adolf von Nassau, geschaffen vom Hofbildhauer Emil Alexander Hopfgarten und aufgestellt 1863. Die Gestalt Christi entstand in enger Anlehnung an das Werk von Bertel Thorvaldsen in der Frauenkirche zu Kopenhagen. Die aus weißem carrarischem Marmor gemeißelten Figuren in antikisierenden Gewändern haben mit ihren bewegten Gesten den Charakter eines lebenden Bildes. Um Christus mit den für das Werk Thorvaldsens typischen weit ausgebreiteten Armen stehen hinten links Johannes, rechts Matthäus, vorn links Markus, rechts Lukas.

Die Kanzel ist ein goldfarben bronzierter Eisenguss der Gebrüder Mack und Vombach nach dem Entwurf von Karl Boos. Das Blattwerk und die Symbole Glaube, Liebe, Hoffnung sind ganz in klassizistischen Stilformen gehalten. Die Vorliebe für den Eisenguss hat Boos von Schinkel übernommen. Die Weihnachtskrippe aus naturfarbenem Lindenholz schuf der bekannte Wiesbadener Bildhauer Prof. Dr. Wolf Spemann. Die steinerne Orgelempore wurde 1898 nach Osten zu Gunsten einer Sängerempore erweitert.

Die Orgel lieferte 1863 die Firma Eberhard Friedrich Walcker aus Ludwigsburg mit 63 Registern und einer mechanischen Traktur. Auf diesem Instrument spielte Max Reger (1873–1916) in seiner Zeit als Lehrer am Fuchsschen Konservatorium in Wiesbaden 1890–96. Im Jahr 1900 verwandelte Walcker die mechanische in eine pneumatische Traktur, die wiederum 1929 von der Firma Sauer durch eine elektropneumatische ersetzt wurde. Zugleich wurde das Werk auf 74 Register erweitert, die beim Neuaufbau zur Beseitigung der Kriegsschäden 1970 die Firma Gebr. Oberlinger aus Windesheim auf 71 reduzierte, dabei eine elektrische Traktur einführte. Bei der erneuten Reparatur 1982 nahm man eine Erweiterung auf 85 Register vor, von denen 20 noch aus dem Originalwerk von 1863 stammen.

Vom ursprünglichen Geläut existiert nur noch die „Kinderglocke", genannt nach der Sammelaktion durch Kinder. Eine alte Glocke dient als Sockel für das Taufbecken. Von der Firma Gebr. Rincker in Sinn wurden 1962 vier neue Glocken gegossen. Als besonderes Klanginstrument erhielt die Marktkirche 1986 ein Turmglockenspiel aus insgesamt 49 Bronzeglocken, von denen 45 neu gegossen wurden und die manuell durch den Organisten bespielt werden, während 25 auch als mechanisches Glockenspiel erklingen können.

Als größte Kirche und Landesdom war die Marktkirche (1852–62) mit umgerechnet 750 000 Mark Baukosten auch die

Abb. 115

Abb. 116

teuerste, gefolgt von der Lutherkirche (1908–11) mit 650 000 Mark, der Ringkirche (1892–94) mit 500 000 Mark, der Werderschen Kirche in Berlin (1824–30) mit 395 000 Mark und der Bonifatiuskirche (1844–49 und 1863–66) mit 273 000 Mark. Die abweichenden Baukosten spiegeln nicht nur die unterschiedliche Größe der Kirchen, sondern auch die steigenden Preise mit wachsendem Wohlstand nach der Jahrhundertmitte wider.

Unmittelbar nördlich an die Marktkirche anschließend und mit einem Torbogen verbunden errichtete Felix Genzmer 1898 bis 1901 die Höhere Töchterschule (Lyzeum) (Abb. 115) in neogotischen Formen. Leider wurde sie in der Nacht vom 2. auf den 3. Februar 1945 so schwer getroffen, dass sie restlos abgetragen werden musste.

8 Am Rand der heutigen Grünfläche vor der Marktkirche steht das **Bronzestandbild des Wilhelm I. von Oranien**, Graf von Nassau (1533–84), genannt der Schweiger (Abb. 116). Es handelt sich um einen Zweitguss nach dem 1906 vor dem Berliner Stadtschloss aufgestellten Original des Bildhauers Walter Schott, 1908 geschenkt von Kaiser Wilhelm als Anerkennung für den Bau des teuren Kurhauses, bei dem die Wiesbadener eher auf eine Finanzspritze gehofft hatten. In Wirklichkeit diente die Aufstellung des Prinzen Wilhelm I. von Oranien mehr der Selbstdarstellung des Kaisers, der damit auf seine Verwandtschaft zum Haus Nassau hinweisen wollte. Unter seinen vielen Titeln führte er auch den eines Prinzen von Oranien, und die zufällige Gleichheit der Vornamen war in dieser Hinsicht ein Vorteil. Die Inschrift auf dem Sockel aus Muschelkalk bezeichnet Wilhelm von Oranien als den Kämpfer für den Evangelischen Glauben. Zugleich ist er der Begründer eines unabhängigen niederländischen Staates, für den er sein Leben lang gegen die Spanier unter König Philipp II. kämpfte. Dennoch trägt er spanische Tracht, wie sie damals mit dem kurzen, gerafften Wams und den engen Hosen Mode war.

Abb. 117

Abb. 118

Abb. 119

Abb. 120

9 Zwischen dem Kavaliersbau und der Mühlgasse errichtete Philipp Hoffman 1868–71 die **Wilhelms-Heilanstalt** (Abb. 117). In den Einzelformen wie den Rundbogenfenstern und der Ausbildung des Kranzgesimses steht sie noch in der Tradition des Romantischen Historismus, in der asymmetrischen Gruppierung der plastisch wirkenden Bauteile – vor allem der beiden turmartigen Eckrisalite – lässt sie die Entwicklung zum Strengen Historismus der Gründerzeit erkennen. In einem runden Blendfenster steht die von dem Bildhauer Carl Keil aus Sandstein gearbeitete Büste des Bauherrn und Namensgebers Kaiser Wilhelm I., das darüber sichtbare Kranzgesims (Abb. 118) zeigt diskret im Fries aus Akanthusranken den preußischen Adler. Von der Inneneinrichtung der Klinik mit Anschluss an die Thermalquellen blieb seit ihrem Ausbau zum Verwaltungsgericht 1986 nichts mehr erhalten.

Der gegenüberliegende Eckbau an
10 der **Mühlgasse** (Abb. 119) ist das Werk von Josef Beitscher, erbaut 1896, also ein Vierteljahrhundert später als die Wilhelms-Heilanstalt. Die Tendenz zur malerischen Bereicherung des Baukörpers mit plastischen Elementen wie den Erkern und der Laterne auf dem turmartig hochgezogenen Eckrisalit ist hier deutlich stärker ausgeprägt.

Abb. 121

Abb. 122

11 Der Weg zum Späthistorismus ist in den Wohnhäusern der **De-Laspée-Straße** und an der Rückseite der Marktkirche (Abb. 120) mit ihren stark plastisch mit Erkern und Balkonen bewegten Fassaden schon vorgezeichnet.

Das **Dernsche Gelände**, wie die große ungestaltete und unbelebte Fläche südlich des Rathauses trotz aller Vorschläge zur Umbenennung bezeichnet wird, ist schon seit mehr als hundert Jahren Objekt des Streites über seine Gestaltung. Es gab Pläne für das Staatstheater oder eine Wohnbebauung. Schließlich setzte sich Felix Genzmer mit der unterirdischen Lagerhalle von 1899–1902 für den Wochenmarkt durch. Die Gewölbekeller dienen heute ständigen Verkaufsständen als Ergänzung zum Wochenmarkt. Für die Anlage nutzte Genzmer geschickt das einst stark nach Süden abfallende Gelände, indem er den eigentlichen Marktplatz mit
12 der zentralen **Marktsäule** (Abb. 121) als Terrasse aus dem Boden wachsen ließ. Die Stützmauern tragen eine neobarocke Balustrade, die innen hohle Marktsäule dient zugleich als Schmuck wie auch als Entlüftungsschacht für die Kellerräume.

Der Zweite Weltkrieg zerstörte die Bebauung der Friedrichstraße auf der Nordseite, damit verlor das Dernsche Gelände seine südliche Platzwand und ist viel zu groß, um als Platz empfunden und belebt zu werden. Dabei wäre es städtebaulich nicht schwierig, hier wieder eine Häuserzeile entstehen zu lassen und dadurch einen architektonisch gefassten Platz zu schaffen.

Von der ersten Stadterweiterung ab 1803 nach den Plänen von Carl Florian Goetz ist nur noch das bis 1817 erbaute Haus **Friedrichstraße 5** 13
(Abb. 122) erhalten geblieben. Häufig fälschlicherweise als Kutscherhaus des Erbprinzenpalais bezeichnet, handelt es sich in Wirklichkeit um den letzten der durch die herzoglichen Baugnaden ab 1805 geförderten Modellbauten zur klassizistischen Stadterweiterung mittels der Ansiedlung auswärtiger Bauherren. Der zweigeschossige Putzbau von fünf Achsen und mittlerem Eingang hat ein Satteldach

Abb. 123

Abb. 124

und ist in der zurückhaltenden typischen Farbgebung der Erbauungszeit mit lichtgrauen Flächen und grauhellgrünem Holzwerk gestrichen, inzwischen schon wieder verschmutzt und renovierungsbedürftig.

14 Die vier Dikasterialbauten genannten Häuser um den **Schillerplatz** sind alle verschwunden, der Platz existiert nur noch dem Namen nach – er ist lediglich eine Verkehrskreuzung, aber kein Raum mehr.

Die Südseite nimmt nun der Neubau des ehemaligen Verwaltungsgebäudes der „Berlinischen Leben" (Abb. 123), heute der Stadtverwaltung Wiesbaden ein, errichtet 1956 von Herbert Rimpl. Der Stahlbeton-Skelettbau mit seinen Rasterfassaden und dem originellen Dach aus einer freistehenden Betonschale in Wellenform ist ein ebenso typisches wie qualitätvolles Zeugnis für die Architektur der 50er Jahre, auch maßstabslos in seiner Höhe und Breite. Er zeugt von der Aufbruchsstimmung der Zeit des Wiederaufbaus, in dem eine Rücksichtnahme auf das historische Stadtbild kein Anliegen war.

In abgeschwächter Form trifft dies auch für den Erweiterungsbau des **Polizeipräsidiums** Marktstraße 2-6 (Abb. 124) von 1956 von Rolf A. E. Ziffzer zu, der durch die Zartheit des Flugdaches, der Stützen im Erdgeschoss und die harmonischen Proportionen der Rasterfassade besticht. 15

[13] Ulrike von Hase: Wiesbaden, Kur- und Residenzstadt, a.a.O. S. 135, Abb. 5

[14] Kirchenführer im Verlag Schnell & Steiner, München und Zürich 1987, Text Michael Hesse mit Beiträgen von Hans Uwe Hielscher, Erik Junge und Erich Dorn

riedrich -
Schiller-
platz
Kirch -
Bahnhof -
straße
St.Bonifatius-K.
TG
P
Luisen -
Luisen-
platz
Kultus-
minist.
Verwalt.
Gericht
gasse
Rhein-
Moritz
Dotzheimer
Straße
Kaiser-
Wörth
Rhein-
An der
Ringkirche
TP
Realschule
1
2
3
4
5
6
7
8
9
10
11
12
16
17
18
19
21
22
23
24
25
26
27

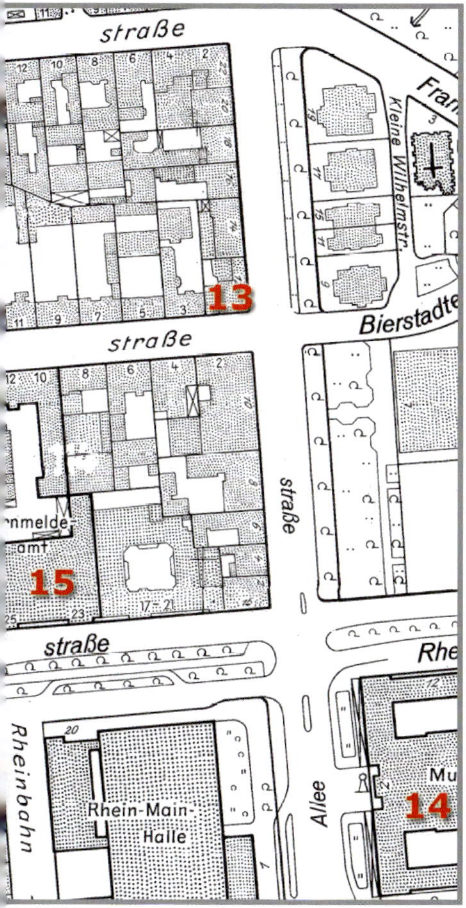

Tour 3

Friedrichstraße – Luisenstraße – Rheinstraße

1 Altes Polizeipräsidium
2 Wiesbadener Volksbank
3 Casino-Gesellschaft
4 Friedrichstraße 47
5 Schenksches Haus
6 Bonifatiuskirche
7 Münze, Luisenplatz
8 Ecke Luisenplatz 1/Rheinstraße
9 Kultusministerium
10 Luisenplatz 6
11 Obelisk, Luisenplatz
12 Ministerialgebäude
13 Ecke Rheinstraße/Wilhelmstraße
14 Museum Wiesbaden (Landesmuseum)
15 Ehem. Hauptpost
16 Grevesches Palais, Rheinstraße
17 Ecke Rheinstraße/Kirchgasse
18 Hessische Landesbibliothek
19 Ecke Schwalbacher/Rheinstraße
20 östl. Ecke Rhein-/Bahnhofstraße
21 westl. Ecke Rhein-/Bahnhofstraße
22 Rheinstraße 34, 36, 38
23 Ecke Rheinstraße/Adolfstraße
24 Nassauische Sparkasse
25 Werner-v.-Siemens-Schule
26 Nordseite Rheinstraße
27 Höppli, Wörthstraße

Tour 3: Friedrichstraße – Luisenstraße – Rheinstraße

Dieser Weg hat das klassizistische Wiesbaden als Schwerpunkt, das im Zeitraum von 1803 bis 1835 seine erste Wachstumsphase mit den Bauten des Klassizismus erlebte, die schon bald in meist größerem Maßstab und größerer Dichte wieder erneuert wurden.

Von der Friedrichstraße aus, die heute zwar von Bauten des Romantischen und des Strengen Historismus geprägt ist, aber noch drei der ursprünglichen klassizistischen Wohnhäuser aufweist, biegt man an Haus Nr. 32 (zur Zeit noch 1. Polizeirevier der Polizeidirektion Wiesbaden) zu Bonifatiuskirche, Luisenplatz und Luisenstraße ab. Auf der anderen Seite des Platzes geht man die Rheinstraße auf der einen Seite hinunter bis zum Museum in der Wilhelmstraße und auf der anderen Seite hoch bis zur Ringkirche.

Mit dem Luisenplatz kann der Betrachter einen Höhepunkt klassizistischer Platzgestaltung erleben, eine eindrucksvolle Raumschöpfung, die von der Bonifatiuskirche aus der Phase des Romantischen Historismus dominiert wird.

Im weiteren Verlauf prägen vor allem die großen öffentlichen Bauten in der Rheinstraße – neben dem Haus der Casinogesellschaft in der Friedrichstraße und dem Ministerialgebäude in der Luisenstraße – das Bild: die ehemalige Hauptpost, die Nassauische Sparkasse, die Hessische Landesbibliothek und das Landesmuseum an der Wilhelmstraße.

1 Das historische **Polizeipräsidium** (Abb. 125) von 1902–04 hat jüngst seine Funktion durch den Auszug der Behörde verloren und harrt einer neuen Zweckbestimmung. Es hat eine durch das Rustikamauerwerk des Sockels etwas düster wirkende Natursteinfassade im Stil der Spätrenaissance. An der östlichen Ecke über dem Eingang liegt ein Erker, asymmetrisch nach Westen aus der Mitte gerückt ein Schweifgiebel. Der turmartige Eckbau zum Schillerplatz wurde 1945 zerstört.

2 Schräg gegenüber erhebt sich an der westlichen Ecke der Einmündung der Bahnhofstraße in die Friedrichstraße die **Wiesbadener Volksbank** (Abb. 126), erbaut 1874–76 von Alexander Fach in einem warmen gelblichen Sandstein und durch alle Zeiten in den Fassaden völlig unverändert. Der Bau vertritt die reinen Formen der italienischen Hochrenaissance als klar gegliederter dreigeschossiger Kubus mit einem kräftigen Kranzgesims, hinter dem das Dach versteckt ist.

3 Auf der südlichen Seite der Friedrichstraße folgt nach Westen mit der Hausnummer 22 das Gebäude der **Casino-Gesellschaft**

Abb. 127

(Abb. 127), erbaut 1872–74 durch Wilhelm Bogler, erstmals in Wiesbaden in den Formen der italienischen Hochrenaissance, beeinflusst von den Bauten Gottfried Sempers in Dresden. Die Fassade ist leider durch den Umbau für eine Bank in ihrer Wirkung stark verändert worden, denn ursprünglich war das Erdgeschoss ganz als tragender Sockel ausgebildet, ohne die hier falsche Gliederung aus Arkaden und Pilastern (Abb. 128). Die Fugengliederung anstelle des heute glatten Putzes ließ das Obergeschoss mit den Festräumen im Sinne einer Beletage dominieren. Dabei ist der Mittelrisalit aus fünf Achsen leicht vorgezogen und im Obergeschoss zwischen den Rundbögen mit

Abb. 125

Abb. 128

Abb. 129

Abb. 130

Pilastern ausgestattet, während es in den dreiachsigen Seitenfeldern Säulen sind. Ein Mezzaningeschoss nur über dem Mittelrisalit hebt nochmals dessen Bedeutung hervor.

Die Casino-Gesellschaft wurde in Wiesbaden 1816 als eine Vereinigung von Adel, Offizieren und Honoratioren des Bürgertums gegründet. Der stattliche Neubau von Bogler kam so recht dem Repräsentationsbedürfnis der Mitglieder bei ihren gesellschaftlichen Veranstaltungen entgegen. Davon zeugt schon das aufwendige Treppenhaus (Abb. 129) in Dimensionen, die bis dahin den Fürsten in ihren Barockschlössern vorbehalten waren.

Ein unterer Treppenlauf führt vom Erdgeschoss auf ein Umkehrpodest, von dem aus man über eine zweiläufige Treppe in das Vestibül vor dem Festsaal im Obergeschoss (Abb. 130) gelangt. Man fühlt sich beim Heraufschreiten in eine festliche Stimmung versetzt, die im prachtvollen Festsaal noch gesteigert wird. Mit seiner Schmalseite nimmt der Festsaal die fünf Achsen des Mittelrisalits der Fassade ein, deren Gliederung mit Rundbögen zwischen Pilastern Bogler ins Innere übernahm. Der Saal erstreckt sich über 1½ Geschosse: Zwischen den Wänden und der flachen Kassettendecke vermittelt eine Hohlkehle mit Stichkappen über den Lünetten genannten Wandfeldern. Man bezeichnet diesen Raumabschluss als Spiegelgewölbe.

Die ursprüngliche Raumfassung stammte von dem bekannten Wiesbadener Maler Kaspar Kögler aus der Zeit 1872–74. Damals herrschten die Farben pompejianisches Rot, dunkles Grün und viel Ocker vor. In den Lünetten befinden sich heute noch die originalen Stillleben aus Blumen, darüber sind auf die Spannrahmen die jüngeren Ölgemälde von 1896 aus der Hand des Dekorationsmalers Gustav Hildebrandt genagelt worden. Sie stellen Putten mit architektonischen Versatzstücken wie Balusterbrüstungen, Säulen, Podesten und Stufen dar, ganz im Sinne der barocken Illusionsmalerei gestaltet. Im Zentrum des Mittelbildes auf der östlichen Seite steht die Büste des Walzerkönigs Johann Strauß, gemalt erscheinen mit Putten die Komponisten Wagner, Beethoven, Mozart und Haydn. Die fünf Oberlichter zur Hofseite wurden 1983/84 zugesetzt und mit neuen Darstellungen des Malers Christian Goller in Acrylfarben auf Hartfaserplatten ausgeschmückt. Motive sind Putten, schnäbelnde Tauben und Bienenkörbe. Die Neufassung von Decke und Wänden von 1896 in den Farben Weiß, Rot und Gold verleiht dem Raum einen neobarocken Charakter, mehr im Stil eines heiteren Ballsaals als die Originalfarbigkeit, auf deren Wiederherstellung man bei der jüngsten Restaurierung 1983/84 verzichtet hat.

4 Auf der nördlichen Seite der **Friedrichstraße** fällt zwischen den höheren Neubauten und dem voluminösen Jugendstilbau Nr. 39 das bescheiden wirkende Haus **Nr. 37** (Abb. 131) auf, das noch zu der 1812–18 bis zu Neugasse entstandenen Originalbebauung gehört. Damals hatte es nur fünf Achsen und die links noch erhaltene Tordurchfahrt, folgte also als einst freistehender zweigeschossiger Baukörper ganz den Bauvorschriften, die an die Gewährung der herzoglichen Baugnaden geknüpft waren. Noch im dritten Viertel des 19. Jahrhunderts fügte man ein Stockwerk hinzu und überbaute die Tordurchfahrt mit je zwei Fenstern in beiden Obergeschossen, gerahmt von Pilastern. Die Schleppgauben im Satteldach und die Gestaltung der Schaufenster gehen auf das 20. Jahrhundert zurück.

Abb. 131

Das Doppelhaus Friedrichstraße 46/48 ist ein gotisierender Putzbau aus dem späten 19. Jahrhundert mit je einem dreiachsigen Erker. In der Haushälfte Nr. 48 hatte der Kunstmaler Carl Jacob Frankenbach 1900 bis 1907 seine Wohnung und sein Atelier.[15]

Das dritte neben den Häusern Nr. 5 (Abb. 122, S. 66), und Nr. 37 noch von der ursprünglichen Bebauung der Friedrichstraße stammende Gebäude ist die Nr. 32 (Abb. 132), bis 2006 noch 1. Polizeirevier der Polizeidirektion Wiesbaden. Es gilt außer dem Erbprinzenpalais als das letzte noch erhaltene Werk von Christian Zais. Dieser hat es vielleicht 1813 für den Apotheker Otto begonnen, von dem es 1816 unvollendet an den Geheimen Regierungsrat Carl Friedrich Schenk gelangte, dem es bis heute seinen Namen verdankt. Im Vergleich zu den beiden anderen von Carl Florian Goetz gestalteten Bauten der Friedrichstraße ist das **Schenksche Haus** von Zais 5
ungleich stattlicher und eindrucksvoller. Dazu tragen die sehr harmonischen Proportionen des noblen, breitgelagerten Baukörpers von sieben Achsen bei, mit der westlichen Ecke freistehend, an der östlichen ursprünglich nur durch einen später überbauten Torbogen mit dem Nachbarhaus verbunden. Das Gleichmaß beider Geschosse, die sparsam eingesetzten Details, der schmale, die Mitte betonende Säulenportikus und das flachgeneigte Walmdach heben bei diesem Spätwerk von Zais am stärksten die Stiltendenzen des Hochklassizismus hervor.

Abb. 132

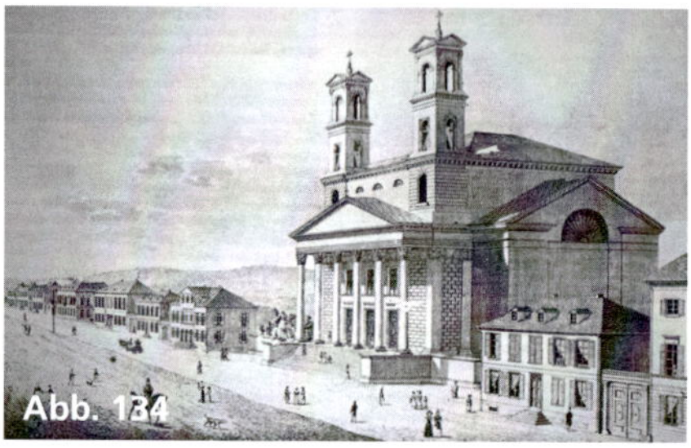
Abb. 134

Durch den Gang westlich des Schenkschen Hauses, Kirchenreul genannt, gelangt man am Chor und der nördlichen Langseite der Bonifatiuskirche (Abb. 135) entlang auf den **Luisenplatz**.

Nach der Zerstörung durch die Bomben des Zweiten Weltkrieges und den alle historischen Bindungen leugnenden Wiederaufbau des Kaiser-Friedrich-Platzes ist der Luisenplatz die eindrucksvollste Raumschöpfung des Klassizismus in Wiesbaden, in Deutschland nur noch überboten vom Königsplatz in München.

Während Zais den Platz noch in Verlängerung der Kirchgasse anlegen wollte, verlegte ihn Baurat Johann Eberhard Philipp Wolff an die heutige Stelle, ausgerichtet nach Süden zur Adolfstraße und Adolfsallee und weiter seitlich versetzt zur Biebricher Allee. Darin klingt noch die ursprüngliche Idee an, anstelle der späteren Bonifatiuskirche das Residenzschloss des 1806 geschaffenen Herzogtums Nassau zu erbauen und es mit der Sommerresidenz über die genannten Alleen zu verbinden. Dies war noch eine ganz vom Absolutismus des Barock geprägte Konzeption der Residenz des Landesherrn am Stadtrand abseits der Bürgerstadt mit einem Paradeplatz vor dem Ehrenhof. Die Planungen für das Stadtschloss und die erste katholische Kirche wechselten in dieser Zeit mehrfach, denn als man am Luisenplatz die ersten Pläne für ein Schloss erwog, schenkte der Herzog das Grundstück des Kavaliersbaus am Schlossplatz den Katholiken für den Kirchenbau, erlaubte dann aber 1830 den Verkauf an den Dachdeckermeister Konrad Kalb und stiftete den Baugrund an der nördlichen Schmalseite des Luisenplatzes, auf dem Johann Schrumpf (1770–1844) ab 1829 den ersten klassizistischen Zentralbau der katholischen Bonifatiuskirche (Abb. 134) errichtete, der jedoch 1831 wegen der ungenügenden Fundamentierung einstürzte.

Danach kaufte der Herzog 1835 die Ruine mit dem Grundstück der katholischen Gemeinde wieder ab, ließ die Nebengrundstücke ankaufen und erneut Pläne für ein Residenzschloss entwickeln, die jedoch ganz im Geist aufgeklärter Herrscher zu Gunsten für den historisch belegten Standort am Schlossplatz inmitten der Bürgerstadt aufgegeben wurden.

Die Kirchengemeinde erhielt wieder das Grundstück am Luisenplatz und Philipp Hoffmann (1806–78) damit am 24. Mai 1843 den Auftrag zum heutigen, den Platz beherrschenden Bau der **Bonifatiuskirche**. 6

Der Kostenvoranschlag für seine Planung belief sich auf 136 868 Gulden (273 736 Mark), von denen aber nur 53 000 Gulden vorhanden waren. Deshalb sammelte Pfarrer Petmecky eifrig, unter anderem bei einem Militärkonzert im Kurpark. Die Grundsteinlegung zog sich darum noch bis zum 5. Juni 1845 – dem Tag des hl. Bonifatius – hin. Am 19. 6. 1849 konnte der Limburger Bischof Josef Peter Blum die Weihe der unfertigen Kirche vornehmen, es fehlten noch die Innenausstattung und die Türme, für die erst erneut Geld gesammelt werden musste, bis sie 1864–66 aufgeführt werden konnten. Nach dem Brand der Mauritiuskirche 1850 stellte die katholische Gemeinde ihre Kirche der evangelischen zur Verfügung, musste den Bau selbst aber im Kirchenkampf 1876–78 der altkatholischen Gemeinde überlassen. Beim Bombenangriff am 2./3. Februar 1945 erlitt die Kirche Schäden, vor allem verlor sie ihre ursprünglich Farbverglasung.

Bei dem stattlichen Kirchenbau im Stil des romantischen Historismus handelt es sich um eine kreuzförmige, dreischiffige Hallenkirche mit einer Doppelturmfront, einem dreischiffigen Querhaus und einem halbrunden Umgangschor. Die Gesamtlänge beträgt 62 m, die Breite des Langhauses 24 m, dessen Höhe 18 m. Die Mauern bestehen aus verputztem Bruchstein, alle Gliederungen und Verzierungen aus rotem Mainsandstein, der vor allem in reichen Detailformen die Platzseite und die Türme beherrscht, während die wenig einsehbaren Langseiten schlichter gehalten sind. Camillo Sitte[16] vermerkt zur städtebaulichen Anlage: „So ist die Aufstellung der katholischen Kirche am Luisenplatz zu Wiesbaden weit besser, als die gewöhnlich beliebte im Zentrum eines regulären Platzes ...". Die Umbauung des Baukörpers an drei Seiten unter Verzicht auf eine völlige Freistellung verstärkt die Wirkung des Platzes wie die der vertikal orientierten Fassade. Zum Stil seiner Kirche hat sich Hoffmann in einer für uns erstaunlichen Weise geäußert, denn er meinte mit Rücksicht auf die klassizistische Platzbebauung auf den gotischen Stil verzichten und den romanischen verwenden zu müssen, der Elemente der Antike enthalte. Wobei er allerdings in der Verbindung des rundbogigen Portals mit einem Wimperg eine „vermittelnde Übergangsform zwischen Bauelementen des romanischen Rundbogen- und gotischen Spitzbogenstils" sah.[17]

Für unser Empfinden ist nichts an diesem Bau romanisch, sondern in der Zweischaligkeit des Mittelfeldes mit der Maßwerkrose, der filigranen Balustrade darüber, dem schon relativ steilen Dreiecksgiebel sowie den schlanken, 68 m hohen Türmen ist er ganz von gotischen Gestaltungsformen durchdrungen. Zu sehr richtete Hoffmann sein Stilempfinden nach den äußeren Kriterien wie Rundbogen für Romanik und Spitzbogen für Gotik aus. Dieses Fehlurteil ist für seine Zeit nicht ungewöhnlich, war doch die mittelalterliche Baukunst im Unterschied zu Antike und Renaissance noch nicht systematisch erforscht und publiziert. So behauptete Christian Ludwig Stieglitz (1756–1836)[18], die gotische Baukunst sei in Deutschland ausgebildet worden, und zwar unter Konrad II. bis Heinrich IV., also zwischen 1024 und 1106. Dies war aber die Zeit der klassischen Reife der romanischen Baukunst. Forscht man nach Vorbildern für die Bonifatiuskirche, bietet sich am besten die kath. Ludwigskirche in München an, erbaut 1829–44 von Friedrich Gärtner, bei dem Hoffmann studiert hatte. Die in Wiesbaden noch weiter auseinandergerückten, ebenfalls sehr schlanken Türme (Abb. 136), die dreibogige Eingangssituation haben Hoffmann offensichtlich inspiriert. Vergleichbar ist auch der flache, mit

Abb. 135

Abb. 136

Krabben besetzte Dreiecksgiebel über dem Mittelfeld, der auch in Wiesbaden einst eine Rosette enthielt, die 1890 durch eine Uhr ersetzt wurde.

Insgesamt wirkt die Bonifatiuskirche aber sehr viel gotischer als die Ludwigskirche, nicht zuletzt durch die Verwendung der offenen Gitterhelme nach dem Vorbild des Freiburger Münsterturmes, dem auch die zur gleichen Zeit vollendeten Türme des Regensburger Domes folgen. Die Details der Turmhelme wie Krabben und Kreuzblumen wurden aus Kostengründen als Terrakotten von der keramischen Werkstatt von Johann Jacob Höppli gefertigt.

Abb. 137

Der Innenraum (Abb. 137) ist trotz der großen Rosenfenster relativ dunkel, muss aber vor dem Verlust der originalen Farbverglasung ein sehr viel gedämpfteres Licht besessen haben. Der weite Abstand der 22 verhältnismäßig dünnen, einfachen Achteckpfeiler ist so groß, dass Durchblicke diagonal durch die drei gleich hohen Kirchenschiffe möglich sind.

Dadurch und durch die begrenzte Höhe von 18 m erscheint der Raum breitgelagert und eher wie ein bürgerlicher Predigtraum als ein axial ausgerichteter Prozessionsraum, wie er stärker bei der evangelischen Marktkirche zum Ausdruck kommt. Den Raumabschluss bilden einfache Kreuzrippengewölbe, nur der Chor und besonders die Vierung sind mit reicheren Rippenfigurationen ausgestattet. Die Gurt- und Scheidbögen der Wölbung sind rundbogig und nicht – wie bei einer gotischen Kirche zu erwarten – spitzbogig. Auch darin gleicht die Bonifatiuskirche der Ludwigskirche in München, die im übrigen aber eine Basilika ist, die Bonifatiuskirche dagegen eine Hallenkirche. Die sandsteinrot gefassten Architekturglieder tauchen den Raum trotz der weißen Wand- und Gewölbeflächen in ein warmes Licht.

Von der ursprünglichen Ausstattung des Romantischen Historismus sind leider nicht mehr alle Stücke vorhanden. In Folge des Zweiten Vatikanischen Konzils beseitigte man bei der Modernisierung 1965 die Kanzel und das hochragende Retabel des Hochaltars, lediglich die Mensa blieb seitlich im Chorumgang erhalten. Darüber steht jetzt die Kreuzigungsgruppe von Karl Hoffmann (1816–72) aus Biebrich, der als qualitätvoller Bildhauer durch seine Skulptur der Hygieia bekannt ist, die einst inmitten des Kranzplatzes stand, sich heute in der Kochbrunnenkolonnade befindet.

Von ihm stammen auch die beiden im Chorumgang aufgestellten Statuen der hl. Theresa von Avila und des hl. Franziskus von Assisi. Die beiden Seitenaltäre versperrten bis 1965 den Zugang von den Seitenschiffen zum Chorumgang und wurden deshalb zu dessen Öffnung an die östlichen Stirnwände des Querschiffs versetzt. Der linke enthält die Darstellung des hl. Bonifatius, 1848 von Alfred Rethel (1818–59) aus Düsseldorf, der rechte ein Marienbild von 1840 von Edu-

Abb. 138

ard Steinle (1810–86). Die neue Ausstattung nach 1965 umfasst die Farbfenster von Johannes Beek aus Nettetal, den Hauptaltar und die Ausmalung der Tauf- und der Sakramentskapelle, die Kanzel von 1978 sowie die fünfzehn Kreuzwegstationen von Lore Friedrich Gronau von 1991.

Den klassizistischen Charakter des Luisenplatzes gibt am besten die Ostseite mit den drei Häusern Nr. 1, 3 und 5 durch deren Betonung der Horizontalen in den relativ flachen, einzelstehenden Baukörpern (Abb. 138) wieder. Der markanteste Bau ist die
7 ehemalige herzogliche **Münzprägeanstalt** (gen. Alte Münze), Luisenplatz 5 (Abb. 139), erbaut zusammen mit dem gegenüber liegenden Pädagogium auf der Westseite 1829–30 von Baurat Johann Eberhard Philipp Wolf. Der langgestreckte Bauköper umfasst auf der Platzseite 17, an der Straßenseite 7 Achsen, wobei die jeweils mittleren drei als leicht vorspringender Risalit ausgebildet sind, im Obergeschoss durch eine Pilastergliederung und darüber durch einen klassischen Dreiecksgiebel hervorgehoben. Das Erdgeschoss ist durch seinen gebänderten Putz und die wie eingeschnitten wirkenden Rundbogenfenster als tragender Sockel ausgewiesen. Die Fenster des Obergeschosses besitzen nur eine flache Putzfasche. Die Betonung des klaren kubischen, breit gelagerten Baukörpers mit seiner einfachen, flächigen Gliederung machen die ehemalige Münze zu einem besonders charakteristischen Denkmal des Hochklassizismus in Wiesbaden. Diese Stilstufe vertritt auch noch das Nachbargebäude Nr. 3.

Abb. 139

Abb. 140

8 Dagegen gehört das **Eckgebäude** zur Rheinstraße, **Luisenplatz 1** (Abb. 140), bereits dem Romantischen Historismus an, denn es weist zum ersten Mal in Wiesbaden Elemente der italienischen Renaissance auf. Es wurde 1835 für den Instrumentenmacher Wolf mit einer Front von 112 Fuß (33,6 m) am Luisenplatz und 90 Fuß (27 m) an der Rheinstraße erbaut. Von den elf Fensterachsen am Luisenplatz sind die drei mittleren zu einem Risalit zusammengefasst, dessen Ecken durch Pilaster abgesetzt sind, im zweiten Obergeschoss durch Doppelpilaster, ein an sich vom Klassizismus verpöntes Motiv. Auch die Gebäudeecken zieren jetzt Pilaster, wie sie weder am Erbprinzenpalais, an der Alten Münze noch am gegenüberliegenden Pädagogium vorkommen. Der scharfkantige Kubus des Klassizismus sollte gemildert werden. Zugleich wandte sich der Schöpfer von der allzu großen Schmucklosigkeit ab, indem er breite Gesimsbänder zwischen den Geschossen anordnete. Dazu erhielt jedes Stockwerk eine eigene Fensterform, wobei zwei völlig neue Motive eingeführt wurden.

Zwar gab es schon bei den Bauten von Zais am Kaiser-Friedrich-Platz und bei der Alten Münze sowie dem Pädagogium Rundbogenfenster; während diese aber einfach in den gebänderten Putz eingeschnitten wurden (Abb. 141), erhielten sie jetzt eine profilierte Laibung und Voluten-Konsolen unter den Fensterbänken (Abb. 142). Diese sind ein Hauptmotiv der italienischen Renaissance, desgleichen die rechteckig gerahmten Rundbogenfenster im ersten Obergeschoss (Abb. 143), wie sie sehr ähnlich an der sogenannten Cancelleria in Rom vorkommen, einem Bau aus der Zeit um 1500, den man früher mit Bramante in Verbindung gebracht hat.

Ein interessantes Detail sind die gusseisernen Fenstergitter in den Obergeschossen (Abb. 144), die auch am Haus Kapellenstraße 5 (entstanden zwischen 1834 und 1843) zu finden sind und wohl nach derselben Form gegossen wurden.

Die westliche Seite des Luisenplatzes ist nicht so gut wie die östliche erhalten

Abb. 141

Abb. 142

Abb. 143

Abb. 144

Abb. 145

Abb. 146

geblieben. Am reinsten gibt noch das **Lui-** 10
senplatz 6 (Abb. 145) den ursprünglichen Charakter aus der Zeit um 1832 wieder. Bei dem schmalen, nur drei Achsen aufweisenden dreigeschossigen Baukörper wird das erste Obergeschoss durch die kräftigen, um 1860 hinzugefügten Fensterverdachungen mit Dreiecksgiebeln betont, das niedrigere zweite Obergeschoss und die Gaube im Satteldach sind vermutlich spätere Zutaten, denn ursprünglich war der Bau wohl wie das Pädagogium und die Münze zweigeschossig. Seine benachbarten Häuser (Abb. 146) wurden 1908 und 1909 in einem völlig anderen Maßstab sehr viel höher und mit stärker plastischer Bauzier errichtet.

Vor den gravierenden Veränderungen aus der Zeit um 1870 war die Ähnlichkeit zur Münze beim ehemaligen **Päd-** 9
agogium (Abb. 147) sehr groß. Durch den Aufbau eines dritten Geschosses mit Wegfall des Giebeldreiecks über dem Mittelrisalit und die Erweiterung nach Süden um einen zweiachsigen Seitenrisalit sowie die große Anzahl von Gauben im flachen Walmdach (Abb. 148) ist sie nicht mehr wahrzunehmen.

Nach dem Bau der unter dem Luisenplatz liegenden Tiefgarage wurde die Oberfläche in etwa der alten Gestalt neu geschaffen. Die Einfahrt wurde geschickt in die Rheinstraße verlegt, die Ausfahrt kaum spürbar vor die Häuser Nr. 3 und Nr. 1.

Durch die Entfernung der parkenden Autos ist es möglich geworden, dass der Platz in seinen räumlichen Qualitäten mit den beiden Denkmälern wieder richtig wahrgenommen wird.

Das etwa in der Platzmitte als **Obelisk** 11
(Abb. 149) aufgeführte Denkmal erinnert an den Sieg über Napoleon bei Waterloo 1815. Es wurde beim 50. Jubiläum am 18. Juni 1865 enthüllt, der Entwurf stammte von Philipp Hoffmann, der plastische Schmuck von dem Bildhauer Hermann Schies (1836-99).

Abb. 147

Abb. 148

Abb. 149

Die eingemeißelte Inschrift lautet:

IHR SEID GEFALLEN FÜR
RECHT UND EHRE,
FÜR DIE HÖCHSTEN GÜTER,
DIE DIE MENSCHHEIT KENNT,
DRUM IST ES PFLICHT;
DIE HEILIGSTE VON ALLEN,
DASS MAN DER NACHWELT
EURE NAMEN NENNT.

Auf der obersten Stufe steht:

ZUM GEDÄCHTNIS DER IN DER SCHLACHT BEI WATERLOO GEFALLENEN NASSAUER AM 18. JUNI 1815

Der 15 Meter hohe und 180 Tonnen wiegende Obelisk enthält seit seiner Wiedererrichtung nach Anlage der Tiefgarage 1985 eine Bronzetafel mit dem Zusatz:

DIE TOTEN MAHNEN ZUM FRIEDEN

Das zweite, dicht an der Rheinstraße stehende **Denkmal** in der Gestalt eines sich aufbäumenden bronzenen Rosses (Abb. 150) ist den Gefallenen des 1. Nassauischen Feldartillerie-Regiments Nr. 27 Oranien im Ersten Weltkrieg gewidmet. Auch hier hat man lange für die Verwirklichung der Idee gebraucht, denn die Besatzungsmächte verboten nach dem Ersten Weltkrieg jede Spendenwerbung. Erst nach deren Abzug 1929 konnte man einen Wettbewerb ausschreiben, der jedoch ohne Ergebnis blieb, desgleichen ein zweiter und ein dritter. Schließlich einigte man sich darauf, den Berliner Bildhauer Paul Scheurich damit zu beauftragen, aus den eingereichten Entwürfen einen ausführungsreifen zu erarbeiten, was mit dem springenden Pferd zur Zufriedenheit aller Beteiligten gelang. Am 21. Oktober 1934 erfolgte die Einweihung. Am Sockel findet man ein Eisernes Kreuz über zwei gekreuzten Kanonenroh-

Abb. 150

ren, die Jahreszahlen 1914 und 1918 sowie die Inschrift:

DEM VATERLAND GETREU BLEIB ICH
BIS IN DEN TOD.

Zur Erinnerung an den Hauptredner der Feier zur Denkmalenthüllung, den Wiesbadener Studienrat Dr. Hermann Kaiser, wurde eine Bronzetafel angebracht, die an den Opfertod des Widerstandskämpfers vom 20. Juli 1944 gegen Hitler erinnert.

Carl Florian Goetz hatte schon 1817 die Anlage einer Parallelstraße zur Friedrichstraße vorgeschlagen und sie nach der Gemahlin von Herzog Wilhelm **Luisenstraße** genannt. Doch erst 1824 wurden die Pläne genehmigt und mit der Bebauung begonnen, von der im oberen westlichen Teil bis 1826 etwa zwölf Häuser fertig waren. Sieben sind zwar in der historischen Ansicht der ersten katholischen Kirche auf dem Luisenplatz abgebildet, von ihnen ist aber kein einziges erhalten geblieben.

Dagegen blieben die 1828–30 erbauten Häuser Nr. 3–11 (Abb. 151) im unteren, östlichen Teil – wenn auch verändert – bestehen. Die einst durchweg zweigeschossigen, freistehenden Baukörper von fünf Achsen wurden bei den Häusern Nr. 3, 5 und 7 gegen 1870 um ein Geschoss 13
aufgestockt, die Torbögen überbaut. Die Häuser Nr. 9 und 11 (Abb. 152) wurden nicht vergrößert, der eine Torbogen blieb sogar erhalten, der andere wurde im dritten Viertel des 20. Jahrhunderts durch einen zweigeschossigen Verbindungsgang für die Nutzung als Innen-, heute Justizministerium – ersetzt. Um die bei den Modellbauten in der Friedrichstraße störende Monotonie zu vermeiden, wurde ein Wechsel in den Formen und Dekorationen angeregt, wovon heute noch das Haus Nr. 11 mit der Pilastergliederung des Obergeschosses zeugt. Auch hat es durchweg Rundbogenfenster, während die Häuser Nr. 9 und 5 schlichte Rechteckfenster aufweisen, die mit den Nummern 7 und 3 dane-

Abb. 151

Abb. 152

Abb. 153

ben solche mit stark profilierten Fensterverdachungen.

Die Brüstungsgitter in den Obergeschossfenstern von Nr. 5 (Abb. 153) gleichen so stark denen der Häuser Saalgasse 32, Nerostraße 22 und 24 (Abb. 235, 236, S. 129), dass sie mit derselben Form gegossen sein müssen.

12 An der östlichen Ecke der Luisenstraße zur Bahnhofstraße hin besaß der nassauische Staatsminister Ernst Franz Ludwig Freiherr Marschall von Bieberstein einen Garten, den die Regierung nach dessen Tod erwarb, um hier von 1838 bis 1842 das **Ministerialgebäude** (Abb. 154) zu errichten. Den Auftrag erhielt 1838 der damals noch unbekannte, junge Karl Boos (1806–73) durch seinen 1. Preis bei einem Wettbewerb. Die Bauzeit dauerte wegen des vorrangig betriebenen Baues des Stadtschlosses so lang. Während dort der 22 Jahre ältere Georg Moller (1784–1852) bei aller romantischer

Abb. 154

Bereicherung der Detailformen einer klassizistischen Grundstimmung verhaftet blieb, löste sich der jüngere Boos ganz davon und präsentierte einen Bau in den Formen eines italienischen Renaissance-Palazzo. Dazu gehört die gleichmäßige Höhe der drei Geschosse, das weit auskragende kräftige Traufgesims, der nach oben immer schwächer werdende Fugenschnitt des Putzes und die Verwendung von Rundbogenfenstern in allen Geschossen.

Alle diese Elemente finden sich in der Florentiner Renaissance, zum Beispiel beim Palazzo Medici-Riccardi (1444–52, von Michelozzo). Ob Karl Boos direkt auf dieses Vorbild zurückgriff, das er vielleicht von den Vorlesungen in Heidelberg oder aus Büchern kannte, oder ob er die italienische Renaissance auf dem Umweg über die Münchener Bauten an der Ludwigstraße nach Wiesbaden brachte, lässt sich nicht eindeutig feststellen. Sein Ministerialgebäude entstand jedenfalls nahezu gleichzeitig mit dem Königsbau der Residenz von 1826–35 (Leo von Klenze), dem Kriegsministerium von 1828 (Leo von Klenze) und der Bayerischen Staatsbibliothek von 1832–43 (Friedrich Gärtner) an der Ludwigstraße in München.

Hier wie wenige Jahre später zeigt sich die große künstlerische Begabung von Boos, der die neue, auch „Rundbogenstil" genannte Architekturströmung mit einem nur kleinen zeitlichen Abstand nach Wiesbaden brachte. Deshalb liegt die Vermutung nahe, dass er auch der Schöpfer des Hauses Luisenplatz 1 gewesen ist, weil hier bereits 1835 Motive der italienischen Renaissance auftreten. Der Innenraum des Ministerialgebäudes brannte 1854 aus und wurde anschließend nach Entwürfen von Philipp Hoffmann neu gestaltet. Er hatte auf seiner Italienreise 1834 die seit dem 18. Jahrhundert ausgegrabenen Städte Herculaneum, Stabiae und Pompeji besucht, dort die antiken Dekorationsmalereien zeichnerisch

Abb. 155

Abb. 156

festgehalten und im Wiesbadener Schloss den ehemaligen Thronsaal (Abb. 155) in freier Zusammenstellung von Motiven des sogenannten pompejianischen Stils ausmalen lassen. Er setzte damit die beim Stadtschloss begonnene Bereicherung der Innenräume fort.

Eine weitere Veränderung erfuhr das Ministerialgebäude 1928 durch den rückwärtigen Erweiterungsbau (Abb. 156), der aus der Dreiflügel- eine Vierflügelanlage machte. Dabei ist man in der Gestaltung vorbildlich auf den Altbau eingegangen, ohne in ein bloßes Kopieren der historischen Formen zu verfallen. Aufgenommen wurden die Rundbogenfenster und die Rustizierung des Putzes im Erdgeschoss sowie das relativ kräftige Kranzgesims. Die Zahl der Geschosse wurde bei Einhaltung der Höhe des Altbaus auf vier gesteigert, zwischen beide Baukörper ein schmales, um Mauerstärke zurückgesetztes Gelenk gesetzt.

Das untere Ende der Luisenstraße markiert die Konditorei (Café) Kunder. Die **Einmündung der Wilhelmstraße** in die Rheinstraße wird heute nur noch durch den stattlichen, 1885 von Stein & Schultze errichteten Eckbau auf der westlichen Seite (Abb. 157) betont, der mit seinen fünf Geschossen den großstädtischen Maßstab 13

Abb. 157

für die Wilhelmstraße und auch für die Rheinstraße setzte. Dieser städtebaulich exponierten Lage gerecht werdend, wurde der Bau aufwendig in rotem und gelbem Sandstein aufgeführt, dazu kam eine Ausschmückung mit figürlichen Malereien in den Wandfeldern des obersten, mezzaninartig niedriger gehaltenen Stockwerks. Die Abschrägung der Hausecke und der hier angeordnete Erker tragen zur vermittelnden Rolle des Hauses zwischen den beiden wichtigsten Boulevards der Stadt bei. Leider

Abb. 158

existiert das Gegenstück auf der Ostseite nicht mehr, es war bis zur Zerstörung 1945 das „Hotel Victoria" (Abb. 158). Jetzt ist das Gleichgewicht in der Torfunktion zur Wilhelmstraße gestört, das neu zu bauende stadthistorische Museum könnte einen Ausgleich schaffen.

Einst wurde die südwestliche Ecke der Rheinstraße durch den Taunusbahnhof und die südöstliche durch den Hessischen Ludwigsbahnhof markiert. In der Fortsetzung der Wilhelmstraße gab es damals nur einen schmalen Fußweg. Erst nach dem Bau des nach Süden verlagerten Hauptbahnhofes und dem Abbruch der drei historischen Bahnhöfe wird im Spielmann-Plan von 1910 in Verlängerung der Wilhelmstraße nach Süden eine breite Allee mit zwei mittleren Baumreihen unter dem Namen „Kaiserstraße" eingetragen, es ist die heutige Friedrich-Ebert-Allee.

Das Gelände der früheren Taunus- und Rheinbahn-Anlagen haben seit 1957 die Rhein-Main-Hallen eingenommen, die allerdings zu weit von der Kreuzung zurückgeschoben und als Baukörper zu flach ausgebildet sind, um für den Eingangsbereich zur Wilhelmstraße von städtebaulicher Wirkung zu sein.

14 Auf der östlichen Südseite der Kreuzung hat man das Gelände der Hessischen Ludwigsbahn zum Bau des Hessischen Landesmuseums, heute **Museum Wiesbaden**, genutzt. Der monumentale Bau wird seiner Rolle als Entrée zum Historischen Fünfeck und als städtebauliche Dominante gerecht.

Die Entstehung der bis in die 60er Jahre des 20. Jahrhunderts städtischen Sammlungen geht auf die 1812 gegründete „Altertumsgesellschaft für das Herzogtum Nassau" und den „Verein für Nassauische Altertumskunde und Geschichtsforschung" von 1820 zurück. Für die von diesen Vereinen zusammengetragenen Sammlungen wurde 1821 das Erbprinzenpalais in der Wilhelmstraße eingerichtet, das deshalb auch Altes Museum genannt wird.

Nachdem auch noch auf Betreiben des Vereins für Naturkunde 1826 naturhistorische Sammlungen dazugekommen waren, reichte der Raum im Erbprinzenpalais zum Ende des 19. Jahrhunderts nicht mehr aus, und man plante ab 1904 einen Neubau. Ein 1907–08 ausgelobter Wettbewerb führte jedoch zu keinem Ergebnis, und so wandte man sich an Theodor Fischer, Professor für Architektur an der Technischen Universität München und durch den Bau des Polizeipräsidiums 1910–13 in München wie auch des Hessischen Landesmuseums in Kassel 1911–13 berühmt geworden. Zeigte er bei den zuvor genannten Bauten Anklänge an den Jugendstil, so wandte er sich in Wiesbaden am Außenbau ganz dem Neoklassizismus zu, der um den ersten Weltkrieg die Baukunst in Europa beherrschte.

In Wiesbaden sind prominente Beispiele dafür das Neue Kurhaus 1904–07 von Friedrich von Thiersch, das Schloss Freudenberg 1905 von Paul Schultze-Naumburg, die Sektkellerei Henkell 1907–09 von Paul Bonatz und die Hessische Landesbibliothek 1913 von Stadtbauinspektor Johannes Grün. Das Museum nimmt den gesamten Baublock zwischen der Rheinstraße, Friedrich-Ebert-Allee, der kleinen seitlichen Viktoria-Luise-Straße und der an der östlichen Rückseite verlaufenden Auguste-Viktoria-Straße ein. Entsprechend der inhaltlichen Teilung in

Abb. 159

die drei Sammlungsgebiete Nassauische Altertümer, Naturwissenschaftliche Sammlungen und Gemäldegalerie zeigt auch der Grundriss einen großen, die ganze Tiefe des Grundstücks einnehmenden Baukörper und zwei Flügelbauten (Abb. 159). Diese muten in der Strenge ihrer flächigen Gliederung bereits wie Vorläufer der Neuen Sachlichkeit an, der der Neoklassizismus mit „Abkühlung" der überschwellenden Formen von Neobarock und Jugendstil den Weg bereitete. Der Kopfbau vor der mittleren Gemäldegalerie (Abb. 160) ist gegenüber den Flügelbauten deutlich zurückgesetzt und durch den Säulenportikus über der hohen

Abb. 160

Freitreppe betont, verstärkt noch durch die über dem Giebeldreieck aufragende achteckige Kuppel.

Erst nachträglich 1919 wurde das Goethe-Denkmal in den Portikus des Museums gestellt, weil Goethe bei seinen Kuraufenthalten 1814 und 1815 auf die Gründung eines Museums gedrängt hatte. Auftraggeber war ein zunächst anonymer Mäzen, von dem erst später bekannt wurde, dass es der Wiesbadener Fabrikant Hermann Brockhues war. Vielleicht ahnte er die unsachliche Kritik, die von Anfang an dem Werk des renommierten Bildhauers Hermann Hahn (1868–1942) entgegenschlug. Gewiss ist das aus sprödem Granit sehr monumental gestaltete Abbild Goethes im fortgeschrittenen Alter nicht jedermanns Geschmack, doch gerade bei Museumsdirektoren hätte man gegenüber zeitgeschichtlichen Denkmälern mehr Toleranz erwartet und nicht die fadenscheinige Behauptung, das Denkmal schrecke die Besucher vom Betreten des Museums ab, was eher an der hohen Freitreppe und jahrzehntelang versäumten Modernisierung der Schausammlungen liegt. So wurde das Denkmal 1992 im Innenhof abgestellt, dann auf Grund der Proteste vor dem Museum ebenerdig auf den Rasen gesetzt. Schließlich erhielt es nach erneuten Protesten 1999 den wohl endgültigen Platz nicht mehr wie früher ganz oben vor dem Eingang, sondern am Beginn der Treppenanlage, ein Kompromiss, mit dem wohl alle leben können.

Ist man die erhabene Freitreppe hinaufgestiegen und hat das Eingangsportal durchschritten, erwartet den Besucher eine Überraschung, tritt er doch in eine Nachbildung der Aachener Pfalzkapelle Karls des Großen (Abb. 161) ein. Bei der innovativen Gestaltung des Außenbaus hätte man den Rückfall in einen Historismus, den man durch den Jugendstil für überwunden hielt, nicht erwartet. Der anschließende, tonnengewölbte Raum vermittelt Anklänge an den Jugendstil und den auf ihn folgenden Art Déco-Stil.

Abb. 161

Abb. 162

Die **Rheinstraße** wurde 1828 unter dem Namen Adolphsstraße eröffnet, auf Wunsch des Herzogs jedoch umbenannt. Sie erhielt eine Breite von 60 Fuß (etwa 18,5 m) und war zunächst nur für die einseitige Bebauung bestimmt. Man verlängerte die Kirchgasse und die Schwalbacher Straße bis an diese neue Promenaden-Allee und ließ 1830 auch den Luisenplatz zu ihr geöffnet. Das Historische Fünfeck hatte damit seine zunächst als endgültig gedachte Ausprägung gefunden und sollte sich deshalb an der Zugangsseite von Süden her besonders attraktiv präsentieren. So durften an der Rheinstraße nur solche Häuser gebaut werden, deren äußere Fassaden ein gefälliges Aussehen gewährten. Da dies beim Haus des Ratsherren Diez nicht der Fall war, musste er den Riss für sein Haus ändern lassen. Von der einstigen Pracht ist so gut wie nichts erhalten geblieben, mehr noch als die Wilhelmstraße hat die stadtseitige Bebauung bis an die Bahnhofstraße ihren Charakter durch langweilige, stereotype Neubauten verloren.

Nur die **ehemalige Hauptpost** – jetzt Hessisches Ministerium für Wissenschaft und Kunst (Abb. 162) – ist da ein Lichtblick. Sie entstand 1904–05 in den neobarocken Formen eines Schlossbaus mit einem fünfachsigen, dreigeschossigen Mitteltrakt und zwei turmartig hochgezogenen, viergeschossigen Eckpavillons von je drei Achsen, abgeschlossen durch Mansarddächer. In der Tradition der klassizistischen Bebauung schließt nach Westen eine Tordurchfahrt an, wie sie an dieser Stelle schon beim Vorgängerbau, dem 1846 von Philipp Hoffmann für den nassauischen Staatsminister Graf Walderdorf erbauten Palais (Abb. 163) vorhanden war. Die Rheinstraße war gemäß Spielmann-Plan von 1857 auf der Nordseite bereits bis zur Schwalbacher Straße bebaut. 15

Am oberen Ende der Rheinstraße zum Luisenplatz hin hat sich – abgesehen von dem schon behandelten Eckhaus zum Lui- 16

Abb. 163

senplatz (s. S. 78) – als einziges Zeugnis aus der ersten Phase der Bebauung das **Greve'sche Palais** von 1833 mit der Hausnummer 37 (Abb. 164) erhalten, allerdings in einer Überarbeitung der Fassaden von 1936. Der langgestreckte Bau von zwölf Achsen mit drei gleichhohen Geschossen wird ähnlich wie das ehemalige Palais Walderdorf durch zwei Eckrisalite geprägt, die hier nicht durch offene Loggien, sondern durch ein viertes, vielleicht nachträglich aufgesetztes Geschoss betont werden. Es besteht eine auffallende Ähnlichkeit zum Haus Schwalbacher Straße 61 (Abb. 269, S. 145), das auch noch zur ersten Bebauung am Außenrand des Historischen Fünfecks gehört. In beiden Fällen verblieb man im Formenkanon des Klassizismus und strebte die Wirkung eines Flachdaches an.

Die östliche **Ecke zur** 17
Kirchgasse (Abb. 165) erhielt 1904 von dem Architekten Wilhelm Boué einen Neubau, der in vorbildlicher Weise zwischen den beiden Straßenräumen vermittelt. Die Ecke betont ein polygonaler Erker, der in einem schlanken Türmchen in den eleganten Formen des Neobarock endet. Jede der Langseiten erhält in der Mitte eine Betonung durch einen rechteckigen Erker, über dem im Dachbereich ein Schweifgiebel erscheint.

Die westliche Gegenseite der Kreuzung nimmt das für die Stadtwerke errichtete Hochhaus ein, das jetzt in das geplante Luisencenter einbezogen werden soll. Außer dem Neubau der „Vierjahreszeiten" am Kaiser-Friedrich-Platz ist dies die gra-

Abb. 164

Abb. 165

Abb. 166

vierendste städtebauliche Störung im Historischen Fünfeck. Allerdings war hier die ursprüngliche Bebauung schon vor längerer Zeit aufgegeben worden. Sie bestand zunächst im gesamten Block Rheinstraße/Kirchgasse/Friedrichstraße aus der Artilleriekaserne mit dem Zeughaus, Remisen und Stallungen sowie dem Bau des Generalkommandos, die alle 1828–29 erbaut worden waren, im Spielmann-Plan von 1900 noch auftauchen, dagegen offensichtlich bis 1910 schon durch das Residenztheater ersetzt worden waren.

18 Als Ersatz für die überflüssig gewordenen Militärbauten entstand 1913 die damalige Nassauische, heutige **Hessische Landesbibliothek** (Abb. 166). Über dem gequaderten Sockel ihrer Fassade aus Keller- und Hauptgeschoss ruhen fünf niedrige Stockwerke für die Magazine. Sie werden durch genutete Kolossalpilaster zusammengefasst, die in ihrer engen Stellung in Verbindung mit den Fensterbrüstungen die Wirkung einer Rastergliederung aus Stahlbeton vorwegnehmen. Planung und Ausführung lagen in den Händen von Stadtbauinspektor Johannes Grün und Stadtinspektor Berlimund. Die Skulptur von Gutenberg am

Abb. 167

Mittelpfeiler des Portals schuf der Bildhauer Wilhelm Bierbrauer.

Der östliche **Eckbau Rheinstraße 59** 19
(Abb. 167) zur Schwalbacher Straße wurde 1904 durch den Architekten Heinrich Assmus erbaut. Er erfüllt weniger überzeugend die Funktion als Eckbau, sondern ist mit seiner Langseite, dem mittleren Erker und darüber erscheinendem Schweifgiebel dominierend auf die Rheinstraße ausgerichtet, wogegen sich die schmale Giebelseite zur Schwalbacher Straße mit den beiden halbrunden Erkern kaum behaupten kann. Der Dachreiter ist für diese exponierte Ecklage zu unscheinbar und zu weit zurückgesetzt.

An der **Südseite der Rheinstraße** waren zunächst nur der Taunus- und der Rheinbahnhof entstanden. Bald erwuchs jedoch der Wunsch nach Bauplätzen im sich anschließenden Karree. Dagegen wehrte sich aber 1851 der Gemeinderat, weil er

Abb. 168

die Ansicht der Rheinstraße mit ihren schönen, imposanten Gebäuden nicht verbaut haben wollte. Dennoch wurde nach Erstellung zweier Gutachten von Philipp Hoffmann und Karl Boos grundsätzlich das Gebiet südlich der Rheinstraße als günstig für die notwendige Stadterweiterung beschlossen. Um den Wünschen des Rats entgegenzukommen, wies man zunächst das sogenannte Quartier I südlich der Artilleriekaserne aus, begrenzt durch die Moritz-, Oranien- und Adelheidstraße, wofür sich allerdings trotz intensiver Werbung keine Bauinteressenten fanden. Daraufhin genehmigte der Herzog 1856 die Bebauung des Quartiers II, begrenzt durch die Rhein-, Adolf-, Adelheid- und Moritzstraße und des anschließenden Quartiers III bis zur Bahnhofstraße. Als südliche Begrenzung diente vorerst die 1862 angelegte Adelheidstraße. Während im Spielmann-Plan von 1857 nur die Nordseite der Rheinstraße bebaut war, erscheinen im Plan von 1868 bereits die drei Baublocks von der Bahnhof- bis zur Oranienstraße. Nur zwischen Rheinbahnhof und der Bahnhofstraße fehlte die Bebauung noch, ist aber im Plan von 1879 vorhanden.

20 Die Architekten Friedrich Hatzmann und Joseph Kreizner erbauten 1870–71 das **Eckhaus zur Rheinstraße** als „Rheinhotel" (bzw. „Hotel du Rhin") für den Hotelbesitzer Friedrich Poths, gleichzeitig entstand der Eckbau zur Bahnhofstraße (Abb. 168). Das ehem. „Rheinhotel" ist ein viergeschossiger Putzbau in den typischen Formen des biedermeierlichen Klassizismus und hat über dem Eingangsportikus erstmals auf Säulen ruhende Balkone angeordnet. Das nach dem Zweiten Weltkrieg als Sozialamt genutzte Haus sollte nach dem Auszug der Behörde abgebrochen werden und wurde – wie viele Baudenkmäler – vom Bauunternehmer Dr. Jürgen Schneider durch Ankauf gerettet. Der westlich anschließende, gleichzeitig entstandene Bau betont die Ecke zur Bahnhofstraße durch einen Rundturm, dessen geschweifte Haube leicht über das kräftige Kranzgesims hinausragt.

Dieses Eckmotiv geht auf das Stadtschloss (Abb. 89, S. 51) von Georg Moller zurück, aufgenommen vom gegenüberstehenden Eckhaus (Abb. 101, S. 57) an der Ellenbogengasse, entstanden etwa zwischen 1850 und 1876 (s. Tour 2).

Das westliche **Eckhaus zur Bahnhofstraße** gegenüber (Abb. 169), heute „Hansa-Hotel", war um 1865 entstanden, erhielt aber seine äußere Gestalt durch den Umbau 1907/08 durch Karl Kähler, während die anschließenden Häuser Rheinstraße 34, 36 und 38 (Abb. 170) noch den Charakter der Erbauungszeit 1863/64 bewahrt haben. 21

Wie für die 1862 genehmigte Adelheidstraße vorgeschrieben, gibt es jetzt nicht

Abb. 169

Abb. 170

Abb. 171

mehr wie zuvor einzelstehende, nur durch Torbögen getrennte Baukörper, sondern die für die Ausnutzung der Bauparzellen günstigere geschlossene Bauweise, bei der die Häuser direkt aneinandergebaut werden, wobei die Tordurchfahrt als notwendige Erschließung des Hofes erhalten bleiben musste, jedoch von Anfang an zweigeschossig überbaut war, was bei den Modellhäusern in der Luisenstraße (Abb. 151, 152, S. 81) erst nachträglich um 1870 erfolgte.

22 Besonders charakteristisch für den biedermeierlichen Klassizismus des Romantischen Historismus ist das Haus **Rheinstraße 34** (Abb. 171) mit einer reichen Bauornamentik und der frühen Verwendung stichbogiger Fenster. Der dreiachsige Erker über dem Mitteleingang trägt einen Balkon und war einst ohne Verglasung. Das daneben stehende „Haus des Handwerks", **Rheinstraße 36**, ist ein typischer Vertreter des Rundbogenstils, wie er einst am 1868 erbauten Rheinbahnhof (Abb. 172) vorkam, der dieses Bürgerhaus offensichtlich stark beeinflusst hat. Das Haus **Rheinstraße 38** ist heute das am schlichtesten erscheinende. Es ist jedoch offensichtlich nach 1945 vereinfacht worden, denn die Fenstertüren in den Seitenachsen zeugen davon, dass hier einst Balkone angeordnet waren.

Die **Einmündung der Adolfstraße** in 23
die Rheinstraße wird auf der östlichen Seite durch ein stattliches Bürgerhaus (Abb. 173) markiert, das zwar nicht auf die Ecklage eingeht, aber in den Bauformen für die Entstehungszeit 1866/67 durchaus auf

Abb. 172

Abb. 173

Abb. 174

der Höhe seiner Zeit ist, vor allem durch die Ausbildung des von Säulen getragenen Balkons über der Säulenvorhalle vor dem Hauseingang in der Mitte. Bauherr war der Steinhauer Ebert. Das Motiv der rechteckigen Felder unter den Fenstern des ersten Obergeschosses, die von kurzen Pilastern gerahmt und mit einer mittleren Schmuckform verziert sind, kommt ebenfalls bei der
24 gegenüberliegenden **Nassauischen Sparkasse** vor.

Bereits 1840 hatte Herzog Adolf im Zuge des Aufbaus seines Herzogtums zu einem modernen Staat die Nassauische Landesbank gegründet. Richard Görz errichtete 1861–62 den heute noch der Nassauischen Sparkasse dienenden Ostflügel an der Rheinstraße (Abb. 174) als einen qualitätvollen Vertreter des Rundbogenstils, der immer noch den Einfluss der Bauten an der Ludwigstraße in München erkennen lässt. Die breiten Eckpilaster mit ihren eingetieften Feldern erinnern an die Schule auf dem Schulberg, nur sind sie noch mit Medaillons verziert, die mit ähnlichen zwischen den Fenstern des ersten Obergeschosses korrespondieren, gefüllt mit Laubrosetten. Der verstärkte Hang zum Dekorativen wird in der Bereicherung mit Schmuckformen sichtbar. Die von Pilastern gerahmten Felder unter den Fensterbänken (Abb. 175) sind im eingetieften Rechteckfeld mit einem quadratischen, über Eck gestellten Feld mit einer Laubwerkrosette bestückt.

Winzige Voluten begleiten die Rundbögen der Fenster. Sie haben als Bekrönung je eine Palmette über zwei Voluten und prägen das Bauwerk auf besondere Weise. Unter dem auf Voluten kräftig auskragenden Kranzgesims (Abb. 176) liegt ein mit Muscheln gefüllter Bogenfries.

Durch den monumentalen Erweiterungsbau von 1914–16 von Carl Moritz, bestehend aus einem um eine Fensterachse vortretenden Mittelbau mit offenem Laubengang und einem in den 60er Jahren des 20. Jahrhunderts symmetrisch zum Ostflügel ergänzten Westflügel (Abb. 177), ist der Gründungsbau in seiner Wirkung etwas abgeschwächt worden, gehört aber dennoch zu den wichtigsten Zeugnissen des Romantischen Historismus in Wiesbaden.

Abb. 175

Abb. 176

Abb. 177

Die meisten der von 1857 bis 1868 auf der Südseite der Rheinstraße zwischen der Moritz- und der Oranienstraße entstandenen Häuser (Abb. 178) haben schlichte, biedermeierlich-klassizistische Balkone auf dünnen Stützen mit den zeittypischen schmiedeeisernen Geländern.

Die Bebauung auf beiden Seiten der Rheinstraße entwickelte sich zwischen der Oranien- und der Wörthstraße in der Zeit 1868–79. Das hier auf der Nordseite liegende Haus Nr. 85 (Abb. 179), erbaut um 1874/75, besitzt noch jene neoklassizistische Gestaltung wie das Haus Oranienstraße 15 (Abb. 391, S. 207), dem es sehr ähnlich ist. Von den fünf Achsen sind die drei mittleren zu einem Risalit zusammengezogen, die Fenster im ersten Obergeschoss mit oberen rechteckigen Schmuckfeldern, die des zweiten Obergeschosses mit rundbogigen, alle flankiert von Halbsäulen beziehungsweise Pilastern. Nur vor dem ersten Obergeschoss gibt es einen Balkon auf großen Konsolen. Der genutete Putz betont die Sockelfunktion des Erdgeschosses, rechts liegt die Durchfahrt zum Hof.

Auf der südlichen Straßenseite entstand 1879–80 das Haus Nr. 80 durch den Architekten Friedrich Hatzmann[19] für seine Tante Adolfine Hatzmann. Es ist das im Bild (Abb. 180) in hellem Naturstein und

Abb. 178

Putz gehaltene Haus zwischen den beiden in roter Farbe gehaltenen Gebäuden und zeichnet sich durch den halbrunden Portikus vor dem Eingang in der Mitte sowie den darüber liegenden halbrunden Balkon aus. Das Motiv erinnert an die Villa Viktoriastraße 19, die von Kreizner & Hatzmann 1871–72 geschaffen wurde, dort allerdings mit Karyatiden anstelle der hier verwandten ionischen Säulen. Das Haus hebt sich durch die Feinheit der Ornamentik von den benachbarten Häusern Rheinstraße 78 und 82 ab.

Am Haus Rheinstraße 78 weist neben der Eingangstür eine Tafel darauf hin, dass hier der Dichter Friedrich von Bodenstedt seine letzten Lebensjahre verbrachte und am 18. April 1892 starb.[20]

Die Häuser Rheinstraße 78 und 82 sind ebenfalls im neoklassizistischen Stil der 70er Jahre des 19. Jahrhunderts gehalten und ähneln dem Haus Rheinstraße/Ecke Adolfstraße, das bereits 1866/67 entstanden war und vielfach zum Vorbild für den gehobenen Mietwohnungsbau in der Südstadt wurde. So kehrt dieser im dunkelroten Sandsteinton gehaltene Haustyp mit den von Säulen getragenen Balkonen am westlichen Ende der Rheinstraße auf der Südseite noch mehrfach wieder, zum Beispiel bei den Häusern Nr. 96, 98, 100 und 104.

Dazwischen liegt die **Werner-von-Siemens-Schule** (Abb. 181), ein langgestreckter Bau in den Formen der Hochrenaissance, erbaut 1876 bis 1879 von Stadtbaumeister Louis Ende. Der Eingangsbereich mit den 25

Abb. 179

Abb. 180

Abb. 181

von Säulen flankierten beiden Portalen wird als fünfachsiger, kräftig vorspringender Risalit gegenüber den beiden langen, achtachsigen Flügelbauten hervorgehoben.

26 Die **Nordseite der Rheinstraße** von der Wörthstraße bis zum Kaiser-Friedrich-Ring (Abb. 182) wurde zwischen 1879 und 1888 bebaut.

Hier beginnt sich als neues Baumaterial der Klinker durchzusetzen, angeregt durch den Bau der Marktkirche 1852–62 und gefördert durch die dortige Verwendung von Terrakotten der Keramischen Werkstatt

Abb. 182

Abb. 183

von Johann Jacob **Höppli** (1822–76), der 27
sich 1872–76 in der **Wörthstraße Nr. 4-6** (Abb. 183) von Georg Friedrich Fürstchen (1848 bis 1884) ein stattliches Palais im Stil der italienischen Hochrenaissance erbauen ließ. Die Dreiflügelanlage um den durch Bogenstellungen abgegrenzten Innenhof hat den Mut zur Asymmetrie, in der Tendenz vergleichbar der Rheumaklinik „Wilhelms-Heilanstalt" am Schlossplatz (Abb. 117, S. 64).

Dem nördlichen, schmalen Bau an der Wörthstraße steht südlich der breite, fünfachsige Baukörper gegenüber, straff durch genutete Pilaster in eine breite Mitte und die einachsigen Risalite gegliedert. Da die Firma Höppli ihre Werkstatt zur Werbung für ihre Produkte nutzen wollte, sind alle Teile der Fassaden bis auf die Sandsteingurte aus Terrakotta. Und sie hatte Erfolg damit, denn man findet die ornamentalen und figürlichen Zeugnisse an vielen Bauten in Wiesbaden. Der Formenreichtum des Historismus in Wiesbaden wäre nicht zu finanzieren gewesen, hätte man nur mit Meißel und Schlegel arbeiten müssen. So aber gibt es eine Vielzahl von in Serie hergestellten Einzelformen, die nicht das bloße Auge, sondern nur die Fotokamera als Wiederholung bemerkt. Trotz der Hochkonjunktur des Bauens von 1870–1914 gelang es, Monotonie zu verhindern und malerische Ensembles zu schaffen, so dass bei strenger Einhaltung der städtebaulichen Vorgaben die Häuser individuell wirken und sich keine Fassade zu wiederholen scheint.

---

[15] Zeitzeugen I, a.a.O. S. 167

[16] Camillo Sitte: Der Städtebau nach seinen künstlerischen Grundsätzen, erste Auflage Wien 1889; S. 125, Fig. 88

[17] Walter Czysz: Kath. Pfarrkirche St. Bonifatius Wiesbaden, Kunstführer Schnell & Steiner Nr. 1893, München 1992, S. 7

[18] C. L. Stieglitz: Lehrbuch Altdeutscher Baukunst, 1820

[19] Iris von Stephanitz: Die Wiesbadener Bauten der Architekten Kreizner & Hatzmann, Thorsten Reiß Verlag, Wiesbaden 2002, S. 58–61

[20] Zeitzeugen I, a.a.O. S. 117

Siehe vergrößerten Ausschnitt

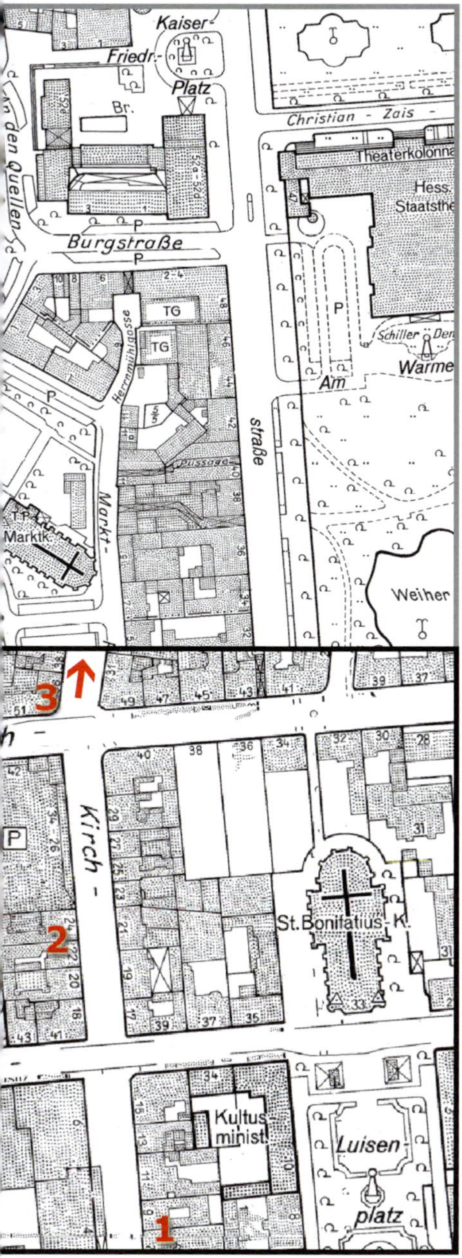

Tour 4

Altstadt und Einkaufsmeile

1 Kirchgasse 3-9
2 Kirchgasse 22-24
3 Ecke Kirchgasse/Friedrichstraße
4 Ecke Mauritiusplatz/Kirchgasse
5 Ecke Langgasse/Marktstraße
6 Ecke Langgasse/Michelsberg
7 Ecke Michelsberg/Coulinstraße
8 Nordseite Schützenhofstraße
9 Kurier-Pressehaus
10 Langgasse 36
11 Hotel Goldener Brunnen
12 Wagemannstraße 5-7
13 Wagemannstraße 19
14 Grabenstraße mit Bäckerbrunnen
15 Marktstraße Richtung Schlossplatz
16 Hirschapotheke, Marktstraße

Abb. 184

Tour 4: Altstadt und Einkaufsmeile

Diese Tour lädt dazu ein, einmal nicht die Schaufensterauslagen, sondern die Hausfassaden darüber zu betrachten. Der Weg führt von der Rheinstraße aus zunächst die Kirchgasse und die Langgasse, also die Haupteinkaufsmeile Wiesbadens, entlang und zweigt dann in den am engsten verwinkelten Bereich der Altstadt mit Goldgasse, Wagemann- und Grabenstraße ab. Der Grundriss und einige Straßennamen wie der Mauritiusplatz oder die Goldgasse zeigen, dass wir uns hier im ältesten Teil der Stadt bewegen. Wir wandeln auf römischen und mittelalterlichen Wegen, während die Bebauung vornehmlich im 19. Jahrhundert neu entstand. Das 20. Jahrhundert sprengte mit Durchbrüchen für stützenlose Schaufenster die Proportionen der Fassaden des Historismus und gab den Altstadtstrassen vor allem im Erdgeschossbereich ein völlig anderes Gepräge. Es lohnt sich also, bei diesem Rundgang den Blick nach oben zu heben, um sich von der historistischen Vielfalt der Fassaden überraschen zu lassen.

Die Altstadt liegt in Wiesbaden im Gebiet zwischen Grabenstraße im Osten, Schwalbacher Straße im Westen, Rheinstraße im Süden und Webergasse im Norden. Von den heute noch stehenden Bauten stammen nur ganz wenige aus der Zeit vor 1800, im wesentlichen prägen auch hier Bauten des Historismus die Straßen und Plätze, deren Grundriss und damit auch Raumbildung jedoch auf die Römerzeit, das Mittelalter und das 18. Jahrhundert zurückgehen. Dabei gehörten der Mauritiusplatz und das Straßenkreuz Langgasse-Marktstraße-Michelsberg wohl schon zur römischen Siedlung. Sie wurden dann im Mittelalter durch die Kirchgasse, die Wagemannstraße, die Ellenbogengasse und die Hochstättenstraße erweitert, heute noch ablesbar an ihrer Enge und gebogenen Führung. Schließlich kamen die ab 1691 breiter und schnurgerade angelegten Straßen Neugasse, Schulgasse, Mauergasse, Webergasse und Spiegelgasse hinzu.

Der Hauptzugang zur Altstadt mit der rund eine Meile langen Fußgängerzone liegt heute an der Einmündung der 1828 verlängerten **Kirchgasse** in die damals geplante Rheinstraße. Die östliche Ecke zur Kirchgasse (Abb. 165, S. 87) erhielt 1904 durch Wilhelm Boue einen Neubau, der in vorbildlicher Weise zwischen den beiden Straßenräumen vermittelt. Die Ecke betont ein polygonaler Erker, der in einem schlanken Türmchen in eleganten Formen des Neobarock endet. Jede der Langseiten erhält in der Mitte eine Betonung durch einen rechteckigen Erker, über dem im Dachbereich ein Schweifgiebel erscheint.

Die westliche Gegenseite der Kreuzung nimmt das für die Stadtwerke errichtete Hochhaus ein, das jetzt in das geplante Luisencenter einbezogen werden soll. Außer dem Neubau des Appartementblocks „Vier Jahreszeiten" am Kaiser-Friedrich-Platz ist dies die gravierendste städtebauliche Störung im Historischen Fünfeck. Allerdings war die ursprüngliche Bebauung hier schon vor längerer Zeit aufgegeben worden. Sie bestand zunächst im gesamten Block Rheinstraße-Kirchgasse-Friedrichstraße aus der Artilleriekaserne mit dem Zeughaus, den Remisen, den Stallungen und dem Bau des Generalkommandos, die alle 1828–29 erbaut worden waren. Im Spielmann-Plan von 1900 tauchen sie noch auf, bis 1910 waren Teile offensichtlich schon durch das Residenztheater ersetzt worden.

Auf dieser Fläche standen bis 2006 das ehemalige Kaufhaus Hertie und andere Neubauten, nur die Häuser **Kirchgasse Nr. 3,** 1
5 und 7 (Abb. 184) auf der östlichen Seite beleben noch das Straßenbild mit ihren Fassaden aus dem Späthistorismus. Die Erdgeschosszone ist allerdings durch die Ladenausbauten wie in der gesamten Fußgängerzone weitgehend zerstört. Dazu kommen die hier noch erträglichen, jenseits der Luisenstraße immer aufdringlicher werdenden Werbeanlagen. Sie waren in ihrer Größe noch auf den bis zum Ende der 60er Jahre hier durchflutenden Autoverkehr berechnet, führen jetzt aber dazu, dass man die Qualität der historischen Häuser nur oberhalb des Erdgeschosses wahrnehmen kann.

Die Stadtplanung hat sich – wie in den meisten anderen Städten – nie um eine Eingrenzung und Disziplinierung der Werbung bemüht. Wenn alle Geschäfte weniger groß und schreiend werben würden, hätte es für das einzelne den gleichen Effekt. Es ist wie beim Gespräch: Fängt einer an laut zu werden, müssen auch die anderen schreien, um sich verständlich zu machen. Sprechen alle im gedämpften Ton, ist jeder zu hören.

So aber stellt sich die Altstadt von Wiesbaden ausschließlich als kommerzielles Zentrum dar, was zwar wichtig ist, aber in seiner Attraktivität gesteigert würde, ließe man auch die stadtgeschichtlichen Werte zu Wort kommen. So kommt der sensible Betrachter auf die verrücktesten Ideen, etwa das

Straßenniveau auf die Ebene des 1. Obergeschosses anzuheben, um die schönen, sehr abwechslungsreichen Fassaden genießen zu können und in der Ebene darunter eine

Abb. 185

regensichere Einkaufspassage wie in Hannover zwischen Kröpcke und Raschplatz zu erhalten.

Im Bereich zwischen Luisen- und Friedrichstraße können sich die historischen Häu-
2 ser **Kirchgasse 22–24** (Abb. 185) mit Mühe gegen den tristen Bau des ehemaligen Kaufhauses Horten behaupten. Keine Stadtplanung hat seinerzeit versucht, die von Egon Eiermann für alle Horten-Niederlassungen entworfene, fensterlose Metallfassade mit monotoner Struktur wenigstens etwas in die vorhandene Bebauung einzugliedern, wie dies beispielsweise in Münster erfolgte. Waren damals Fassaden im ganzen Bundesgebiet einheitlich, konnten die Kosten als Werbeaufwand von der Steuer abgesetzt werden. Dadurch und durch die einheitliche Werbung der Kettenläden haben die meisten historischen Städte in Westdeutschland viel von ihrer unverwechselbaren Erscheinung verloren, wovor die ostdeutschen bewahrt blieben. Grundsätzlich sind Waren- und Kaufhäuser jedoch ein wichtiger belebender Faktor für den Einzelhandel der Innenstädte. In Wiesbaden existiert von einst vier Warenhäusern nur noch Karstadt, das jetzt durch den gelungenen Umbau sehr aufgewertet worden ist und hoffentlich bestehen bleibt, da es viele Käufer aus dem Umland anlockt, die sonst zu den Einkaufszentren vor den Toren der Stadt fahren würden.

Nähert man sich der **Kreuzung** mit der 3
Friedrichstraße, erblickt man an der nördlichen Ecke einen der markantesten historischen Bauten in der Einkaufsmeile. Das stattliche, von einer großen Kuppel bekrönte Geschäftshaus wurde vom Architekten Fritz Hildner 1906 für die Firma J. M. Baum, Nassauische Leinenindustrie, erric htet. Bereits auf einer Fotografie im Fremdenführer[21]

Abb. 186

Abb. 187

von 1910/11 (Abb. 186) erscheint es so wie heute (Abb. 187). Dies gilt auch bezüglich der Schaufenstergestaltung, bei der die tragenden Pfeiler im Erdgeschoss erhalten blieben, so dass das Gesetz von Last und Stütze optisch gewahrt und die Maßstäblichkeit eingehalten wurde. Den Eigentümern gebührt ein großes Lob, besonders wenn man bedenkt, wie stark das Haus bis auf Teile der Fassade in der Nacht vom 2. auf den 3. Februar 1945 zerstört wurde[22]. Mit der abgerundeten, durch ein großes Fenster und die bekrönende Kuppel betonte Ecke prägt es in großstädtischer Weise die Straßenkreuzung. Die durch alle Geschosse reichende Pilastergliederung hat bereits etwas von der Straffheit späterer Rasterfassaden, das schmückende Ornament verharrt im Stil des Neobarock.

Der Abschnitt zwischen Friedrichstraße und Mauritiusplatz (Abb. 188) wird auf der Ostseite ganz von Neubauten beherrscht, denen auf der Nordseite noch einige ältere Häuser mit einfachem klassizistischen Dekor gegenüber stehen. Auf alten Ansichten ist an dieser Stelle noch um 1880 die Gastwirtschaft Storchennest zu erkennen, neben der im letzten Jahrzehnt des 19. Jahrhunderts das Warenhaus Julius Bormass eröffnet wurde. Zur selben Zeit verwandelte sich auch die Zeil in Frankfurt von einer ruhigen Straße mit vornehmen Hotels in eine Einkaufszone mit immer mehr Warenhäusern, die ihr Gesicht Jahr für Jahr veränderten[23]. Das Warenhaus Bormass gelangte 1929 als Karzentra an den Karstadtkonzern. Der heutige Karstadt-Bau erhielt seine Ausmaße nach dem Abriss eines ganzen Häuserblocks mit der historischen Feuerwache von Felix Genzmer 1967–69, danach wurden die Fassaden erstmals 1987 und 2004 überarbeitet. Die derzeit wieder in Mode gekommene Abrundung der Ecke geht schon auf Vorbilder der 20er Jahre zurück, stellt aber gegenüber dem Vorzustand besonders für den Mauritiusplatz eine Verbesserung dar.

Wie mit ihren anderen Plätzen auch hat die Stadt Wiesbaden mit dem Mauritiusplatz keine geschickte Hand bewiesen. Mit dem Untergang der Mauritiuskirche kam es zum Verlust der geschichtlichen und geistigen Mitte, von der sich der einzige Platz in der Altstadt mit an sich harmonischen Proportionen nicht erholt hat. Da halfen auch Brunnen und Imbissbuden nicht. Die jetzt eingeleitete Neugestaltung verspricht eine Rückgewinnung städtebaulicher Qualitäten an dieser stadtgeschichtlich so bedeutenden Stelle.

Abb. 188

Abb. 189

4 Das östliche **Eckhaus zur Kirchgasse** (Abb. 189) hat bei der jüngsten Instandsetzung seine alte doppelgeschossige Schaufensteranlage mit den maßstäblich unentbehrlichen Stützpfeilern zurückerhalten und wird mit der abgeschrägten Ecke und der darüber liegenden geschweiften Haube hinter Schweifgiebeln seiner Funktion als Vermittlung zwischen Platz und Langgasse gerecht.

Die ab Ende der Kirchgasse von der Marktstraße aus nach Norden zum Kranzplatz führende Langgasse ist deutlich weniger durch Neubauten gestört als die Kirchgasse. Eine negative Ausnahme bildet die Fassade der ehemaligen Kaufhalle von 1971, die zwar niedrig ist, jedoch eine nüchtern gestaltete, allein die Horizontale betonende Fassade aufweist. Leider wird zudem auch die Langgasse durch maßstabslose Schaufenster und Werbung beeinträchtigt.

Etwas abgerückt von der Kirchgasse liegt am Ende eines kleinen Gässchens das 1897 als Operetten- und Varieté-Theater eröffnete Walhalla mit einem sehr schönen Zuschauerraum im Stil des Neobarock im Obergeschoss. Er ist zur Zeit leider ungenutzt, was angesichts der architektonischen Qualität dieses mittelgroßen, jedoch intimen Raumes schwer zu verstehen ist. Es müsste doch in einer Großstadt mitten im Zentrum Bedarf für Kultur oder Unterhaltung geben. Zur Belebung der außerhalb der Ladenöffnungszeiten ausgestorben wirkenden Kirch- und Langgasse wäre hier eine Nutzung ein großer Gewinn.

Abb. 190

Abb. 191

Abb. 192

Das gegenüberliegende Haus Kirchgasse 68 (Abb. 190) vertritt den seltenen Stil des Expressionismus der 20er Jahre in Wiesbaden, weil während der Besatzungszeit wenig gebaut wurde. Gäbe es nicht die charakteristische Ornamentik (Abb. 191), wäre es allein wegen der einfachen Gestaltung der Fenster und Horizontalgesimse schwer zu datieren.

5 An ihrem Beginn wird das Bild der Langgasse geprägt durch den markanten **Eckbau** an der Einmündung der Marktstraße, erbaut 1908 von Fritz Hildner (Abb. 192). Man staunt immer wieder, zu welch unterschiedlichen Lösungen der Historismus gelangte, immer im Bemühen, den Bau nach beiden Straßenseiten gleichwertig auszurichten und die Ecke mit einem Türmchen herauszuheben. Was hier schon neoklassizistisch abgekühlt gestaltet ist, feiert an der gegenüberliegenden **Ecke zum** 6
Michelsberg noch die schwungvollen Formen des Neobarock (Abb. 193).

Abb. 193

Der **Michelsberg** war nach dem Bau der Stadtmauer 1508–10 der Zugang zur Altstadt von Westen aus durch das „Stumpe Pörtchen“ genannte Stadttor. Seine Funktion übernimmt 1907 der **Eckbau** an der 7
Coulinstraße mit dem elegant geschwungenen Turmhelm in den Formen des Jugendstils (Abb. 194). An den Michelsberg schließt nach Süden die Hochstättenstraße an, die zusammen mit der Kleinen Schwalbacher Straße – und der Mauritiusstraße durch die Enge der winklig angelegten Straßen immer

Abb. 194

Abb. 195

noch Altstadtmilieu suggerieren, wenngleich die Bebauung zum großen Teil erst nach 1983 entstanden ist. Damals verdrängte man das in diesem Gebiet florierende Rotlichtmilieu und ersetzte es durch eine Ladenpassage, ein Hotel und ein Parkhaus.

8 Die **Schützenhofstraße** (Abb. 195) besitzt nur noch auf der Nordseite ihre historische Bebauung, die Südseite wird wesentlich vom Parkhaus an der Coulinstraße eingenommen, das hier zwar städtebaulich geschickt versteckt worden ist, jedoch den historisch sehr bedeutsamen Schützenhof verdrängt hat. Eine archäologische Notgrabung beim Ausheben der Baugrube brachte die Reste eines römischen Tempels zum Vorschein, geweiht der keltischen Göttin Sirona, nur noch eine Tafel erinnert daran. Der Brunnen mit dem Bildnis eines bärtigen Alten stammt erst aus dem Jugendstil. Der Name Schützenhof des einst hier stehenden großen Badehotels hat nichts mit dem Schießen zu tun, sondern geht auf den früheren Eigentümer, die Adelsfamilie Schütz von Holzhausen, zurück.

Das städtebauliche Element von Ecktürmen oder Erkern zur Betonung von Straßeneinmündungen entwickelte man zunächst in den Erweiterungsgebieten Berlins und der Wiesbadener Südstadt, um auf den stereotypen Schachbrettgrundrissen Punkte der Orientierung zu schaffen. Man übernahm es aber auch in die Wiesbadener Altstadt, wo an sich die Gefahr der Monotonie durch den historischen Stadtgrundriss mit seinen geschwungenen und unregelmäßig breiten Straßen und Gassen nicht gegeben war. So erhielt auch das nördliche Eckhaus an der Einmündung der Straße Am Römertor in die Langgasse einen Eckerker, desgleichen das an der Einmündung der Goldgasse.

Unter den Bauten der Langgasse im Ab- 9
schnitt zwischen Marktstraße und Goldgasse ist das **Pressehaus** des Wiesbadener Kuriers durch seine Größe und die Qualität seiner

Abb. 196

Architektur ein besonders markanter Punkt. An seiner Stelle stand schon die bekannte Schellenberg'sche Hofdruckerei. Der 1904 von den Architekten Lang & Wolff geschaffene Bau (Abb. 196) wurde aus leuchtend rotem Sandstein für die Gliederung und gel-

Abb. 197

bem für die Flächen aufwendig gestaltet. Er ist eine Mischung von Formen des repräsentativen Späthistorismus mit Einzelformen des Jugendstils, die man außen vor allem in den teigig weichen Reliefs und der bekrönenden Kupferstatue „Das Wissen" des Bildhauers Philipp Modrow (Abb. 197) bemerkt.

Im Inneren wagte man bei der Ausmalung der Eingangsräume (Abb. 198) und der Glasfenster den reinen Jugendstil. Das neben dem Kurierhaus stehende Geschäftshaus Langgasse 23 weist sich mit seinen Schaufenstern auch im 1. Obergeschoss als eines jener Kaufhäuser aus, die am Ende des 19. Jahrhunderts bemüht waren, möglichst viele Waren den vorbei gehenden Kunden zu präsentieren, um sie in das Innere zu locken. Außer der Störung durch das schwarze Material im Erdgeschoss ist es gut erhalten und gehört wegen seiner reichen neogotischen Fassadengliederung in gelblich-grauem Sandstein zu den bemerkenswerten Bauten in der Langgasse.

Abb. 198

Einst endete die Langgasse an der Einmündung der Goldgasse und wurde erst beim barocken Stadtumbau mit der Anlage der Webergasse bis zu dieser in breiter und gerader Form verlängert. Den Zugang vom Quellenviertel aus markiert sehr wirkungsvoll das Haus **Langgasse 36** (Abb. 199), 10
erbaut um 1900 von Wilhelm Rehbold und Wilhelm Gerhardt als „Hotel Zum Adler" in den üppigen Formen des Neobarock, verwandt denen von Café Kunder oder „Hotel Nassauer Hof". Die Hausecke ist als polygonaler, turmähnlicher Körper gestaltet, hinter dessen Lukarnen die geschweifte Haube ansetzt, einst wohl in einer Laterne endend. Im Spielmann-Plan von 1910 wird es als Badhotel Continental bezeichnet, im Plan von 1900 als Badhotel Adler, jedoch noch mit einem anderen Grundriss. Zwischen 1900 und 1910 muss es also erbaut worden sein, wird aber nicht im Fremdenführer von 1910/11 erwähnt, vielleicht, weil es nicht die Annoncengebühr zahlen wollte, was für ein so neues, großes und repräsentatives Ho-

Abb. 199

Abb. 200

tel auch verwunderlich wäre. Auf der gegenüber liegenden Seite fällt das Haus Langgasse 37 durch seine elegante neogotische Fassade in rotem Sandstein auf. Es ist als Geschäftshaus der Firmen Georg Hoffman, Leinenhaus und W. Götzen, Stempelfabrik, im Fremdenführer von 1910/11 abgebildet (Abb. 200) und nach dem Text 1904 erbaut worden. Wenn heute der bekrönende Giebel fehlt, ist dies wohl eine Folge der Bombennacht vom 2. auf den 3. Februar 1945. Das ursprüngliche Schaufenster erstreckte sich stützenlos über die ganze Breite des Hauses, gerahmt von einem breiten Kielbogen, eine für diese Zeit sehr progressive Lösung, die leider

Abb. 201

Abb. 202

recht einfältig durch einen Zwischenpfeiler ersetzt wurde.

Die von der Langgasse nach Osten führende **Goldgasse** ist auf ihrer nördlichen Seite völlig neu, jedoch in einer vom Maßstab und der differenzierten Fassadengestaltung her akzeptablen Art erbaut worden. Durch sie gelangt man in das Gebiet, in dem der Charakter einer historischen Altstadt am besten bewahrt blieb. So muss man sich die gesamte Altstadt vor der großstädtischen Überformung am Ende des 19. Jahrhunderts vorstellen. Mittelpunkt ist ein idyllisches Plätzchen, auf das Goldgasse, Mühlgasse, Graben- und Wagemannstraße münden. Bis 1826 sieht man auf den Plänen noch einen offenen Bachlauf, der 1843 im Platzbereich, 1857 in seinem ganzen Verlauf unter die Erde verlegt wurde. Im Blickpunkt der Mühlgasse erhebt sich an der Einmündung der Häfnergasse ein neobarockes Haus mit einem signifikanten Eckerker, überragt von einem Türmchen mit barocker Zwiebelhaube. Nach dem Straßenknick tritt dann das

Abb. 203

11 **Hotel „Goldener Brunnen"** in das Blickfeld (Abb. 201), einst Goldenes Ross genannt, neu erbaut 1905 von Emil Thomae in der vielfach in Wiesbaden vorkommenden Mischung von Neobarock und Jugendstil.

Wagemannstraße und Grabenstraße laufen an ihren Enden aufeinander zu, wodurch das Gebiet die Bezeichnung „Schiffchen" erhalten hat. Es war in der Planung von Ernst May 1963 zum Abbruch und als Parkplatz für den Landtag bestimmt. Viele Häuser wurden deshalb von der Stadt erworben, ab 1975 jedoch in Erbpacht mit der Auflage der Erhaltung an Private vergeben und liebevoll saniert. Nachdem 1986 der Durchfahrtsverkehr herausgenommen worden war, entwickelte es sich zu einem beliebten Quartier mit kleinen Läden und anheimelnden Gaststätten.

Abb. 204

In der **Wagemannstraße** haben sich auch die einzigen Altbauten aus der Zeit vor 1800 erhalten, das bedeutendste ist
das Haus Cetto, **Nr. 5/7** (Abb. 202). Der 12
aus Italien eingewanderte Erbauer Franz Jacob Cetto zählt zu den Gründern der ersten katholischen Kirchengemeinde in Wiesbaden. Die vierachsige Fassade von 1728 hat im Erdgeschoss Rundbogenarkaden aus rotem Sandstein, aus dem auch Laibungen der einfachen Rechteckfenster in den beiden Obergeschossen gearbeitet worden sind. Einziger Schmuck sind die Maskenköpfe im Scheitel der Bögen und der Wappenstein über dem Mittelpfeiler. Barocken Ursprungs sind auch
die Häuser **Wagemannstraße 33/35**, im 13
Klassizismus um ein drittes Geschoss erhöht, und **Nr. 19** (Abb. 203), weitgehend unverändert und dem Haus Cetto sehr verwandt.

Die **Grabenstraße** (Abb. 204) verdankt 14
ihren Namen dem Burggraben, der hier nach Westen den Kernbereich der Stadt sicherte. Bereits im 18. Jahrhundert wurde er verfüllt und zur Straße bestimmt, die an der Westseite bereits 1799 bebaut war, an der Schlossseite jedoch erst zwischen 1834 und 1843. Sie ist noch sehr geschlossen im Stil des Historismus erhalten geblieben. Die einzige Störung durch die moderne Rückfront des Landtags mit ihrem ganz anderen Maßstab und nüchternen Formen wird beim derzeitig begonnenen Umbau des Plenarsaals vielleicht abgemildert werden können.

Abb. 205

Für den Bäckerbrunnen errichtete man 1906 einen Schutzbau mit einem malerischen Obergeschoss aus Fachwerk.

15 Beide Straßen des Schiffchens führen in die **Marktstraße** (Abb. 205), die bis zum Abbruch 1873 vom Uhrturm geprägt wurde. Nur eine Tafel an der gleichnamigen Gaststätte mit der Hausnummer 15 erinnert noch an das einstige Wahrzeichen und das wichtigste Stadttor von Wiesbaden.

16 Zu den bemerkenswerten Häusern in dieser noch ungestörten Straße gehören das Café Maldaner wegen seiner Innenarchitektur aus der Zeit um 1900 und die **Hirschapotheke** (Abb. 206), die sich seit 1837 in diesem Gebäude befindet. Seine fünf Erdgeschossarkaden stammen noch von 1823/24, seine beiden Obergeschosse sind jedoch auf Grund der flachen, kannelierten Kolossalsäulen in das erste Jahrzehnt des 20. Jahrhunderts zu datieren.

Abb. 206

[21] Fremdenführer durch Wiesbaden und seine Umgebung, herausgegeben von Dr. W. Normann, Verlag Moritz & Münzel, Wiesbaden 1910/11, 1. Seite nach dem Titel

[22] Thomas Weichel: Wiesbaden im Bombenkrieg, Wartberg Verlag Gudensberg-Gleichen 2004, S. 52

[23] Schwarz, Jürgen: Architektur und Kommerz: Studien zur deutschen Kaufhaus- und Warenhausarchitektur vor dem Ersten Weltkrieg am Beispiel der Frankfurter Zeil = Frankfurter Fundamente der Kunstgeschichte 12, 1995

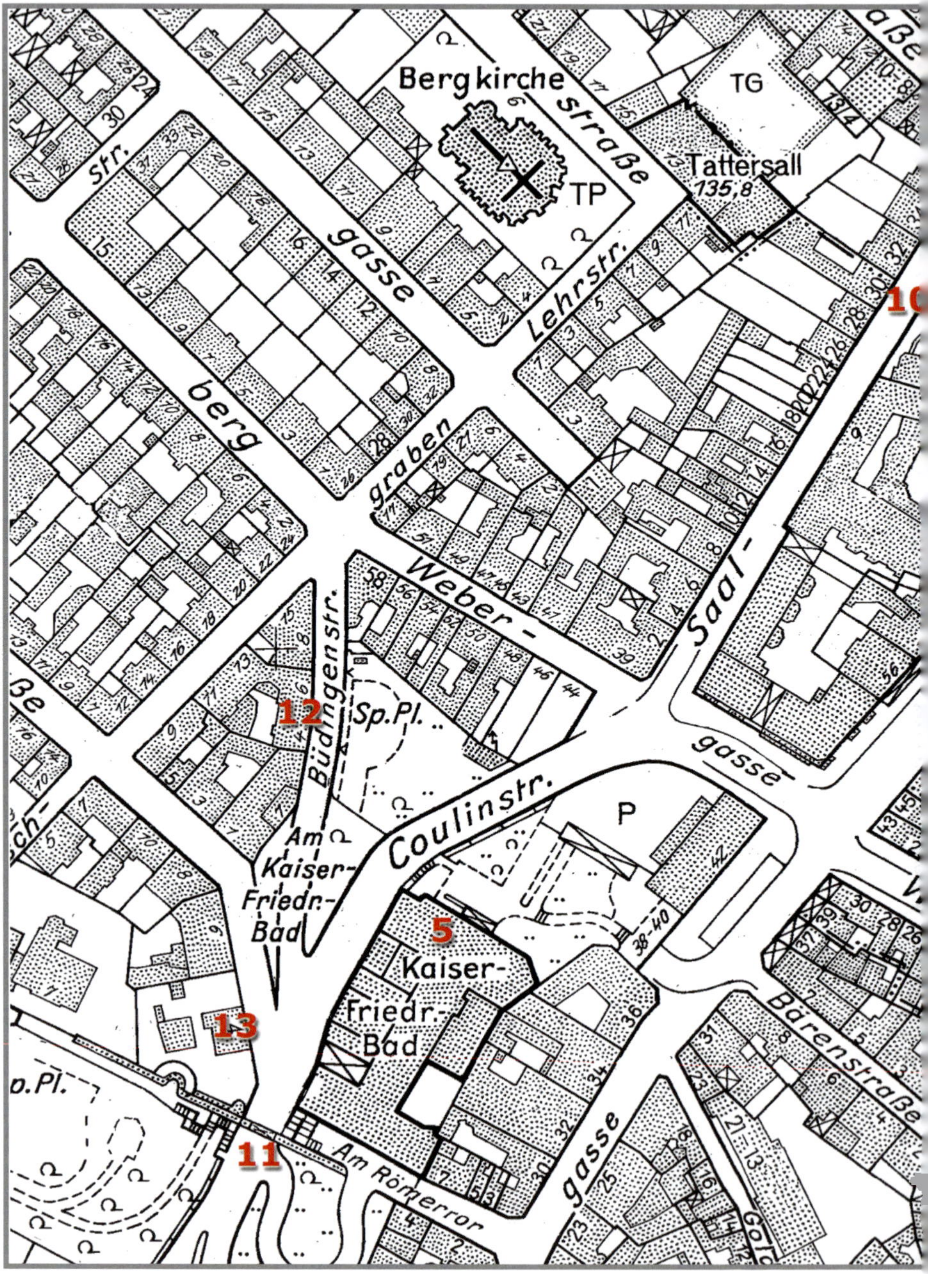

Bergkirche
straße
TP
TG
Tattersall
135,8
Str.
gasse
berg
Lehrstr.
graben
Weber-
Saal-
gasse
Büdingenstr.
Sp.Pl.
Coulinstr.
P
Am Kaiser-Friedr.-Bad
Kaiser-Friedr.-Bad
Bärenstraße
Am Römertor
gasse
12
13
11
5
10

Tour 5

Das Quellenviertel

1 Neubauten, Webergasse
2 Pariser Hof
3 Hotel Schwarzer Bock
4 Palasthotel
5 Kaiser-Friedrich-Bad
6 Hotel Rose / Staatskanzlei
7 Nordseite Kochbrunnenplatz
8 Kochbrunnentempel
9 Ecke Saalgasse 38 / Nerostraße
10 Saalgasse 30
11 Römertor
12 Büdingenstraße 4
13 Am Kaiser-Friedrich-Bad 4

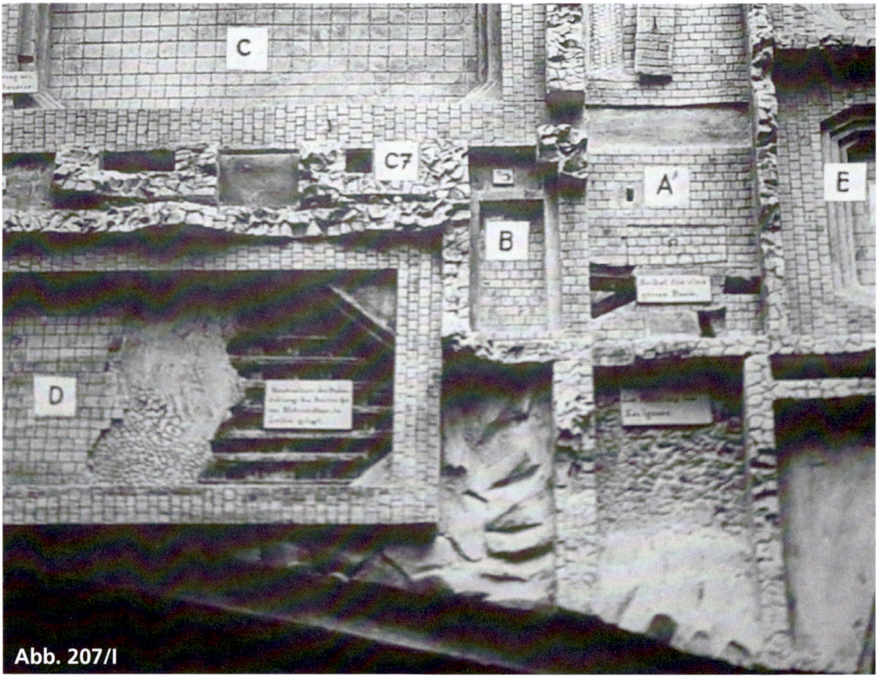

Abb. 207/I und II: Im Museum Wiesbaden zeigt das Modell der römischen Thermenanlage am Kranzplatz den Aufbau der Anlage. A. Auskleideraum und Kaltraum; B: Becken zur Fußreinigung; C1–7: Einzelwannen; D: Kaltwasserbecken; E, F: Thermalwasserbecken; G: Heizraum; H: Laubad mit Hypokaustenheizung; I, K: Warmbad; L: Schwitzbad mit Kaltwasserrundbecken;

Tour 5: Das Quellenviertel – Rund um den Kochbrunnenplatz

Der verhältnismäßig kurze Gang führt in das Herz der Badestadt zu den heißen Quellen am Kochbrunnen: Ursprung der Stadtwerdung Wiesbadens und Ort ungebrochener Tradition der Badekultur. Nicht mehr zu sehen sind die römischen Relikte. Einige mittelalterliche Badehäuser blieben zumindest in den Hotelnamen präsent. Vor allem die Pracht des 19. Jahrhunderts ist noch sichtbar: in den Bauten an Kranzplatz und Kochbrunnen sowie im Jugendstil des Kaiser-Friedrich-Bades (1910–13) – dem zweiten Höhepunkt der Tour. Aber auch der rücksichtslose Umgang der Nachkriegszeit mit diesem traditionsreichen Ort, an dem kriegsbedingte Baulücken wieder gefüllt werden mussten, kann stärker als es wünschenswert wäre, wahrgenommen werden.

Am Drei-Lilien-Platz und der Webergasse beginnt der Weg, führt durch die Spiegelgasse zum Kochbrunnenplatz; über die Saalgasse zur Coulinstraße zur historistischen Interpretation des Römertores und endet am Hang mit einem Blick auf die Altstadt.

Abb. 207/II

Das **Quellenviertel** ist neben dem einstigen Kastell auf dem Heidenberg die älteste Siedlungsstätte Wiesbadens, denn die Römer nutzten schon bald nach der Besetzung des rechtsrheinischen Gebietes die heißen Quellen. So berichtet Plinius d. Ä. um 50 n. Chr. „Sunt et Mattiaci in Germania fontes calidi trans Rhenum" (*Es gibt bei den Mattiakern in Germanien jenseits des Rheins heiße Quellen*). Sie gaben der Siedlung auch den Namen: Aquae Mattiacae.

Seit dieser Zeit waren die Thermalquellen das beständige Element in der Entwicklungsgeschichte der Stadt. Römische Reste der Badeanlagen wurden an mehreren Stellen gefunden, die bedeutendsten 1902 beim Ausheben der Fundamente für den Bau des Palasthotels. Sie erregten damals so viel Aufmerksamkeit, dass sogar das Kaiserpaar sie besichtigte und man ein genaues Modell (Abb. 207) anfertigte, das sich heute noch im Museum Wiesbaden befindet.

Zur römischen Zeit erstreckte sich das Quellengebiet bis zur Schützenhofstraße, wo beim Bau des Parkhauses ein Tempel der keltischen Göttin Sirona entdeckt wurde. Der ab 828 durch Einhard überlieferte Name *wisibada* bedeutet „Bad in den Wiesen" und bezieht sich somit wie der römische auf die heißen Quellen. Das Gebiet wurde damals „Sauerland" genannt und war städtebaulich nicht geordnet. Die Badhotels scharten sich um die Schützen-, die Adler-, vor allem aber um die Kochbrunnenquelle, immer im Bestreben, möglichst dicht am Thermalwasser zu bauen, um es direkt in die Häuser bringen zu können.

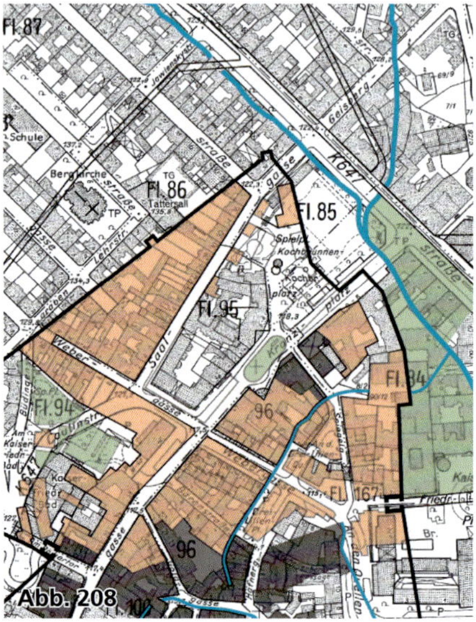

Abb. 208

Die erste städtebauliche Ordnung erfolgte zur Regierungszeit von Fürst Georg August Samuel von Nassau 1690–1721 (Abb. 208) mit der Verlängerung der Langgasse über die Heidenmauer hinaus, die Anlage der Weber- und der Saalgasse, die sich beide durch ihren gradlinigen Verlauf von den mittelalterlichen Straßen der Altstadt unterscheiden.

Ein neues Zentrum erhielt das Quellengebiet durch die Anlage des **Kranzplatzes**, der seinen Namen von dem ovalen Kranz von Bäumen erhielt, der auf dem Modell aus der Zeit um 1820 (Abb. 209) zu sehen ist. Nach Norden zum Platz des Kochbrunnens wurde er bis 1912 durch das alte Hotel „Rose" abgegrenzt, danach fließen beide Plätze ohne spürbare Zäsur ineinander über, der Name Kranzplatz wird häufig auch für den Kochbrunnenplatz angewandt. Seitdem 2004 die Straße vor dem neuen Hotel „Rose" von 1896–1904 – jetzt Staatskanzlei – den Namen des früheren Ministerpräsidenten Georg-August Zinn trägt, ist die Verwirrung eher größer geworden, denn an einem eigenen Straßenraum steht die „Rose" nicht, sondern bildet seit ihrer Entstehung die östliche Platzwand des Kochbrunnenplatzes.

Der Kranzplatz verlor seine ursprüngliche Gestalt durch den Bau des Palasthotels 1903–05, das nach dem Abbruch der alten Badhäuser „Zum weißen Schwan" (seit 1471) und „Engel" (seit 1524) nach Südosten in den Platz vorgerückt wurde. Seit dem frühen 19. Jahrhundert mit dem Aufschwung der Badekur, dann auch der Trinkkur, wandelte sich das Bild von Kranz- und Kochbrunnenplatz im Verlauf weniger Jahre. Der zunehmende Zustrom von Kurgästen, deren gesellschaftliche Stellung und Zahlungskraft ständig wuchs, zwang die Wirte der Badhotels in einem erbarmungslosen Konkurrenzkampf zur ständigen Anpassung an den Komfort und damit zu Neubauten.

Abb. 209

Der Übersichtsplan (Abb. 210) zeigt, wie viele Badhotels im 19. Jahrhundert existierten und wie sich zum Teil auch ihre Namen wandelten. Von allen ist als einziges in ungebrochener Tradition seit dem

15. Jahrhundert noch der „Schwarze Bock" vorhanden. Das Palasthotel wurde 1976–77 zu Wohnungen umgebaut und das Hotel „Rose" dient seit Herbst 2004 als Staatskanzlei des Hessischen Ministerpräsidenten.

Starke Veränderungen im Quellenviertel brachte auch der Bombenangriff vom 2./3. Februar 1945 mit sich, als das Eckhaus an der Spiegelgasse und die Bebauung auf der Nordseite der Langgasse in der Achse der Webergasse zerstört wurden. Die Häuserfront an der Langgasse wurde beim Wiederaufbau nach Westen zurückversetzt und zu niedrig ausgeführt, so dass sie keine ausreichende Platzwand bilden kann.

Der Bau an der Südecke zur Spiegelgasse sprengt dagegen als Hochhaus den historischen Maßstab und bietet auch in seinen architektonischen Formen keinen erfreulichen Anblick. Da passt sich der gegenüberliegende Eckbau des Hotels „Ibis" schon besser der historischen Situation an, er steht an der Stelle des alten Badhauses „Zum Spiegel". Zum Quellengebiet gelangt man aus der Altstadt durch die Langgasse
1 oder die untere **Webergasse**, die nach den Kriegszerstörungen 1953 von dem Wiesbadener Architekten Rudolf Dörr neu bebaut worden ist. Sie wurde zum Glück nicht so stark verbreitert wie die Burgstraße und hat deshalb in ihrer räumlichen Wirkung noch etwas von einer Altstadtstraße bewahrt. Mit den schlichten Fassaden (Abb. 211), fein in Rechteckform gegliederten Fenstern, dem vertikalen Band der Loggien und dem eleganten Flugdach auf zarten Stützen über dem zurückversetzten Terrassengeschoss ist die Bebauung ein qualitätvolles, typisches Zeugnis der 50er Jahre.

Abb. 211

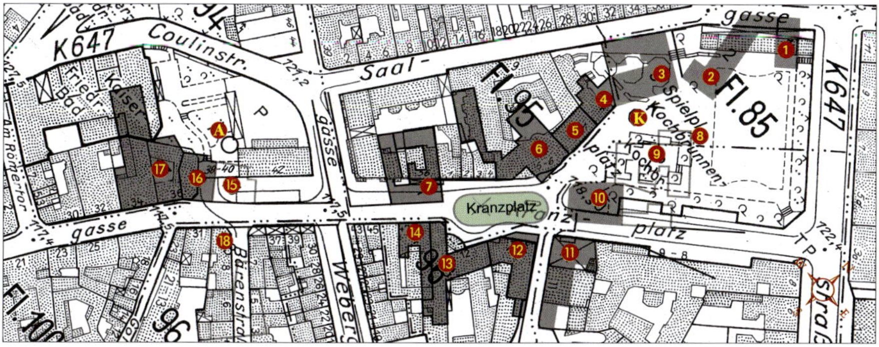

Abb. 210: 1 Hospitalbad 2 Hospital 3 bis 1817 Weißer Löwe, ab 1826 Römerbad 4 bis 1900 Weißes Roß* 5 bis 1900 Weißer Schwan* 6 bis 1900 Engel* 7 ab 1900 Kranz 8 Trinkhalle, zwischen 1834 und 1843 abgebrochen 9 bis 1826 Blume, danach Europäischer Hof 10 Rose 11 Spiegel 12 Rindsfuß, ab 1826 Englischer Hof 13 Schwarzer Bock 14 Goldene Kette 15 Goldene Krone 16 Goldener Brunnen 17 Adler 18 Schwarzer Bär A Adlerquelle K Kochbrunnen *wegen Bau des Palasthotels abgebrochen

Abb. 212

Abb. 213

Man kann von der Burgstraße/An der Quellen aus den Kranzplatz auch durch die Spiegelgasse erreichen. Dort stößt man auf der Nordostseite auf den langgestreckten
2 Bau des **„Pariser Hof"**. Unter der Hausnummer 9–11 sind mehrere Bestandteile mit einer einheitlichen Fassade von 1832 zusammengefasst, darunter das kleine Haus Spiegelgasse 11 von 1735, das damit zu den ältesten in der Innenstadt von Wiesbaden zählt. Der jüdische Gastwirt Isaak Hiffelsheimer erbaute 1832 anstelle des älteren jüdischen Badhauses „Zum Rebhuhn" den „Pariser Hof" neu. Die heutige, klassizistische Fassade (Abb. 212) stammt wohl noch von 1832, die über den Fenstern aufstuckierten sehr reizvollen Putten (Abb. 213) sind eine Zutat aus der Zeit um 1900.

Das jüdische Badhaus „Zum Rebhuhn" wurde schon im Jahre 1600 erwähnt. Es enthielt seit 1732 eine Synagoge mit einer Mikwe und die Judenschule. Diese Tradition reichte noch bis zur Vertreibung der Juden im Dritten Reich, denn die Badekabinen konnten auch als Mikwe genutzt werden, da sie von lebendigem Wasser, das heißt keinem Oberflächen-, sondern Grundwasser gespeist wurden – eine Bedingung für die Nutzung als Kultbad. Seit 1986 wird das erste Obergeschoss des Hauses Nr. 9 vom „Pariser Hoftheater" genutzt, in der Nr. 11 befinden sich die Ausstellungsräume des „Aktiven Museums Deutsch-Jüdischer Geschichte", dessen Geschäftsstelle liegt im Haus Spiegelgasse 7.

Die südöstliche Ecke des einst unregel- 3
mäßig viereckigen Kranzplatzes bildet unverändert das Hotel **„Schwarzer Bock"**, in ungebrochener Tradition seit dem 15. Jahrhundert. Urkundlich bezeugt ist es erstmals 1486. Der Name hat mit dem Tier nur indirekt zu tun, denn er leitet sich von dem ersten Besitzer Bürgermeister Philipp zu Bock ab, den man wegen seiner schwarzen Haare den „Schwarzen Bock" nannte.

Abb. 214

Abb. 215

Abb. 216

Der „Schwarze Bock“ ist nicht nur das älteste Badhotel in Wiesbaden, es ist auch das einzige Luxushotel am Kranzplatz, das noch ein – auch öffentlich zugängliches – Thermalbad besitzt. In seiner langen Geschichte hat es mehrfach den Eigentümer und seine bauliche Gestalt gewechselt. In seiner heutigen Form geht es auf den Neubau von 1871/72 zurück, der 1902/03 um ein Geschoss aufgestockt und nach Süden um das frühere Badhaus „Zur Goldenen Kette“ erweitert worden ist. Die Hauptfassade (Abb. 214) wurde leider 1957 weitgehend ihrer gliedernden Bauteile beraubt und um zwei zusätzliche Geschosse erhöht, mit der misslungenen Absicht, daraus einen repräsentativen Neubau zu machen. Dabei würde die neoklassizistische Fassade von 1871/72 viel mehr das Gefühl von Tradition und Luxus vermitteln, während jetzt die historische Architektur zerstört ist, ohne dass ein neuer Wert geschaffen wurde. Es zeigt sich hier die modernistische Tendenz der 50er Jahre mit einer Geringschätzung aller Leistungen des 19. Jahrhunderts. Wenigstens verschonte man die Balkone mit ihren schönen Eisengittern und die Fassade an der Langgasse.

Im 1895 umgebauten Innenhof (Abb. 215) bietet sich aber noch der historische Anblick mit den reichen neoklassizistischen Formen der Fensterrahmen und der neobarocken Balkone. Kostbar ist auch das Innere ausgestattet, besonders das sogenannte „Ingelheimer Zimmer“ (Abb. 216). Ihr Schöpfer ist der Bankier Dr. jur. Wilhelm Freiherr von Erlanger, der sich in Nieder-Ingelheim eine prachtvolle, „Schloss“ genannte Villa erbaut hatte. Für deren Esszimmer hatte er auf seinen Reisen durch Italien, Nordfrankreich, die Niederlande und Norddeutschland allerlei Antiquitäten der Renaissance des 16. Jahrhunderts gesammelt, die er durch den Schreiner Dickermann aus Frankfurt ergänzen und zu einem neuen Kunstwerk des Historismus zusammenfügen ließ. Es gelangte 1936 in den „Schwarzen Bock“, wo man sich heute noch an der prächtigen Kassettendecke und der hölzernen Wandvertäfelung mit ihren reichen Schnitzereien erfreuen kann.

Sehenswert sind auch die 19 noch im Charakter des Jugendstils erhaltenen Badekabinen. Als das neben dem „Nassauer Hof“ wichtigste Luxushotel verzeichnet das Gästebuch viele Prominente aus dem Hochadel, Opernstars, Schauspielern und Showstars.

Das **„Palasthotel“**, Kranzplatz 5-6, ent- 4
stand 1903–05 anstelle der über 400 Jahre alten Badhäuser „Zum Weißen Schwan“, 1471 erstmals genannt, und dem „Engel“, den es hier seit 1524 gab. Beim Ausschachten der Baugrube stieß man auf die Grundmauern der römischen Thermen, von denen man nach sorgfältiger Bestandsaufnahme ein Modell (Abb. 207 I + II, S. 112/113) anfertigte, das sich im Museum Wiesbaden befindet. Der Architekt Paul Jacobi plante und leitete den Bau bis zum April 1904, dann vollendete ihn Friedrich

Abb. 217

Hatzmann, die Fassade gestaltete Theobald Schöll. Bei der Betrachtung des Baukörpers (Abb. 217) hat man das Gefühl, dass er unvollendet ist, denn Haupteingang und Turm bilden eine so dominierende Achse, dass man sie für die Mitte eines geplanten symmetrischen Gebäudes hält, das sich spiegelbildlich nach Nordwesten erstreckt. Dann hätten schon damals die Badhotels „Weißes Roß" und „Römerbad" weichen müssen, was jedoch erst 1976 geschah, als nach dem Entwurf der Architekten Michaelsen & Michaelsen ein konkav auf das Halbrund des Jugendstilbaus antwortender Erweiterungsbau entstand. Dieser kann als zeitgenössische Variation zum Altbau gedeutet werden und ist ein positives Beispiel für das Nebeneinander von Alt und Neu.

Nachdem noch 1960 dem „Palasthotel" der Abbruch drohte, konnte es gerettet werden, da sich eine neue Funktion ergab. Man benötigte nämlich für die Bewohner des Bergkirchengebiets Ersatzwohnungen, die wegen der Sanierung ihre Wohnungen räumen mussten. Insgesamt wurden 1976/77 beim Um- und Neubau 79 Wohneinheiten geschaffen. Im Vergleich zu den um die Jahrhundertwende entstandenen Prachtbauten des „Nassauer Hofes" oder Café Kunder ist die Fassade des „Palasthotels" weniger plastisch, dies hauptsächlich in den Balkonen und Erkern, sonst herrscht statt des monumentalen Neobarock eher ein Neoklassizismus vor.

Der Jugendstil ist am deutlichsten in den Details der Dachzone und den Türmen zu entdecken, wobei der Hauptturm (Abb. 218) noch stärker dem Neobarock verpflichtet ist als der Seitenturm (Abb. 219). Der Hotelkomplex erstreckt sich mit vier Flügeln um einen Innenhof bis an die Saalgasse. Von der einstigen Pracht ist nur die Hotelhalle mit dem Bronzekronleuchter geblieben. Auf alten Fotografien und Beschreibungen[24] kann man ursprüngliche Innendekorationen und Möbel noch sehen. Sie stammen überwiegend von der Stuttgarter Firma Epple & Ege.

Es gab ein Vestibül, das Haupttreppenhaus, mehrere Konversationszimmer, einen Musiksaal, einen Leseraum mit Schreibzimmer, einen großen Speisesaal, einen Wintergarten, einen Frühstückssaal mit Musikempore, dazu Elektroinstallation und Zentralheizung sowie bereits einen Fahrstuhl, um zu den 150 Fremdenzimmern in den Obergeschossen gelangen zu können. Jedes Zimmer hatte schon ein Haustelefon. In diesem luxuriösen Hotel wohnte unter anderem Enrico Caruso, als er 1908 für eine Gage von 10 000

Abb. 218

Abb. 219

Abb. 220

Mark die Partie des Herzogs von Mantua in Verdis „Rigoletto" sang. Bei seinen lauten Stimmübungen am offenen Fenster blieben die Wiesbadener staunend stehen, es kam zu einem regelrechten Volksauflauf.[25]

5 Ein Jugendstilbau, vor allem im Inneren, ist auch das **Kaiser-Friedrich-Bad** (Abb. 220), erbaut 1910–13 durch Stadtbaumeister August O. Pauly (*1874) als das erste standesgemäße Kurmittelhaus in Wiesbaden: Denn beim Kurhaus handelte es sich um ein Gesellschaftshaus, in dem keine Heilmittel zur Anwendung kamen. Wer etwas für seine Gesundheit tun wollte, war auf die Luxushotels angewiesen. Zwar hatte man 1882 das städtische Badhaus zum Schützenhof eröffnet[26], das jedoch den erhöhten Ansprüchen der Kurgäste nicht genügen konnte. Im Jahr 1905 kamen mehr als 200 000 Besucher nach Wiesbaden, das damals mit 100 000 Einwohnern Großstadt geworden war. Die Stadt kaufte deshalb die beiden Hotels „Zum Adler" und „Goldener Brunnen" sowie die Adlerquelle.

An der Langgasse verkaufte man die Parzellen zum Bau der Hotels „Europäischer Hof", Langgasse 32, und „Continental", Langgasse 36. Auf dem hinteren Adlerterrain errichtete man das Kaiser-Friedrich-Bad, nachdem man Vorsorge getroffen hatte, dass dadurch die Adlerquelle nicht in Mitleidenschaft gezogen und für den Neubau auf dem schwierigen Gelände durch eine Betonplatte auf Holzpfählen eine ausreichende Gründung geschaffen worden war. Der Außenbau zeichnet sich stärker noch als das „Palasthotel" durch einen strengen Neoklassizismus aus, gemildert nur durch den bildhauerischen Schmuck von Ernest Ohly (1879–1916) und William Ohly (1883–1955) aus Frankfurt sowie von Wilhelm von Heider (*1882). Der langgestreckt in Ost-Westrichtung angeordnete Bau mit seinem hohen Walmdach tritt von der Langgasse kaum, mehr von der Coulinstraße aus in Erscheinung. Für die kräftige Rustika des Erdgeschosses verwandte man Muschelkalkstein, für die beiden Hauptgeschosse in den neun Achsen der Mittelfront einen gelbgrauen Tuffstein, in den Flächen der Seitenflügel einen farblich angepassten Naturputz.

Die Löwenkopfkapitelle und die drei Reliefs des Mittelfeldes mit Putten und Blumenkörben oder Girlanden stammen von den Gebrüdern Ohly. Die Reliefs in den je drei seitlichen Feldern von Wilhelm von Heider stellen Kraft, Schönheit und Gesundheit dar, die von links nach rechts zu betrachtenden Symbolfiguren Herkules mit der Keule, die Hydra tötend, eine sich frisierende Frauengestalt, einen römischen Legionär mit Helm und Schild die Quelle schützend, einen Wasserträger, eine Frauengestalt, die linke Hand unter das fließende Wasser haltend, und einen, aus einer mit dem Äskulap verzierten Schale trinkenden Mann.

Abb. 221

Der trotz dieses bildhauerischen Schmucks schlicht und streng wirkende Außenbau steht im Kontrast zu dem reich ausgestatteten Inneren, das den Ruhm dieses letzten großen öffentlichen Bauwerks der Weltkurstadt Wiesbaden in ihrer Blütezeit ausmachte. Das spürt man schon in der Eingangshalle (Abb. 221), die der Berliner Baurat Lesser in leuchtenden Farben ausgestaltete. Die glasierten Kacheln stammen aus der Königlichen Majolika-Werkstätte in Cadinen (Ostpreußen). Auf jeder Seite sind zwischen kannelierten Wandsäulen drei Wandbrunnen in den Formen der italienischen Frührenaissance angeordnet, die durch ihre illusionistische Scheinperspektive besonders eindrucksvoll sind. Das 144 m² große Vestibül des Erdgeschosses gestaltete der Innenarchitekt und Maler Hans Völcker (1865–1944), der 1899 von München nach Wiesbaden gekommen war. Die Allegorien seiner im Jugendstil gehaltenen Friese sind nur schwer zu deuten, sollen aber wohl den Weg zu Kraft, Gesundheit und Lebensfreude aufzeigen. Völcker gestaltete auch die weit gespannte Kassettendecke. Das Geländer des großzügig angelegten Treppenhauses zum Obergeschoss ist ein Werk seiner Frau Hanna Völcker, die Glasfenster wurden in der Wiesbadener Werkstatt von Karl und Alfred Geck gearbeitet. Über der Holzvertäfelung im Vestibül des ersten Obergeschosses liegt ein Bilderfries des Wiesbadener Malers Friedrich Kaltwasser.

Abb. 222

Leider sind das Treppenhaus und das obere Vestibül nicht mehr öffentlich zugänglich, denn sie führen seit der Sanierung von 1998–2001 nicht mehr wie früher zu den einst über 50 luxuriös ausgestatteten Salonbädern, sondern jetzt in die 70 Wohnungen der Seniorenresidenz. Geblieben ist die Römisch-Irische Abteilung mit ihrem Tepidarium (40 °C, warm-feuchte Luft), dem Sudatorium (50-65 °C, trocken-heiße Luft), dem Lavacrum (Tauchbecken mit kaltem Wasser). Die keramischen Arbeiten in der Römisch-Irischen Abteilung sind das Werk eines Schülers Henry van de Veldes, des tschechischen Bildhauers Joseph Vinecky. Er unterhielt von 1909–19 eine Keramikwerkstatt in Herborn und von 1919–28 in der Bahnhofstraße 39 in Wiesbaden. Besonders sehenswert ist die monumentale Schwimmhalle (Abb. 222), deren keramischer Schmuck 1912/13 in der Manufaktur Darmstadt unter der Leitung von Jakob Julius Scharvogel (1864–1938) entstand. Da diese Werkstatt auch die Badehäuser im Sprudelhof von Bad Nauheim belieferte, findet man dort Ähnliches. Der Bildfries über den fünf offenen Rundbogen mit den schlanken, dem Bad entstiegenen Gestalten malte Ernst Wolff Malm (1885 bis 1940). Das Kaiser-Friedrich-Bad wurde in einem zeitgenössischen Aufsatz sogleich gewürdigt[27], nach seiner feierlichen Eröffnung am 29. März 1913 von der Presse als Musterbadehaus der Weltkurstadt Wiesbaden in den höchsten Tönen gerühmt. Es sollte aber durch den Ersten Weltkrieg und die Probleme der Nachkriegszeit nur eine kurze Blüte erleben.

6 Das **„Hotel Rose"** an der Ostseite des Kochbrunnenplatzes, heute an der Georg-August-Zinnstraße gelegen, hatte bis 1913 ein Gebäude an der Nordseite des Kranzplatzes und trennte beide Stadträume voneinander. Sein Name lässt sich bis 1523 zurückverfolgen, als die Pächterin Margarethe zur Rose wegen Schuldens des Pachtzinses verklagt worden war[28]. Den Abbruch des Altbaues beantragte der Eigentümer bereits 1893, erhielt aber die Genehmigung für den bis zur Taunusstraße reichenden Häuserkoloss nach erheblichen Bedenken der Bauverwaltung erst 1896. Das Hotel enthielt 200 Salons und Schlafzimmer, 55 Badezimmer und ein großes Bade-Etablissement mit einem direkten Zufluss vom Kochbrunnen und eine große Tennishalle.

Abb. 223

In seiner Glanzzeit beherbergte es viele prominente Gäste. Von 1940 bis 1944 war es die Tagungsstätte der deutsch-französischen Waffenstillstandskommission, von 1945–48 diente es der US-Airforce. Nach einer kostspieligen Renovierung eröffnete es der letzte Eigentümer Rosenow 1959 neu, betrieb es aber als Hotel mit reduzierter Bettenzahl und vermietete die anderen Zimmer als 75 Appartements an Dauergäste. Nach dem Verkauf an den Immobilienkaufmann Dr. Jürgen Schneider sollte es mit einem Gesamtaufwand von 100 Millionen DM zu einem Luxushotel ausgebaut werden. Nach dem Konkurs 1994 und einer Wertbereinigung der Schulden bei der Deutschen Bank, die deren Sprecher Kopper als „Peanuts" bezeichnete, gelangte es schließlich in das Eigentum des Landes Hessen und wurde 2001–04 zur Staatskanzlei des Hessischen Ministerpräsidenten ausgebaut. Nach der Beseitigung des alten Baumbewuchses bildet es jetzt den repräsentativen Abschluss des Kochbrunnenplatzes nach Osten. Seine langgestreckte Fassade lässt nur in der Schrägansicht (Abb. 223) die Plastizität des Neobarock zum Ausdruck kommen, frontal wirkt sie wegen der übergroßen Länge flach und spannungslos.

Abb. 224

Abb. 225

7 Nach Norden begrenzen den Kochbrunnenplatz die Häuser an der Bergseite der Taunusstraße (Abb. 224), nach Westen die wenigen Reste der **Kochbrunnenkolonnade**. 1887/88 von dem Architekten Wilhelm Bogler erbaut, beherrschte sie in ihrer raumgreifenden Form auf z-förmigem Grundriss den gesamten Platz einschließlich des Geländes des früheren Hospitals.

Keineswegs – wie oft angenommen – im Zweiten Weltkrieg zerstört, wurde sie 1949 erneut in Benutzung genommen (Abb. 225), dann aber in den 60er Jahren ohne zwingenden Grund bis auf den Flügel an der Saalgasse abgebrochen. Dieser wurde noch in den 90er Jahren durch einen modernen Glasvorbau entstellt. Geblieben ist nur der einst am Südende der Kolonnade stehende, 1976/77 umgesetzte und stark erneuerte Kochbrunnentempel (Abb. 226), in dem immer noch das Thermalwasser fließt und zum kostenlosen Trinken einlädt.

8 Der Kochbrunnen ist heute die Zusammenfassung von 15 Quellen; er spendet pro Minute 880 Liter Thermalwasser mit einer Temperatur von 68,75 °C und enthält Chlornatrium (Kochsalz), Chlorkalium, Chlorcalzium und Chlorlithium. Das immerwährende Sprudeln und Dampfen des Kochbrunnens zeigt uns sehr anschaulich der Kochbrunnen-

Abb. 226

Abb. 227

springer (Abb. 227), entstanden nach einem Entwurf des Stadtplaners Edgar Heydock.

An der Westseite grenzt die **Saalgasse** an den Kochbrunnenplatz. Ihren Namen erhielt sie von einem hier in den Fundamenten aufgedeckten größeren Gebäude, das man als Saalbau bezeichnete und das man für einen staufischen Saalbau[29] analog zu dem in Frankfurt hielt. Als schnurgerade Straße wurde sie im Zeitraum von 1690 bis 1790 angelegt. Im Spielmann-Plan von 1799 wird sie als total bebaut dargestellt, im Text auf Seite 30 aber beschrieben, sie sei bis 1826 bis zur Taunusstraße durchgeführt worden, allerdings noch ohne Häuser. Dies kann sich auf Grund der Spielmann-Pläne nur auf die Verlängerung bis zur Taunusstraße beziehen. Somit gehört sie also zur barocken Stadtplanung. Ihr Straßenraum wirkt durch die langgestreckten Fassaden der angrenzenden Kochbrunnenkolonnade und des „Palasthotels" sehr eingeengt. Von der Bebauung auf ihrer Westseite verdienen drei Häuser Beachtung: Das **Eckhaus** zur Nerostraße (Abb. 228), das man anhand der Brüstungsgitter in den Fenstern (Abb. 229) in die Zeit um 1835–40 datieren kann, denn in dergleichen Gussform wurden die Gitter am Haus Luisenplatz 1 von 1835 und Kapellenstraße 5 hergestellt. Auch der Gesamtcharakter der Fassade ist noch klassizistisch. Dagegen gehören die Fenstergitter des Hauses Saalgasse 32 dem frü- 9

Abb. 228

Abb. 229

Abb. 230

hen, um 1810–20 entstandenen Typ an, wie er bei den Häusern Luisenstraße 5, Nerostraße 22 und 24 vorkommt. Als drit-
10 tes Haus ist die **Saalgasse 30** (Abb. 230) beachtenswert. Wegen seiner Ornamentik ist es dem Jugendstil zuzuordnen, also im ersten Jahrzehnt des 20. Jahrhunderts erbaut worden.

Die Saalgasse endete ursprünglich an der Webergasse, bis 1901 mit der Coulinstraße, benannt nach einem Wiesbadener Bürgermeister, die Verbindung zum Michelsberg geschaffen wurde. Dafür musste man die Heidenmauer durchbrechen und ein umfangreiches Gelände von privaten Eigentümern ankaufen. Auch der größte Teil des alten Friedhofs musste geopfert werden, einige Grabplatten übertrug man auf den Friedhof an der Platter Straße. Ausgrabungen auf dem Gelände nördlich der Heidenmauer erbrachten die Reste eines antiken Mithraeums aus dem frühen 3. Jahrhundert, das seinerzeit dem Bau der Heidenmauer hatte weichen müssen. Es wurde sorgfältig vermessen und später als Rekonstruktion im Museum wiedererrichtet, die vor einigen Jahren dem Umbau zum Opfer fiel.

11 Der gewagteste Eingriff dieser verkehrsbedingten Maßnahme war der Durchbruch durch die Heidenmauer, die als größtes sichtbares Denkmal des römischen Wiesbaden auch damals schon sehr geschätzt wurde. Noch im Mittelalter bis auf eine Länge von 520 m erhalten, war sie am Ende des 19. Jahrhunderts bis auf ein Reststück verschwunden, und dies musste nun noch auf eine Breite von 18 m für die Anlage der Coulinstraße durchbrochen werden und das bei einer Dicke von 2,3 m und einer Höhe von 5 m. Man datiert sie in die Regierungszeit des Kaisers Valentinian (364–375 n. Chr.) und hat immer gerätselt, welchem Verteidigungskonzept sie angehören soll, denn sie war nur geradlinig bis zum heutigen Chor der Marktkirche herabgeführt, knickte an keiner Stelle ab, umschloss also keine Siedlung. Die heutige Deutung von Dipl.-Ing. Lauth als Rest einer römischen Wasserleitung hat sehr viel für sich. Dass der Durchbruch durch die römische Mauer schon damals nicht zum Eklat wurde, verdankte man Felix Genzmer, der daraus ein pseudorömisches Stadttor machte.

Sein **Römertor** (Abb. 231) wurde zu einem der Wahrzeichen Wiesbadens. Über zwei steinerne Eckpfeiler legte er eine hölzerne Brückenkonstruktion, zu der ihn eine Reliefszene auf der 113 n. Chr. errichteten Trajanssäule in Rom inspiriert hat. Sie stellt den Kaiser Trajan bei einer Opferhandlung an der Donau dar, im Hintergrund die Brücke von Droptae (rum. Drobeta), von der Genzmer die Holzkonstruktion des Bogens und das Geländer des Übergangs übernahm.

Die Überdachung dieses mehr einer Brücke als einem Tor gleichenden Bauwerks geht auf überdachte Brücken im Alpenraum zurück. An der Schwelle der Südseite befindet sich die eingeschnitzte Inschrift: „Erbaut 1902 gelegentlich des bei der Anlegung der Coulinstraße erfolgten Durchbruchs der alten Römischen Mauer". Die Verkehrsplaner wollten 1968 bei einem vierspurigen Ausbau der Coulinstraße das Römertor abreißen.

Noch bei der Diskussion 1976–77 begründete das Amt für Verkehrswesen dies

Abb. 231

Abb. 232

mit der Behauptung, es sei historisch wertlos, da es erst in wilhelminischer Zeit erbaut worden sei. Diese behördliche Geringschätzung mißachtete aber den stattgefundenen Wandel, der inzwischen die Bedeutung des Historismus im Bewusstsein der Bevölkerung verankert hatte. So konnten die Wiesbadener das Römertor mit Erfolg verteidigen. Die Behauptung der Baufälligkeit konnte widerlegt werden. Außerdem fand man eine Nutzung als Fußgängerüberweg und erbaute dafür einen Treppenturm, der sich unauffällig in die Schöpfung von Genzmer einfügt. Vor der Südseite des Römertors sind 1992–96 vom Kur- und Verkehrsverein Abgüsse römischer Grabsteine und Standbilder aufgestellt worden, deren Originale sich im Museum Wiesbaden befinden. Ihre Bedeutung ist durch Schrifttafeln erläutert.

Vor dem Römertor zweigen nach Nordwesten von der Coulinstraße zwei Straßen ab: Die untere, flache ist die Büdingenstraße, benannt nicht nach der hessischen Stadt, sondern nach dem Eigentümer des Geländes, das man zur Anlage der Straßen erwerben musste. Sie führt auf die Kreuzung Hirschgraben/Webergasse zu.

Das Haus **Büdingenstraße 4** (Abb. 232), 12
erbaut 1905 von Wilhelm Rehbold, ist ein bemerkenswertes Jugendstilhaus mit einer

Abb. 233

qualitätvollen Sandsteinfassade. Die obere, steil ansteigende ist die Straße „Am Kaiser-Friedrich-Bad", welche in die Adlerstraße
mündet. Das **Haus Nr. 4** (Abb. 233) ist ein 13
nobler klassizistischer Bau aus der Zeit zwischen 1834 und 1843.

---

[24] Otto Schulze-Köln: Das Palasthotel in: Zeitschrift Innendekoration, XVI. Jahrg. Mai-Heft; Darmstadt 1903

[25] Zeitzeugen II, Herausgeber Mattiaca, Thorsten Reiß Verlag Wiesbaden 1998/2003, S. 89

[26] Eva Christina Vollmer: Die Kaiser-Friedrich-Therme in Wiesbaden, Kunstverlag Josef Fink, Lindenberg 2003

[27] Grolman, Dr. Willy von: Zeitschrift ‚Innendekoration', XXIV. Jahrg., Darmstadt Juli 1913

[28] Mattiaca II, a.a.O. S. 111

[29] Spielmann, Christian und Krake, Julius: Historischer Altlas der Stadt Wiesbaden, Reprint Wiesbaden 2002, S.17–18

Feld-
straße
Röder
straße
Nero-
Lehr-
Stein-
gasse
Schule
Ber
Römer-
berg
Str.
Adler-
straße
Schwalbacher
Straße
Schacht-
straße
Hirsch-
graben
Büdingenstr.
Sp.Pl.
Am Kaiser-Friedr.-Bad
Cou
Kai
Friedr.-Bad
Altkath. K.
TP
1a
1b
Straße
Schulberg
2
4
6
8
9
5
7
13
14
15
16

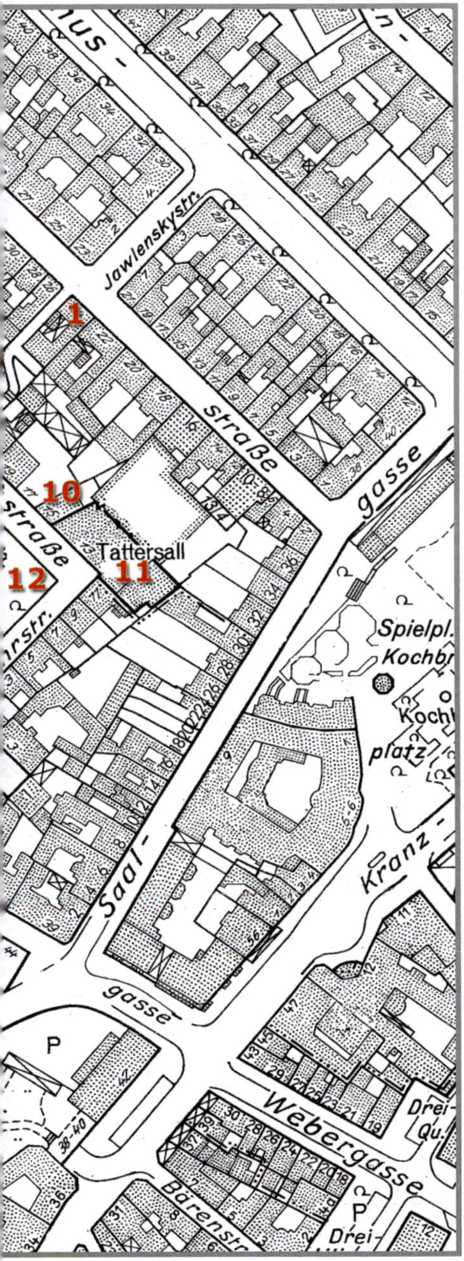

Tour 6

Bergkirchengebiet und Schulberg

1 Nerostraße 24
2 Nerostraße 40
3 Nerostraße 32, 34
4 Bobbeschänkelche, Röderstraße
5 Römerberg 31
6 Röderstraße 33, 35
7 Röderstraße 5
8 Röderstraße 14
9 Schule, Lehrstraße
10 Lehrstraße
11 Tattersall
12 Bergkirche
13 Römerberg
14 Hirschgraben
15 Adlerstraße
16 Kunsthaus, Schulberg

Abb. 237

Tour 6: Bergkirchengebiet und Schulberg

Mit dem Bergkirchengebiet besuchen wir ein in sich geschlossenes, kleinteilig bebautes Viertel, an dem das planmäßig angestoßene Wachstum der Stadt durch die Herzoglichen Baugnaden Anfang des 19. Jahrhunderts gut nachvollziehbar ist. Die auch bei späteren Bauten eingehaltenen kleineren Proportionen, die geschlossenen Häuserfronten und die geradlinigen, kurzen Straßen verleihen dem Viertel einen dezenten Charme, der rund um die Bergkirche und den Tattersall besonders reizvoll ist. Das Bergkirchengebiet wird begrenzt durch die Saalgasse, die Nerostraße, Röderstraße, obere Schwalbacher Straße, den Schulberg und die Coulinstraße.

Die Tour beginnt am Kochbrunnenplatz und führt die Nerostraße hinauf. Die Nerostraße hieß früher Hospitalstraße, der Name lautete dann nach dem Neresbach zunächst Neresstraße und wurde erst später fälschlich auf den römischen Kaiser bezogen. Über die Röderstraße kehren wir durch die Lehrstraße zur Bergkirche zurück.

Mit einem Abstecher in den Römerberg und die Adlerstraße führt der Weg über den Hirschgraben zum Kunsthaus am Schulberg. Von hier aus kann man zur Coulinstraße hinabsteigen, um wieder zum Ausgangspunkt zu gelangen – und um vielleicht am Abend in eine der kleinen Gaststätten in der Nerostraße einzukehren.

Nach den Plänen von Ernst May von 1963 sollte die gesamte Bebauung des Bergkirchengebietes – ausgenommen nur die Kirche – abgebrochen und durch stereotype Hochhäuser und Wohnblocks ersetzt werden. Der mit dem Europäischen Denkmalschutzjahr 1975 einsetzende Bewusstseinswandel führte auch hier zu einem Wechsel in der Planung hin zur erhaltenden Erneuerung im Rahmen der Städtebauförderung, die inzwischen nahezu abgeschlossen ist.

Der Ausbau der **Nerostraße** begann 1809. Den Anstoß zur Anlage dieser Straße gaben hier nicht die Bestrebungen des Herzogs zur Verschönerung der Stadt, sondern der Mangel an preiswertem Wohnraum für die Wiesbadener Kleinbürger. Dafür wurde nach dem Plan von C. F. Goetz eine vom Ende der Saalgasse im stumpfen Winkel abbiegende neue Straße gewählt, „wohin solche einstöckigen Wohnhäuschen am schicklichsten ten ohne den äußeren Anstand zu beleidigen gebaut werden können“[30]. Man wollte also die notwendigen Kleinbauten für die unteren Einkommensschichten tunlichst vor den Blicken der Gäste verstecken, womit der kleinbürgerliche Zuschnitt des gesamten Bergkirchengebiets vorbestimmt wurde. In den Jahren 1809–11 wurden etwa ein halbes Dutzend einstöckige, ganz schmucklose Häuschen aufgeführt, wegen ihrer Kleinheit von der Bevölkerung die „Katzelöcher“ genannt, später auf die Bewohner übertragen.

Abb. 234

Abb. 235

Abb. 236

Auch diese Häuschen erhielten Bauprämien und wurden Teil der Modellbauten.

Die mangelhafte Bauausführung und die allmähliche Abwanderung der landwirtschaftlichen Kleinbetriebe führten dazu, dass diese Straße zu einem regelrechten städtischen Armutsquartier zu werden drohte. Deshalb wurde der weitere Ausbau durch einen herzoglichen Beschluss geregelt, der 1814 die Genehmigung für vier weitere Baustellen vorsah. Nun wurde auch bei den einfachsten Häusern Wert auf eine solide Bauweise und Gestaltung gelegt. Aus dieser
Phase sind noch die Häuser **Nerostraße 24** 1
und 22 (Abb. 234) erhalten geblieben. Das erstere ist leider durch eine Verkleidung mit Asbestplatten beeinträchtigt.

Es sind zweigeschossige, traufenständige Häuser von je fünf Achsen mit dem Eingang in der Mitte, wie sie als Modellbauten nach den Baugnaden auch im Haus Friedrichstraße 5 (Abb. 122, S. 66) und in der Luisenstraße 3–11 (Abb. 151, S. 81) vorhanden sind.

Abb. 238

Abb. 239

Die enge Verwandtschaft zu diesen Bauten wird auch bei der Betrachtung der Fenstergitter deutlich; sie sind beim Haus Friedrichstraße 5 wie auch Luisenstraße 5 (Abb. 153, S. 82) mit derselben Form gegossen wie bei den Häusern Nerostraße 22 (Abb. 235) und Nerostraße 24 (Abb. 236).

Die übrige Bebauung ist uneinheitlich (Abb. 237, S. 128). Es wechseln ältere zweigeschossige Bauten mit dreigeschossigen ab, dabei haben die aus dem späten 19. Jahrhundert größere Raumhöhen, so dass sich auch innerhalb der dreigeschossigen Häuser Maßstabssprünge ergeben.

2 Das Haus **Nerostraße 40** (Abb. 238) folgt in seiner Zweigeschossigkeit mit fünf Achsen und mittlerem Eingang noch den Modellbauten nach den herzoglichen Baugnaden. Als einzige Veränderung wurde später lediglich der Torweg überbaut. Das
3 erfolgte auch bei den Häusern **Nerostraße 32 bis 34** (Abb. 239), zusätzlich erhielten sie jedoch ein drittes Geschoss und wurden im Erdgeschoss verändert.

Mit der **Röderstraße** gelang es Christian Zais 1818, das Historische Fünfeck zu schließen. Es war seine Idee, eine Allee von 50 Fuß Breite (15 m) über den damals so genannten heidnischen Berg zu führen, dabei an die von Bernhard Hundeshagen (1784–1858) bereits 1815 geplante Schwalbacher Straße in einem Winkel von 45° und an die Nerostraße in einem Winkel von 90° anzuschließen. Die Bebauung sollte nach dem Muster der Nerostraße mit modellmäßigen Reihenhäusern für gewerbetreibende Bürger erfolgen. Man baute in der Röderstraße schon seit 1821, obwohl sie erst 1825 mit einer Breite von nun 60 Fuß (18 m) eröffnet und der Durchbruch zur Schwalbacher Straße erst 1827 vorgenommen wurde. Auf der Anhöhe schlug Zais ein Rondell als Ruheplatz vor, „von wo man die schönste Aussicht hat". Leider hat man diese Planung nicht verwirklicht, sonst hätten wir heute hier einen Kreisverkehr statt der unübersichtlichen Kreuzung.

Als Relikt der ursprünglich in der Nerostraße erbauten „Katzelöcher" hat sich in

4 der Röderstraße 39 die Gaststätte **„Bobbeschänkelche“** erhalten (Abb. 240). Das eingeschossige Haus verfügt nur über drei Achsen, in der linken liegt der Eingang. Bis 2003 gab es noch ein zweites „Katzeloch“
5 im **Römerberg 31** (Abb. 241), das inzwischen leider abgebrochen worden ist. Das „Bobbeschänkelche“ war an der Ecke Nerostraße bereits um 1821 erbaut worden,

Abb. 240

Abb. 241

Abb. 242

Abb. 243

noch bevor die Röderstraße angelegt worden war. Es wurde mit der Zeit zu einer originellen Traditionsgaststätte.

6 Das Haus **Röderstraße 33–35** an der Ecke zur Lehrstraße (Abb. 242) ist ein gut proportionierter zweigeschossiger Putzbau von fünf Achsen mit mittlerer Haustür, der noch den Modellbauten der herzoglichen Baugnaden folgt und vor 1826 entstanden ist, da er in dem bis dahin stadtseitig bebauten Straßenabschnitt liegt.

Insofern dürfte auch das Haus **Rö- 7**
derstraße 5 (Abb. 243) bis 1826 erbaut worden sein. Es weicht im Bautyp jedoch

Abb. 244

Abb. 245

durch seine sieben Achsen und den mittleren Dachausbau ab und gleicht dem Haus
8 **Röderstraße 14** (Abb. 244) auf der gegenüberliegenden Straßenseite, das jedoch erst zwischen 1857 und 1868 errichtet worden ist, zusammen mit den Häusern Röderstraße 20–22. Bei diesen hat die Nr. 22 die Toreinfahrt links und je zwei gekuppelte Fenster an den Enden, die Nr. 20 die Toreinfahrt in der Mitte und insgesamt acht Achsen im Obergeschoss, im übrigen noch die schlichte spätklassizistische Gliederung der anderen genannten Häuser.

Die interessanteste Straße im Bergkirchengebiet ist die **Lehrstraße**, denn sie ist wegen der hier liegenden öffentlichen Bauten Bergkirche, Volksschule und Tattersall der Mittelpunkt des Gebietes und besitzt einige schöne Bürgerhäuser.

9 Als erstes entstand 1842 bis 1844 die **Bergschule**, wie sie anfänglich genannt wurde. Felix Genzmer hat sie 1898/99 wesentlich erweitert und umgebaut, so dass sie heute auch in der Fassade (Abb. 245) eindeutig seine Handschrift trägt. Der Hauptakzent der Fassade liegt in den beiden mittleren kielbogigen Risalitgiebeln.

Die ersten Bürgerhäuser entstanden zwischen 1843 und 1857 am westlichen
Ende der **Lehrstraße** zur Röderstraße hin 10
(Abb. 246) in schlichten biedermeierlichen Formen. Die Fenster des Hauses Lehrstraße Nr. 27 (Abb. 247) haben gusseiserne Gitter und darunter steinerne Baluster.

Die Häuser im oberen Teil der Lehrstraße mit den Nummern 8 und 19–21 sind zwischen 1857 und 1879 entstanden, behalten aber den spätklassizistischen Stil der insgesamt sehr einheitlich bebauten und gut

Abb. 246

Abb. 247

erhaltenen Straße bei. Eine Ausnahme bildet das deutlich höhere und reicher ausgeschmückte Haus Lehrstraße 15 (Abb. 248), erbaut 1902 von Heinrich Assmus aus gelben Klinkern mit Ornamenten über und unter den Fenstern in Werkstein.

11 **Tattersall** (Abb. 249) war ein Synonym für Reithalle, bezeichnet nach dem englischen Stallmeister und Untermehmer Richard Tattersall (1724–1795). Erbaut wurde die frühere Reithalle 1905 von Albert Wolff auf dem rückwärtigen Gelände des Hauses Saalgasse 36 durch den Reitlehrer Ernst Weiß, die Hauptfassade liegt an der Lehrstraße. Die Gebäudeform geht auf englische Vorbilder zurück und enthält auf den Tribünen 500 Plätze. Der bemerkenswerte Raum wird stützenfrei von einem offenen, als Sprengwerk ausgebildeten Dachstuhl überspannt. Die Stallungen konnten einst 80 Pferde aufnehmen. Seit der Sanierung des Bergkirchengebietes dient der Tattersall als Bürgerhaus.

Abb. 248

Die **Evangelische Bergkirche** (Abb. 250) ist der Mittelpunkt und das städtebauliche Wahrzeichen des Bergkirchengebietes. Sie musste als zweite evangelische Kirche in Wiesbaden entstehen, nachdem 12

Abb. 249

Abb. 250

Abb. 252

Abb. 251

die Einwohnerzahl so stark gewachsen war, dass die Marktkirche allein nicht mehr ausreichte. Der bekannte Architekt Johannes Otzen aus Berlin erhielt in einem öffentlichen Wettbewerb den 1. Preis und den Auftrag zum Bau, mit dem am 24. 7. 1876 begonnen wurde; die Weihe erfolgte am 28. Mai 1879. Hans Grisebach, ein Schüler von Conrad Wilhelm Hase aus Hannover übernahm die örtliche Bauleitung. Als Baumaterial diente wie bei der Marktkirche Backstein mit Gesimsen aus grauem Pfälzer Sandstein. Der Vierungsturm besteht aus einer Konstruktion aus Guss- und Walzeisen mit Einzelteilen aus Holz.

Otzen hatte in seinem Wettbewerbsbeitrag eine Bausumme von 150 000 Mark garantiert, am Schluss waren es dann doch 256 000 Mark. Im Unterschied zur mehr als 20 Jahre älteren Marktkirche von Karl Boos rückte Otzen hier vom Eisenacher Regulativ von 1841 ab, indem er keinen längsgestreckten Wegeraum schuf, sondern sich mit dem nur sehr kurzen Schiff und der weiten achteckigen Vierung bereits deutlich einem Zentralraum näherte (Abb. 251).

Er bildet allerdings noch eine gesonderte Apsis aus, der er die Kanzel zuordnet, während die Orgel auf der Westempore ihren Platz hat. So ist die Bergkirche nur ein erster Schritt in der Rückkehr zum evangelischen Kirchenbau, den Otzen dann 1894 unter Mitwirkung des Dekans Emil Veesenmeyer mit dem Bau der Ringkirche gegangen ist. Man kann die Bergkirche jedoch als Vorstufe dazu ansehen, da ihr Raumgefühl sehr viel stärker dem der Ringkirche als dem der Marktkirche nahesteht.

Die Steinemporen in den Querschiffarmen (Abb. 252) und das Sterngewölbe in der Vierung gleichen denen in der Ringkirche. Zur reichen Ausstattung mit farbigen Glasfenstern, Reliefs und Statuen kommen noch Wandmalereien mit der Darstellung der Reformatoren Luther, Melanchthon, Zwingli und Calvin sowie der hl. Cäcilie, Schutzpatronin der Kirchenmusik, dazu.

Abb. 253

Abb. 254

War bei der Marktkirche noch in den Details eine Nachwirkung klassizistischer Formen zu bemerken, so ist der Außenbau der Bergkirche (Abb. 253) in den reinen Formen der Frühgotik gestaltet, was auch in den deutlich höheren Dächern zum Ausdruck kommt.

Die Lehrstraße knickt an ihrem östlichen Ende rechtwinklig nach Süden ab und setzt sich mit dem tiefen Geländeeinschnitt von Römerberg und Webergasse im Hirschgraben (Abb. 254) fort, der zum Schulberg aufsteigt. Zuvor steigt die Steingasse von der Lehrstraße zur Röderstraße auf. Sie erhielt ihren Namen von den nahegelegenen Steinbrüchen und erscheint erstmals im Spielmann-Plan von 1834. Aus dieser Zeit stammen unter anderen noch die Häuser Nr. 18 und Nr. 28. Steingasse Nr. 7–9, liegt auf der Nordseite das Gemeindehaus der Bergkirche (Abb. 255), ein neogotischer Putzbau mit Gliederungen aus rotem Sandstein, erbaut 1897 von Friedrich Lang.

Abb. 255

Abb. 256

Die nächste Parallelstraße zur Steingasse ist der **Römerberg**, der am oberen Ende zur Röderstraße (Abb. 256) bereits zwischen 1826 und 1834 bebaut worden ist. Das 2003 abgebrochene Haus Nr. 31 war eines der „Katzelöcher" und ging noch auf die erste Bebauung zurück. Das dreigeschossige Haus im Vordergrund der ersten Bebauung um 1830 blieb bestehen. Den übrigen, gut erhaltenen Straßenraum beherrschen die Häuser des Späthistorismus. 13

Einen ähnlichen Charakter haben auch die anderen Straßen im Bergkirchengebiet, so der **Hirschgraben** (Abb. 257), ebenfalls 14
die **Adlerstraße** (Abb. 258) und auch die 15
Schachtstraße.

Der bis 1843 entlang der ehemaligen Stadtmauer angelegte Hirschgraben trifft auf den Schulberg, auf dem die ehemalige Kunstgewerbeschule, heute **Kunsthaus**, 16
(Abb. 259) steht. Als Wiesbaden durch die Kur immer weiter wuchs, benötigte man eine weitere Elementarschule, für die man zunächst einen Wettbewerb veranstaltete, der jedoch kein befriedigendes Ergebnis hatte, weshalb man 1861 Philipp Hoffmann mit

Abb. 257

Abb. 258

Abb. 259

der Planung beauftragte. Als Bauplatz wurde das Gelände am Hang des Michelsberges vorgesehen. Von der Lage und der architektonischen Gestalt her wirkt der später zur Werkkunstschule umfunktionierte Bau wie ein Adelspalais, zumal von der Stadt her eine Allee axial darauf zuführte. Das war wohl die Quelle für das Gerücht, der Entwurf sei ursprünglich für ein Palais gedacht, das der Herzog einer Geliebten bauen wollte.

Von den elf Fensterachsen der zum Tal ausgerichteten Hauptfassade sind die drei mittleren zu einem flach vortretenden Risalit mit abschließendem Dreiecksgiebel zusammengefasst. Im Erdgeschoss liegt eine offene Vorhalle. Man könnte von einem Einfluss des Ministeriengebäudes in der Luisenstraße von Karl Boos ausgehen, muss aber bedenken, dass Hoffmann ein Schüler von Friedrich Gärtner in München war und somit direkt von den dortigen Bauten der Ludwigstraße beeinflusst war.

Das Bergkirchengebiet ist nach der erfolgreichen Sanierung ein beliebtes Wohngebiet für den unteren Mittelstand geworden und erinnert nicht mehr daran, dass es für den untersten Stand angelegt war, weshalb man den Römerberg zur Webergasse 1818 in ihrem Verlauf eigens abknickte, um den Einblick von der Innenstadt aus zu verhindern, „weil diese Art Häuser keine wünschenswerte Perspektive für die Stadt darstelle."

[30] Hildner, a.a.O. Kapitel 4,Seite 33

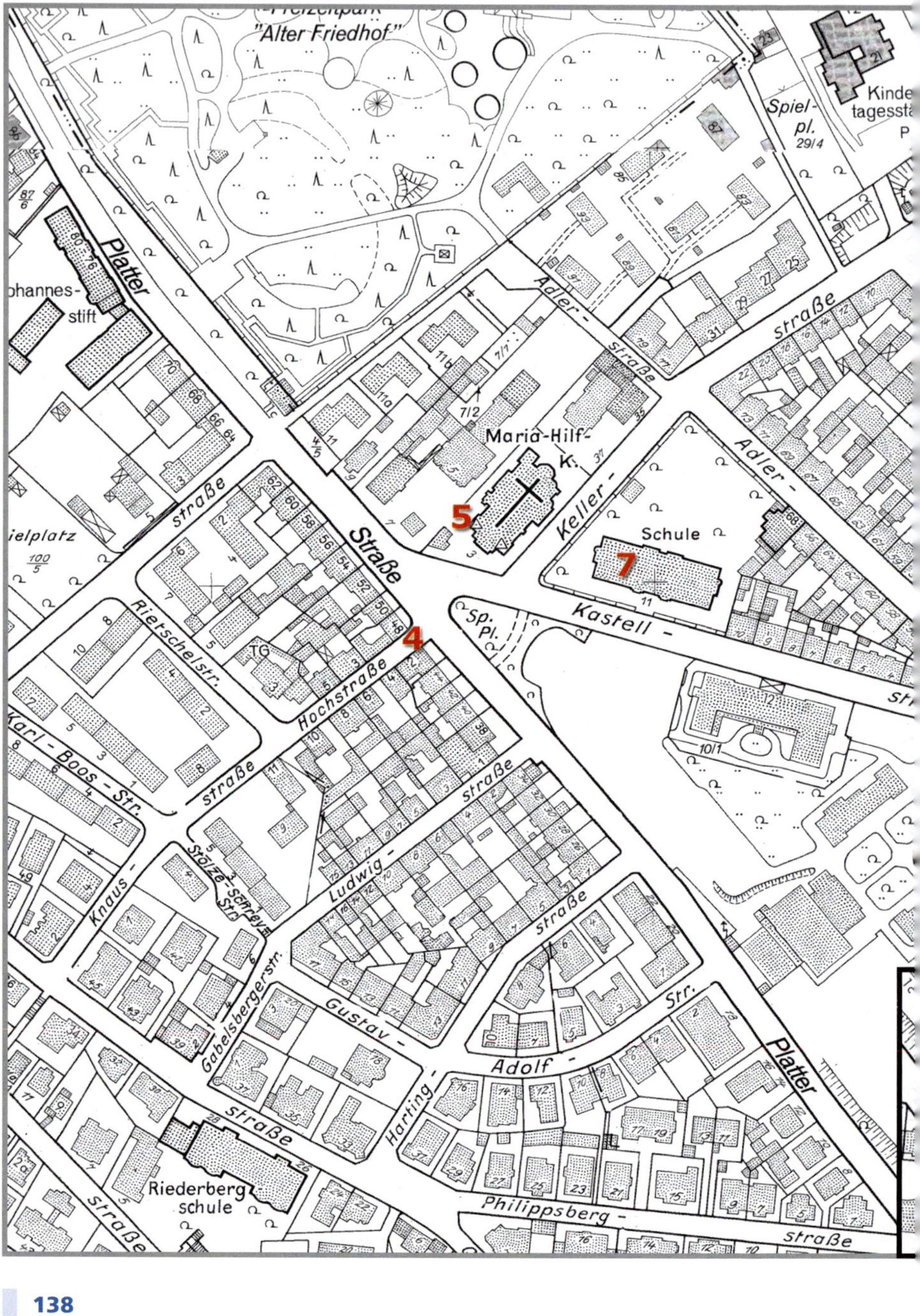

"Alter Friedhof"
Platter
Straße
Adler-
Straße
Adler-
straße
Maria-Hilf-
K.
Keller-
Schule
Kastell-
Spiel-
pl.
29/4
Sp.
Pl.
Rietschelstr.
Hochstraße
straße
Karl-Boos-Str.
Knaus-
Stolze-Schrey-Str.
Ludwig-
straße
straße
Gabelsbergerstr.
Gustav-
Adolf-
Str.
Harting-
Platter
straße
Riederberg
schule
straße
Philippsberg-
straße
TG
4
5
7

Tour 7

Maria Hilf, Schwalbacher Straße, Westend

Plan 1

1 Stiftstraße
2 Müllerstraße
3 Ecke Stiftstraße / Kellerstraße
4 Hochstraße
5 Kath. Kirche Maria Hilf
6 Ehem. Städt. Krankenhaus
7 Schule, Kastellstraße
8 Altkatholische Kirche
9 Schwalbacher Straße 75-79
10 obere Schwalbacher Straße

Plan 2 (Seite 148)

11 Schwalbacher Straße 59, 61
12 Ecke Michelsberg / Coulinstraße
13 Wartburg, Schwalbacher Straße
14 Helenenstraße
15 Walramstraße
16 Hermannstraße 19
17 Schule, Bleichstraße
18 Gewerbeschule, Wellritzstraße

Abb. 260

Tour 7: Maria Hilf, Schwalbacher Straße, Westend

Dieser Spaziergang verbindet sehr unterschiedliche städtebauliche Ausprägungen: Das Feldstraßengebiet war ebenso in kleinbürgerlichem Zuschnitt geplant wie das Bergkirchenviertel. Mit der Maria-Hilf-Kirche, den ehemaligen Krankenanstalten sowie der heutigen Gesamtschule Kastellstraße besuchen wir drei öffentliche Bauten aus der zweiten Hälfte des 19. Jahrhunderts und befinden uns gleichzeitig auf antikem römischem Boden. Die Schwalbacher Straße befährt man meist in dichtem Verkehr – wenn wir hier entlangspazieren, fallen die repräsentativen Jugendstil-Bauten in den Blick. Das Westend ist wiederum kleinbürgerlich parzelliert und mutet kaum nach Großstadt an.

Wer die Tour 6 durch das Bergkirchengebiet verlängern möchte, kann aus der Tour 7 das Feldstraßengebiet gleich anschließen. Der Beginn von Tour 7 liegt in der Verlängerung der Nerostraße und führt über die Kellerstraße zum Dreieck Kastellstraße, Schwalbacher und Platter Straße. Dies lässt sich auch vom Kunsthaus am Schulberg aus erkunden.

Der zweite Teil von Tour 7 geht zunächst die Schwalbacher Straße entlang und führt dann ins Westend mit seinem regelmäßigen Straßennetz um Walram- und Wellritzstraße.

Das Gebiet westlich der Röderstraße nennt man das **Feldstraßengebiet**, im Charakter der Bebauung und Sozialstruktur als Fortsetzung des Bergkirchengebiets anzusehen, ohne dass es jedoch dazu gezählt wird. Die Straßen des Bergkirchengebietes wurden auch nicht einfach in der Flucht durchgezogen, sondern ab 1860 nach dem Bebauungsplan von Philipp Hoffmann gegeneinander versetzt angeordnet, so die Stiftstraße

Abb. 261

nach Süden gegenüber der Nerostraße und die Weil- gegenüber der Lehrstraße. Nur die Feldstraße setzt geradlinig den Römerberg fort. Zwischen 1857 und 1868 waren die Nordwestseite der Röderstraße und die Südwestseite der Stiftstraße bebaut, 1879
1 das gesamte Feldstraßengebiet. Die **Stiftstraße** (Abb. 260) ist auf der nordwestlichen Seite in ihrer Bebauung gut erhalten, auf ihrer südwestlichen Seite schon sehr gestört. Dies ist besonders bedauerlich, war sie doch schon bald nach ihrer Entstehung ein beliebter Wohnsitz für Schauspieler, Opernsänger und auch eine damals sehr beliebte Schriftstellerin, nämlich Amelie Bölte[31] (1811–1891). Sie schrieb sehr viele Romane und trat für die Rechte der Frauen ein. Das Haus Stiftstraße 2, in dem sie von 1879 bis zu ihrem Tod 1891 gelebt hat, ist leider durch das Abschlagen der neoklassizistischen Schmuck- und Gliederungselemente völlig entstellt worden.

Ähnlich erging es dem Haus Stiftstraße 10, in dem von 1871–77 der damals sehr berühmte und schaffensreiche Komponist Joachim Raff (1822–82) lebte, der allein in seiner Wiesbadener Zeit von 1856–77 über 45 Werke schuf. Er war Assistent bei Franz Liszt, der ihn protegierte, wurde von Brahms geschätzt und ist heute fast vergessen, obwohl er damals zu den meistgespielten Komponisten gehörte[32].

Im Haus Stiftstraße 12 wohnte Ferdinand Hey'l[33] (1830–97), der sich bei seinem Einzug 1868 noch Schauspieler und Reiseschriftsteller nannte, aber 1873 in das Kurhaus umzog, weil er inzwischen zum Kurdirektor ernannt worden war. Er war wohl der bedeutendste in diesem Amt, geschickt die Gunst Kaiser Wilhelm II. nutzend. Eine Anekdote berichtet, er habe sich bei seiner ersten Vorstellung verbeugt und Hey'l gesagt, worauf der Kaiser fragte, wie er heiße, weil er den Namen für die Huldigung hielt. Das ihm 1907 gesetzte Denkmal steht im Kurpark. Das von ihm für fünf Jahre bewohnte Haus Stiftstraße 12 hat seine schlichten neoklassizistischen Fassaden bewahrt.

Die von der Stiftstraße zur Taunusstra-
ße abzweigende **Müllerstraße** (Abb. 261) 2
spiegelt in seltener Einheitlichkeit den Neoklassizismus der 70er Jahre in beachtlicher Qualität wider. Sie trägt ihren Namen vom Zimmermeister Christian Müller, der als Eigentümer des Geländes zwischen Stift- und Taunusstraße 1863 den Antrag auf eine Bebauung stellte, die erst 1871–75 erfolgte. Bei aller Einheitlichkeit und Stilreinheit der Fassaden entsteht durch das Verspringen der Gesimse, den Wechsel in den Fensterverdachungen und vereinzelt angebrachte Balkone dennoch keine Monotonie.

Die abgeschrägte **Ecke** zwischen der
Stift- und der **Kellerstraße** (Abb. 262) 3
wurde noch vor 1879 durch einen turmartigen Dachaufbau in ähnlicher Weise betont, wie dies in Berlin-Kreuzberg bereits 30 Jahre früher und etwa gleichzeitig in Görlitz

Abb. 262

an der Weberstraße oder am Demianiplatz erfolgt war. Hier macht sich auch an einer im Stadtbild so entlegenen Stelle der Einfluss von Berlin nach dem Anschluss an Preußen 1866 bemerkbar, was ebenfalls für den neoklassizistischen Stil der Fassaden im gesamten Feldstraßengebiet, also auch in Keller-, Feld- und Weilstraße, zutrifft.

Die Stadtentwicklung hatte nach der Mitte des 19. Jahrhunderts ausreichendes Bauland für Villen und stattliche Mietshäuser hervorgebracht, allerdings zu hohen Bodenpreisen, die nur von sehr Wohlhabenden bezahlt werden konnten. Es fehlte an billigen Bauplätzen für die weniger bemittelten Bevölkerungsschichten, nachdem im Bergkirchengebiet kein Platz mehr war. Ein Antrag von drei Schreinern und einem Fuhrmann, ihnen das Dreieck zwischen Platter Straße und Emser Straße zur Verfügung zu stellen, wurde vom Stadtrat abgelehnt. Daraufhin bildete sich eine Baugesellschaft, die das nördlich anschließende Gelände westlich der Platter Straße erwarb.

Abb. 263

Nachdem von Philipp Hoffmann die Pläne entworfen waren, beantragte man bei der Stadt die Erschließung durch den Straßenbau, was jedoch am 5. 2. 1862 von der Stadt wegen der angeblich hohen Kosten negativ beschieden wurde. Für die Südstadt und die Villengebiete der Wohlhabenden hatte man die Erschließungskosten bereitgestellt. Die Kleinbürger ließen sich jedoch nicht abschrecken und begannen 1863 an der Hochstraße, der Ludwigstraße und der heutigen Hartingstraße zu bauen. Bis 1868 waren wesentliche Teile der Maria Hilf-Siedlung vollendet. Der Name soll von einer auf alten Stichen dargestellten Kapelle herrühren, geweiht der „Muttergottes Maria, Hilfe der Christen"; daraus wurde für das neue Baugebiet der Name „Auf der Hilf". Initiator war das Gemeinderatsmitglied Heinrich Ludwig Freytag, nach dem man später die Ludwigstraße benannte.

Die ursprüngliche Bebauung ist an der 4
Hochstraße (Abb. 263) und an der Ludwigstraße noch erhalten, während die an der Hartingstraße weitgehend verändert worden ist. Noch spürt man die Nachwirkungen der Modellbauten von den herzoglichen Baugnaden aus dem ersten Viertel des 19. Jahrhunderts in den schlichten, freistehenden, zweigeschossigen Traufenhäusern von drei oder fünf Achsen.

Für den unteren Mittelstand war dies eine durchaus erträgliche Bauweise. Unter dem Druck der geschaffenen Fakten sah sich der Gemeinderat im Juni 1864 doch zur Herstellung von Fahrbahnen und Trottoirs gegen eine Kostenbeteiligung der

Abb. 264

Hausbesitzer gezwungen. Dass gerade die minderbemittelte Bevölkerung für die Erschließungskosten finanziell herangezogen wurde, wirft ein bezeichnendes Licht auf die damals wenig soziale Einstellung des Gemeinderats.

5 Städtebaulicher und religiöser Mittelpunkt des Siedlungsgebietes ist die Katholische **Pfarrkirche Maria Hilf** an der Ecke Kellerstraße/Platter Straße, erbaut 1893–95 von Diözesanbaumeister Max Meckel.

Sie ist eine dreischiffige neoromanische Basilika mit Doppelturmfront, Querschiff und dreischiffigem Chor mit polygonaler Mittelapsis und halbrunden Seitenapsiden (Abb. 264). Der Einfluss des Limburger Doms kommt am stärksten in der Westfassade an der Platter Straße (Abb. 265) zum Ausdruck.

Das Innere ist im Gebundenen System gewölbt, das heißt, auf ein großes quadratisches Joch im Mittelschiff kommen zwei kleinere in den halb so breiten Seitenschiffen. Es ist dies die Wölbungsart der rheinischen Spätromanik, deren Stil konsequent am ganzen Bau durchgehalten worden ist.

Von der ursprünglichen Ausstattung sind die wesentlichen Stücke bewahrt geblieben. Im Zentrum steht der Hochaltar nach dem Entwurf von Meckel, der Aufsatz aus vergoldetem Metall ist etwa 3 m hoch. Sechs aus Silber gearbeitete Statuetten stehen in den Spitzbogennischen. Bekrönt wird der Altar von einem reich ausgeschmückten Baldachin aus Sandstein. Taufbecken, Kanzel und zahlreiche Skulpturen gehören ebenfalls noch zur Erstausstattung der Kirche.

Abb. 265

Auf dem dreieckigen Gelände zwischen Kastellstraße, oberer Schwalbacher und Platter Straße entstanden 1876–79 die **Städtischen Krankenanstalten**, die 1976–84 durch den Neubau der Dr.-Horst-Schmidt-Kliniken (Dotzheim, Ludwig-Erhard-Straße) ersetzt worden sind. Erhalten blieben die 6

Abb. 266

drei Gründungsbauten an der Kreuzung Kastellstraße und Schwalbacher Straße. Auf diesem Gelände lag das römische Kastell als Garnison für eine Kohorte, die bereits 121 n. Chr. in die Saalburg bei Bad Homburg verlegt worden ist. Bei der Anlage der Städtischen Krankenanstalten wurde das Kastell erforscht und ein im Museum Wiesbaden befindliches Modell angefertigt.

Der dreigeschossige Kopfbau ist zur Kreuzung der Schwalbacher- mit der Kastellstraße gerichtet, an der Rückseite schließen zwei zweigeschossige Längsflügel an. Die drei schlichten Baukörper (Abb. 266) sind aus rotem Backstein mit einer regelmäßigen Bänderung aus gelben Klinkern aufgemauert worden. Portal- und Fensterlaibungen sowie die Bekrönungen der Mittelrisalite bestehen aus rotem Sandstein. Die Pläne entwarfen die auf den Krankenhausbau spezialisierten Architekten Gropius & Schmieden aus Berlin, die Ausführung leiteten die Wiesbadener Architekten E. Mecklenburg und H. Groothof[34]. Die 1872 angelegte Kastellstraße trägt ihren Namen zu Recht, folgt sie doch als einzige noch der Flucht des ehemaligen hier gelegenen Römerkastells. Ihre Bebauung gleicht mit den neoklassizistischen Fassaden der im Feldstraßengebiet.

Die hier gelegene damalige **Volksschule** (Abb. 7
267), heute Gesamtschule, wurde 1882–84 von Johann Lemcke geschaffen. Der monumentale, dreigeschossige Bau aus gelben Klinkern wird an der Straßen- wie auch an der Schmalseite durch einen Risalit gegliedert und hat Segmentbogenfenster, sonst außer den Gesimsen keine besonderen Schmuckformen. In dieser sparsamen Gestaltung und soliden Bauausführung zeigt er den Einfluss preußischer Staatsbauten auf die Architektur in der Stadt Wiesbaden, wie er sehr ähnlich bei der 1880–81 von Ulrich Hane erbauten Gewerbeschule in der Wellritzstraße zum Ausdruck kommt.

Im spitzen Dreieck zwischen Schwalba- 8
cher Straße und Platter Straße wurde 1898 der Grundstein zur **Altkatholischen Kirche**

Abb. 267

Abb. 268

(Abb. 268) gelegt, im Jahr 1900 erfolgte die Weihe. Die Gemeinde war bereits 1871 gegründet worden, bekam wegen ihrer im Kirchenkampf bewiesenen Nähe zum Kaiserreich die Bonifatiuskirche zugewiesen, deren Gemeinde dem Vatikan die Treue hielt und deshalb ausziehen musste, jedoch nach Ende der Zwistigkeiten 1886 zurückkehren konnte. Für die weiterhin abgespalteten Altkatholiken war ein Neubau erforderlich geworden, dessen Architekt Max Schröder war. Er hatte bereits die altkatholische Kirche in Offenbach entworfen.

Der einschiffige neogotische verputzte Bruchsteinbau mit Sandsteingliederungen ist nicht geostet, was wegen des exponierten, aber sehr beengten Baugrunds nicht möglich war. So weist sein polygonaler Chor nach Süden, an seine Nordwestecke lehnt sich der Glockenturm. In der Sichtachse der Schwalbacher Straße ist die Kirche ein bewusst geschaffener Blickpunkt, wie ihn Camillo Sitte[35] zur Belebung von Rastergrundrissen seiner Zeit forderte.

Im Inneren sind die Wände in Trompe l'œil-Technik reich bemalt mit einer Scheinquaderung aus weißen Fugen auf rotem Grund, dazu starkfarbige Laub- und Blumenornamente. An der dunklen Holzdecke sieht man Hängezapfen, wie sie in der Spätgotik von England, Deutschland und Frankreich beliebt waren, z. B. im Chor von Saint Pierre in Caen.

Der Vorschlag zur Anlage der **Schwalbacher Straße** wurde 1815 von Hundeshagen gemacht, damals nur als einseitige Bebauung auf der Stadtseite. Ab 1817 begann die Bebauung mit Doppelhäusern, finanziell gefördert durch die bis 1818 in vollem Umfang geltenden herzoglichen Baugnaden. 1818 waren neun von elf Parzellen überbaut. Davon ist nichts mehr erhalten, jedoch folgen noch die zwischen 1826 und 1834 erbauten Häuser **Schwalbacher Straße 59–61** (Abb. 11
269) den Modellbauten. Sie wurden aber

Abb. 269

Abb. 270

Abb. 272

ähnlich wie die in der Luisenstraße 3-7 später aufgestockt und durch Überbauung ihrer Tordurchfahrten in eine geschlossene Bauweise gebracht. Eine ähnlich schlichte klassizistische Fassade hat auch noch das Haus
9 **Schwalbacher Straße 79** (Abb. 270), erbaut 1868/69.

10 Die Fassaden im **oberen Teil der Schwalbacher Straße** zwischen Schulberg und Röderstraße (Abb. 271) behielten auch in der Zeit zwischen 1843 und 1857 einen ebenso sparsam dekorierten klassizistischen Stil bei.

Der zwischen 1900 und 1910 entstandene nördliche Eckbau des Michelsberges bei der Einmündung in die **Coulinstraße** wurde 12
mit einem Turm (Abb. 272) in eleganten Jugendstilformen markant hervorgehoben.

Die Architekten Lücke und Euler & Bergen erbauten 1906 in den geschwungenen Formen des Jugendstils das Haus Schwalbacher Straße 51 für den Wiesbadener Männergesangsverein, daher die **„Wartburg"** 13
genannt (Abb. 273). Zwischen zwei eckturmartigen Risaliten wölbt sich die Sandsteinfassade vor. Über ihrem dritten Geschoss liegt ein Fries aus drei Reliefs, darüber befinden sich drei ovale Fenster, den Abschluss bildet ein geschweifter Spitzbogengiebel. Das

Abb. 271

Abb. 273

danebenliegende Haus Schwalbacher Straße 49, erbaut 1895 von Stanislaus Wojitowski, zeichnet sich durch schwungvolle Elemente des Neobarock aus. Dazu gehören die Balkone auf je drei Konsolen mit ihren bauchigen Eisengittern sowie die gebrochen geschweiften Fensterbekrönungen (Abb. 274) mit Kartuschen.

Der untere Teil der Schwalbacher Straße zur Rheinstraße hin besitzt kaum noch Reste der historischen Bebauung und ist durch den Übergang vom ehemaligen Warenhaus Hertie zum Parkhaus auf der Gegenseite stark beeinträchtigt. In der Blickachse der Friedrichstraße lag einst auf der Westseite der Schwalbacher Straße die von Carl Florian Goetz 1816–19 erbaute Infanteriekaserne. Nach ihrem Abbruch 1911/12 ist es nicht mehr gelungen, hier eine städtebaulich einigermaßen befriedigende Lösung zu finden.

Nördlich davon entstand ein freier Platz, der Faulbrunnenplatz, heute „Platz der deutschen Einheit". Der **Faulbrunnen** wurde 1860 an die heutige Stelle, Ecke Bleichstraße, verlegt und erhielt 1956 die dürftige Brunnenhalle. Seine Natriumchlorid enthaltende Quelle war bereits 1732 in 29 m Tiefe erschlossen worden.

Es bleibt abzuwarten, ob es je gelingt, aus dem Sammelsurium von Bauten und Schutzdächern einen Stadtplatz zu machen. Als letzter Rest der Infanteriekaserne steht in der Dotzheimer Straße 3 noch das ehemalige Offizierskasino, bis vor einigen Jahren von der Volkshochschule genutzt, jetzt durch Graffiti-Sprayer bis zur Unkenntlichkeit verunstaltet.

Während in Frankfurt das **Westend** das vornehmste Viertel war und ist, wurde in Wiesbaden das Gebiet zwischen Schwalbacher Straße im Osten, Bismarckring im Westen, Dotzheimer Straße im Süden und Emser Straße im Norden die Wohngegend des untersten Standes, der Kleinbürger, Krämer, Handwerker, des Dienstleistungsgewerbes.

Zu unserer Zeit ist hier der Anteil der ausländischen Mitbürger, insbesondere tür-

Abb. 274

Abb. 275

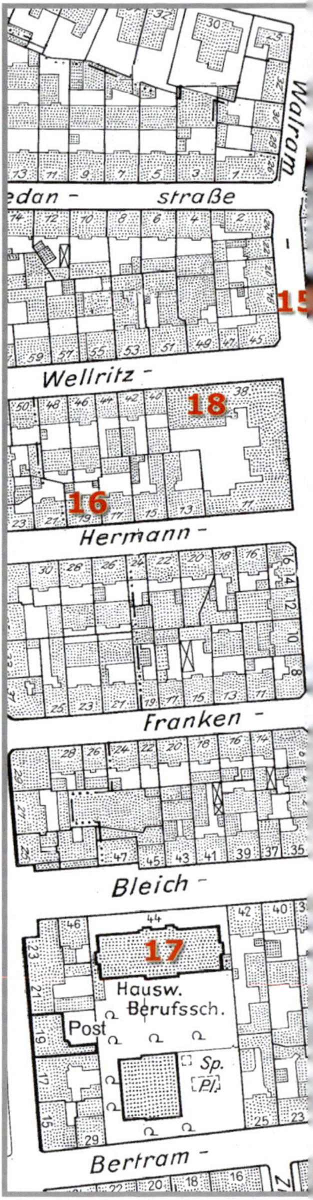

kischer Herkunft, sehr hoch, ohne dass man von gravierenden städtebaulichen Missständen oder gar einem Problemgebiet sprechen könnte. Die in Nord-Südrichtung verlaufenden Helenen-, Hellmund-, und Walramstraße sowie die in Ost-Westrichtung angelegten Sedan-, Wellritz-, Hermann-, Franken-, Bleich- und Bertramstraße bilden einen relativ gleichmäßigen Rastergrundriss. Eckbetonungen oder besondere Bauwerke in den Sichtachsen fehlen, so dass jene

Abb. 276

Hellmund-
straße
Helenen-
straße
straße
straße
straße
Schwalbacher
Straße
Michels
An der alten
H. Heine-Anl.
Mauritius-
Faulbrunnen
-pl.
Faulbrunnens
Friedric
Platz der deutschen Einheit
Hellmund-
straße
Schwalbacher
Gymnasium
Sp.Pl.
11
12
13
14

Abb. 277

Abb. 278

Abb. 279

Gleichförmigkeit entstand, die Camillo Sitte so heftig kritisierte. Die Bebauung vollzog sich ungefähr von der Schwalbacher Straße ausgehend nach Westen und setzte 1863
14 in der **Helenenstraße** (Abb. 275) ein, die bis 1868 bereits auf der Ostseite, bis 1879 ganz vollendet worden war. Den Namen erhielt sie nach der Schwester von Herzog Adolf. Die überwiegend dreigeschossigen Häuser waren von Anfang an in geschlossener Bauweise aneinandergebaut. Durch die Torbögen wurden die Höfe und Gärten im Blockinneren erschlossen. Die klassizistische Stilhaltung prägt hier wie im ganzen Westend die Bauten. Bis 1879 wuchs die Bebauung im Bereich Hellmund-, Wellritz-, Franken- und Bleichstraße, es folgten bis 1888 das obere Ende der Walramstraße und das westliche Ende der Bleichstraße.

Der letzte Abschnitt bis 1900 umfasste die Bertramstraße sowie alle Straßenabschnitte bis zum Bismarckring. Im Zweiten Weltkrieg gab es auch im Westend Bombenschäden, vereinzelt in den Nachkriegsjahren auch Abbrüche und den Ersatz durch Neubauten. Am besten erhalten ist die **Walramstraße** (Abb. 276) mit 15
ihren neoklassizistischen dreigeschossigen Putzfassaden, zum Bismarckring hin um ein viertes Geschoss gesteigert. Sie macht auch heute noch den gepflegten Eindruck eines besseren Wohngebietes, was sie im 19. Jahrhundert auch war. Die großen Torbögen für Pferdefuhrwerke fehlen jetzt, es

wirtschaften hier keine Ackerbürger mehr. Im Haus Nr. 23 wohnte von 1891 bis zu ihrem Tod 1917 die in ihrer Zeit sehr berühmte Schauspielerin Luise Wolff[36].

Ist das Westend auch überwiegend von Putzbauten geprägt, kommen vereinzelt auch Klinkerbauten vor, so in der
16 **Hermannstraße 19** (Abb. 277). Die Gliederungen wurden in roten Steinen vom gelben Grund abgehoben. Eine Statue in einer Nische des ersten Obergeschosses gibt dem Haus eine besondere Note und zeugt vom Stolz der Kleinbürger auf den erreichten, bescheidenen Wohlstand.

Die Bleichstraße ist in einigen Abschnitten bereits stark gestört. Nachdem man an ihrem westlichen Ende 1872 den Bullenstall abgebrochen hatte, entstand hier 1877–79
die **Volksschule** (Abb. 278), ein Werk von 17
Stadtbaumeister Luis Ende. Der zweite öffentliche Bau im Westend ist die ehemalige
Gewerbeschule in der Wellritzstraße (Abb. 18
279), erbaut aus gelben Klinkern in mehreren Abschnitten 1890–1900 von Carl A. Hane und Johannes Lemcke in den dauerhaften, zweckmäßigen und sparsamen Formen eines preußischen Staatsbaues.

---

31 Zeitzeugen III, S.109–111
32 Zeitzeugen I, S.129–130
33 Zeitzeugen I, S. 88
34 Peter Schabe: Felix Genzmer, S. 116
35 Camillo Sitte: Der Städtebau nach seinen künstlerischen Grundsätzen, Wien 1889
36 Zeitzeugen III, S. 177–181

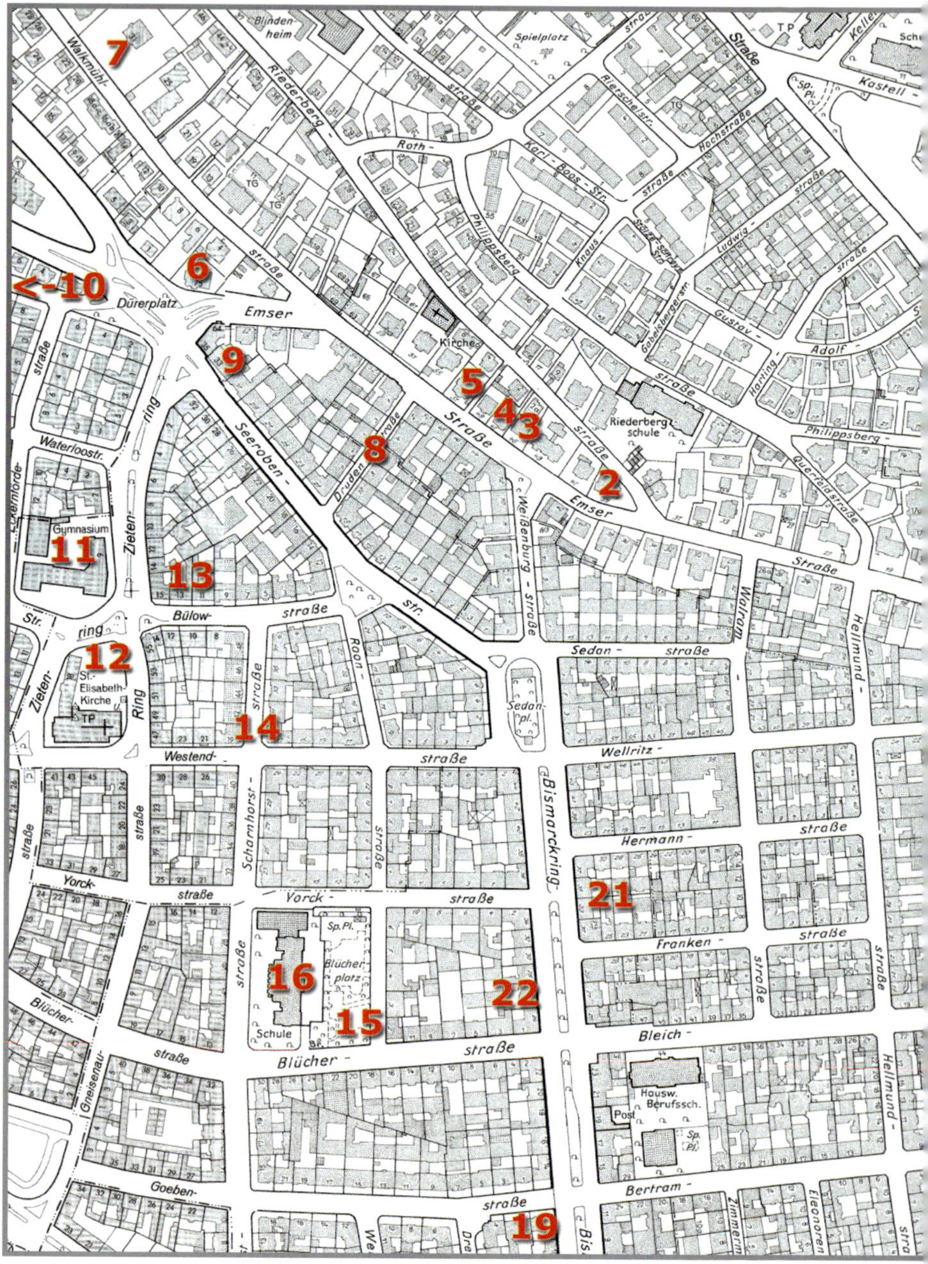
Blinden-
heim
Spielplatz
Riederberg
Walkmühl-
Roth-
Rierschelstr.
Karl-Boos-Str.
Kastell-
Hochstraße
Philippsberg
Knaus-
Ludwig-
straße
Gustav-
Adolf-
Gabelsbergerstr.
Harting
Kirche
Riederberg-
schule
Philippsberg-
Querfeldstraße
Emser
Straße
Dürerplatz
Seeroben-
Druden straße
Weißenburg-straße
Walrom
Hellmund-
Waterloostr.
Gymnasium
Zieten-
ring
Bülow-
straße
Roon-
str.
Sedan-
straße
Sedan-
pl.
St.-
Elisabeth-
Kirche
TP
Ring
Westend-
straße
Wellritz-
Scharnhorst-
Bismarckring
Hermann-
Yorck-
Sp.Pl.
Blücher-
platz
Schule
Franken-
Blücher-
Gneisenau-
Bleich-
Hausw.
Berufssch.
Post
Goeben-
Bertram-
Zimmerm
Eleonoren
7
6
<-10
9
5
4
3
8
2
11
13
12
14
21
16
22
15
19

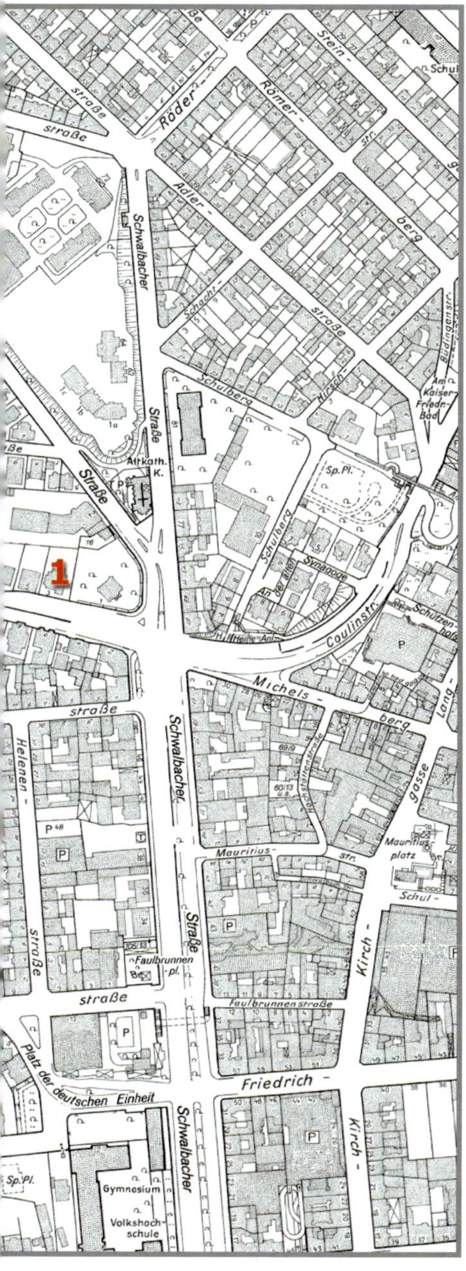

Tour 8

Emser Straße und Feldherrenviertel

Plan 1

1 Emser Straße 3-5
2 Emser Straße 39
3 Emser Straße 45
4 Emser Straße 47
5 Emser Straße 51
6 Emser Straße 75
7 Walkmühlstraße 31
8 Drudenstraße
9 Seerobenstraße 33
10 Lahnstraße, „Eigene Scholle"
11 Leibnizschule
12 St.-Elisabeth-Kirche
13 Bülowstraße 13
14 Scharnhorststraße
15 Blücherplatz
16 Blücherschule

Plan 2 (Seite 163)

17 NW-Ecke Bismarckring
18 NO-Ecke Bismarckring
19 Bismarckring 12
20 Bismarckring 8
21 Bismarckring 33, 35
22 Bismarckring 26
23 Kaiser-Friedrich-Ring 1, 3
24 Ringkirche

Abb. 283

Tour 8: Emser Straße und Feldherrenviertel

Hier lernt der Spaziergänger drei unterschiedliche Qualitäten des Wohnumfelds kennen: Die Villen an der Emser Straße als Teil des Villengebietes am Riederberg für das obere Bürgertum, der verdichtete Mietwohnungsbau, der mit dem Bevölkerungswachstum zum Ende des 19. Jahrhunderts notwendig geworden war, für den Mittelstand am Bismarckring sowie das Feldherrengebiet für den unteren Mittelstand. Das Vermögen der Bewohner drückt sich in der Architektur aus. Mit dem Abstecher zur Lahnstraße in die Siedlung „Eigene Scholle" streift diese Tour auch den Siedlungswohnungsbau der 20er Jahre, der wieder zu schmuckloseren Formen fand, aber in Wiesbaden weit entfernt blieb vom Siedlungsbau der Neuen Sachlichkeit.

Die Tour führt von der Schwalbacher Straße aus die Emser Straße hinauf und zweigt noch vor dem Dürerplatz in die Walkmühlstraße ab. Etwas außerhalb finden sich die Villen in der Schützenstraße. Zurück geht es zum Dürerplatz, zur Drudenstraße und zur Seerobenstraße mit ihren sehr plastisch gestalteten neobarocken Fassaden. Über den Zietenring führt der Weg durch das Feldherrenviertel mit Scharnhorststraße und Blücherstraße zum Bismarckring.

Mit der Ringkirche besuchen wir zum Schluss einen beispielhaften protestantischen Kirchenbau, dessen Innenausstattung die erste Umsetzung des „Wiesbadener Programms" darstellt. Von hier aus gelangt man über die Rheinstraße zurück zur Schwalbacher Straße und zur Innenstadt.

Die **Emser Straße** verbindet die Schwalbacher Straße mit dem Dürerplatz und bildet die nördliche Begrenzung des Westends, hat jedoch mit ihrer Villenbebauung einen völlig anderen Charakter. Sie ist vielmehr der südliche Abschluss des nordwestlichen Villengebietes am Riederberg. Eine erste Bebauung am östlichen Ende mit einzelnen Villen ist be-

Abb. 280

Abb. 281

reits im Spielmann-Plan von 1857 verzeichnet, in der Grundgestalt stammen davon noch die Häuser Nr. 1, 12, 15 und 45, die jüngsten Bauten entstanden bis 1910.

Die Villa Emser Straße 1 liegt im Eckgrundstück zur Platter Straße, ist im Plan von 1868 bereits vorhanden und hat ihren schlichten spätklassizistischen Charakter bis auf das 1890 hinzugefügte Mansarddach bewahrt.
Für einen Bau von 1877 ist die Villa **Em-** 1
ser Straße 3 (Abb. 280) in der asymmetrischen Aufgliederung des Baukörpers sehr fortschrittlich und entspricht der von Alfred Schellenberg 1876 erbauten Villa Bierstadter Straße 14 oder der Villa Clementine von Georg Friedrich Fürstchen, 1878–82 (Abb. 72, S. 42). Baumaterial sind hier aber nicht Putz und Werkstein, sondern gelbe Klinker und roter Sandstein. Die italienische Hochrenaissance war für den bisher nicht ermittelten Architekten das Vorbild. Dazu passen gut der stark rustizierte Sockel, die Säulen der Veranda und über dem seitlich angeordneten Eingang der breite, flache Dreiecksgiebel und die in Grisaille gehaltenen Malereien in den Metopen des Mezzaningeschosses.

Das Nebenhaus **Emser Straße 5** (Abb. 281) muss zwischen 1879 und 1888 erbaut worden sein. Es besteht ebenfalls aus

Abb. 282

gelben Klinkern und roten Sandsteingliederungen, hat jedoch ein hohes geschweiftes Dach über dem dadurch turmartig betonten Eckrisalit.

In dem schlichten spätklassizistischen Haus Emser Straße 10 wohnte von 1863 bis 1867 der in seiner Zeit berühmte Pfarrer Philipp Friedrich Wilhelm Oertel[37], damals bekannt als Spinnstubendichter, der unter dem

Abb. 284

Pseudonym „von Horn" seine ab 1847 verfassten Schriften mit dem Sammeltitel „Die Spinnstube" publizierte. Seine in der Hessischen Landesbibliothek Wiesbaden vorhandenen Schriften umfassen 121 Bände.

Im wesentlichen stammt das Haus Emser Straße 12 noch aus der ersten Bebauungsphase bis 1857, wie seine klare kubische Gestalt aussagt. Die Inschrift am Gebälk des Mittelrisalits „DOMINUS PROVIDEBIT = Gott wird Vorsorge treffen" ist aus dem Buch Moses (1. Ms 22,8) und geht auf den Pfarrer Theodor Ziemendorff[38] zurück, der erst an der Marktkirche, dann an der Bergkirche tätig war, die Stadtmission Wiesbaden gründete und das ev. Vereinshaus an der Platter Straße, heute „Hotel Oranien" schuf.

Abb. 285

Von besonderem Interesse ist das Mehrfamilienhaus **Emser Straße 39** (Abb. 282), 2 weil es zu den seltenen Vertretern des Jugendstils in Wiesbaden gehört. Vom Bautyp her unterscheidet es sich kaum von den Villen des Späthistorismus, zeigt es doch immer noch den von einem mittleren Erker, Loggien und einem runden Eckturm belebten kubischen Aufbau mit einem Walmdach. Der Jugendstil äußert sich dagegen unmissverständlich im reichen Dekor mit verschlungenen Blattranken (Abb. 283), den beliebten Frauenköpfen und Putten. Das Erbauungsdatum ist 1905, der Architekt Reinhard Hildner.

Das ehemals schlichte Landhaus **Emser Straße 45** (Abb. 284) aus der Zeit der Erstbebauung um 1860 war dem Eigentümer 1907 zu bescheiden, deswegen stellte er den Antrag auf Veränderung, wie sie dann in den plastischen Fensterverdachungen, der Eckverzahnung und dem schmiedeeisernen Balkongitter ausgeführt worden ist. 3

Unter den wenigen Villen Wiesbadens im neugotischen Stil ragt die in der **Emser Straße 47** (Abb. 285) von 1882 durch ihre besondere Qualität hervor. Der sonst schlichte Kubus wird an der Straßenseite aufwendig mit einem kleinen polygonalen Eckturm links und einem großen quadratischen rechts belebt, vor dem eine Veranda mit spitzbogigen Arkaden und einem Balkon darüber liegt. Die Gliederungen wurden aus hellem Sandstein gearbeitet, die Flächen im Erdgeschoss streifenweise aus Klinkern, die in Gelb und Rot wechseln. Im dekorativen Muster des Obergeschosses, dem Zinnenkranz und den Fensterformen ist der Einfluss venezianischer Palazzi zu spüren. Leider konnte der Architekt bisher noch nicht ermittelt werden. 4

Abb. 286

Abb. 287

Es drängt sich der Vergleich mit der zweiten Villa Wiesbadens im neogotischen Stil in der Parkstraße 18 (Abb. 87, S. 47) auf, die jedoch wegen ihrer kubischen Geschlossenheit und absoluten Symmetrie noch dem Romantischen Historismus der Zeit um 1860 angehört, während der Bau in der Emser Straße 39 mit der malerischen, stärker plastischen Belebung und den asymmetrisch angeordneten Bauteilen bereits dem Strengen Historismus angehört.

5 Mit der Villa **Emser Straße 51** (Abb. 286) gelang dem Architekten Hermann Reichwein 1903 ein sehr originelles Werk, das Elemente des aus England kommenden Cottage-Stils enthält, wie er auch bei der Bäderarchitektur zum Beispiel in Binz auf Rügen anzutreffen ist. Dazu gehören die hölzernen Veranden an den beiden Obergeschossen wie auch der Schwebegiebel im mittleren Dachausbau. Der malerischen Zergliederung des Baukörpers entspricht die Farbgebung mit den weißen Putzflächen, den roten Backsteingliederungen und dem dunkelgrünen Holzwerk.

6 Der Architekt Reinhard Hildner baute für sich 1905 die Mehrfamilienvilla **Emser Straße 75** (Abb. 287) als Eckbau zum Dürerplatz. Noch stärker als bei seiner Schöpfung Emser Straße 39 ist die pittoreske Bereicherung des als Kubus kaum noch wahrnehmbaren Baukörpers mit breitem polygonalem Eckturm links, schmalerem rechts, Mittelerker und den hölzernen Veranden. Der Jugendstil kommt vor allem in der bogenförmigen Durchbildung des Giebels zum Ausdruck.

Nördlich der Emser Straße erstreckt sich das Villengebiet am **Riederberg**. Die Häuser

Abb. 288

Abb. 289

an der Bachmayerstraße, Riederbergstraße und Schützenstraße haben nicht die Qualität der Bauten in der Emser Straße. Wegen der steilen Hanglage war das Gebiet wohl für die oberste Schicht der Bauherren nicht so beliebt wie das Nerotal oder der Bierstadter Hang. Zur Schützenstraße gelangt man dann über die Walkmuth- und die van-Dyck-Straße.

Die Doppelvilla **Schützenstraße** 6–8 (Abb. 288) erbaute der Maurermeister und Bauunternehmer Max Hartmann 1896 in Backsteinmauerwerk mit Gliederungen und Ornamenten aus Sandstein, jedoch nicht wie bis dahin üblich in den Formen der Neorenaissance, sondern des Neobarock, den Hartmann bevorzugt verwendete, besonders prächtig am Haus Schützenstraße 10, das er 1897 für sich selbst errichtete. Der dreifach asymmetrisch nach links in die Tiefe gestaffelte Baukörper ist in sehr schwungvollen Formen des Neobarock dekoriert, erreicht allerdings noch nicht jene Ausgewogenheit der Gliederung und brillante Üppigkeit neobarocker Schmuckformen der Villa Freseniusstraße 27 (Abb. 506, S. 261), die Max Hartmann 1899 schuf.

Als letztes seiner zahlreichen Werke entstand 1902–03 das Haus Schützenstraße 1, das er in den Formen des für die Jahrhundertwende typischen Stilpluralismus gestaltete. Beachtung verdient es weniger durch seine Architektur, als durch die Schriftstellerin Elisabeth von Drigalski[39], die hier von 1942 bis 1962 lebte und unter dem Pseudonym Liesbeth Dill seinerzeit wegen ihrer emanzipatorischen und sozialkritischen Romane ebenso bekannt wie umstritten war, heute jedoch vergessen ist. Bis heute unvergessen dagegen ist der weltberühmte Tenor Richard Tauber, der als zehnjähriger Knabe unter anderem 1911–12 in dem Haus Schützenstraße 3 wohnte, während sein Vater Richard Anton Tauber[40] von 1903 bis 1912 als Schauspieler am königlichen Theater in Wiesbaden engagiert war und die Familie in dieser Zeit viermal die Wohnung wechselte.

Abb. 290

Abb. 291

Am Knick der Emser Straße nach Westen zweigt die Walkmühlstraße ab, die ihren Namen von der am Ende liegenden Walkmühle, seit 1864 Brauerei, erhielt.

Unter ihren stattlichen Villen aus der Zeit zwischen 1890 bis 1913 ragt das ganz an-
7 dersartige Anwesen **Walkmühlstraße 31** (Abb. 289) hervor. Auf dem einst größeren, parkartigen Grundstück steht ein anspruchsvoller neoklassizistischer Bau, der den Charakter einer Fabrikantenvilla hat. Der 1869 entstandene Entwurf für das Herrenhaus des Brauereibesitzers Adalbert Steinkauler stammt von dem Architekten Louis von Rößler[41]. Die erhabenen antikisierenden Bauformen folgen jenem Klassizismus in Berlin, den die Schüler des großen Schinkel bis in die 70er Jahre des 19. Jahrhunderts bewahrten, als man in anderen Städten schon die Neogotik oder die italienische Hochrenaissance, in Paris bereits den Neobarock bevorzugte.

8 Die **Drudenstraße** (Abb. 290) verbindet die Emser Straße mit der Seerobenstraße. In ihrer schlichten, flächigen Bebauung mit nur wenigen Balkonen gehört sie eher zum Westend, als zu den sehr viel anspruchsvolleren Mietshäusern an der Seerobenstraße (Abb. 291), deren sehr plastische Fassaden mit vorspringenden Balkonen und polygonalen Erkern die ganze Pracht von Neorenaissance und Neobarock ausstrahlen. Sie wurden zwischen 1888 und 1900 errichtet.

9 Die aus roten Klinkern und weiß gestrichenen Gliederungselementen gestaltete Fassade des Hauses **Seerobenstraße 33** (Abb. 292) verwendet neogotische Formen, die in den Fensterbekrönungen besonders schwungvoll sind, eine trägt das Erbauungsdatum 1902.

Am Dürerplatz laufen sternförmig die Seeroben-, Dürer-, Aar- und Lahnstraße, die Emser Straße sowie der Kurt-Schumacher-Ring zusammen, wodurch er seit der zweiten Hälfte des 20. Jahrhunderts zum reinen Verkehrsplatz verkümmert ist.

Abb. 292

An der in Richtung Klarenthal verlaufenden **Lahnstraße** liegt, nicht fußläufig und 10
weit vom Stadtkern entfernt, die Siedlung **„Eigene Scholle"**, baugeschichtlich bedeutsam, weil sie zu den wenigen Zeugnissen der 20er Jahre zählt. Der Wiesbadener Architekt Friedrich Werz, zusammen mit Paul Huber Erbauer des Landeshauses, initiierte Anfang der 20er Jahre die „Gemeinnützige Siedler-Vereinigung E.G.m.b.H."[42], die als Bauträger zwischen 1924 und 1928 insgesamt 38 Doppelhäuser (Abb. 293) und fünf Einfamilienhäuser ausführen ließ. Am Entwurf von Werz ist bemerkenswert, dass dieser nach dem Jugendstil bei seiner Villa Dambachtal 20

Abb. 293

Abb. 294

(Abb. 514, S. 264) und dem monumentalen neobarocken Landeshaus noch zum Expressionismus gelangt war. An den schmucklosen, freistehenden, jeweils für zwei Familien bestimmten klaren Rechteckkuben mit Walmdächern ist als einziges Stilelement die Form der kleinen, gezackten Treppenhausfenster zu sehen. Zu der Siedlung „Eigene Scholle" gehören auch die acht Häuser an der Straße „Am Mühlberg", erbaut ab 1925 nach dem Entwurf von Friedrich Werz. Die Gestaltung der niedrigen, eingeschossigen Baukörper mit den voluminösen Krüppelwalmdächern in der Form von Kielbögen ermöglicht eine intensive Nutzung des Dachraumes und verleiht den Häusern einen eigenwilligen, unverwechselbaren Charakter. Diese Dachform taucht bereits im späten 18. Jahrhundert bei David Gilly in seiner Landbaukunst auf, wurde von ihm im Dorf Paretz bei Berlin verwirklicht und findet sich auch am oberen Ende des Biebricher Schlossparks wieder.

Die Seerobenstraße begrenzt das **Feldherrenviertel** nach Nordosten, der Kurt-Schumacher-Ring nach Westen und Norden, die Klarenthaler Straße nach Südwesten, die Dotzheimer Straße nach Süden und der Bismarckring nach Osten. Seine Straßen wurden nach berühmten Feldherren der Befreiungskriege und des Krieges 1870–71 benannt. Reinhard Baumeister entwickelte das städtebauliche Konzept 1894 in einem Gutachten. Wie bei dem ebenfalls von ihm beeinflussten Rheingauviertel wendet er sich von dem bisher in der Südstadt und im Westend verwandten starren Rastergrundriss ab und führt nach dem Vorschlag von Camillo Sitte gebogene Straßen ein.

Den östlichen Teil bis zur Scharnhorststraße bebaute man zwischen 1888 und 1910, den westlichen danach.

Die **Leibnizschule** am Zietenring (Abb. 11
294) wurde 1903–05 nach dem Entwurf von Felix Genzmer durch seinen Nachfol-

Abb. 295

Abb. 296

Abb. 297

Abb. 298

ger Stadtbauinspektor Friedrich Grün als Oberrealschule erbaut. Dieser lateinlose Schultyp war durch Kaiser Wilhelm II. am 26. 11. 1900 den gymnasialen Anstalten gleichgestellt worden[43]. Der ausgedehnte, dreigeschossige Komplex aus drei Flügeln um den nach Osten offenen Schulhof ist als Ziegelrohbau mit weißgestrichenen Putzflächen aufgeführt worden. Die Formen sind zurückhaltend gotisierend, den Hauptakzent bildet der Giebel der Aula. Südlich auf der anderen Seite des Zietenringes
12 liegt die katholische **St. Elisabethkirche** (Abb. 295). Architekt war Regierungsbaumeister Wahl, die Weihe erfolgte 1936[44]. Ihr schmucklos, kompromisslos sachlicher Baukörper, errichtet in Stahlskelettbauweise mit flachem Dach, beweist, dass sich die Katholische Kirche nach der Machtergreifung Hitlers 1933 nicht von dem Neoklassizismus Speers beeinflussen ließ, sondern weiter den verpönten Internationalen Stil anwandte. Die nördlich anschließenden ehemaligen Klostergebäude (Abb. 296) wurden als Konzession an den Zeitgeist mit Steildächern ausgestattet. Beim Kirchenbau wirkt das Gelb des Außenanstrichs durch den Grünstich unangenehm. Der Innenraum kann auf 700 m² bis zu 1600 Besucher aufnehmen, hat jedoch nach der Umgestaltung von 1989–1990 seinen ursprünglichen Charakter eingebüßt.

Die Breite der Bülowstraße und der alte 13
Baubestand lassen nicht spüren, dass hier mit einer fünfgeschossigen Miethausbebauung eine beträchtliche Verdichtung erfolgte. An den Fassaden finden sich reizvolle Details wie die Putten über den kielbogigen Fensterbekrönungen an der **Bülowstraße 13** (Abb. 297).

Die **Scharnhorststraße** (Abb. 298) ver- 14
läuft in Nordsüdrichtung zum Blücherplatz. Hier wie im ganzen Feldherrengebiet, dessen Mittelachse sie bildet, sind die Mietshäu-

Abb. 299

Abb. 300

Abb. 301

ser immer noch stattlicher als im Westend. Sie erreichen in ihren Fassaden jedoch nicht die Prachtentfaltung der oberen Rheinstraße, des Rheingauviertels oder des Kaiser-Friedrich-Ringes. Nur in Einzelfällen reizt interessanter bildhauerischer Schmuck das Auge, zum Beispiel am Haus Scharnhorststraße 33 (Abb. 299), datiert 1897, an dem man Anleihen an frühbarocke Ornamentik des 17. Jahrhunderts vorgenommen hat.

Das Zentrum des Feldherrenviertels bil-
15 det der weiträumige **Blücherplatz** (Abb. 300), dessen Platzwände aus fünfgeschossigen Mietshäusern gebildet werden. Der Platz wäre unwirtlich groß, stünde nicht in
16 seiner Mitte die **Blücherschule** (Abb. 301), erbaut 1896–97 von Felix Genzmer, nach dem 1945 zerstörten Lyzeum am Schlossplatz wohl der bedeutendste Schulbau des Stadtbaumeisters[45], der dafür auch das uneingeschränkte Lob der Presse erhielt. Genzmer gelang es, alle Funktionen in einem großen Baukörper zu vereinen. Das Erdgeschoss ist mit grauem Naturstein aus dem Westerwald verkleidet, die Wandflächen der Obergeschosse und Giebel mit roten Klinkern, die Zierformen und Gliederungen bestehen aus gelbem Sandstein. Die Modelle für den aufwendigen bildhauerischen Schmuck lieferte der Kölner Bildhauer Degen, ausgeführt wurde er von dem Wiesbadener Bildhauer Schill. Das Dach über dem Nordflügel besitzt noch die originale Musterung aus verschiedenfarbigen Dachziegeln der Firma Carl Ludowici aus Jockgrim. Der Südflügel wurde nach dem schweren Bombenschaden von 1945 in einfacher Weise neu eingedeckt, dabei eine neue, hässliche Schleppgaube angebracht. Der monumentale Baukörper ist auf der Ostseite durch einen kräftigeren Mittelrisalit und zwei seitliche, flachere Risalite gegliedert. Alle drei werden von Schweifgiebeln bekrönt.

Die Westfront zur Scharnhorststraße ist stärker gegliedert, die Seitenrisalite springen weiter vor, der Mittelrisalit wird von runden Treppentürmen flankiert und hat einen eingeschossigen Vorbau. Für die Architekturformen ließ sich Genzmer von der flämischen Renaissance inspirieren, die er jedoch frei zu einer eigenständigen Schöpfung verarbeitet hat. Die öffentliche Resonanz auf die Blücherschule war auch außerhalb Wiesbadens sehr positiv. Der Bau galt zu seiner Zeit als mustergültig und wurde von zahlreichen Architekten aufgesucht.

Der schnurgerade geführte **Bismarckring** reicht von der Dotzheimer Straße bis zum Sedanplatz, an dem er in die sehr viel schmalere Weißenburgstraße mündet. Das Projekt einer ringförmigen Umgehung der Innenstadt scheiterte an den Hängen des Taunus im Norden. Die Bebauung wurde im wesentlichen zwischen 1888 und 1900 ausgeführt. Im Vergleich zur Pracht des gleichzeitig entstandenen Kaiser-Friedrich-Ringes nimmt der architektonische Aufwand bei der Fassadengestaltung spürbar ab, ist aber immer noch deutlich höher als

9
5
4
3
2
8
11
12
13
14
15
16
17
18
19
20
21
22
23
24
Emser Straße
Seerobenstraße
Drudenstraße
Weißenburgstraße
Riederbergschule
Philippsberg
Querfeldstraße
Waterloostr.
Gymnasium
Zietenring
Bülowstraße
St.-Elisabeth-Kirche
Roonstraße
Sedanstraße
Sedanpl.
Walramstraße
Hellmundstraße
Westendstraße
Wellritzstraße
Scharnhorststraße
Bismarckring
Hermannstraße
Yorckstraße
Franken straße
Sp.Pl.
Blücherplatz
Schule
Blücherstraße
Bleichstraße
Gneisenaustraße
Housw. Berufssch.
Post
Goebenstraße
Bertramstraße
Werderstraße
Dreiweidenstraße
Zimmermannstraße
Eleonorenstraße
L 3037
Dotzheimer Straße
Klarenthaler Straße
Kaiser-
Eltviller
Rhein-
An der Ring-K.
Wörth
TP

Abb. 302

im Feldherrenviertel. In einigen Bereichen sind Neubauten entstanden, wohl als Folge von Kriegsschäden. Bei den Eckbauten zu den Seitenstraßen bemühte man sich hier, ähnlich wie beim Kaiser-Friedrich-Ring, um eine zwischen beiden Straßenfronten vermittelnde Gestaltung.

17 Der **Eckbau** Dotzheimer Straße 47-49 (Abb. 302), erbaut 1909 von Fritz Hildner, lässt bereits die Reduzierung der Formen im Sinne des progressiven Jugendstils spüren.

18 Beim **nordöstlichen Eckbau** Bismarckring 1 (Abb. 303), errichtet 1900 von Fritz

Abb. 303

Abb. 304

Hildner, findet die Betonung der Straßenkreuzung durch das hochgeführte Türmchen auch noch in der Dachzone statt. Beide Bauten wirken so vereinfacht, als habe man die Detailformen abgeschlagen, vor allem, wenn man sie mit dem südwestlichen Eckbau zur Goebenstraße, **Bismarckring 12** 19
(Abb. 304), von 1900 vergleicht, der reiche gotisierende Schmuckformen aufweist. Andere wie das Haus **Bismarckring 8** (Abb. 20
305), 1903 von Wilhelm Weygand, schwelgen in den Formen des Neobarock.

Sehr zur Belebung tragen die bauchigen schmiedeeisernen Balkongitter bei, wie sie an den Häusern **Bismarckring 33–35** (Abb. 21
306) von 1896/97 vorkommen und für die Zeit um 1900 typisch sind. Andere Häuser wie **Bismarckring 26**, sind schlichter, aber 22
immer noch ansehnlich. Vereinzelt kommen auch Bauten aus roten Klinkern mit heller Werksteingliederung vor, so beim Haus Bismarckring 26 (Abb. 307), datiert 1900.

Abb. 305

Abb. 306

Abb. 307

Der streifenförmige Wechsel von roten Backsteinschichten mit solchen aus hellem Naturstein entstammt der niederländischen Baukunst und heißt dort „Specklagen". Im Haus Bismarckring 32 lebte von 1901 bis zu seinem Tod Dr. phil. Christian Spielmann[46], der 1892 mit dem Aufbau eines Stadtarchivs beauftragt wurde, in 147 Büchern und Schriften zu Politik und Geschichte Stellung nahm und vor allem den berühmten, unentbehrlich gewordenen „Spielmann-Atlas" zur Stadtentwicklung Wiesbadens von 1799 bis 1910 herausgab.

23 Am **Kaiser-Friedrich-Ring** wird die Bebauung gleich von der Dotzheimer Straße an deutlich aufwendiger, die Häuser Nr. 1–3 (Abb. 308), 1885 von Karl Schulz, besitzen steinerne Veranden auf Säulen, die zusammen mit den plastischen Schmuckformen im Stil der italienischen Hochrenaissance zu einer starken Belebung der Fassaden führen.

24 Die evangelische **Ringkirche** (Abb. 309) beherrscht mit ihrer Doppelturmfassade die Rheinstraße, wirkt aber auch sehr stark in den Kaiser-Friedrich-Ring hinein. Sie sollte eigentlich Reformationskirche heißen, doch setzte sich wegen ihrer städtebaulichen Dominanz bald der Name Ringkirche durch. Ihr Bau 1892–94 als dritte protestantische Kirche nach der Marktkirche und der Bergkirche war notwendig geworden, da die Zahl der Protestanten Wiesbadens von 12 900 im Jahr 1860 auf 42 900 im Jahr 1890 angewachsen war. Johannes Otzen (1838–1911) hatte um 1880 in Berlin die Kreuzkirche als einen regelmäßigen Zen-

Abb. 308

Abb. 309

Abb. 310

Abb. 311

tralbau über einem griechischen Kreuz mit gleichlangen Armen errichtet. Bei der Bergkirche in Wiesbaden hatte er sich 1876–79 noch stärker an das Eisenacher Regulativ von 1841 halten müssen, das ein längliches Viereck für das Schiff, einen gesonderten Chor mit dem Altar und die Kanzel in seitlicher Aufstellung forderte. Bei der Ringkirche brach er mit dieser Tradition und entwickelte gemeinsam mit Pfarrer Emil Veesenmayer ein neues Programm: Dieses lehnt eine Trennung von Kirchenraum und Chor ebenso ab wie auch die Teilung in Schiffe. Demnach ist die Kanzel dem Altar gleichzustellen und mit der Orgel- und Sängerbühne zu verbinden, alle drei sollen ihren Platz im Angesicht der Gemeinde erhalten. Mit diesem „Wiesbadener Programm", wie es in die Literatur einging und im Mittelpunkt des Kongresses für Kirchenbau 1894 stand, kehrte man zum ursprünglichen Charakter des protestantischen Kirchenbaus zurück, während zuvor die Marktkirche das Konzept eines mittelalterlichen Prozessionsraumes mit dem Chor einer Stiftskirche gemäß dem Eisenacher Regulativ übernommen hatte. Wegen der kirchengeschichtlich bedeutsamen Wende ist die Ringkirche zum Denkmal besonderer nationaler Bedeutung erklärt worden.

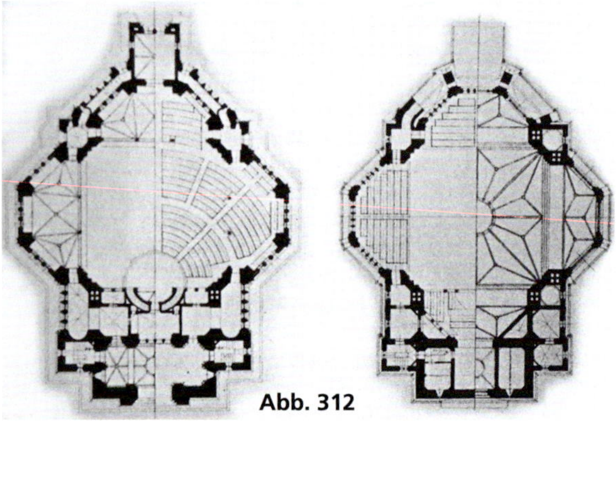
Abb. 312

Bei der Planung der Ringkirche musste sich Otzen mit der exponierten Lage der Kirche in der Achse der 1,4 km langen und 45 m breiten Rheinstraße auseinandersetzen. Sie erforderte die Anordnung der Turmfront im Osten, wo zugleich der Altar zu stehen hatte. Eine Folge dieses Zielkonflikts ist, dass man den Haupteingang im Osten unter der Turmfront vermutet, während er in Wirklichkeit im Westen liegt, wo man wegen der Apsis (Abb. 310) den Altar vermutet, jedoch das Portal vorfindet.

Von der Seite (Abb. 311) wirkt die Ringkirche wie eine kurze Basilika mit einem Trikonchos. In Wirklichkeit ist sie ein großer Zentralbau auf der Grundlage eines inneren Quadrats (Abb. 312), an das polygonale Seitenräume mit Emporen anschließen. Für die Stilformen wählte Otzen den Übergang von der staufischen Spätromanik zur Frühgotik. Sie passen zum Trend der Baukunst am Ende des 19. Jahrhunderts mit der Vorliebe für große Plastizität und Monumentalität.

Die Turmfront besteht aus einem mächtigen quadratischen Unterbau, auf dem sich die dicht aneinandergebauten polygonalen Zwillingstürme erheben. Als Baumaterial wurde im Sockel Basaltlava, im aufgehenden Mauerwerk hellgelber Sandstein aus den Königsbacher Brüchen der Rheinpfalz, im Inneren perlgrauer Pfälzer Sandstein verwandt. Die den Haupteingang suggerierende Vorhalle im Osten unter der Turmfront war zum Konfirmandensaal und für kirchliche Versammlungen bestimmt, sollte aber auch zur Aufstellung von Standbildern der vier großen Reformatoren Luther, Melanchthon, Calvin und Zwingli dienen.

Der Kirchenraum (Abb. 313) ist mit seinem nach Osten abfallenden, in Kreissegmenten angeordneten Gestühl auf den Altar im Osten mit darüberliegender Kanzel und aufragender Orgel ausgerichtet. Das weitgespannte Sterngewölbe über dem stützenlosen quadratischen Mittelraum konnte statisch nur mit Hilfe neuerer, leichter

Abb. 313

Baustoffe verwirklicht werden. Die Gewölbflächen weisen einen gelblich getönten Rauputz auf, der den Eindruck einer Mattvergoldung erweckt. Der Raumeindruck wird wesentlich durch die Farbverglasung bestimmt. Er bietet einschließlich der Emporen bis zu 1200 Sitzplätze, auf der Orgelempore können zusätzlich 50–60 Sänger Platz nehmen.

[37] Zeitzeugen II, S. 57–60
[38] Zeitzeugen II, S. 126
[39] Zeitzeugen II, S. 223–225
[40] Zeitzeugen II, S. 225
[41] Zeitzeugen II, S. 95–98
[42] Russ, Sigrid: Wiesbaden II, S. 226–31
[43] Schabe, Peter: Felix Genzmer, S. 247–254
[44] Wolf, Stefan G.: Kirchen in Wiesbaden, Edition 6065, Wiesbaden 1997, S. 44–45
[45] Schabe, Peter: Felix Genzmer, S. 94–105
[46] Zeitzeugen I, S. 56–57

Straße
Eltviller
thaler Straße
Ring-
k.
Winkeler Straße
Kiedricher Straße
Oestricher Straße
Marcobrunner Straße
straße
Rauenthaler
Straße
Rüdesheimer Straße
Rüdesheimer
Johannisberger Str.
Hallgarter Straße
149,1
TG
ring
(2. Ring)
Karlsbader Platz
Niederwald-
Niederwald
Str.
Wallufer
Konrad-
Adenauer-
Elbinger Str.
Hattenheimer Str.
Geisenheimer Straße
Straße
rtplatz
1/17
125/8
P
Krankenhaus
Paulinenstift
1
2
3
5
6
7
9
10
11

Tour 9

Das Rheingau-viertel

1 Marcobrunner Straße
2 An der Ringkirche 7
3 Marcobrunner Straße 2
4 Rüdesheimer Straße 2
5 Eltviller Straße 12
6 Marcobrunner Straße 3
7 Marcobrunner Straße 9
8 Niederwaldstraße 6
9 Rüdesheimer Straße 22
10 Rüdesheimer Straße 20
11 Kiedricher Straße 4

Abb. 314

Tour 9: Das Rheingauviertel

Viele der Häuser im Rheingauviertel, dessen Erschließung kurz nach der Jahrhundertwende begann, sind dem Späthistorismus zuzuordnen, die Details tragen jedoch Jugendstilformen. Es lohnt sich, einfach durch die Straßen zu spazieren und den reichhaltigen Schmuck zu entdecken. Vielleicht lesen Sie zu Beginn das kurze Kapitel vollständig durch, denn die Tour ist nicht als Rundgang konzipiert. Die Stationen folgen einer stilgeschichtlichen Ordnung und zeigen die Entwicklung vom Späthistorismus zum Jugendstil anhand der Haustüren. Die elf Beispiele sind sozusagen der Schlüssel, um das Viertel auf eigene Faust zu erkunden. Es beginnt mit einer neobarocken Tür im Nordwesten der Ringkirche, weitere Beispiele liegen in der Marcobrunner, Rüdesheimer und Kiedricher Straße. Auf dem Rückweg in die Innenstadt sollte man die prächtige Jugendstilfassade in der Niederwaldstraße (Station 8) nicht verpassen.

Das Rheingauviertel wird im Osten durch den Kaiser-Friedrich-Ring, im Norden durch die Dotzheimer Straße, im Westen durch den Lorelei- und den Konrad-Adenauer-Ring sowie im Süden durch die Schiersteiner Straße begrenzt. Die Rauenthaler, Rheingauer, Erbacher, Eltviller, Kiedricher und Winkeler Straße wurden 1902–03 angelegt, die Hallgartener und die Johannesberger Straße 1906. Bis 1910 war das ganze Viertel bebaut. Es weist mit 200 Wohneinheiten pro Hektar in geschlossener, engräumiger Bauweise eine große Dichte auf, gehört aber trotz der sich daraus ergebenden Parkplatznot zu den beliebtesten Wohngebieten in Wiesbaden, zumal es nicht so stark wie der Bismarck- und der Kaiser-Friedrich-Ring sowie die Südstadt vom Autoverkehr durchflutet wird.

Der städtebauliche Entwurf geht auf das Gutachten von Professor Reinhard Baumeister (1833–1917) aus dem Jahr 1894 zurück. Er setzte an die Stelle des schematisch-rechtwinkligen Rastergrundrisses der Südstadt ein unregelmäßiges Netz gebogener Straßen, aus dem sich ganz unterschiedliche asymmetrische Baublocks ergeben. Nach dem Vorschlag von Baumeister strebte die Bauverwaltung an, die Straßen nicht zu schmal und begrünt, die Gebäude nicht zu hoch, die Höfe nicht zu eng, die Fenster möglichst groß, die Wohnungen nicht zu klein und zu niedrig zu halten sowie Keller- und Dachgeschosswohnungen ganz zu vermeiden.

Letzteres konnte gerade in unserer Zeit nicht durchgehalten werden, da Dachgeschosswohnungen besonders bei jungen Bewohnern wegen der relativ niedrigen Mieten und des Flairs beliebt sind. Auch sind Wohnungen in den bescheideneren Hinterhäusern häufig begehrter als in den stattlichen Vorderhäusern, weil sie durch diese vom Verkehrslärm abgeschirmt sind. Von der Gebäudetypologie her unterscheiden sich die durchweg viergeschossigen Mietshäuser, zum Beispiel in der **Marcobrunner** 1
Straße (Abb. 314), nicht von denen in den anderen Wohngebieten. Jedoch sind die architektonischen Details hier besonders liebevoll ausgebildet, wie man beim Spazierengehen feststellen kann.

Dabei folgen die vor 1900 erbauten Häuser noch ganz der Ornamentik des Späthistorismus, so um die Ringkirche herum und in den östlichen, an den Kaiser-Friedrich-Ring angrenzenden Abschnitten der Rüdesheimer, der Marcobrunner und der Walluferstraße. Weiter westlich dominiert der Jugendstil, der in diesem Teil Wiesbadens am besten vertreten ist.

Besonders lohnend ist der Vergleich bei den noch zahlreich vorhandenen historischen Haustüren. So ist die Tür des Hauses **An der Ringkirche 7** (Abb. 315), 1901 2
von Heinrich Rossel, noch ganz im Stil des Frühbarock gehalten. Dies erkennt man an den zwei kleineren Muschelaufsätzen, Segmentbögen als Abschluss der Hauptfelder sowie unten an Löwenköpfen und Voluten. In dieser Zeit liebte man besonders

Abb. 315

Abb. 316

Abb. 317

Abb. 318

das Ätzglas, mit dem man die jetzt immer großflächiger werdenden Scheiben verzierte. Die industrielle Produktion von Walzglas machte von nun an die Sprossenteilung von Türen und Fenstern überflüssig. Man wollte diese Möglichkeit zur stärkeren natürlichen Belichtung der Treppenhäuser nutzen, ohne den Maßstab zu verletzen und auf eine Ausschmückung zu verzichten. Auch die
3 Haustür **Marcobrunner Straße 2** (Abb. 316), 1903 von Franz Markloff, gibt sich mit ihren neogotischen Formen noch als ein Zeugnis des Späthistorismus zu erkennen. Das Glas wurde hier – vor allem im Oberlicht – leider ausgewechselt. Auch die Tür des Nachbarhauses Nr. 4, ebenfalls von 1903, ist noch in einfachen historistischen Formen gehalten.

Die Entwicklung der Haustüren vom Historismus zum Jugendstil lässt sich auch in der **Rüdesheimer Straße** gut verfolgen. Beim Haus Nr. 1 verbleiben die Formen noch im Stil der Neorenaissance, auch
4 bei den Häusern **Rüdesheimer Straße 2** (Abb. 317), 1897 von Hermann Reichwein, und Nr. 3. Als Neuheit werden hier aber die schmiedeeisernen Rankengitter eingeführt, die – ähnlich wie das Ätzglas – die Aufgabe haben, die Kahlheit der Ganzglasscheiben zu mildern. Der dichter am Kaiser-Friedrich-Ring gelegene Teil der Rüdesheimer Straße mit den Nummern 1 bis 3 entstand bereits vor 1900, die Häuser Nr. 20 bis 24 erst zwischen 1900 und 1910. Sie sind deshalb fortschrittlicher in Bezug auf die Entwicklung von Jugendstilformen, ähnlich wie beim
Haus **Eltviller Straße 12** (Abb. 318), bei 5
dem der aufkeimende Jugendstil in dem floralen schmiedeeisernen Zierrat der Türflügel und des Oberlichtes spürbar wird, während der Kielbogen der Türbekrönung mit dem Datum 1901 noch dem Stilpluralismus des Späthistorismus zuzurechnen ist.

Während das Haus **Marcobrunner 6**
Straße 3 (Abb. 319), 1903 von Jacob Huber, zwar schon die schmiedeeisernen Gitter verwendet, dies aber noch mehr im Sinn des Späthistorismus, wird die Tür des Hau-

Abb. 319

Abb. 320

Abb. 321

Abb. 322

7 ses **Marcobrunner Straße 9** (Abb. 320), 1904 von Fritz Born, ganz von den typisch floralen Formen des Jugendstils beherrscht.
8 Am Portalrahmen des Hauses **Niederwaldstraße 6** (Abb. 321), 1903 von Alexander Schwank, triumphiert der Jugendstil in jenen verschlungenen floralen Formen, die auch die ersten Hefte der Zeitschrift „Die Jugend" nach den Entwürfen von Fritz Erler zierten. Sie gab dieser internationalen Kunstrichtung in Deutschland ihren Namen, während der Jugendstil in Frankreich und Belgien Art Nouveau, in Spanien Modernismo und in Österreich Sezessionsstil heißt.

Bei allen Schmuckformen des Hauses Niederwaldstraße 6 (Abb. 322) herrscht nun der Jugendstil vor, er bestimmt auch die architektonischen Elemente wie den dreieckigen Erker, den Mittelgiebel, die Teilung der Fenster und deren Bekrönungen.

Abb. 323

Abb. 324

Abb. 326

Das Haus **Rüdesheimer Straße 22**, 1905 von Fritz Born, steht mit seinem Kleeblattbogenportal (Abb. 323) mit den eingestellten Säulchen noch ganz in der Tradition der Neogotik, während die weichen Formen des geschweiften Giebels (Abb. 324) die Herkunft des Jugendstils aus dem Neobarock erkennen lassen. 9

Das benachbarte Haus **Rüdesheimer Straße 20** (Abb. 325) gehört dagegen mit seinen floralen Bandornamenten über der Haustür und dem eindrucksvollen Rückenakt (Abb. 326) über dem Fenster des ersten Obergeschosses ganz dem neuen Stil an. 10

Beim Haus **Kiedricher Straße 4** (Abb. 327) von August Horz verrät das Ochsenauge als Fensterform im Dachbereich wie auch die Reliefs der beiden üppigen Blumenkörbe noch ihre Herkunft aus dem Barock, die originellen Abschlüsse der seitlichen Lisenen und die Wellenform des Giebels weisen uns jedoch darauf hin, dass wir uns nicht im 18. Jahrhundert, sondern im Jahr 1904 befinden. Das wird noch deutlicher beim Erker dieses Hauses 11

Abb. 325

Abb. 327

Abb. 328

(Abb. 328), an dem ein Fuchs zwischen Blattgewächsen lauert, deren Schilfkolben sich in kannelierte Pilaster zu verwandeln scheinen.

Der aufmerksam durch die Straßen des Rheingauviertels Wandelnde wird noch viele weitere beachtenswerte Häuser und schmückende Details finden.

Rhein
Realschule
Friedrich
Jahn
straße
Karl
Gymnasium
Oranien
Moritz
Schule
Adelheid-
Ring
Straße
Adelheid
straße
Herder
Geibel-Straße
Gerichtsstraße
Amtsgericht
Landgericht
Albrecht-
Emanuel-
Arndt-straße
Schiersteiner
Luxemburg
Spielplatz
Niederwald - straße
Kaiser
Körnerstraße
Matthias-Claudius-
Kleist
Scheffel
Friedrich-
Raabe
Hebbel
Wolfram-von-Eschenbach
Schule
Wieland
Schenkendorfstraße
Gutenbergplatz
Sportplatz
Klopstock
Sartorius
Min. f. Wirts
Techni
Luther k.
Mosbacher
Gymnasium
Rückertstraße
Frauenlob-
Dreifaltigk. K.
Eichendorff
Gutenbergstr.
1
2
3
4
5
6
7
8
9
10
11
12
13
14
15
16
17
18
19
20

Tour 10

Dichterviertel – Kaiser-Friedrich-Ring

1 Gutenbergplatz
2 Gutenbergplatz 1
3 Gutenbergplatz 2
4 Lutherkirche
5 Gutenbergschule
6 Kath. Dreifaltigkeitskirche
7 Rückertstraße 3
8 Schenkendorfstraße 7
9 Klopstockstraße 9
10 Raabestraße
11 W.-v.-Eschenbach-Schule
12 Schiersteiner Straße 7-13
13 Schiersteiner Straße 17
14 nördl. Kaiser-Friedrich-Ring
15 Kaiser-Friedrich-Ring/Luxemburgstr.
16 Kaiser-Friedrich-Ring 52
17 Kaiser-Friedrich-Ring/Wielandstr.
18 Kaiser-Friedrich-Ring 76/Oranienstr.
19 Kaiser-Friedrich-Ring 78/Oranienstr.
20 Landeshaus
21 Hauptbahnhof
22 Reisinger-Brunnen-Anlage

Abb. 329

Tour 10: Dichterviertel mit Lutherkirche und Kaiser-Friedrich-Ring

Im Dichterviertel, dessen Straßen nach deutschen Dichtern benannt sind, findet der Spaziergänger viele anschauliche Beispiele für die Entwicklung des Miethausbaus vom Späthistorismus über den Jugendstil, das Art Déco und den Stil der späten 20er und der 30er Jahre.

Mit der Lutherkirche verfügt das Dichterviertel über ein beeindruckendes Jugendstil-Bauwerk von nationalem Rang. Es lohnt sich vor allem ein Besuch des Innenraumes, der wie die Ringkirche den Grundsätzen des Wiesbadener Programms folgt.

Zwei Schulgebäude und der Hauptbahnhof repräsentieren öffentliche Gebäude des Historismus, die Reisinger- und die Herbert-Anlage zeigen zwei der weiträumigen Grünanlagen Wiesbadens.

Der Weg beginnt am Gutenbergplatz und der Lutherkirche, führt über die Gutenbergschule zur katholischen Dreifaltigkeitskirche und zur Hebelschule. Über die Schiersteiner Straße geht es zum Kaiser-Friedrich-Ring, der fast 40 Meter breiten Prachtstraße, die in weitem Bogen am Hessischen Landeshaus Richtung Bahnhof weist.

Die Grünanlagen gegenüber dem Bahnhofsgebäude laden zum Verweilen ein und führen zurück zur Innenstadt.

Das Dichterviertel wird umgrenzt von der Schiersteiner Straße, dem Konrad-Adenauer-Ring, der Grillparzer- und Mosbacher Straße, dem Gutenbergplatz und dem Kaiser-Friedrich-Ring. Mit der Bebauung Wieland-, Scheffel-, Schenkendorf-, Niederwald- und Kleiststraße wurde 1902 begonnen, der Bereich bis zur Kleist- und Klopstockstraße war bis 1910 bebaut. Vereinzelte Villen standen bis dahin auch schon zwischen Gutenberg- und Alexandrastraße sowie am östlichen Ende der Grillparzerstraße. Der Gutenbergplatz und die Mosbacher Straße waren 1900 eröffnet worden, die Grillparzerstraße 1901, die Klopstock- und die Sartoriusstraße 1907.

Wie das Rheingauviertel bietet auch das Dichterviertel anschauliche Beispiele für die Entwicklung des Miethausbaus vom Späthistorismus über den Jugendstil, den Art Déco und den Stil der späten 20er und 30er Jahre.

1 Das Entrée zu diesem Gebiet bildet der **Gutenbergplatz** (Abb. 329), dessen westliche Platzwand besonders prächtige Fassaden aufweist. Der schöne Platz wird zur Zeit noch sehr durch die parkenden Autos belastet. Es ist zu hoffen, dass er nach dem Bau der Tiefgarage mit einer gärtnerischen Gestaltung wohnlich hergerichtet wird.

2 Von den viergeschossigen Fassaden steht die des Hauses **Gutenbergplatz 1** (Abb. 329, 330), erbaut 1901 von Alexander Schwank, noch ganz in der Tradition des Späthistorismus, wie man an den neogotischen Schmuckformen erkennen kann. Während die rechte Haushälfte im Erdgeschoss eine Veranda und darüber Balkone besitzt, wird die linke von einem Erker mit abschließendem Treppengiebel beherrscht.

3 Das Haus **Gutenbergplatz 2** (Abb. 331), ebenfalls von Alexander Schwank mit dem Datum 1902 am Erker, scheint auf den ersten Blick auch noch zum Späthistorismus zu gehören, denn im Gesamtaufbau mit mittlerem Erker, Balkonen im rechten Drit-

Abb. 330

Abb. 331

Abb. 332

Abb. 333

Abb. 334

tel und Eingang sowie großen Fenstern im linken hat sich prinzipiell nichts geändert. In den Details jedoch kommt der Jugendstil deutlich zum Ausdruck. Das beginnt bei der Haustür (Abb. 332) mit den charakteristischen verschlungenen Bändern, setzt sich im Erker (Abb. 333) mit einer aus Blumen, Bändern und Baumstämmen phantasievoll kombinierten Ornamentik fort und endet in dem eigenwillig geformten Schweifgiebel (Abb. 334), der das Bemühen verdeutlicht, sich von den historischen Vorbildern zu lösen.

Das Eckhaus zur Klopstockstraße leitet in seiner Sachlichkeit schon zum eigentlichen Stil des 20. Jahrhunderts über.

Der Gutenbergplatz ist nur nach Westen geschlossen, im Norden begrenzt ihn der Kaiser-Friedrich-Ring, im Nordosten das Landeshaus, im Süden steht als Solitär das Gutenberg-Gymnasium, und im Südosten erhebt sich die **Lutherkirche** 4

(Abb. 335). Sie wurde als vierte protestantische Kirche 1907–10 von Friedrich Pützer (1871–1922) errichtet, nachdem dieser 1905 aus einem Wettbewerb als Sieger hervorgegangen war. Er war Professor an der Technischen Hochschule in Darmstadt, erbaute dort den Hauptbahnhof, entwarf den Bebauungsplan für den Paulsplatz und für die Villenkolonie Buchschlag und leitete den Bau von insgesamt 14 Kirchen im Bereich der Landeskirche Darmstadt, darunter mehrere Lutherkirchen, obwohl er selbst Katholik war.

Abb. 335

Die Einhaltung des Wiesbadener Programms von Johannes Otzen und Pfarrer Emil Veesenmeyer (s. Seite 166) war eine Bedingung des Auslobungstextes für den Wettbewerb. Pützer ging sogar noch einen Schritt darüber hinaus und entwickelte eines der ersten Gemeindezentren, denn die Kirche wurde um den in ihrem Untergeschoss liegenden Gemeindesaal, eine Reihe von Nebenräumen und um die direkt angebauten Pfarrhäuser erweitert. Dadurch ist sie auch kein freistehender Solitärbau wie die anderen Wiesbadener Kirchen, sondern städtebaulich in die Mosbacher- und die Sartoriusstraße eingebunden, unter dem Verzicht, sie zu osten. Es handelt sich um einen Putzbau mit Gliederungen aus Muschelkalk und Einzelformen aus Granit. Der als Campanile neben der Kirche stehende Turm liegt in der Sichtachse der Oranienstraße, die er schon von weitem beherrscht, wobei auch das mächtige Steildach seine Wirkung hat. Es erinnert an die Wallonische Kirche in Hanau vor deren Zerstörung im Zweiten Weltkrieg oder an die gotischen Chorbauten von St. Sebald und St. Lorenz in Nürnberg.

Auch wenn Pützer sich ausdrücklich dagegen äußerte, bei Neuschöpfungen in der Baukunst auf historische Formen zurück zu greifen, kommt er doch nicht ganz ohne Anlehnungen an bestehende Vorbilder aus. So erinnert die Nordfassade (Abb. 336) stark an ein Bürgerhaus des 16. Jahrhunderts, denn über der kleinen Apsis für die Taufkapelle erhebt sich ein Erker, der eigentlich an einem Sakralbau keinen Sinn macht.

Das Portal zur Vorhalle des Haupteingangs (Abb. 337) kann seine Herkunft von romanischen Säulenportalen nicht verleugnen. Über die Stufen der Vorhalle gelangt man in eine Eingangshalle mit der Taufka-

Abb. 336

Abb. 337

pelle an der Nordwand. Im Geschoss darüber befindet sich ein kleiner Saal, der bis zum Einbau einer zweiten Orgel mit dem Kirchenraum verbunden werden konnte, wodurch sich dessen Platzzahl von 1400 auf 2000 erhöhte.

Der Grundriss des Kirchenraums (Abb. 338) besitzt die Form eines unregelmäßigen, langgezogenen Achtecks mit einer Breite von 18 m, die es von den Wandpfeilern aus stützenlos zu überbrücken galt. Dies erfolgt durch ein relativ flach gespanntes Netzgewölbe (Abb. 339), dessen gebuste Kappen zwischen kräftigen Rippen ebenso akustische Bedeutung haben, wie die reichliche Verwendung von Holz an den Wandverkleidungen und Emporenbrüstungen, was der Kirche die Bezeichnung „Des Herrgotts Wohnzimmer" eintrug. Wie beim Erker in der Nordfassade äußert sich auch darin die Abkehr vom reinen Sakralbau des Historismus und die für das 20. Jahrhundert charakteristische Hinwendung zum Profanbau.

Im Grundriss erscheint der Raum im Süden zwischen den Treppentürmen wie ein Chor; er wird aber ganz von der Orgel ausgefüllt, einem bedeutenden Werk von Walcker. Sie erhebt sich optisch über dem Kanzelaltar, ganz im Geist des Wiesbadener Pro-

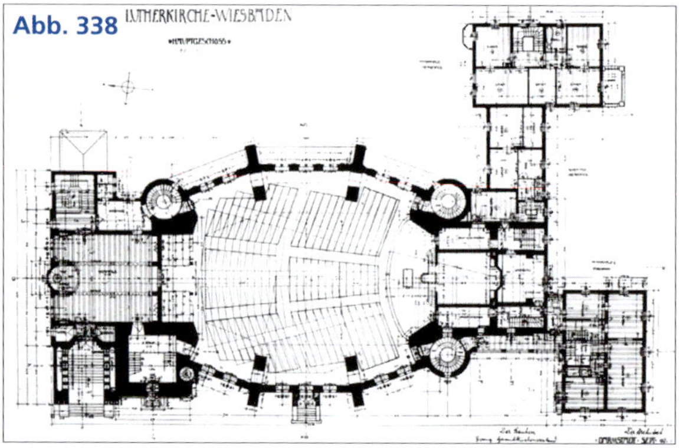

Abb. 338

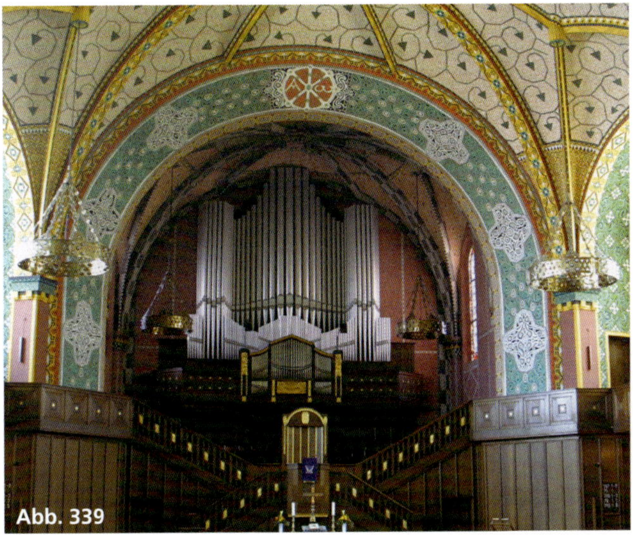
Abb. 339

Abb. 340

gramms. Dass dieses sich noch nicht völlig durchgesetzt hatte, erkennt man an der Kritik, es fehle bei der Lutherkirche ein eigentlicher Chor, obwohl es diesen doch auch bei der Ringkirche nicht gibt.

Die gestalterische Einbindung des Kanzelaltars in die diagonal geführten Treppen trägt wesentlich zu dessen Betonung als liturgisches Zentrum des Raumes bei. Der Charakter der Lutherkirche als Werk des Jugendstils wird weniger von der Architektur, sondern mehr von der künstlerisch wertvollen Ausstattung bestimmt. Die sechs Kronleuchter, das Taufbecken und sein Schutzgitter sind Arbeiten von Professor Ernst Riegel, der zur Künstlerkolonie auf der Mathildenhöhe in Darmstadt gehörte. Die Farbfenster und die dekorative Ausmalung (Abb. 340) entwarfen Rudolf und Otto Linnemann aus Frankfurt. Aus der Verachtung der 50er Jahre gegenüber dem Historismus und Jugendstil hat man damals die dekorative Ausmalung überstrichen, 1992 dann teilweise freigelegt und nach Befund rekonstruiert.

Im umfangreichen Werk Pützers ist die Lutherkirche die bedeutendste Schöpfung, zugleich ist sie mit ihrem Turm und dem hohen Dach ein markanter städtebaulicher Akzent im südlichen Teil des Stadtgebietes. Sie ist ein Meilenstein in der Entwicklung des Kirchenbaus im 20. Jahrhundert. Pützer wendet sich mit diesem in manchen Teilen profan wirkenden Bau vom bloßen Nachahmen historischer Vorbilder ab, steht aber dennoch weitgehend in der Tradition des protestantischen Kirchenbaus vom 16. bis zum 18. Jahrhundert. Dabei reduziert er die Formen auf das notwendige Maß, ohne in die Schmucklosigkeit späterer Entwicklungen zu verfallen. Die Lutherkirche ist Versammlungsstätte der Gemeinde für die Predigt, zugleich feierlicher Rahmen für die Liturgie und bewährte Stätte der Kirchenmusik. Wegen dieser Rolle in der Entwicklung des protestantischen Kirchenbaus wurde sie zum Denkmal von besonderer nationaler kultureller Bedeutung erklärt.

Während man in der zweiten Hälfte des 20. Jahrhunderts für den großen Bevölke-

Abb. 341

rungszuwachs durch Flüchtlinge zuerst die Wohnsiedlungen errichtete und erst später oder manchmal überhaupt nicht die Schulen und Kirchen, hat man im Dichterviertel die
5 **Gutenbergschule** und die Lutherkirche zu einer Zeit erbaut, als von den Wohnhäusern erst ein kleiner Teil stand. So hatten sich die städtischen Gremien bereits 1899 mit der Errichtung einer Volksschule im südwestlichen Stadtteil beschäftigt[47]. Da das Gebiet zunächst für Villen bestimmt war, gab es anfangs Widerstände gegen den Schulbau mit einer Höhe von 18 m, während für die Landhäuser maximal 14 m vorgeschrieben waren. Schließlich wurden diese Schwierigkeiten überwunden und der Schulbau nach dem Gesamtplan von Felix Genzmer in zwei Abschnitten ausgeführt, der nördliche 1901–03, der südliche 1903–05. Die Bauleitung lag beim Architekten Baecker, für die Zimmerarbeiten war der Wiesbadener Meister Heidecker gewählt worden, die Dachziegel lieferte die Firma Henkel aus Ludwigshafen. 1933 wurde die Gutenbergschule zur Unterbringung des Gymnasiums und des Realgymnasiums umgestaltet, die bis dahin im Pädagogium am Luisenplatz beheimatet waren. Diese Umwidmung wurde bei den betroffenen Schulen sehr kritisiert, denn man sah in dem Gebäude „in Form und Farbe ein Denkmal eines heute überwundenen Geschmacks".

In der Bombennacht vom 2. auf den 3. Februar 1945 wurde der Südwestflügel der Gutenbergschule bis auf die Außenmauern zerstört, bis 1949 in vereinfachter Form wieder aufgebaut. Nach dem Auszug des humanistischen Gymnasiums 1955 gibt es nur noch eine naturwissenschaftlich-neusprachliche Anstalt. Im Grundriss bilden die beiden nacheinander entstandenen dreigeschossigen Teile eine ungefähr nach Westen geöffnete, weitausladende Hufeisenform mit einem Mittelrisalit. Die Außenwände (Abb. 341) sind in zurückhaltenden neogotischen Formen mit roten Klinkern und weißen Putzflächen gestaltet, es dominieren die großen Fenster und die vielen Treppengiebel.

Bedenkt man, dass die Lutherkirche bereits 1905 von Friedrich Pützer entworfen wurde, als die Gutenbergschule gerade vollendet war, erscheint letztere als ein rückständiges Werk, an dessen Stelle Genzmers Nachfolger Stadtinspektor Friedrich Grün sicher gern etwas Moderneres geschaffen hätte, wenn nicht mit dem ersten Bauabschnitt noch unter Genzmers Oberleitung bereits vollendete Tatsachen geschaffen worden wären. Denn mit dem Bau der Landesbibliothek in der Rheinstraße (Abb. 166, Seite 88) von 1913 erwies sich Grün als ein progressiver Architekt, der schon Formen der Rasterfassaden vorwegnahm.

Westlich der Gutenbergschule, getrennt nur durch die Frauenlobstraße, wurde die
Katholische **Pfarrkirche Heilige Dreifaltigkeit** (Abb. 342) errichtet, so dass alle 6
drei öffentlichen Großbauten des Dichter-

Abb. 342

viertels dicht beieinander liegen. Der 1912 geweihte, von Prof. Becker gestaltete Bau ist etwas jünger, aber deutlich altertümlicher als die bereits 1905 entworfene Lutherkirche. Der katholische Klerus hielt aus seiner konservativen Grundhaltung heraus auch über die Jahrhundertwende an demselben Späthistorismus fest, wie er schon 1893–95 die Gestaltung der Maria-Hilf-Kirche bestimmt hatte.

Während im allgemeinen in der Zeit um 1900 die historischen Formen sehr stilecht verwendet wurden, so dass es manchmal selbst für den Fachmann nicht einfach ist, sie von romanischen oder gotischen Originalen zu unterscheiden, besteht hier ein Gegensatz zwischen dem frühgotischen Baumassengefühl und dem spätgotischen Maßwerk insbesondere des Westfensters.

Es handelt sich um eine dreischiffige Basilika mit einem Querschiff, einem halbrunden Chor mit Kapellenkranz im Osten, zwei großen Chorflankentürmen und zwei kleineren Westtürmen. Am baumumstandenen Kirchplatz können sich nur die schlanken Pyramidenhelme der vier Türme optisch behaupten. Mit den Türmen sowie mit der Dreischiffigkeit, den Chorkapellen und den dreifachen Westportalen erhebt die Kirche nach dem Vorbild des Limburger Domes den Anspruch einer Kathedrale. Im Tympanon des Hauptportals thront die Dreifaltigkeit inmitten einer Gruppe von Heiligen. Rechts

Abb. 343

und links am Gewände befinden sich Reliefs mit den Darstellungen der Ecclesia mit Kelch und Kreuz sowie der Synagoge, deren verbundene Augen, gebrochene Lanze und Gesetzestafeln das Alte Testament symbolisieren. Die Taufkapelle ist gemäß frühchristlicher Tradition im Westen in der nördlichen Vorhallenwand angeordnet. Der Innenraum (Abb. 343) ist ganz auf den erhöht stehenden Hochaltar ausgerichtet. Für die im Zweiten Weltkrieg zerstörten Farbfenster wurde 1952 durch den Marburger Glasmaler Erhard Klonck Ersatz geschaffen.

Immer noch unter den Erfahrungen des Kirchenkampfes stehend, musste die katholische Kirche im überwiegend protestantischen Wiesbaden auf die Kraft ihrer Tradition setzen, während die evangelische Lutherkirche Neues wagen konnte.

An den in der Zeit um den Ersten Weltkrieg schon sachlicher werdenden Formen erkennt man, dass das Haus **Rückertstraße 3** (Abb. 344) bereits 1911 erbaut 7

Abb. 344

Abb. 345

worden ist. Charakteristisch sind die sich polygonal vorwölbenden Brüstungen unter den Fenstern, wie sie in gerundeter Form am Gebäude der Deutschen Bank von 1908 vorkommen. Die Ornamentik am Erker verrät in ihrer teigig-weichen Form noch den Jugendstil, in der stereotypen Gleichheit der offensichtlich gegossenen Stuckfelder verweist sie auf die nach 1918 aufkommende Stilrichtung des Art Déco.

Die Klopstockstraße ist im Spielmannplan von 1910 auf der Nordseite bis zur Wielandstraße als bebaut dargestellt. Sie gibt in ihrem Verlauf von Osten nach Westen anschaulich die Entwicklung vom Jugendstil zur Sachlichkeit der 20er Jahre wieder. Der abgerundete Eckbau an der Einmündung
8 der **Schenkendorfstraße 7** (Abb. 345), erbaut 1907 von Louis Blum, gehört zu den letzten, für den Städtebau des 19. Jahrhunderts typischen Betonungen von Straßenkreuzungen. Seine weichen Schmuckformen lassen jedoch die Handschrift des Jugendstils erkennen.

Beim Haus **Klopstockstraße 9** (Abb. 9
346) sind architektonische Gliederung und Zierformen in der Tendenz einer neoklassizistischen Abkühlung flach geworden, doch verharrt man auch hier wie an den benachbarten Häusern Nr. 13 und 21 noch in der Stilphase des Jugendstils. Dagegen verzichten die Häuser in der Klopstockstraße jenseits der Hebbelstraße (Abb. 347) ganz auf Ornamentik. Die glatten Putzfassaden aus den 20er Jahren erhielten zur Belebung nur steinerne Gesimse und Fenstergewände.

In dieser Stilhaltung errichtete man 1923 10
alle Häuser auf der Ostseite der Hebbelstraße und der Nordseite der **Raabestraße** (Abb. 348), die Gesimse sind hier sogar noch flacher, die Gewände entbehrlich geworden, die Klappläden das wichtigste Element der Belebung. Man fühlt sich an die ersten Bauten des Klassizismus erinnert, wie sie nach den Herzoglichen Baugnaden in der Friedrich- und Nerostraße errichtet worden waren. Während man in den 20er Jahren

Abb. 346

Abb. 347

in Berlin durch Max Taut oder in Frankfurt durch Ernst May Wohnsiedlungen im Internationalen Stil der Neuen Sachlichkeit mit Flachdächern errichtete, wandten sich die Architekten Hess und Lieser im konservativen Wiesbaden dem sogenannten Heimatschutzstil zu, der am Steildach festhielt und durch Architekten wie Riemerschmidt, Tessenow oder Schultze-Naumburg vertreten war.

11 Inmitten des Baublocks Klopstock-, Hebbel-, Raabestraße errichtete das Städtische Hochbauamt 1923/24 die beiden Schulgebäude der **Wolfram-von-Eschenbach-Schule** (Abb. 349) und der Hebbelschule im selben Stil wie die sie umgebenden Wohnbauten.

12 An der **Schiersteiner Straße** verläuft die Entwicklung vom Späthistorismus zum Jugendstil vom Kaiser-Friedrich-Ring ausgehend nach außen, auf der Nordseite an den vier 1900 bis 1902 errichteten Häusern Nr. 7 bis 13 (Abb. 350) ganz in den Stilformen von Neogotik und Neobarock mit sehr plastischen Formen der Erker und Veranden, deren Bogenstellungen auf Säulen ein Wechselspiel von Licht und Schatten erzeugen.

Das bis 1910 erbaute Haus **Schierstei- 13
ner Straße 17** (Abb. 351) tendiert in seiner

Abb. 348

Abb. 349

Haltung bereits zu jenem Neoklassizismus, der um den Ersten Weltkrieg die Baukunst in Europa beherrschte und vom Jugendstil zum Internationalen Stil der Neuen Sachlichkeit überleitete. Man versuchte, jede Anlehnung an historische Formen zu vermeiden, verzichtete deshalb fast ganz auf das verräterische Ornament und gliederte die gesamte Fassade vorwiegend vertikal mit weiß gestrichenen Profilen auf grünem Putz.

Der **Kaiser-Friedrich-Ring** umschließt bogenförmig die Südstadt und erstreckt sich von der Friedrich-Ebert-Allee im Osten bis zur Dotzheimer Straße im Westen, geht von dort ab in den Bismarckring, im Osten in den Gustav-Stresemann-Ring über. Seine Anlage geht bereits auf die Planung des Stadtbaumeisters Alexander Fach von 1871 zurück, wurde aber erst zwischen 1888 und 1906 bebaut.

Die fast 40 m breite Prachtstraße (Abb. 352) weist in ihrem breiten Mittelstreifen drei Reihen von Platanen auf. Bisher beeinträchtigt der leider sehr starke Autoverkehr mit einem hohen Anteil an Lastwagen das Straßenbild. Stellt man sich vor, die Bundesstraße würde verlegt, die Bürgersteige

Abb. 350

Abb. 351

Abb. 352

verbreitert und im begrünten Mittelstreifen kleine Cafés, Obst- und Eisstände aufgestellt, hätte man die Qualität eines Boulevards wie der Ramblas in Barcelona.

Von den insgesamt 98 Häusern sind lediglich einige, im Bereich der Hausnummern 31–47, abgestuckt und sechs mit den Nummern 38, 40, 42, 55, 68 und 70 nach der Zerstörung im Zweiten Weltkrieg neu erbaut worden. Alle übrigen befinden sich unverändert in gutem Zustand und bilden eine Gesamtanlage von höchstem künstlerischen und städtebaulichen Wert, wie es sie in dieser Geschlossenheit nur noch in der oberen Rheinstraße, der Adelheidstraße und der Adolfsallee, außerhalb Wiesbadens nur noch selten gibt. Diese Prachtstraßen begründen zusammen mit den Villengebieten und wertvollen Einzelbauwerken in erster Linie den Rang Wiesbadens als Weltkulturerbe.

Die Mietwohnungen wurden für großbürgerliche Ansprüche geschaffen, Mieter waren zum Beispiel[48] der Geheime Sanitätsrat Dr. Braunrock, der Königliche Kammersänger Adam, der Marine-Generalarzt Schubert, Graf Hans von Reina sowie die Kaiserlichen Generalmajore von Bonin, Salm und von Treskow. Die Wohnungen umfassten ursprünglich bis zu sieben Zimmer, wurden jedoch in den Notzeiten nach dem Ersten und Zweiten Weltkrieg vielfach unterteilt. Es ist erstaunlich, welch große Bauleistungen man in der kurzen Zeit von 18 Jahren erbringen konnte, zumal gleichzeitig am Bismarckring, im Feldherrenviertel und im unteren Teil der Südstadt gebaut wurde. Trotz dieser einmaligen Hochkonjunktur des Bauens kommt es nicht zu monotoner Gleichmäßigkeit der Fassaden, da der vielgescholtene Stilpluralismus das individuelle Gestalten der einzelnen Häuser bei Einhaltung des städtebaulichen Gesamtkonzeptes erlaubte. Angesichts der gestalterischen Monotonie in Wohnsiedlungen aus der zweiten Hälfte des 20. Jahrhunderts gibt es deshalb keinen Grund, den Historismus zu verachten. Als Architekten sind unter anderem Franz Markloff, Georg Schlink, Alexander Schwank, Gotthard, Rossel und Ochs überliefert.

Die Südwestseite des Kaiser-Friedrich-Ringes zwischen Schiersteiner- und Wallufer Straße (Abb. 353) mit den Häusern Nr. 33, 14

Abb. 353

Abb. 354

35 und 37 entstand 1898 durch die Architekten Philipp Meurer und Karl Schultz. Ihre viergeschossigen Wohnbauten sind relativ einheitlich durch die stark vortretenden, einst wohl durchweg offenen Veranden geprägt. Pate für die Vorbauten standen die Ausluchten der nordeuropäischen Renaissance, die im Unterschied zum Erker bereits vom Boden aus aufsteigen.

Dieser im großbürgerlichen Wiesbadener Wohnungsbau des Historismus weit verbreitete Typ kommt bereits zwischen 1868 und 1879 in der Adolfsallee, der Albrechtstraße und auf der Nordseite der oberen Rheinstraße (Abb. 180, Seite 93) vor, hier aber noch in den Formen der Neorenaissance und des Neoklassizismus. Sind es dort in der Dachzone noch klassizistische Dreiecksgiebel, so tragen am Kaiser-Friedrich-Ring im ausgebauten Dachgeschoss Zwerchhäuser mit geschweiften Giebeln zur stärkeren Belebung der Silhouette bei, so dass trotz der relativen Gleichmäßigkeit der Häuser keine Monotonie entstand. Entlehnen diese Zwerchhäuser ihre Formen der nordischen Spätrenaissance, so findet man zum Beispiel auf der Ostseite des Kaiser-Friedrich-Ringes (Abb. 354) Elemente der Spätgotik in Kielbögen und Maßwerkfenstern, in anderen Fällen des Neobarock.

Die hohe städtebauliche Qualität des Kaiser-Friedrich-Ringes beruht wesentlich auf den besonders gestalteten, die Straßenkreuzungen betonenden Eckbauten. An der **Einmündung der Luxemburgstraße** hebt 15
der polygonale Erker mit dem bekrönenden Türmchen des Hauses Kaiser-Friedrich-Ring 50 (Abb. 355), 1901 von Heinrich Rossel, die nordöstliche Ecke hervor, während die Erker an den beiden Langseiten die Mitte der jeweiligen Straßenfassaden markieren. Ähnlich verfährt das gegenüberstehende Haus **Kaiser-Friedrich-Ring 52** (Abb. 356), 16
1901 von Alexander Schwank, verwendet aber einen rechteckigen Eckerker und offene Veranden mit Säulen an den Seiten. Die Formensprache lehnt sich hier an die Hochrenaissance, gegenüber in etwa an die Spätgotik an, ist aber ähnlich wie beim Eckhaus Kaiser-Friedrich-Ring 57 (Abb. 357),

Abb. 355

Abb. 356

17 1902 von Adolf G. Nicolai, an der **Einmündung der Wielandstraße** nicht eindeutig einem bestimmten Stil zuzuordnen.

Dagegen hat man sich beim Eckhaus Kaiser-Friedrich-Ring 53 (Abb. 358), 1902 von Werz und Gruber, die Erfahrungen des Spätbarock zu Nutze gemacht, indem man mit dem konvexen Vorschwingen der Mitte und dem seitlichen Zurückschwingen bei der schwierigen Gestaltung einer stumpfwinkligen Einmündung eine elegante Lösung fand.

Barocke Meisterschaft bei einer Eckgestaltung zeigt auch das Haus **Kaiser-Fried-**
18 **rich-Ring 76** (Abb. 359), erbaut 1898 vom Architekten Alexander Schwank. Hier wird die Überleitung von der Straßenfassade am Ring zu der in der Oranienstraße durch das konkave Vorschwingen eines Risalits und eine darin konkav eingetiefte große Wandnische – flankiert von gekuppelten Kolossalsäulen – erreicht. Das Haus hat historische Bedeutung, da zu seinen Bewohnern Elisabeth Günzel[49] gehörte, die 1921 das nach ihr benannte Musikseminar gründete. Es gilt als das erste private Musiklehrerseminar in Deutschland, wurde 1927 staatlich anerkannt und ging 1991 in der Wiesbadener Kunst- und Musikschule auf. Selbst eine sehr bekannte Cembalistin und Bruckner-Exper-

Abb. 357

Abb. 358

Abb. 359

Abb. 360

tin, hat sie viele Schüler ausgebildet, die später zu bekannten Solisten wurden.

In der ersten Phase der Beseitigung von Kriegsschäden fügte man die Neubauten noch sehr taktvoll in die bestehende historische Bebauung ein. Besonders qualitätvoll hat dies der Architekt Klaus Gehrmann 1950
19 beim Haus **Kaiser-Friedrich-Ring 78** (Abb. 360) an der Einmündung der Oranienstraße durch die betonte Gestaltung der abgerundeten Ecke gelöst.

20 Das **Landeshaus** (Abb. 361) bildet vom Hauptbahnhof her gesehen das Entrée zum Ring, städtebaulich sehr eindrucksvoll auf dem ansteigenden Gelände angeordnet und mit seinem aus der Straßenflucht gedrehten, monumentalen Säulenportikus ein Blickpunkt für den Ring, mit dem stumpfwinklig anschließenden Nordostflügel zur einmündenden Seitenstraße vermittelnd. Hier beweist sich ein weiteres Mal die Qualität der Stadtbaukunst im Historismus. Das Landeshaus wurde 1903–07 von den Architekten Friedrich Werz und Paul Huber für den Kommunalverband der Provinz Nassau errichtet. Da es sich um ein öffentliches, vom preußischen Staat in Auftrag gegebenes Bauwerk handelt, konnten die Architekten für die Gestaltung nicht den Jugendstil wählen. Vielmehr verwandten sie die repräsentativen Formen des Neobarock, veredelt durch den schönen roten Mainsandstein und in der Wirkung durch den Mittelrisalit mit den durch alle drei Geschosse reichenden Kolossalsäulen, dem breiten Giebeldreieck und dem mächtigen Mansarddach gesteigert.

Lohnenswert ist der Vergleich mit dem Erbprinzenpalais (Abb. 61, Seite 38) von 1813–16, um die Spannweite der Entwicklung innerhalb des Historismus vom kristallin scharfkantigen Kubus mit dem unterdrückten Dach zum Neobarock des Späthistorismus zu erkennen. Jetzt feiert jener Barockstil des Absolutismus, den die Französische Revolution und mit ihr die Architekten des Klassizismus mit einer ganz anderen Bauweise überwinden wollten, neue Triumphe. In der Ornamentik der Seitenflügel oberhalb des dritten Geschosses kommt in den teigig weichen Blattformen (Abb. 362) versteckt der Jugendstil zum Ausdruck. Dass zumindest Friedrich Werz den Jugendstil schätzte, geht aus seinem eigenen Wohnhaus Dambachtal 20 (Abb. 514, Seite 264) hervor. Er schuf es ebenfalls im Jahr 1905, in dem er zusammen mit Paul Huber als Sieger im Wettbewerb für den Bau des Landeshauses unter 51 Bewerbern ausgewählt worden war[50]. Der Erweiterungsbau der Architekten Bangert, Jensen, Scholz und Schultes aus Berlin, (Abb. 363) geschaffen

Abb. 361

1990/91 für den gestiegenen Raumbedarf des Hessischen Ministeriums für Wirtschaft und Verkehr, ist eine gelungene Verbindung von Alt und Neu. Dazu trägt wesentlich das Abrücken des neuen würfelförmigen Baukörpers, seine Verbindung zum Altbau durch ein zurückliegendes Bindeglied und die Verwendung eines ähnlichen Baumaterials bei. Ohne dass der Neubau sich in irgendeiner Weise historisierend beim historischen Hauptgebäude anbiedert, sondern unmissverständlich die Formensprache des 20. Jahrhunderts zeigt, befindet er sich dennoch im Zwiegespräch mit ihm.

21 Von der Stilhaltung des Neobarock und dem roten Sandstein der Außenmauern her erweist sich der 1904–06 erbaute **Hauptbahnhof** (Abb. 364, siehe CD) als verwandtes Pendant zum Landeshaus. Hoffentlich wird dieses monumentale Ensemble nicht durch den derzeit begonnenen Bau des sogenannten Liliencarrées in seiner Wirkung beeinträchtigt. Der stark angewachsene Reiseverkehr machte den Bau eines Hauptbahnhofs anstelle der drei Einzelbahnhöfe an der Rheinstraße erforderlich. Den ausgelobten Wettbewerb gewann Professor Fritz Klingholz aus Aachen. Vom Bauvolu-

Abb. 362

Abb. 363

Abb. 365

Abb. 366

men und dem architektonischen Anspruch ist der Wiesbadener Hauptbahnhof ungewöhnlich groß, was vor allem auf Kaiser Wilhelm II. zurückzuführen ist, der hier alljährlich zu einem Kuraufenthalt anreiste und dem ein eigener Empfangsbereich reserviert war. Zugleich entsprach der stattliche Bau dem Repräsentationsbedürfnis des Weltbades mit seinen vornehmen Kurgästen.

Deshalb wurden die Formen des Neobarock im leuchtend roten Sandstein gewählt, besonders reich in der Turmspitze (Abb. 365) vertreten. Überrascht war ich, bei einer Reise durch Südbrasilien in Porto Allegre einen Turm (Abb. 366) zu entdecken, der dem des Wiesbadener Hauptbahnhofs zum Verwechseln ähnlich ist. Die Erklärung dafür ist in seinem Architekten Theodor Wiederspahn zu finden, der vielleicht in Wiesbaden am Bau des Hauptbahnhofs unter der Leitung von Klingholz beteiligt war, nachweislich aber zwischen 1896 und 1905 die Villen Viktoriastraße 18, Lessingstraße 13, Lortzingstraße 7 und Martinstraße 16 errichtete.

Verharren auch die Gliederungs- und Schmuckformen der Fassaden des Wiesbadener Hauptbahnhofs im traditionellen Neobarock des Späthistorismus – wohl auch mit Rücksicht auf den Kaiser, der selbst den Bau beobachtete – so werden die Baukörper durchaus von der Funktion des Bahnhofs bestimmt. Die breite Querhalle vor den Bahnsteigen drückt sich an den Seitenfassaden in den großen Rundbögen aus. Auf sie führen die beiden kurzen Eingangshallen zu, ebenfalls in rundbogigen Portalbögen an der Hauptfassade (Abb. 367) weit geöffnet. Dabei ist der Portalbogen für den Haupteingang wesentlich größer, der für den Kaiserpavillon aber durch einen Kuppelaufsatz mit Laterne betont.

Nach dem Abbruch der drei alten Einzelbahnhöfe hat man die ehemaligen Gleisanlagen nicht wie in Frankfurt mit Wohn- und Geschäftshäusern bebaut, sondern die
neu gewonnene Fläche in öffentliche **Grün- 22
anlagen** umgewandelt. Diese Entscheidung gegen eine gewinnträchtige Bebauung in bester Lage und für das öffentliche Grün steht in der Tradition der Kurstadt seit dem Ende des 18. Jahrhunderts. So bietet sich dem ankommenden Reisenden beim Verlassen des Hauptbahnhofs der für eine Großstadt ungewöhnliche, sehr verlockende Blick durch Grünflächen bis hin zu den Türmen der Stadt. Die Gestaltung des Grünzuges wurde im vorderen Teil mit den Brunnenanlagen 1913 durch eine Stiftung in Höhe von 25 000 Dollar des aus Wiesbaden stammenden Deutsch-Amerikaners Hugo Reisinger[51] (1856–1914) ermöglicht. Durch den Ersten Weltkrieg, die anschließende Besetzung Wiesbadens bis 1930 und die Weltwirtschaftskrise verzögerte sich die Ausführung bis 1932. Planer waren der Wiesbadener Gartenarchitekt Wilhelm

Abb. 367

Hirsch und der Architekt Edmund Fabry (1892–1939), die Quellnymphe im Fontänen-Wasserbecken schuf der Wiesbadener Bildhauer Arnold Hensler (1891–1935). Sie symbolisiert die heilenden Thermalquellen als Grundlage der Kurstadt.

Ohne Zäsur schließen nördlich an die Reisinger-Brunnen-Anlage (Abb. 368) die Herbert-Anlagen an, die sich bis zur Rhein-Main-Halle erstrecken. Sie verdanken ihre Entstehung dem Apotheker Adam Herbert (1887–1976), der erst 1927 nach Wiesbaden gekommen war und in Bierstadt eine pharmazeutische Fabrik betrieb. Er war von Wiesbaden so angetan, dass er 152 000 Reichsmark zur Schaffung der nach ihm benannten, 1937 eingeweihten Anlagen stiftete. Die Planung lag wiederum in den Händen von Wilhelm Hirsch. Mittelpunkt ist neben dem Rosengarten ein Wasserbecken, dem die Statue der Europa auf dem Stier entsteigt, ein Werk des Bildhauers Joseph Ludwig Spiegel (1885–1957). Die griechische Sage der Europa wird in einem Wandgemälde von Karl Otte Hy innerhalb der Wandelhalle im Norden des Wasserbeckens dargestellt.

Abb. 368

---

[47] Schabe, Peter: Felix Genzmer, S. 192–199
[48] Zeitzeugen III, S. 34
[49] Zeitzeugen I, S. 157–159
[50] Zeitzeugen I, S. 154–55
[51] Buchholz, Karl: Wiesbadener Denkmäler, S. 139

Karl straße
Oranien
Moritz
Gymnasium
Schule
Adelheid straße
Gerichtsstraße
Amtsgericht
Landgericht
Geibel-Straße
straße
Albrecht- straße
straße
Arndt-Straße
Luxemburg
Spielplatz
Luxemb.-platz
Körnerstraße
Kaiser
Matthias-Claudius-Straße
straße
TG
16
17
5
6
18
15
11
21
20
14
23
22
12
13
19

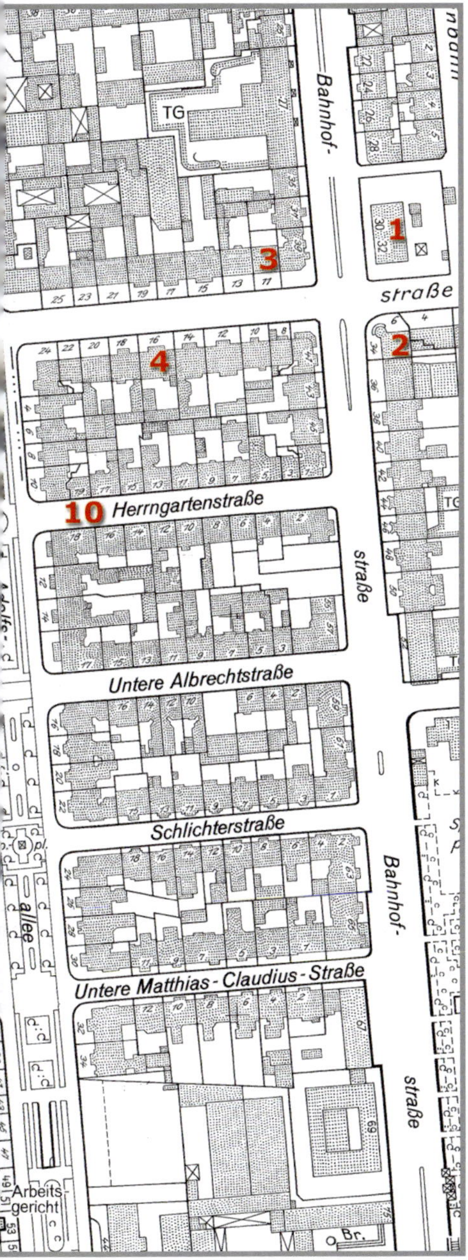

Tour 11

Die Südstadt

1 Bahnhofstraße 30, 32
2 Bahnhofstraße / Adelheidstraße
3 Adelheidstraße 11
4 Adelheidstraße 14 bis 19
5 Adelheidstraße / Oranienstraße
6 Oranienstraße 13
7 Adolfsallee 15
8 Adolfsallee 21
9 Adolfsallee 11
10 Herrngartenstraße
11 Albrechtstraße 35
12 Matthias-Claudius-Straße
13 südl. Moritzstraße
14 Moritzstraße 29
15 Justizgebäude
16 Moritzstraße / Rheinstraße
17 Oranienschule
18 Oranienstraße 15
19 Oranienstraße 62
20 Herderstraße 13
21 Herderstraße 15
22 Luxemburgstraße 5
23 Luxemburgstraße 11

Abb. 373

Tour 11: Die Südstadt

Wer das Wohnen im Altbau als Lebensart schätzt, findet in der Südstadt viel Anregung zum Schwelgen. Das Viertel liegt zwischen der Rheinstraße im Norden, dem Kaiser-Friedrich-Ring im Westen und Süden, den Rhein-Main-Hallen sowie den Herbert- und den Reisinger-Anlagen im Osten. Es wurde nach 1851 bis 1910 als reines Wohngebiet für den gehobenen Mittelstand erbaut und vermittelt einen sehr geschlossenen Eindruck. Die Orientierung fällt leicht: Das Viertel erschließt sich durch einen Rastergrundriss und lädt zu einem Erkundungsspaziergang ein.

Wer den hier vorgeschlagenen Rundgang im wahrsten Sinne kreuz und quer im Straßenraster nachvollzieht, passiert die Bauphasen vom Romantischen zum Strengen und zum Späten Historismus: Von der Bahnhofstraße biegt man in den ältesten Teil, die Adelheidstraße, ein und folgt der Adolfsallee bis zur Albrechtstraße. Über die Oranienstraße geht es Richtung Süden zur Matthias-Claudius-Straße, dann die Moritzstraße hinauf, die Oranienstraße hinunter bis zur Herderstraße, die zum Luxemburgplatz führt, der erst nach 1900 seine Form erhielt.

Die Südstadt entstand als reines Wohngebiet für den gehobenen Mittelstand zwischen 1856 und 1910 auf einem Rastergrundriss, der bereits durch die Anlage von Friedrich-, Luisen-, Bahnhofstraße und der Kirchgasse zwischen 1803 und 1843 begründet worden war. Als mit diesen Straßen, dazu der Wilhelm-, Taunus-, Röder- und Schwalbacher Straße das Historische Fünfeck abgesteckt war, ging man davon aus, dass der Endausbau der Residenz- und Kurstadt erreicht war. Doch nahm das Bevölkerungswachstum so stark zu, dass man eine Erweiterung ins Auge fassen musste.

Als die herzogliche Verwaltung 1851 eine Fläche südlich der Rheinstraße und nördlich des 1842 erbauten Rheinbahnhofs für den Bau von Landhäusern abstecken ließ, erhob der Gemeinderat Einspruch mit der Begründung, dass dadurch der Anblick der Rheinstraße mit ihren schönen und imposanten Gebäuden gestört würde. Daraufhin holte man am 8. Februar 1856 ein Gutachten von Philipp Hoffmann und ein zweites am 22. März 1856 von Karl Boos ein. Dieser kam zu dem Schluss, dass sich nur das Gelände südlich der Rheinstraße für die dringend erforderliche Stadterweiterung eigne und wollte hier 2000 – 2500 Bewohner ansiedeln. Damit stand er im Gegensatz zu den Plänen des Gartenbaudirektors Karl Thelemann, der den Eingang zur Stadt von Biebrich aus in einem ländlichen Charakter belassen, stark begrünen und lediglich für Landhäuser nutzen wollte. Hierin wird erneut die große Wertschätzung städtischen Grüns in Wiesbaden deutlich.

Der Großherzog entschied sich jedoch für den Generalplan von Karl Boos, der auch Vorschläge für eine Verdichtung der Innenstadt vorsah, in der man seitdem von der offenen Bauweise abging und die Torwege zu überbauen begann. Zunächst wollte man wohl dem Wunsch der Stadt entsprechend die Sicht auf die bestehende Bebauung an der Nordseite der Rheinstraße zwischen Wilhelm- und Schwalbacher Straße nicht zubauen und eröffnete südlich der Rheinstraße das sogenannte Quartier I, begrenzt durch Moritz-, Oranien- und Adelheidstraße. Doch fanden sich trotz intensiver Werbung dafür keine Bauinteressierten, wohl weil es außerhalb des Historischen Fünfecks in einem nach allen Seiten noch unbebauten Gelände lag. Deshalb genehmigte der Herzog am 14. Juni 1856 statt dessen das Quartier II zwischen der später Moritzstraße genannten verlängerten Kirchgasse und der Biebricher Chaussee, die man aus ihrer Schrägführung zur einer gradlinigen, vom Luisenplatz ausgehenden Achse verlegte, um den Rastergrundriss fortsetzen zu können.

Am 29. Juli 1856 wurden genaue Richtlinien erlassen, die einerseits Steuerfreiheit für die Wohnbebauung im Quartier II vorsahen, andererseits die Anlage der Straßen regelten. So wurde die Breite der Rheinstraße auf 45,9 m, die der Adolf- und der Moritzstraße auf 18 m festgelegt, zugleich auch die Marktstraße verlängert, zunächst in Nikolausstraße, später in Bahnhofstraße umbenannt. Es sollte drei- bis mehrstöckig in geschlossener Reihe gebaut werden. Damit war bis 1963 der Charakter der Südstadt mit dem Mietwohnungsbau für gehobene Ansprüche in der Blockstruktur bestimmt. In seinem Buch „Das neue Wiesbaden" schlug Ernst May 1963 den Abriss der gesamten Südstadt vor. Er wollte die geschlossene Blockstruktur aufbrechen und durch einzelstehende Hochhäuser sowie Wohnblocks ersetzen und das auf der Grundlage eines simplen städtebaulichen Konzepts, wie es in ähnlicher Monotonie bei Stadtrandsiedlungen jener Zeit ausgeführt wurde, in Wiesbaden zum Glück nicht.

Die Südstadt entstand im wesentlichen in folgenden vier Bauphasen:

1. von 1856 bis 1868 bis zur Nordseite der Adelheidstraße zwischen Bahnhof- und Oranienstraße;

Abb. 369

Abb. 370

2. zwischen 1868 und 1879 bis zur Albrechtstraße zwischen Bahnhof- und Karlstraße;

3. von 1879 bis 1888 wurde nur wenig gebaut, nämlich an der Ostseite der Bahnhofstraße zwischen Adelheid- und Kronprinzenstraße sowie an der Ostseite der Adolfsallee bis zur Matthias-Claudius-Straße und an der Westseite der Moritzstraße zwischen Albrecht- und Matthias-Claudius-Straße;

4. bis 1900 dann alle restlichen Baublocks bis zum Kaiser-Friedrich-Ring, ausgenommen die Baublocks zwischen Geibel- und Luxemburgstraße, die erst bis 1910 bebaut wurden.

Kunstgeschichtlich gehört die Bebauung der Südstadt überwiegend der Stilphase des Strengen Historismus (1866–88) an, lediglich die Nordseite der Adelheid- bis zur Oranienstraße zählt noch zum Romantischen Historismus (1835–66), während die drei südwestlichen Baublocks bis zum Ring vom Späthistorismus (1888–1910) geprägt wurden. Zur Vermeidung einer allzu großen Gleichmäßigkeit differenzierte man die Straßen je nach Funktion als schmalere Wohn- und breitere Verkehrsstraßen. Markierungen der Straßenkreuzungen durch Ecktürme wie nach 1880 am Ring kommen noch nicht vor.

Die Bahnhofstraße wurde nach der Eröffnung des Hauptbahnhofs 1908 der wichtigste Zugang zur Innenstadt und wandelte sich mit zunehmendem Aufkommen von Automobilen zu einer reinen Verkehrsachse, an der kaum noch Wohnungen, sondern überwiegend Büros, Gaststätten, Hotels und Geschäfte liegen. Sie erlitt in ihrem südlichen Teil starke Verluste durch Bomben und vereinzelt auch durch Abbrüche. Bei einigen Häusern auf der östlichen Seite zwischen Kronprinzen- und Adelheidstraße wurden hinter den historischen Fassaden Neubauten errichtet, was aber glücklicherweise im Straßenraum nicht störend in Erscheinung tritt.

Im Haus Bahnhofstraße 39, erbaut bis 1867, arbeiteten vier Künstler[52], die sich durch gleiche Kunstauffassungen gut verstanden und gemeinsam ab 1919 Privatunterricht für Kunst und Kunstgewerbe erteilten. Es waren dies die bekannten Maler Hans Völcker (1865–1944) und Edmund Fabry (1892–1939) sowie der Bildhauer Josef Vinecky (1882–1949), der wie Edmund Fabry zum engen Freundeskreis von Alexej Jawlensky gehörte und Mitarbeiter von Henry van de Velde war. Die vierte im Kreis war seine Frau Li Vinecka-Thorn, die ebenfalls von Van de Veldes Kunstgewerbeschule in Weimar kam und ein Atelier für Teppichwirkerei betrieb. In die Doppelhaushälfte Bahnhofstraße 40, erbaut 1884 von Adolph Schepp, zog 1894 der

Abb. 371

Abb. 372

berühmte Stadtbaumeister Felix Genzmer[53] und wohnte dort bis zu seinem Weggang nach Berlin 1903.

1 Beim stattlichen Gebäude **Bahnhofstraße 30–32** (Abb. 369) erkennt man gleich, dass es sich nicht um einen Mietwohnungsbau, sondern ein öffentliches Gebäude handelt. Es wurde für die Direktion der Reichsbahn 1873/74 als dreigeschossiger, mit der Langseite zur Straße orientierter Bau im Stil des Neoklassizismus erbaut.

Einen originellen Versuch, den historischen Torbau mit flankierenden Pavillons von 1872/73 in die Glasfassade eines Neubaus einzubeziehen, stellt das Gebäude
2 **Bahnhofstraße 20-22** dar. Einst war hier die Zufahrt zum Rhein-Hotel. Die schöne Eckvilla an der östlichen Einmündung der Adelheidstraße (Abb. 370), 1879/80 von Philipp A. Krauss, wird arg durch den maßstabslosen, hässlichen Bürobau bedrängt. Sie hat einen runden Eckturm, der offensichtlich vom Stadtschloss beeinflusst worden ist und neoklassizistische Formen aufweist.

Von den in Ost-Westrichtung verlaufenden Querstraßen ist die **Adelheidstraße** die bedeutendste. Ihre Breite legte man in den 1856 erlassenen Richtlinien mit 16,2 m fest, dazu die Vorgärten mit je 9 m. Im Erlass der Regierung vom 19. Mai 1862 wurde außerdem bestimmt, dass auf Kosten der Bauherren in 3 m Entfernung von den Häusern Rosskastanien zu pflanzen waren. Bis heute hat die Straße ihren vornehm-wohnlichen Charakter bewahrt, lediglich ein wenig beeinträchtigt durch die Verwandlung der Vorgärten in betonierte Parkplätze.

Ältester Teil ist die **Nordseite** zwischen 3
Bahnhofstraße und Oranienstraße (Abb. 371), entstanden zwischen 1856 und 1868 im Stil des Romantischen Historismus (1835–66), erkennbar an den schlichten Fassaden mit den schönen gusseisernen Balkongittern (Abb. 372) in spätklassizistischen
Formen. Die gegenüber liegende **Südseite** 4
(Abb. 373, S. 198) von der Bahnhofstraße bis zur Oranienstraße hat ganz andere Fassaden, sie stammen aus der Zeit zwischen 1868 und 1879, gehören also dem Strengen Historismus (1866–88) an.

An die Stelle der leichten Balkone mit ihren filigranen Gittern treten jetzt wuchtige steinerne Veranden mit Balustraden, getragen von Säulen oder Pfeilern. Für die dritte Phase des Historismus in Wiesbaden sind sie bezeichnend und prägen die Südseite der oberen Rheinstraße (Abb. 180, Seite 93) ebenso wie die Adolfsallee.

Die beiden westlichen Ecken an der 5
Kreuzung zwischen **Adelheid- und Oranienstraße** sind abgerundet. Dabei entspricht der nördliche Eckbau (Abb. 374) den anderen, zwischen 1856 und 1868

Abb. 374

Abb. 375

entstandenen Bauten an der Nordseite.
6 Der **südliche Eckbau** (Abb. 375) von 1869/70 ist dagegen mit einem aufwendigen, säulenbestückten Erker auf kräftigen Konsolen ausgestattet. Die plastische Bereicherung dieser neoklassizistischen Fassade im Vergleich zum flächigen Aufbau der gegenüberliegenden Fassade demonstriert die Entwicklung vom Romantischen zum Strengen Historismus, beide verwenden klassizistische Formen.

Der Baublock zwischen Adelheid-, Jahn- und Karlstraße wurde im Zweiten Weltkrieg total zerstört. Nach Beseitigung der letzten Reste entstand hier die Friedrich-Ludwig-Jahn-Schule.

Von den in Nord-Südrichtung verlaufenden Längsstraßen ist die **Adolfsallee** (Abb. 376) die prächtigste und in ihrer Bebauung mit anspruchsvollen, dreigeschossigen Mietshäusern für den oberen Mittelstand

Abb. 376

auch gut erhalten. Am südlichen Ende standen nach der Bombennacht vom 2./3. Februar 1945 auf der Westseite zwischen der Albrechtstraße und dem Kaiser-Friedrich-Ring nur noch Brandruinen ohne Dächer.

In der untersten Hälfte des Baublocks zwischen Matthias-Claudius-Straße und Ring entstanden beim Wiederaufbau überwiegend neue Häuser oder vereinfachte Fassaden. In den 60er Jahren gab es eine bedrohliche Entwicklung durch Bodenspekulation, die dank der Entwicklungsplanung unter Stadtrat Jörg Jordan und fachlicher Leitung von Hartmut Steinbach als Technischer Referent und Hilka Steinbach vom Landesamt für Denkmalpflege abgewendet werden konnte. Von einer lauten Verkehrsstraße mit Anzeichen des Verfalls verwandelte sich die Adolfsallee zu einem ruhigen Wohngebiet. Grundlage für diese im Bundeswettbewerb 1976–78 mit einer Goldmedaille ausgezeichnete vorbildliche Leistung des städtebaulichen Denkmalschutzes war der Bebauungsplan vom 31. 8. 1975 in Verbindung mit einem besonderen Denkmalschutzplan als Anlage, fußend auf dem damals ganz neuen hessischen Denkmalschutzgesetz vom 23. 9. 1974.

Auf diesen Rechtsgrundlagen fußend wurden alle wesentlichen Festlegungen von der Art und dem Maß der baulichen Nutzung, zum fließenden und ruhenden Verkehr, zur Außenwerbung und zum An-

Abb. 377

Abb. 379

Abb. 378

pflanzen und Erhalten von Bäumen und Sträuchern getroffen und die Sanierung bis Ende 1978 durchgeführt. Da die vorhandenen Kastanien wegen Überalterung nicht bestehen bleiben konnten, wurde die Allee in vier Reihen neu gepflanzt und hat nach 30 Jahren schon wieder eine stattliche Höhe erreicht. An der Stelle von ausgedehnten Parkplatzflächen entstanden Grünanlagen mit Kinderspielplätzen.

Die historische Bebauung wuchs zwischen Adelheid- und Albrechtstraße 1868 bis 1879 im Stil des Strengen Historismus und an der Ostseite bis zur Matthias-Claudius-Straße bis 1888 im Stil des Späthistoris-
7 mus heran. Bei den Häusern **Adolfsallee 15**
8 (Abb. 377) von 1870/71 und **Adolfsallee 21**
(Abb. 378) von 1875/76 liegen steinerne, von Säulen getragene Veranden vor dem Erd- und ersten Obergeschoss.

Das als erstes 1870 erbaute Haus
Adolfsallee 11 (Abb. 379) dagegen hat nur 9
vor dem ersten Obergeschoss eine Loggia, deren Säulen Rundbögen tragen und dessen Mittelrisalit von einem flachen Giebeldreieck abgeschlossen wird. Es wurde durch seinen Bauherren, den Zimmermann Heinrich Jonas Weil[54] selbst bis 1874 „trocken gewohnt", um es dann günstig verkaufen zu können. Von 1916 an lebte hier der Maler Paul Dahlen (1881–1954), Meisterschüler von Wilhelm Trübner und Schöpfer zahlreicher Gemälde im Stil des Spätimpressionismus mit Motiven aus der Umgebung von Wiesbaden und aus dem Rheingau.

Zwei Häuser nördlich in der Nr. 7 lebte von 1891 bis 1923 der bedeutendste Maler des Historismus in Wiesbaden, Kaspar Kögler (1838–1923), von dessen großformatigen Werken leider nur das Deckengemälde im Foyer des Staatstheaters erhalten blieb, während das im Zuschauerraum und die Ausmalung des Ratskellers im Zweiten Weltkrieg vernichtet worden sind. Die Malereien in den Lünetten des Casinogebäudes

Abb. 380

Abb. 381

existieren zwar noch, werden aber durch jüngere, weniger bedeutende von 1898 aus der Hand von Gustav Hildebrand verdeckt.

Im Haus Adolfsallee 23 lebte 1882–87 der Königlich Preußische Musikdirektor Ferdinand Möhring (1816–1887), bekannt als Komponist von Chorgesängen. Ein Jahr später zog hier der Rüdesheimer Weingutbesitzer Rudolf von Beckerath (1833–88) ein, ein Freund von Johannes Brahms, der in diesem Haus im Sommer 1883 häufig zu Gast war.

Die in Ost-Westrichtung verlaufenden Seitenstraßen wie die 1873 eröffne-
10 te **Herrngartenstraße** (Abb. 380) und
die 1869 angelegte Albrechtstraße (Abb. 381) entsprechen in ihrer Bebauung mit Mietshäusern für gehobene Ansprüche der Adolfsallee. Im östlichen Abschnitt zur Bahnhofstraße hin wurde die nördliche Seite bis 1879 noch mit den üblichen neoklassizistischen Putzbauten des Strengen Historismus bebaut, die südliche zwischen 1888 und 1900 im Stil des Späthistorismus mit Klinkerfassaden, die preiswerter herzustellen waren, deshalb in der Hochkonjunktur des Bauens im Späthistorismus (1888–1910) immer häufiger verwandt wurden; dabei betonte man die Gliederung durch rote Steine in den gelben Flächen.

Abb. 382

Im westlichen Teil der Albrechtstraße wurde schon 1875 – 19 Jahre vor dem Gerichtsgebäude – mit dem Bau des in den 1970er Jahren abgebrochenen Kreisgefängnisses begonnen, die Ersatzbebauung lässt bis heute auf sich warten. Im weiteren Verlauf der Straße fällt das Haus
Albrechtstraße 35 (Abb. 382) aus der Zeit 11
um 1875 durch die besonders reiche Ausgestaltung seines Mittelrisalits auf. Über den durch beide Obergeschosse reichenden steinernen mit ionischen und korinthischen Säulen bestückten Veranden erhebt sich im Dach eine weitere, deren Gebälk von zwei Karyatiden getragen wird, darüber ein flaches Giebeldreieck.

Die Häuser an der Adolfsallee südlich 11
der Matthias-Claudius-Straße gehören dem Späthistorismus an (1888–1900),

Abb. 383

Abb. 384

Abb. 385

sind aber bis auf wenige Reste Opfer des Bombenkrieges geworden, darunter auch das besonders prächtige Eckhaus Nr. 59 zum Kaiser-Friedrich-Ring, erbaut 1892–93 von den Architekten Joseph Kreizner und Friedrich Hatzmann[56]. Die von denselben Architekten geschaffene Doppelhaushälfte Adolfsallee 57 blieb erhalten und lässt erkennen, dass sich am Haustyp mit den vorgebauten steinernen Veranden nichts geändert hat, lediglich die Schmuck- und Gliederungsformen, die jetzt der Hochrenaissance statt bisher dem Neoklassizismus entliehen wurden.

Stellvertretend für die zerstörte Bebauung an der südlichen Adolfsallee gibt die
12 **Matthias-Claudius-Straße** (Abb. 383) das Erscheinungsbild der Wohnhäuser im Späthistorismus wieder. Dabei fällt die starke Plastizität der Fassaden durch die kräftigen Sandsteinkonsolen der Balkone und die zunehmende Verwendung von gelben und roten Klinkern ins Auge.

13 Die **Moritzstraße** musste nach der Verkehrsberuhigung der Adolfsallee den Einbahnstraßenverkehr vom Kaiser-Friedrich-Ring zur Rheinstraße aufnehmen, was einen entsprechenden Lärm und damit die Einschränkung der Wohnnutzung zur Folge hat. Am südlichen Ende hat es 1945 schwere Bombenschäden gegeben, deshalb ist auch bis heute das südwestliche Eckgrundstück unbebaut, was immer noch besser ist als die ziemlich hässliche Bebauung der südöstlichen Ecke aus den 1960er Jahren.

Der Abschnitt zwischen Ring und Matthias-Claudius-Straße (Abb. 384) wurde zwischen 1888 und 1900 mit einfachen gelbroten Klinkerbauten besetzt. Weiter nördlich zwischen Claudius- und Albrechtstraße ist die Gestaltung der Fassaden entsprechend der früheren Entstehungszeit zwischen 1879 und 1888 wieder aufwendiger, zum
Teil wie beim Haus **Moritzstraße 29** (Abb. 14
385) in den reichen Formen der italienischen Hochrenaissance aus rotem Sandstein.

Das 1895–97 durch die preußische Bau- 15
verwaltung geschaffene **Justizgebäude** (Abb. 386) nimmt den gesamten Baublock zwischen Moritz-, Gerichts-, Oranien- und Albrechtstraße ein. Der Putzbau hat Gliederungen aus rotem Sandstein in den Formen der deutschen Renaissance, wie sie ähnlich beim Neuen Rathaus vorkommen. Aus der Inschrift „suum quique“ (Jedem das Seine) über der schönen Wappenkartusche des

Abb. 386

Abb. 388

Abb. 387

Abb. 389

Ostportals (Abb. 387) spricht die strenge Rechtsauffassung der Kaiserzeit.

16 Der Abschnitt der Moritzstraße zwischen Rhein- und Adelheidstraße (Abb. 388) gehört noch in die erste Phase der Bebauung der Südstadt zwischen 1856 und 1868, trägt somit auch die Formen des Romantischen Historismus (1835–66) in den schlichten, immer noch vom Spätklassizismus geprägten Fassaden, alle noch ohne Balkone, ausgenommen das Haus Nr. 18 auf der Ostseite.

Etwa zur gleichen Zeit wurde die Oranienstraße (Abb. 389) in ihrem nördlichen Abschnitt zwischen Adelheid- und Rheinstraße mit ähnlichen Fassaden ausgestattet, auch der Abschnitt zwischen Adelheid- und Albrechtstraße zeigt um 1868–79 noch die einfachen neoklassizistischen Formen.

Die 1857 als höhere Bürgerschule gegründete **Oranienschule** (Abb. 390) gehört zu den ältesten Schulen Wiesbadens[57]. 17
Sie wurde von Stadtbaumeister Alexander Fach 1866–68 erbaut, zwei Jahre nach dem Ende des Herzogtums Nassau, dessen Bauformen eines Romantischen Historismus (1835–66) in spätklassizistischen Formen sie aber noch trägt. Erste bauliche Erweiterungen führte Felix Genzmer 1896–98

Abb. 390

germeister von Wiesbaden erhobene Stadtoberhaupt Wilhelm Lanz (1829–82). In dem breitgelagerten, dreigeschossigen Haupthaus, dem Seitentrakt und dem Hinterhaus wohnten zwölf Parteien, außer dem Bauherrn und dem Oberbürgermeister ein Zugführer, ein Oberst, ein Gerichtsaktuar, ein Sergeant, ein Büroassistent, ein Eisenbahnbetriebssekretär, ein Schumacher, eine Schlossverwalterwitwe und ein Fräulein, eine für die ständisch gegliederte Gesellschaft der Kaiserzeit erstaunliche Sozialmischung.

durch, in der Straßenansicht jedoch nicht wahrnehmbar.

Unter den meist schlichten Fassaden
18 hebt sich die des Hauses **Oranienstraße 15** (Abb. 391) durch ihren reichen bildhauerischen Schmuck im Stil des Strengen Historismus mit der Statuengruppe weiblicher Tugenden im Mittelrisalit ab. Bauherr war 1872 der Maurer und Bauunternehmer Daniel Michael Schlink[58]. Prominenter Bewohner war das erste zum Oberbür-

Im südlichen Teil der Oranienstraße wandelt sich der Baustil vom Strengen Historismus (1866–88) zum Späthistorismus (1888–1910), bei dem man zunächst für die aufwendigen Fassaden den Stil der italienischen Hochrenaissance mit plastischer, nach oben abnehmender Rustika wählte,
so am Haus **Oranienstraße 62** (Abb. 392) 19

Abb. 391

Abb. 392

Abb. 393

Abb. 395

von 1895. Weiter zum Ring hin werden die Fassaden schlichter, nehmen die Neubauten infolge der Kriegszerstörungen – angeblich durch eine fehlgeleitete V 1-Bombe – zu.

Für den Straßenraum prägend ist der Turm der Lutherkirche (Abb. 393).

Die Oranienstraße hat als Verlängerung der Schwalbacher Straße nach Süden zum Ring hin ebenfalls unter einem hohen Verkehrsaufkommen zu leiden.

Abb. 394

Zur Herderstraße hin wurde die Oranienstraße auf beiden Seiten das Opfer des Bombenkrieges. Die **Herderstraße** blieb auf ihrer Nordseite (Abb. 394) verschont und weist besonders stattliche Fassaden auf, die zwischen 1888 und 1900 im Stil des Späthistorismus mit einer Mischung aus neobarocken (Abb. 395) und neogotischen (Abb. 396) Formen geschaffen worden sind. 20 21

Den Schlusspunkt in der Anlage der Südstadt bilde-

Abb. 396

Abb. 397

Abb. 398

ten im Zeitraum zwischen 1900 und 1910 Luxemburgplatz und Luxemburgstraße.
22 Die Eckbetonung des Hauses **Luxemburgstraße 5** (Abb. 397) zum Platz hin erfolgte 1900 durch Alexander Schwank in neobarocken Formen, dagegen weist das
23 Haus **Luxemburgstraße 11** (Abb. 398), 1901 von Jacob Martin, spätgotischen Zierrat auf. In diesem Stilpluralismus wie auch in der Eckbetonung leiten Herderstraße, Luxemburgstraße und Luxemburgplatz zum Stil des Kaiser-Friedrich-Ringes mit seinen Prachtbauten des Späthistorismus über.

---

[52] Zeitzeugen III, S. 56–61

[53] Zeitzeugen I, S. 111–113

[54] Zeitzeugen II, S. 226–229

[55] Zeitzeugen I , S. 20–22

[56] Stephanitz, Iris von: Die Wiesbadener Bauten der Architekten Kreizner & Hatzmann, Wiesbaden 2002, S. 81–84

[57] Schabe, Peter: Felix Genzmer, Architekt des Späthistorismus in Wiesbaden, Wiesbaden 1997, S. 113

[58] Zeitzeugen I, S. 44–45

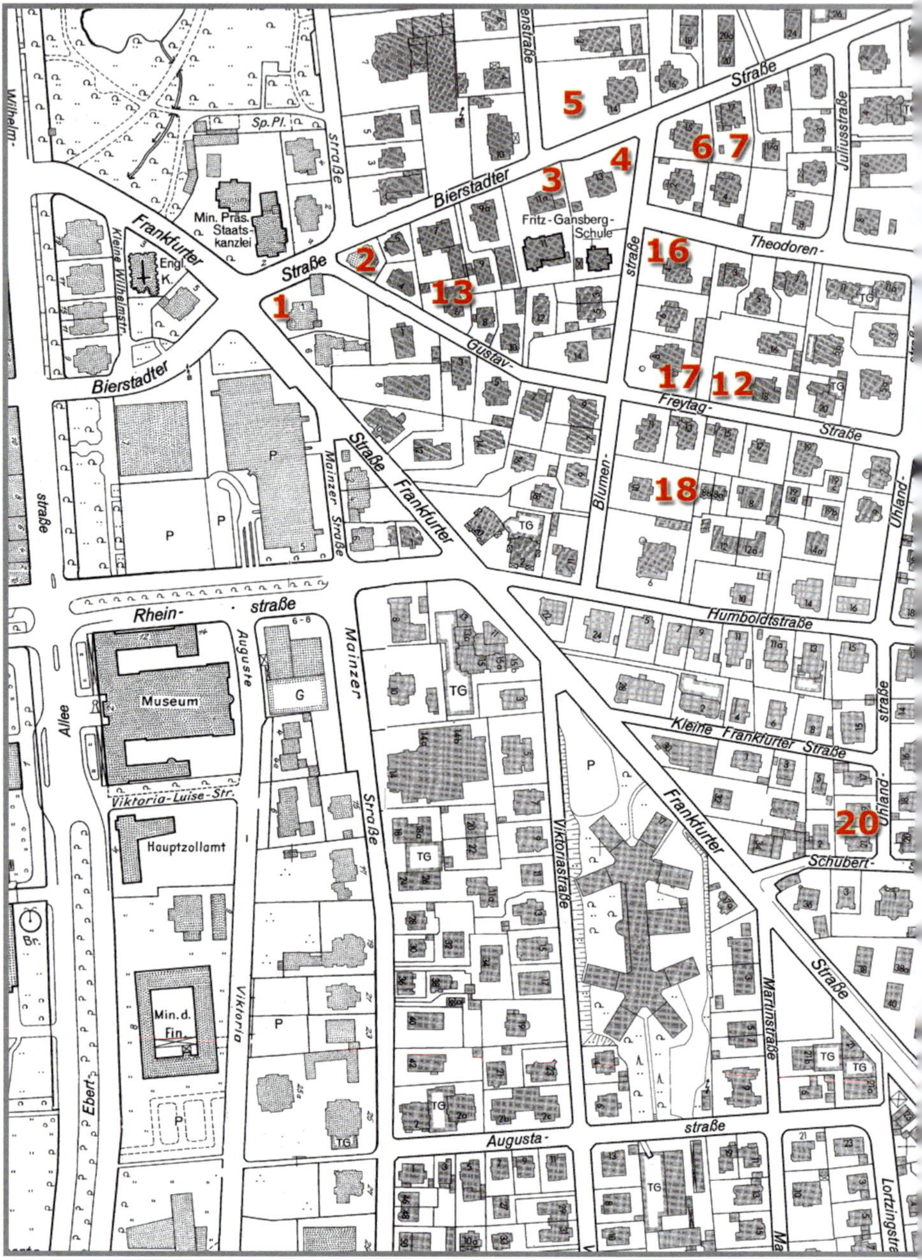
Wilhelm-
Sp. Pl.
straße
Bierstadter
Straße
Frankfurter
Min. Präs.
Staats-
kanzlei
Engl.
K.
Kleine Wilhelmstr.
Bierstadter
Fritz-Gansberg-
Schule
Theodoren-
Juliusstraße
Gustav-
Freytag-
Straße
Blumen-
straße
Mainzer Straße
TG
P
Uhland-
Humboldtstraße
Rhein-
straße
Auguste
Mainzer
Museum
G
Allee
Kleine Frankfurter Straße
Viktoria-Luise-Str.
Hauptzollamt
Viktoriastraße
Schubert-
Br.
Min. d.
Fin.
Viktoria
Ebert-
Martinstraße
Augusta-
Lortzingstr.
1
2
3
4
5
6
7
12
13
16
17
18
20

Tour 12

Das Villengebiet am Bierstadter Hang

Plan 1:

1 Bierstadter Straße 1
2 Bierstadter Straße 3
3 Bierstadter Straße 11a
4 Bierstadter Straße 13
5 Bierstadter Straße 14
6 Bierstadter Straße 15
7 Bierstadter Straße 17
8 Bierstadter Straße 23
9 Solmsschlösschen
10 Solmsstraße 9
11 Gustav-Freytag-Straße 27
12 Gustav-Freytag-Straße 18
13 Gustav-Freytag-Straße 6
14 Beethovenstraße 10
15 Beethovenstraße 21
16 Blumenstraße 4
17 Blumenstraße 8
18 Blumenstraße 10
19 Uhlandstraße 4

Plan 2:

siehe Seite 231

Abb. 446

Tour 12: Bierstadter Hang

Bei der Fahrt zur Innenstadt über die Bierstadter oder die Frankfurter Straße passieren viele Autofahrer einen Teil des bedeutenden und ältesten Villengebietes von Wiesbaden. Der zweiteilige Rundgang schlägt stattdessen einen Fußweg in das Gebiet nordöstlich der Rhein-Main-Hallen vor. Das Nebeneinander der vier Phasen des Historismus macht einen Spaziergang am Bierstadter Hang so interessant und abwechslungsreich. Die Villen vermitteln einen Eindruck von der Großzügigkeit, die damalige wie heutige Bauherren für Errichtung und Instandhaltung dieser architektonischen Schmuckstücke aufzuwenden bereit sind.

Je nach zur Verfügung stehender Zeit lässt sich der Weg in zwei Abschnitte links (Station 1–27) und rechts (Station 28–37) der Frankfurter Straße aufteilen. Die Tour geht von der Ecke Bierstadter Straße/Frankfurter Straße über die Bierstadter Straße und die Alwinenstraße den Hang hinauf und erreicht mit dem Solmsschlösschen in der Solmsstraße seine höchste Stelle und gleichzeitig eines der interessantesten Bauwerke.

Die Gustav-Freytag-Straße, Humboldt-, Schubert-, Beethovenstraße und Langenbeckplatz führen zurück zur Frankfurter Straße.

Der westliche Teil mit Viktoria-, Lessing-, Lortzing-, Augustastraße sowie Mainzer Straße zeigt neben den beeindruckenden Villen auch Verwaltungsbauten der 50er Jahre, die in das einst reine Wohngebiet eingefügt wurden.

Der Begriff Villa entstammt der römisch-antiken Baukunst, in der die „Villa rustica" jedoch ein stadtfernes Landhaus in Verbindung zu einem Ökonomiebetrieb bedeutete. In der Umgebung Wiesbadens bewohnten römische Offiziere der Mainzer Garnison derartige Villen, von denen einige durch Ausgrabungen bei Erbenheim im Bereich der Autobahn bekannt geworden sind. Als Haustyp für stadtnahes Wohnen im Grünen ist die Villa eine Schöpfung des 19. Jahrhunderts. Schinkels für Kronprinz Friedrich Wilhelm geschaffener Neuer Pavillon von 1824 neben dem Charlottenburger Schloss in Berlin (Abb. 399) wurde zum Prototyp einer klassizistischen Villa, wie sie sich dann in der preußischen Hauptstadt zum Beispiel im Bezirk Tiergarten ausbreitete und bald auch die Provinzstädte erreichte.

Von den vier preußischen Pensionärsstädten Görlitz, Naumburg, Wiesbaden und Bonn besitzt Wiesbaden die ausgedehntesten Villengebiete in Deutschland mit den von der Anzahl und Qualität herausragendsten Bauten. Nach den Kriegsverlusten in Berlin steht die Stadt im Rheingau damit an erster Stelle in Deutschland und verdient allein dadurch schon den Rang eines Weltkulturerbes. Doch gehen die Villen in Wiesbaden nicht erst auf den preußischen Einfluss nach 1866 zurück. Vielmehr wurde bereits 1818 auf Vorschlag von Christian Zais für den Bau von Landhäusern außerhalb des Historischen Fünfecks der Hang über der Sonnenberger Straße bestimmt.

Abb. 399

Dort ließ sich der Kammerherr und Oberst Freiherr von Hagen 1824 ein Palais mit dem Namen „Schöne Aussicht" erbauen, das bald wieder beseitigt wurde. Danach gab an dieser Stelle Herzog Adolf 1841–45 für seine Stiefmutter das Paulinenschlösschen in Auftrag. Dieses bedeutete wohl den eigentlichen Anstoß zum Villenbau, denn bis 1842 entstanden bereits östlich davon an der Sonnenberger Straße fünf, bis 1857 an der Parkstraße vier, an der Paulinenstraße fünf, an der Frankfurter Straße vier und an der Bierstadter Straße neun Landhäuser, wie damals die Bezeichnung noch lautete. Erst von den 60er Jahren des 19. Jahrhunderts an sprach man von Villen, die im Vergleich zu den Landhäusern auf kleineren Parzellen errichtet wurden.

Von den historischen Villengebieten Wiesbadens ist das am **Bierstadter Hang** das bedeutendste. Es wird nach Norden durch die Bierstadter Straße, im Osten durch die Alwinen- und die Solmsstraße, im Süden durch den Gustav-Stresemann-Ring und im Westen durch die Mainzer Straße begrenzt. Die Frankfurter Straße durchschneidet das Gebiet von Nordwesten nach Südosten und bedeutet heutzutage wegen des sehr starken Verkehrsaufkommens eine Zäsur. Das Straßennetz besteht aus einem unregelmäßigen Netz von Längsstraßen in Nord-Süd- und Querstraßen in Ost-Westrichtung. In der Breite herausgehoben ist die Beethovenstraße, die mit einer großen Schleife nach Westen in die Theodorenstraße umbiegt, verursacht durch das einst sehr große, mehrfach geteilte Grundstück der in den 70er Jahren des 20. Jahrhunderts abgebrochenen Villa Henkell, Beethovenstraße 5.

Von der unsystematischen Anlage einzelner Villen 1857–79 schritt die Entwicklung zu einer systematischen Schließung von Lücken sowie einer immer stärker werdenden Verdichtung ab 1888 durch Grundstücksteilungen und den Ersatz kleinerer älterer Bauten durch größere voran. Die stärksten

Abb. 400

Abb. 401

Abb. 402

Kriegsverluste von 1945 betrafen das Hotel Kaiserhof und das Augusta-Victoria-Bad im Dreieck Frankfurter-, Augusta- und Victoriastraße. Hier entstand nach Kriegsende für die amerikanische Besatzungsmacht das sternförmige American Arms Hotel. Kleinere Schäden gab es in der Frankfurter- und der Humboldtstraße.

Die größte Gefahr für das Villengebiet am Bierstadter Hang drohte zu Beginn der 1960er Jahre durch die Planungen von Ernst May, der es total abreißen und durch die von ihm so genannte „City Ost" ersetzen lassen wollte. Auch hier wurde ein stereotyper, von Stadtrandsiedlungen sattsam bekannter Städtebau aus Hochhäusern und Wohnblocks vorgeschlagen, wie er auch für die Südstadt und das Bergkirchengebiet vorgesehen war. Er wurde zum Glück aber nicht ausgeführt, sonst hätte Wiesbaden seine Bewerbung auf Eintragung in der UNESCO-Liste des Weltkulturerbes verspielt gehabt. Zwar gab es keine bindenden Beschlüsse der städtischen Körperschaften. Durch die Veröffentlichung des Buches „Das Neue Wiesbaden" wurde aber eine Bodenspekulation ausgelöst, der die schöne Eckturmvilla Rheinstraße 6 und das schon damals durch Ortsstatut geschützte Baudenkmal Viktoriastraße 25 zum Opfer fielen.

Das Umdenken im Städtebau setzte in Wiesbaden schon vor dem Europäischen Denkmalschutzjahr 1975 ein, nachdem Jörg Jordan als Stadtentwicklungsdezernent von 1973–1979 den Zerstörungsprozess durch geschickte Planungen und Festlegungen im Rahmen der Bauleitplanung beendete. In kurzer Zeit traten an die Stelle schleichenden Verfalls Investitionen der Hausbesitzer zur fachgerechten Sanierung der Villen, die sich heute großer Beliebtheit für stadtnahes Wohnen im Grünen erfreuen.

Die an der Ecke Frankfurter Straße be- 1
findliche Villa **Bierstadter Straße 1** (Abb. 400) enthält noch den Kern des Gründungsbaus von 1849 wohl für den kaiserlich-russischen Generalkonsul Baron David Johannes von Harder[59] nach Plänen von Richard Goerz. Den für den Romantischen Historismus typischen würfelförmigen Kubus bereicherte man 1876 im Sinne des Strengen Historismus durch den asymmetrischen Anbau von Loggien und Wintergärten mit Dachterrassen. Beim jüngsten Eigentumswechsel hat man leider das Dach durch einen Ausbau zum Vollgeschoss entstellend verändert

Abb. 403

Abb. 404

Abb. 405

(Abb. 401). Den ursprünglichen spätklassizistischen Charakter des Romantischen Historismus gibt noch das zur Villa gehörende Kutscherhaus (Abb. 402) wieder, es ist im Spielmann-Plan von 1843 noch nicht enthalten, aber bereits in dem von 1857.

2 Städtebaulich in exponierter Lage an der südwestlichen Ecke zum Hainer Weg steht die Villa **Bierstadter Straße 3** (Abb. 403). Sie gehört in die Phase der Verdichtung nach 1888 durch Teilung der Parzellen. Dem Architekten Friedrich Rock gelang es 1892 für den Privatier P. Amschler, für das kleine, schiefwinklige Grundstück eine befriedigende Lösung durch den turmartig hochgezogenen Ecktrakt zu finden, wozu auch der polygonale Altan beiträgt. Die Formen des Neobarock prägen den Bau außen wie innen, wo ein prächtiges Treppenhaus durch die Verwendung von ornamentierten Stahlträgern für die Marmorstufen vom Einzug moderner Materialien in Bauten des Späthistorismus kündet.

Noch in die erste Phase der Villenbebauung vor 1857 durch den Bauunternehmer
3 Kochendörfer gehört die Villa **Bierstadter Straße 11a** (Abb. 404), deren polygonal vorgezogener Mittelteil vielleicht auf die Inspiration durch die Seitenrisalite des Paulinenschlösschens zurückzuführen sind. Zu den ersten, wohl ebenfalls noch vom Bauunternehmer Kochendörfer vor 1857 aufgeführten Villen gehört auch die **Bierstadter Stra- 4
ße 13** (Abb. 405). Der würfelförmige Baukörper mit dem an der Vorder- und Rückseite schwach vortretenden, dreiachsigen Mittelrisalit und dem flachen Pyramidendach ist charakteristisch für den Rundbogenstil des Romantischen Historismus, wie er von Karl Boos mit dem Bau des Ministeriengebäudes an der Luisenstraße eingeleitet wurde. Der in der Denkmaltopographie noch abgebildete entstellende Altan auf derben Pfeilern und plumper Brüstung wurde inzwischen durch gusseiserne Geländer im klassizistischen Stil verbessert. Das Eckgrundstück Bierstadter Straße/Rosenstraße war einst eines der

größten im Gebiet östlich der Wilhelmstraße, das für Zais sogar zum Bau eines Residenzschlosses geeignet erschien. Hierhin versetzte der Kursaalpächter Zimmermann 1840 das wohl aus Fachwerk 1823 erbaute Palais des Kammerherrn von Hagen, das dem Bau des Paulinenschlösschens weichen musste. Das weitläufige Terrain wurde 1875 von der neuangelegten Rosenstraße durchschnitten und parzelliert. Die größte Parzelle erwarb Alphons Haniel[60] aus der berühmten Unternehmerfamilie, die 1808 die „Hüttengewerkschaft und Handlung Jacobi, Haniel & Huyssen“ gegründet hatte, aus dem 1873 die Gutehoffnungshütte hervorging. Ihrem Aufsichtsrat gehörte Alphons Haniel 1873–80 an.

Abb. 406

Abb. 407

Da die Familie sich ansonsten aus der Unternehmensleitung zurückgezogen hatte, konnte sie sich in Wiesbaden fern des umweltbelasteten Ruhrgebiets das schlossartige Anwesen als Wohnsitz errichten. Für den Ruf der Stadt als Ruhesitz für Millionäre ist das Beispiel der Familie Haniel typisch.

5 Die imposanteste Schöpfung im Villenbau des Strengen Historismus gelang dem Architekten Alfred Schellenberg 1876–78 mit dem monumentalen, einem Schloss gleichenden Bau **Bierstadter Straße 14** (Abb. 406), der sich mit seiner Hauptfassade nach Westen zur Rosenstraße orientiert. Wie bei der nahen Villa Clementine (Abb. 71, Seite 41) oder bei der Wilhelms-Heilanstalt (Abb. 117, Seite 64) wird der im Klassizismus und dem Romantischen Historismus obligatorische Zwang zur Symmetrie des Baukörpers bewusst aufgegeben, indem der hoch aufragende Hauptrisalit mit der großen Loggia nicht in der Mitte, sondern seitlich nach Süden verschoben angeordnet wurde. Schellenberg verwandte die von Gottfried Semper erstmals beim Galeriegebäude in Dresden angewandten Formen der italienischen Hochrenaissance, jedoch in zurückhaltender, fast spätklassizistischer Gestalt, den Werken der Schinkel-Schule in Berlin ähnelnd. Zur Bierstadter Straße hin wirkt der Bau kompakter, vermittelt durch den niedrigen, polygonalen Wintergarten. Die Gliederung der Fassaden durch Rechteckfenster unter Bogenfeldern zwischen gekuppelten Pilastern ist konsequent um den gesamten Bau herumgezogen. Im Inneren der seit 1975 als Privatschule Dr. Obermayer sinnvoll genutzten Villa ist vor allem das zweiläufig ansetzende und einläufig endende Treppenhaus mit einer dem Außenbau gleichenden Wandgliederung und dem schönen schmiedeeisernen Geländer sehenswert. Im übrigen haben nur noch wenige Räume die originale Ausstattung bewahrt.

Die Villa **Bierstadter Straße 15** (Abb. 6
407) schuf der Architekt Karl Köhler 1909 für sich selbst in den Formen jenes Neoklassizismus, der auch bei Josef Maria Olbrich oder Peter Behrens auf den Jugendstil folgte und die Baukunst um den Ersten Weltkrieg präg-

te. Im Unterschied zum eigentlichen Klassizismus (1803–35) wird das Dach nicht unterdrückt, sondern voluminös als Mansarddach betont. Eine so kräftige Rustika in den Eckverzahnungen wäre 100 Jahre früher auch nicht denkbar gewesen. Etwas vom Spielerischen des Jugendstils spricht noch aus den das Goldene Vlies haltenden Putten um das Fenster im Giebeldreieck.

7 Alfred Schellenberg ist einer der renommiertesten und wandlungsfähigsten Architekten des Historismus in Wiesbaden. Die

Abb. 408

Abb. 409

Villa **Bierstadter Straße 17** (Abb. 408) ist eines seiner Spätwerke, mit dem auch er zum Neoklassizismus gelangte, jedoch ist der Unterschied zum benachbarten Werk von Karl Köhler bemerkenswert. An die Stelle einer gewissen plastischen Monumentalität ist hier zarte Flächigkeit in den flachen Kolossalpilastern getreten, auch schwingen Fensterrisalit, Giebel und Balkongitter noch im Sinne des Jugendstils, in der Ornamentik klingen bereits Formen des Art Déco an. Bei gleichartiger neoklassizistischer Grundhaltung sind die Villen in diesem Teil der Bierstadter Straße dennoch ganz individuelle Schöpfungen.

Bei dem Haus **Bierstadter Straße 23** 8
des Architekten Heinz Berg von 1910 fällt der tief aufgeschluchtete Eingang (Abb. 409) mit Tonnengewölbe auf zwei gedrungenen Säulen ins Auge. Zusammen mit der geschwungenen Freitreppe und den ovalen Fenstern geben sie dem Haus ein fast neobarockes Gepräge. Auf den Grundstücken

Abb. 410

Bierstadter Straße 32 und 34 errichtete der Architekt Heinrich Dörr 1903 und 1905 zwei große pompöse Mietshäuser im Villenstil.

Die Alwinenstraße wurde als letzte im Jahr 1890 als östliche Begrenzung des Villengebietes am Bierstadter Hang eröffnet und bis 1900 sehr zügig mit stattlichen Villen, vornehmlich des Eckturmtyps, bebaut. Sie mündet nach Süden in die Solmsstraße, benannt nach Prinz Albrecht zu Solms-Braunfels (1841–1901), einer der jüngeren

von sechs Söhnen des im Schloss Braunfels residierenden Fürsten, zu dessen Regenten er 1891 nach dem Tode aller seiner Brüder noch wurde. Er schuf sich hier eine eige-
9 ne Residenz mit dem großartigen **Solmsschlösschen** (Abb. 410), das 1890–92 von den Architekten Kreizner & Hatzmann nach den Plänen von Ferdinand Schorbach aus Hannover (1846–1912) ausgeführt wurde. Es ist inspiriert vom berühmten hannoverschen Architekten Edwin Oppler (1831 bis 1880), dem Schüler von Konrad Wilhelm Hase, Begründer der neugotischen Hannoverschen Schule. Schon auf den ersten Blick erkennt man, dass mit dem Solmsschlösschen ein ganz anderer Stil in Wiesbaden Einzug hielt, vermittelt durch den Schlossbau von Braunfels, der 1881–85 nach den Entwürfen von Edwin Oppler von einem nüchternen mittelalterlich-barocken Bau zu einem weit in die Landschaft wirkenden romantischen, sehr malerischen Werk des Historismus umgestaltet wurde.

Während bis dahin im Villenbau Wiesbadens immer noch der symmetrische Kubus klassizistischer Prägung dominierte, entstand mit dem Solmsschlösschen eine malerische Baugruppe auf unregelmäßigem Grundriss, der allein von der Größe und Funktion der einzelnen Räume bestimmt wurde. Er folgt keiner starren Symmetrieachse mehr. Additiv werden um den turmartig hochgezogenen zentralen Baukörper Flügelbauten, Ecktürme und Erker gruppiert. Von jeder Ansichtsseite aus bietet das Solmsschlösschen einen anderen Anblick, dazu kommt die Belebung durch das Fachwerk, das jetzt eine Wiedergeburt erlebte, nachdem es von der Mitte des 18. Jahrhunderts an unter Putz verborgen wurde, weil es zu Unrecht als Bauweise der armen Leute verschrien war.

Für den Wohnungsbau in Wiesbaden war es von großer Bedeutung, dass gerade ein Angehöriger des Hochadels mit persönlichen Beziehungen zu Kaiser Wilhelm II. Fachwerk für seine Residenz wählte. Von nun an tritt es im Villenbau bei den Obergeschossen mehrfach in Erscheinung. Die Architekten Greizner & Hatzmann verwandten es 1895 bei den Villen Kapellenstraße 93 (Abb. 496, S. 256). Im Inneren beeindruckt die große, durch beide Geschosse reichende Halle, nach dem Vorbild englischer „halls" ganz aus Holz mit einer Decke in offenem Hängewerk, einer frei geführten Treppe und Galerien, das Ganze im Stil der Neogotik. Nur ein Mäzen wie der Unternehmer Horst

Abb. 411

Raule konnte 1983 den Bau vor der drohenden Verunstaltung durch die Aufteilung in 13 Eigentumswohnungen retten, denn kaum ein anderer wäre in der Lage gewesen, nicht nur die Kosten der fachgerechten Restaurierung[61], sondern auch die laufenden Unterhaltungskosten bei eingeschränkter Nutzung aufzubringen.

Den fürstlichen Ansprüchen genügend verfügt das Solmsschlösschen über eine eigene Kapelle. Dem Bauherrn Prinz Albrecht hat es kein Glück gebracht, bald nach seinem Einzug ereilte ihn eine tückische Krankheit, die selbst der berühmte „Wasserdoktor" Pfarrer Sebastian Kneipp nicht heilen konnte. Sie war mit psychischen Leiden verbunden, weshalb er 1898 in eine zweite, von ihm in der Gustav-Freytag-Straße 27 erbaute Villa umzog, vielleicht weil ihn die riesige, düstere Halle bedrückte.

10 Einen stärkeren Kontrast zum Solmsschlösschen als das Haus **Solmsstraße 9** (Abb. 411) kann man sich nicht vorstellen. Der schlichte, kubisch geschlossene Baukörper von 1921 ist das Werk des berühmten Architekten Professor Georg Metzendorf.

Wie andere Architekten bemühte auch er sich um die Überwindung des Wiesbaden prägenden Historismus, knüpfte aber dennoch an den Stil spätbarocker Landhäuser des 18. und frühen 19. Jahrhunderts an.

Abb. 412

Er gelangte nicht wie Karl Lehr nur sechs Jahre später mit seinem Haus Herzogsweg 4 (Abb. 499) zu den neuen Ufern des Internationalen Stils.

11 Die bereits erwähnte Villa **Gustav-Freytag-Straße 27** (Abb. 412), ließ sich Prinz Albrecht von Solms-Braunfels 1897 durch den Architekten Wilhelm Köster erbauen. Welch Kontrast zu dem monumentalen neugotischen Solmsschlösschen, neben dem der sehr konservative Bau einen repräsentativen und heiteren Eindruck vermittelt. Mit seinen Formen im Stil der oberitalienischen Renaissance mit der asymmetrischen Anordnung des Eckbalkons kommt er allerdings zwei Jahrzehnte zu spät, war dieser doch in der Villa Haniel und der Clementine schon 1876 durch Alfred Schellenberg und Friedrich Georg Fürstchen qualitätvoller vertreten worden. Bis 1886 hieß die Straße Hainer Weg, und noch zu Lebzeiten wurde sie aus Anlass seines 70. Geburtstags in Gustav-Freytag-Straße umbenannt, denn der berühmte Dichter (1816–95) lebte von 1881 bis zu seinem Tod in der Villa **Gustav-** 12
Freytag-Straße 18[62] (Abb. 413).

Der vornehme, im Stil des Strengen Historismus um 1868 entstandene Bau besticht durch seine ausgewogenen Proportionen und klaren Formen des Neoklassizismus. Sie kommen im Mittelrisalit der Gartenfassade mit der zweigeschossigen Säulengliederung

Abb. 413

und abschließendem flachen Giebeldreieck (Abb. 414) besonders zur Wirkung. Der sparsam verwandte Schmuck bewahrt jene klassizistische Grundhaltung, wie sie von der Schinkel-Schule in Berlin aus einer angelsächsisch oder hanseatisch anmutenden Zurückhaltung bis zur Regierungszeit Wilhelms II. bewahrt wurde.

Abb. 414

Abb. 415

13 Das Solmsschlösschen zeigte schon bald seine ersten Auswirkungen im Bau der großen Villa **Gustav-Freytag-Straße 6** (Abb. 415), für die der Bauantrag am 12. 11. 1893 durch den Rentner Otto Pfaff[63] gestellt worden war. Die bis dahin in Wiesbaden seltene Neogotik wurde nun hoffähig und das gleich in anspruchsvoller Weise in einem aufwendig gegliederten Bau mit Erkern, Zwerchhäusern, einem altanähnlichen Vorbau und Eckturm. Die gotisierenden Schmuckformen sind aus rotem Sandstein gearbeitet.

Abb. 416

14 Das Nebeneinander der vier verschiedenen Stilphasen des Historismus macht das Villengebiet so interessant und abwechslungsreich. Von der „Ritterburg" der Neogotik führt der Weg bei der Villa **Beethovenstraße 10** (Abb. 416) zum eleganten Neoklassizismus mit deutlichen Reminiszenzen an den Jugendstil, vor allem in dem geschweiften Giebel (Abb. 417) und den flachen stilisierten Kolossalpilastern. Hier äußert sich die avantgardistische Architektursprache des Architekten Paul Dietzsch (1873–1943) aus Essen, während die Exedra mit ihren Säulen eher dem Repräsentationsbedürfnis des ebenfalls aus Essen kommenden Bauherrn entspricht.

Es war dies Heinrich Kirchhoff aus einer reichen Industriellenfamilie[64], der dem Trend jener Zeit folgte, Reichtum im Ruhrgebiet zu schaffen und in Wiesbaden zu genießen. Doch war er keineswegs ein Müßiggänger, sondern ein verdienstvoller Kunstsammler, der die Werke der damals besten Vertreter von Expressionismus und früher Moderne sammelte, an der Spitze die von Alexej Jawlensky, dem er freundschaftlich verbunden war und der häufig in dieser Villa zu Gast war, zusammen mit anderen namhaften Künstlern in einer Zeit des Aufbruchs zu neuen Ufern, den die bornierten Nationalsozialisten 1933 brutal abbrachen, in dem sie die dem Museum überlassene Sammlung Kirchhoffs als „Entartete Kunst" entfernen ließen. Sie wurde in alle Winde verstreut, nur ein kleiner Teil konnte nach 1945 zurückerworben werden.

Abb. 417

Abb. 418

15 Wohlstand hatte sich hier in Mäzenatentum für Kunst verwandelt, bei anderen war es mehr der Wunsch, sich den Kindheitstraum eines eigenen Schlosses zu erfüllen. Zum Beispiel beim Rentier H. Sommerhof, der 1901 den Maurermeister und Bauunternehmer Friedrich Stamm beauftragte, ihm die Villa **Beethovenstraße 21** (Abb. 418) zu bauen. Als in Darmstadt gleichzeitig die avantgardistischen Bauten der Mathildenhöhe entstanden, greift man hier auf die üppig-plastischen Formen der Hochrenaissance mit Erinnerungen an Loire-Schlösser zurück.

So spiegelt das Villengebiet am Bierstadter Hang wie kein anderes die jeweilige Geisteshaltung der reichen Bauherren in den Werken der von ihnen ausgewählten Architekten wieder.

16 Die Villen **Blumenstraße 4** (Abb. 419) und 6 sind im Spielmann-Plan von 1868 noch nicht, dagegen in dem von 1879

Abb. 419

eingetragen, sie müssen also um 1870–75 erbaut worden sein. Man kennt zwar den Bauherren, einen wohlhabenden Rentier Schurz[65], nicht aber seinen Architekten, da die Hochbauakten im Bombenkrieg verbrannten. In den vornehm zurückhaltenden Formen des Neoklassizismus stellt sich der klare, würfelförmige Kubus dar. Sein Hauptakzent liegt auf dem Mittelrisalit aus Wintergarten, darüber liegender, säulengestützter Veranda, Dachterrasse und abschließendem Giebeldreieck. Darin erblickt man die Göttin Thetis in einem Medaillon, das von geflügelten Rössern gehalten wird.

Bei der Villa **Blumenstraße 8** (Abb. 420) 17
an der nordöstlichen Ecke zur Gustav-Freytag-Straße könnte es sich im Kern noch um den Gründungsbau handeln, der im Spielmann-Plan von 1857 noch nicht, in dem von 1868 bereits vorhanden ist. Aus dieser Zeit um 1860 könnte der würfelförmige Grundkörper stammen, der dann laut Bauantrag von 1909 umgebaut worden ist, wozu die teigigen Blumengirlanden im Segmentbogengiebel gut passen würden. Man war also als Bauherr auch interessiert, sich den Modeströmungen der Baukunst anzupassen, vornehmlich aus Anlass eines Eigentumswechsels. Denn einzelne Gründerfamilien erloschen ohne Erben, neu Zuziehende fanden nach 1900 keine freien Parzellen mehr und begnügten sich mit einem Umbau, zumal die klassizistische Grundhaltung auch

Abb. 420

Abb. 421

Abb. 422

bei einer Änderung der Ornamentik weiterhin Bestand hatte. Sein ursprüngliches
18 Aussehen könnte dem der Villa **Blumenstraße 10** (Abb. 421) gleichen, denn auch sie ist in die Zeit um 1860 zu datieren. Sie blieb aber unverändert in dem spätklassizistischen Stil des Romantischen Historismus erhalten, wie er für den Villenbau in Wiesbaden am Ende des Herzogtums Nassau typisch war. Eine Querstraße weiter östlich
19 treffen wir bei der Villa **Uhlandstraße 4** (Abb. 422) auf die so ganz andere Stilhaltung der Neogotik in dem malerisch gruppierten, völlig unregelmäßig gegliederten Bau von 1903, den der Architekt Christian Dähne für sich selbst errichtete, gleichzeitig mit der gegenüberliegenden, ähnlichen Villa Uhlandstraße 5 für Ludwig von Knoop. Der Vielfalt der Bauteile entspricht auch der

Abb. 423

Reichtum der sehr qualitätvollen Schmuckformen aus rotem Sandstein (Abb. 423). Bei neogotischer Grundhaltung schleichen sich neobarocke Elemente wie die großen Konsolen des Balkons oder die Blumenornamente in den Seitenfeldern der Brüstung ein.

20 In den Häusern **Uhlandstraße 19 und 21** (Abb. 424) treffen wir auf eine Mischung von neogotischen Formen mit solchen des Jugendstils, werden außer Putz und Sandstein auch Backsteine verwandt. Der Architekt Hermann Reichwein schuf die beiden Bauten im Jahr 1900.

Die **Humboldtstraße** wurde 1871 angelegt, sie ist neben der Gustav-Freytag-Straße die wichtigste West-Osterschließung des Villengebietes. Auf dem spitzwinkligen Eckgrundstück zur Frankfurter Straße entstand 1892 die Villa Humboldtstraße 1 (Abb. 425), ebenfalls ein Werk des Architekten Hermann Reichwein, der hier unter dem Einfluss des gerade vollendeten Solmsschlösschens das Fachwerk in den Bau von Privathäusern einführte. Dem Zuschnitt des Grundstücks und der Lage an der Straßeneinmündung folgend wird ein Eckturm angeordnet. Reichwein liebte offensichtlich die Mischung von Stilen, denn im Fachwerk des Dachbereiches und den Kreuzstockfenstern aus Werkstein werden spätgotische Formen aufgenommen, während der Balkon und der Unterbau des Eckturms eine neobarocke Haltung einnehmen. Nach der Jahrhundertwende wurde der Bau als Pension „Villa Humboldt" genutzt. Das Haus Humboldtstraße 3/Frankfurter Straße 24 ist wieder ein Werk von Hermann Reichwein, der auch hier ebenfalls Formen des Neobarock mit Ornamenten des Jugendstils mischt, im Wappenfeld des südlichen Treppenhaustraktes datiert 1900.

Die Villa Humboldtstraße 6 ist vor allem von historischem Interesse als ein wichtiger Ort der russischen Kolonie in Wiesbaden. Im heutigen, 1888 wesentlich vergrößerten und überformten Bau steckt noch die vom russischen Baron Alexander von Batourine[66] 1869 begonnene Villa, die vermutlich ein schlichter würfelförmiger Kubus in spätklassizistischen Formen war. Nach dem Übergang in das Eigentum des Weinhändlers Moritz Simon ließ dieser eine erste Erweiterung durch Alfred Schellenberg durchführen. Eine zweite erfolgte 1909 durch den Architekten Sigmund Langrod im Auftrag des Barons Otto von Küster, wohl der Sohn des gleichnami-

Abb. 424

Abb. 425

Abb. 426

Abb. 427

Abb. 428

gen kaiserlich-russischen Staatsrats a.D., der über beste Beziehungen zum Zarenhaus verfügte und den Herrscher aller Reußen häufig in seinem Haus empfangen haben soll, weshalb es den Namen „Alte Zarenvilla" erhielt. Durch die beiden Umbauten hat der Bau einen völlig anderen, stilistisch schwer definierbaren Charakter erhalten.

21 Sein ursprüngliches Aussehen könnte dem der Villa **Humboldtstraße 10** (Abb. 426) geglichen haben, die bald nach Anlage der Straße 1871 entstanden ist. Sie vertritt jenen Romantischen Historismus, der sich im Villenbau bei konservativen Bauherren auch noch nach Ende des Herzogtums Nassau großer Beliebtheit erfreute. Der in den einfachen Formen des Spätklassizismus gehaltene Kubus hat im Erdgeschoss einen zart genuteten Putz, zum Obergeschoss ein einfaches Gesims und die typischen klassizistischen Rechteckfenster (Abb. 427) mit geradliniger Überdachung auf Konsolen und senkrechter Unterteilung durch einen Hermenpfeiler, im Brüstungsfeld zwischen Akanthusranken und Füllhörnern menschliche Köpfe. Das Ganze wirkt sehr zurückhaltend und kultiviert. Der mittlere Dachausbau entstammt wohl einer späteren Veränderung.

Wenige Hausnummern entfernt tut sich 22
mit der Villa **Humboldtstraße 14** (Abb. 428) wieder eine ganz andere Welt auf, wie dies im Villengebiet am Bierstadter Hang mit ständigen Überraschungen durch die ganz un-

terschiedliche Entstehungszeit der einzelnen Bauten häufig vorkommt. Denn hier finden wir nach dem kühlen, klaren Klassizismus ein aufwendiges, vielfach verschachteltes Märchenschloss des Späten Historismus.

Bauherr war wieder einer jener reichen Unternehmer, die es in der Eisen- und Hüttenindustrie zu einem Vermögen gebracht hatten und nun ihren Lebensabend im nobelsten Wohngebiet Wiesbadens verleben wollten. Es war dies ab 1891 der Ingenieur Joseph Massenez[67] (1839–1923), der sich 1903 vom renommierten Architekten Paul Jacobi für den Betrag von einer Million Goldmark einen Traum erfüllen ließ. Während die Bauformen spätgotische Motive verwenden, die der malerischen Gruppierung von Erkern, turmartigen Aufbauten und Balkonen entsprechen, schleichen sich in die

Abb. 429

reiche Bauplastik mit Märchenfiguren wie Fröschen, Zwergen und dem Dornröschen auch Ornamente des Jugendstils (Abb. 429) ein, erkennbar an den flachen, miteinander verschlungenen Blattranken. Als Baumaterial dienten gelber Sandstein, glasierte Ziegel und kunstvoll geformtes Schmiedeeisen. Während Joseph Massenez bis zu seinem Tod als hochgeachteter Bürger und in der Kommunalpolitik aktiver Stadtrat in der Villa lebte, wurde schon 15 Jahre später am 9. November 1938 sein Sohn von der Gestapo abgeholt und umgebracht. Das Haus übernahm die Gestapo, und man mag sich nicht vorstellen, was sich hier in Verhören geachteter Bürger abgespielt hat, deren Verschwinden angeblich niemand bemerkte.

Abb. 430

Ab 1945 zogen die Amerikaner in die Villa, dann das Beschaffungsamt. Trotz dieser verschleißenden Nutzung ist ein Teil der kostbaren historischen Innenausstattung mit gewölbten, stukkierten Decken, hölzernen Wandvertäfelungen, Kacheln und Metallarbeiten überkommen, öffentlich aber nicht zugänglich, da von mehreren Familien bewohnt.

In der konservativen, reichen Bauherrschaft hielten sich Stilformen lange über ihre eigentliche Blütezeit hinweg, so bei der Villa **Humboldtstraße 24** (Abb. 430), die sich der Bauunternehmer W. Bind 1898 vom Architekten Wilhelm Rehbold immer noch in den Formen der italienischen Hochrenaissance erbauen ließ, obwohl diese mehr der Stil des Strengen Historismus (1866–88) war. Der Eckturm und die hohe Veranda auf drei Steinsäulen würden auch in die 70er Jahre des 19. Jahrhunderts passen, lediglich die Verwendung von gelben Klinkern verrät die späte Entstehungszeit, vom Bauunternehmer wegen der Preiswürdigkeit und Haltbarkeit wohl bevorzugt. 23

Dieses Material und einen ähnlichen traditionellen Baustil hatte zwei Jahre zuvor auch Oberbürgermeister Carl von Ibell für seine Villa Humboldtstraße 26 gewählt. Er lebte hier von 1896 bis zu seinem Tod 1924 und war in den 30 Amtsjahren von 1883–1913 das erfolgreichste Stadtoberhaupt Wiesbadens.

24 Durch die Beethovenstraße gelangt man – vorbei an dem aus bescheidenen Anfängen inzwischen zu einem ausgedehnten Komplex angewachsenen Josephs-Hospital – zum **Langenbeckplatz**, an dem zwei bemerkenswerte Villen stehen. In der **Langenbeckstraße 3** (Abb. 431) schuf der Architekt Wilhelm Lücke 1908 für den Rentner Georg Flächer einen anmutigen Bau in jenen neobarocken Formen, die der Jugendstil so gern verwandte und mit dem er sich durch die Reduktion der Schmuckformen vom Historismus absetzen wollte.

Abb. 431

Abb. 432

25 Das Haus daneben mit der Anschrift **Langenbeckplatz 5** (Abb. 432) geht auf denselben Architekten und denselben Bauherren zurück, entstand aber 1912. In den vier Jahren dazwischen fand in der deutschen Baukunst eine neoklassizistische Abkühlung von den weichen Formen zu spröderen statt, die den Übergang zur Neuen Sachlichkeit nach dem Ersten Weltkrieg ermöglichten. Der einfache, durch flache Kolossalpilaster gegliederte Kubus erhält seine besondere Note durch die bis in das Dach hochgezogenen polygonalen Pfeiler des asymmetrisch angeordneten Risalits. Erstaunlich, dass Bauherr und Architekt ganz auf der Höhe der Zeit die Entwicklung mitmachten.

Die **Frankfurter Straße** bildete schon früh eine gewisse Zäsur innerhalb des Villengebietes am Bierstadter Hang. Sie wurde schon 1808 als Neue Erbenheimer Chaussee angelegt, mit den ersten vier Villen bereits 1842 bebaut und erst ab 1860 in Frankfurter Straße umbenannt. Heute ist sie eine stark befahrene Einfallsstraße und im äußeren Verlauf durch Neubauten geprägt, darunter das American Arms Hotel an der Stelle des kriegszerstörten Augusta-Viktoria-Bades und des Hotels Kaiserhof. Doch gegenüber auf der nordöstlichen Straßenseite steht eine der frühen, noch zu nassauischer Zeit um 1865 entstandenen Villen, das Haus
Frankfurter Straße 32 (Abb. 433). Der 26
würfelförmige Kubus unterdrückt im Sinne des Klassizismus das Dach, wodurch der mittlere Ausbau mit dem flachen Dreiecksgiebel um so stärker zur Wirkung kommt. Die gusseiserne Veranda und der darüber liegende Balkon sind ebenso typische Merkmale des Romantischen Historismus wie die Bogenfenster im Dachaufbau.

Nur wenige Jahre später – gegen 1868 – 27
wurde die Villa **Frankfurter Straße 6** (Abb. 434) erbaut, gehört aber schon dem Strengen Historismus an, da bei ihr bereits die Symmetrie zu Gunsten einer lockeren Anordnung der Bauteile aufgegeben worden ist. Noch ist im flachen Dach, in der kubi-

Abb. 433

Abb. 434

Abb. 435

Abb. 436

schen Geschlossenheit und den klassizistischen Details ein Nachklang des Romantischen Historismus zu spüren.

Die **Viktoriastraße** wurde 1869 zur Erweiterung des Villengebietes nach Westen angelegt und nach der Gemahlin Kaiser Friedrichs III. benannt. Sie geht in der Verlängerung der Blumenstraße im spitzen Winkel von der Frankfurter Straße nach Süden ab und wäre fast ein Opfer der hier in den späten 60er Jahren des 20. Jahrhunderts einsetzenden Bodenspekulation geworden.

28 Die Villa **Viktoriastraße 3** (Abb. 435) war schon im Stadium des fortgeschrittenen Verfalls, als ein keineswegs vermögender, jedoch sehr engagierter Privatmann sie erwarb und mustergültig restaurierte. Es wäre auch ein unersetzlicher Verlust gewesen, hat doch das Haus von 1870/71 wegen der frühen Verwendung von Rokokoformen eine große kunstgeschichtliche Bedeutung. Der klare, würfelförmige Kubus steht noch in klassizistischer Tradition, die Details (Abb. 436) aus den gebrochen geschwungenen Fensterbekrönungen, der darin liegenden Kartusche aus Roccaillen und den Frauenköpfen zwischen Festons bringen neobarocke Elemente bereits zwei Jahrzehnte früher als üblich nach Wiesbaden. Es war wohl der Architekt und Bauherr Carl August Hane, von 1873–74 Stadtbaumeister, der die Verbindung nach Paris herstellte, wo der Barock in den Flügelbauten des Louvre bereits 1851–57 oder in der Oper von Garnier 1863–74 neue Triumphe feierte, nachdem er seit der Französischen Revolution als Kunst des Absolutismus verachtet worden war. Die Villa
Viktoriastraße 5 (Abb. 437) war bereits 29
so stark durch bewusst eingeleiteten Verfall der Spekulanten heruntergewirtschaftet, dass nur noch die Fassaden in einem vom Nachwirken des Romantischen Historismus

Abb. 437

Abb. 438

geprägten Stil rekonstruiert und einem größeren Neubau vorgeblendet werden konnten. In der spätklassizistischen Grundhaltung des klaren Würfels gepaart mit Details der italienischen Frührenaissance fühlt man sich an das Haus Frankfurter Straße 3 erinnert.

30 Ihr wohl schönstes Werk schufen die Architekten Joseph Kreizner und Friedrich Hatzmann[68] 1871–72 mit der Villa **Viktoriastraße 19** (Abb. 438). Über das Ende des Herzogtums Nassau hinaus wirkt hier noch der Geist des Romantischen Historismus in dem klaren, würfelförmigen Kubus des Baukörpers, dem mittleren Dachausbau mit flachem Dreiecksgiebel, wie beim Haus Frankfurter Straße 3, jedoch großartig gesteigert durch die Exedra in der Mittelachse (Abb. 439) aus Wintergarten und offener Veranda, deren leicht wirkende Rundbögen von Karyatiden getragen werden. Diese entstammen der Werkstatt der „Thonwaaren- und Fayencefabrik Höppli" aus der Wörthstraße 4-6, in Wiesbaden seit dem Bau der Marktkirche vielfältig tätig.

Die zwischen 1884 und 1904 erbauten Häuser Viktoriastraße 7, 9, 10, 12, 43 sowie Uhlandstraße 4 und 5 sind alle das Werk des Architekten Christian Dähne (1848–1924) und alle im Stil der deutschen Renaissance gestaltet, in dem Georg Ritter von Hauberisser 1883–87 das Neue Rathaus geschaf-

Abb. 439

fen hatte. Vielleicht hat Dähne an diesem Bau mitgewirkt, denn zunächst stand er im Dienst des Magistrats und machte sich erst 1884 selbständig. Auf diese Weise könnte ihm diese Stilphase besonders ans Herz gewachsen sein. Er verwendet aber nicht wie beim Rathaus durchweg Sandstein, sondern nur bei den Gliederungs- und Schmuckelementen, für die Flächen den wesentlich preiswerteren Backstein.

31 Die Villa **Lessingstraße 5** (Abb. 440) von 1897 schuf Dähne zum eigenen, sehr anspruchsvollen Wohnsitz, der beweist, dass ein Architekt in dieser Zeit durch seine Bauten zu beachtlichem Wohlstand gelangen konnte. Die deutsche Renaissance übernahm im frühen 16. Jahrhundert von der italienischen zwar die Ornamentik, nicht aber die Gestaltung der Baukörper, die in Italien große geschlossene Kuben sind, während in Deutschland nach dem Vorbild der Niederlande eine malerische Belebung mit Türmen, Risaliten und Zwerchhäusern noch im Geist der Spätgotik beliebt waren. Diese verstärkte Plastizität und Zergliederung des Baukörpers im Sinne des Strengen Historismus hat Hauberisser in München beim Rathaus mit dem neogotischen Stil erreicht, den man für das Rathaus von Wiesbaden wohl nicht akzeptierte. So lag es nahe, die deutsche Renaissance zu wählen und die lässt sich nach dem Vorbild der niederländischen gut für den Backstein verwenden. Der Kontrast der roten Backsteinflächen zu den hellen Sandsteingliederungen entspricht dem Schönheitsideal der Niederländer im 16. und 17. Jahrhundert. Den schichtweisen Wechsel der beiden Materialien nennen die Niederländer „Specklagen". Diese für Dähne charakteristische Bauweise erfreute sich in den beiden letzten Jahrzehnten des 19. Jahrhunderts in Wiesbaden auch im Mietwohnungsbau großer Beliebtheit.

Abb. 440

Vereinzelt dringen in den 1950er Jahren Verwaltungsgebäude in das bis dahin als reines Wohngebiet geltende Villenviertel. So entstand 1950/51 durch den Architekten Ludwig Minner in der Lessingstraße 16-18 (Abb. 441) das Verwaltungsgebäude der Didier-Werke. In der blockhaften Schwere des weniger auf Funktion als auf Repräsentation bedachten Baukörpers, in der Verblendung der Mauern durch Muschelkalk wie auch im Festhalten an einem wenn auch flachen Walmdach wirkt noch die durch Albert Speers Architektur bestimmte Bauweise des sog. „Dritten Reiches" nach.

Den ganz anderen, für die 1950er Jahre bestimmenden Geist verrät der Neubau des Finanzamtes Mainzer Straße 35 (Abb. 442) von 1952–54, das Werk des Staatsbauamtes Wiesbaden unter der Leitung von Adolph Möreke und Reinhold Hoffmann. Mit den eleganten, teilweise in Glas aufgelösten Rasterfassaden und dem Flachdach kündet es von dem Willen der jungen Architektengeneration, an den Internationalen Stil der 20er Jahre anzuschließen. Seine ursprüngliche Funktion verlor das Gebäude durch den Neubau in der Dostojewskistraße, es dient heute aber noch der Landesverwaltung.

32 Wie schon Christian Dähne wandte sich auch Alfred Schellenberg (1850–1932) dem Stil der deutschen Renaissance mit der Verwendung von hellen Natursteingliederungen auf leuchtend roten Backsteinflächen zu. Noch 1901, als in Darmstadt schon der Jugendstil seinen Höhepunkt erreichte, schwelgt Schellenberg bei der Villa **Martinstraße 14** (Abb. 443) noch in

Abb. 441

Abb. 442

den üppigen Formen des Späthistorismus, wohl auf Wunsch des Bauherren Maurermeister Friedrich Stamm, der bei der Villa Beethovenstraße 21 (Abb. 418) selbst als Baumeister aufgetreten war, dort mit Formen der französischen Renaissance. Das Lebenswerk von Schellenberg ist mit 17 Villen noch größer als das von Dähne. Mit der Villa Mosbacher Straße 27 gelang es ihm noch 1912 – bereits im Alter von 62 Jahren – sich vom Späthistorismus zu lösen und zu jenem kühlen Neoklassizismus zu finden, der den Jugendstil ablöste, wie

Abb. 443

1908 beim Gebäude der Deutschen Bank (Abb. 63) in der Wilhelmstraße.

In unmittelbarer Nachbarschaft von Schellenbergs Märchenschloss des Späthistorismus schuf Theodor Wiederspahn 1905 – also nur vier Jahre später – mit
der Villa **Martinstraße 16** (Abb. 444) ein 33
ganz andersartiges Werk, das den Aufbruch in das neue Jahrhundert zur immer größer werdenden Sachlichkeit und Funktionalität signalisiert. Noch klingen im turmartigen Dachaufbau, der Bogenstellung bei der Eingangstreppe und der darüber liegenden Loggia Nachwirkungen des Historismus an, aber die ohne jegliche Ornamentik vorherrschenden glatten Putzflächen mit den einfach in sie eingeschnittenen Fenstern zeigen, wohin die Entwicklung geht.

Das signalisierte auch ein anderes Werk Wiederspahns, die Villa Lessingstraße 13 von 1905, bei der wie bei der Martinstraße 16 das Büro Krahwinkel & Wiederspahn als Bauherr auftrat. Dagegen stellte dasselbe Büro im selben Jahr den Antrag auf den Bau der
Villa **Lortzingstraße 7** (Abb. 445), wohl um 34

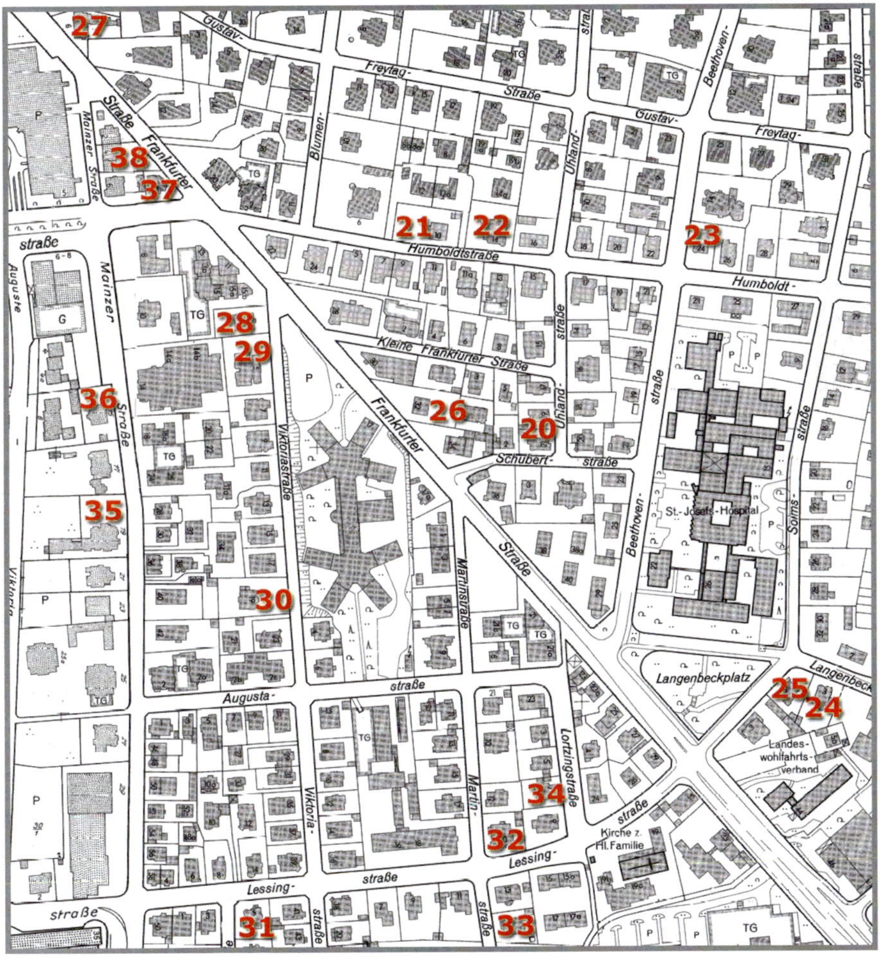

Plan 2:

20 Uhlandstraße 19, 21
21 Humboldtstraße 10
22 Humboldtstraße 14
23 Humboldtstraße 24
24 Langenbeckstraße 3
25 Langenbeckplatz 5
26 Frankfurter Straße 32
27 Frankfurter Straße 6
28 Viktoriastraße 3
29 Viktoriastraße 5
30 Viktoriastraße 19
31 Lessingstraße 5
32 Martinstraße 14
33 Martinstraße 16
34 Lortzingstraße 7
35 Mainzer Straße 19
36 Mainzer Straße 15
37 Rheinstraße 1
38 Mainzer Straße 2, 4

Abb. 444

Abb. 445

sie an einen eher konservativ eingestellten Käufer weiterzugeben. Denn es werden in der sehr plastischen Rustika, dem Erker und der Exedra im Dachbereich Reminiszenzen an den Historismus deutlich. Von diesem ging Wiederspahn auch ursprünglich aus, wie man an seiner Schöpfung Viktoriastraße 18 von 1896 erkennen kann. Sein Stil ähnelt bei diesem, wohl für seinen Vater errichteten Bau dem von Christian Dähne. Wie er zu dem Auftrag in Brasilien gekommen ist, bleibt vorläufig noch offen, jedenfalls gleicht sein dortiger Turm in Porto Allegre (Abb. 366, S. 194) dem des Hauptbahnhofs in Wiesbaden (Abb. 365, S. 194) von 1908 so weitgehend, dass man entweder von einem Plagiat sprechen muss, oder Wiederspahn unter der Oberleitung von Professor Klingholz am Hauptbahnhof mitgearbeitet hat. Die Villa **Mainzer Straße 19** (Abb. 446, S. 212) wur- 35
de 1897–98 von dem renommierten Berliner Büro Kayser & Groszheim im englischen Cottage-Stil erbaut. Der stark zergliederte Baukörper aus Sandstein erfährt seine größte, sehr malerische Belebung im Dachgeschoss aus Fachwerk und dem Abschluss aus Krüppelwalm- und Satteldächern.

Zwei Hausnummern weiter, **Mainzer** 36
Straße 15 (Abb. 447), blieb noch eine Villa aus der Erstbebauung von 1845 erhalten. Der klare, scharfkantige Kubus könnte noch dem Klassizismus (1803–35) zugerechnet werden, wären da nicht die segmentbogigen Fenster des Erdgeschosses, die ihn dem Romantischen Historismus (1835–66) zuordnen. Als Architekt trat vermutlich der Bauunternehmer Jahn auf. Im Historismus des 19. Jahrhunderts vereinigten auch andere Architekten beide Berufe, um nicht von Aufträgen abhängig zu sein, sondern selbst als Bauherren „auf Spekulation" zu bauen und dann Käufer zu suchen.

An der nordwestlichen Ecke der Kreu- 37
zung mit der Frankfurter Straße steht die Villa **Rheinstraße 1** (Abb. 448), ein Neubau von 1885/86 der Architekten Friedrich Hatzmann und Joseph Kreizner[69] und nicht der Umbau einer älteren Villa, wie bisher[70] angenommen. In seiner Ecklage bietet das Haus einen pittoresken Anblick durch Balkonvorbauten, ein mittleres Zwerchhaus mit

Abb. 447

Abb. 448

Schweifgiebel, Eckerker und Türmchen. Scheint an den beiden Straßenseiten noch die Symmetrie einigermaßen eingehalten, so zeigen die beiden abgewandten Seiten eine starke Asymmetrie in dem spitzwinklig nach Nordwesten geformten Baukörper. Das ist die Folge des unregelmäßig geschnittenen Grundstücks, das erst nach der Weiterführung der Rheinstraße bis zur Frankfurter Straße nach 1879 ausgewiesen wurde.

38 Zu den wenigen Doppelvillen in Wiesbaden gehört das Gebäude **Mainzer Straße 2-4** (Abb. 449), erbaut 1869–70 als typisches Werk des Strengen Historismus unmittelbar nach dem Übergang Nassaus an Preußen. Bei einer Doppelvilla, wie sie in der Südstadt der preußischen Pensionärsstadt Bonn häufig anzutreffen ist, hätte sich eine strenge Symmetrie angeboten, um beide Haushälften gleich zu behandeln. Stattdessen wendet der nördliche Teil seine aus Säulen und Bögen gebildete Veranda nach Norden, der südliche in kleiner Form nach Westen und nicht nach Süden, was sich eigentlich angeboten hätte. In dieser bewussten Abkehr von der sklavischen Symmetrie des Klassizismus liegt wie bei der Wilhelms-Heilanstalt (Abb. 117, S. 64) die neue Tendenz des Strengen Historismus. Bauherr war der Kammerherr Baron von Lüttwitz, der die eine Hälfte bewohnte, in der anderen lebte der Sanitätsrat Dr. Märklin.

Abb. 449

[59] Zeitzeugen I, S. 147–48
[60] Zeitzeugen I, S. 101–103
[61] Schabe, Peter: Solmsschlößchen in Wiesbaden, im Selbstverlag, Raule 1986
[62] Zeitzeugen I, S. 41–43
[63] Russ, S. 121
[64] Zeitzeugen II, S. 8–10
[65] Zeitzeugen II, S. 104
[66] Zeitzeugen I, S. 123–25
[67] Zeitzeugen I, S. 138–140
[68] v. Stephanitz, S. 49
[69] v.Stephanitz, S. 69
[70] Russ, S. 199

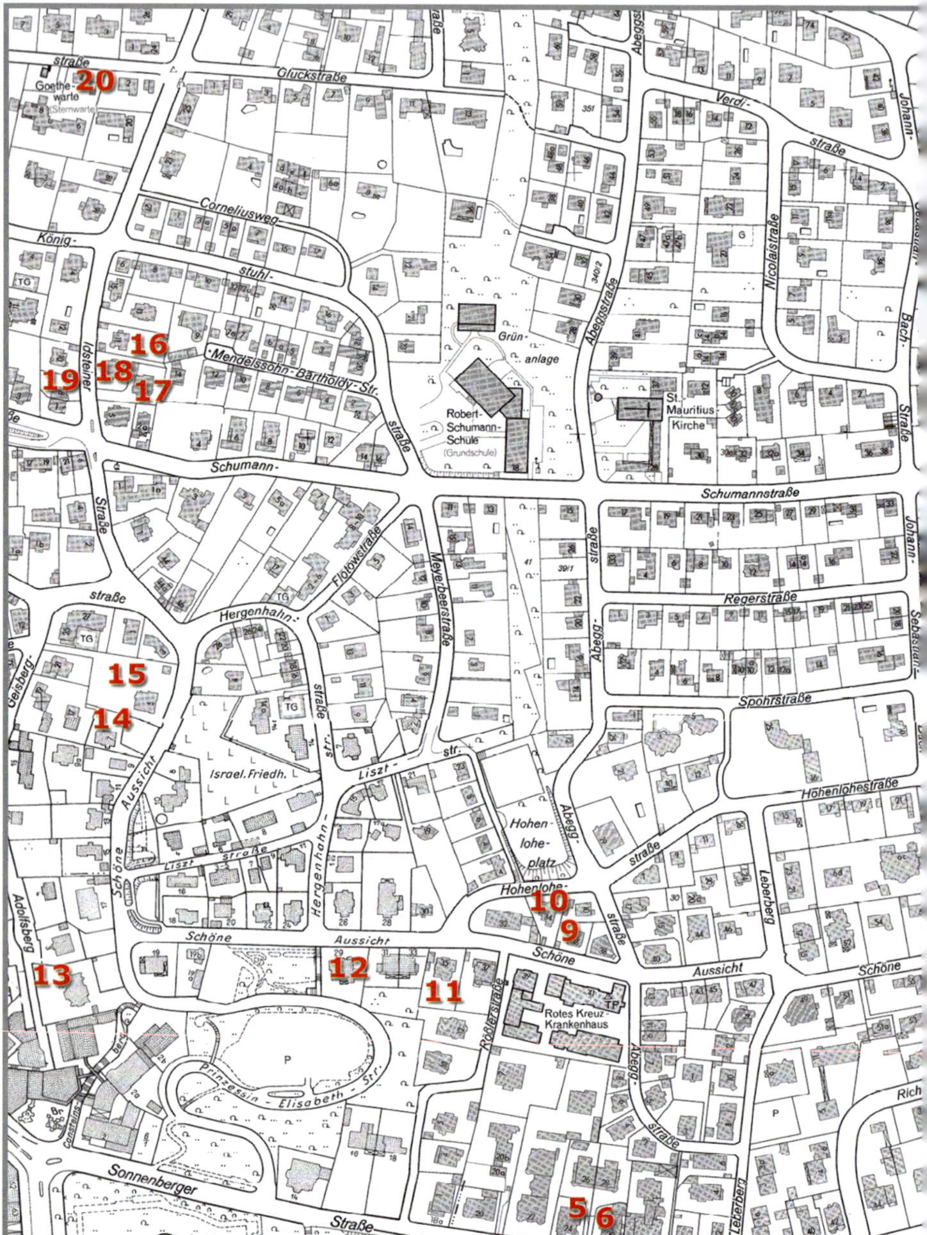
Goethe-warte (Sternwarte)
Gluckstraße
Corneliusweg
König-stuhl-
Idsteiner Straße
Mendelssohn-Bartholdy-Str.
Grün-anlage
Robert-Schumann-Schule (Grundschule)
Abeggstraße
Verdi-straße
Nicolaistraße
Johann-Sebastian-Bach-Straße
St. Mauritius-Kirche
Schumann-straße
Schumannstraße
Regerstraße
Spohrstraße
Hohenlohestraße
Flotowstraße
Meyerbeerstraße
Hergenhahn-straße
Geisberg
Israel. Friedh.
Liszt-str.
Lisztstraße
Schöne Aussicht
Hohen-lohe-platz
Leberberg
Adolfsberg
Rößlerstraße
Rotes Kreuz-Krankenhaus
Prinzessin-Elisabeth-Str.
Sonnenberger Straße
20
16
18
19
17
15
14
10
9
13
12
11
5
6

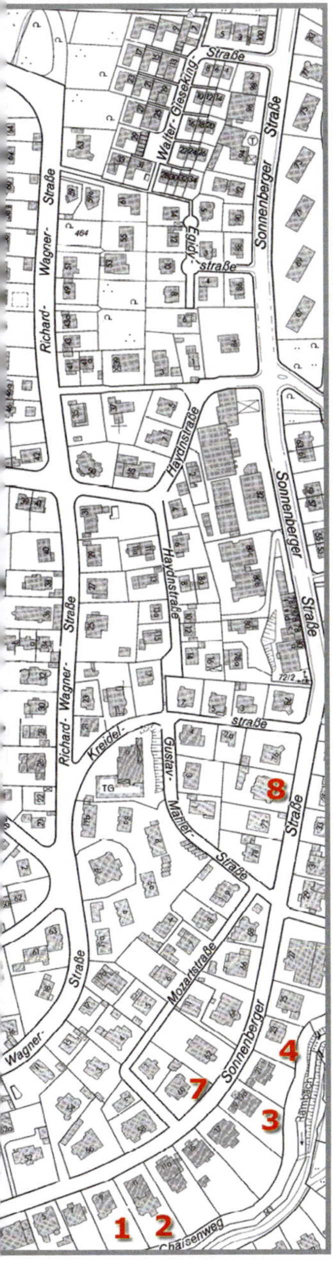

Tour 13

Nordöstliches Villengebiet

Plan 1:

1 Sonnenberger Straße 9
2 Sonnenberger Straße 11
3 Sonnenberger Straße 19
4 Sonnenberger Straße 23
5 Sonnenberger Straße 24
6 Sonnenberger Straße 30
7 Sonnenberger Straße 60
8 Sonnenberger Straße 74
9 Schöne Aussicht 36
10 Schöne Aussicht 34
11 Schöne Aussicht 35
12 Schöne Aussicht 29
13 Adolfsberg 2
14 Schöne Aussicht 7
15 Schöne Aussicht 5
16 Idsteiner Straße 11
17 Idsteiner Straße 7
18 Idsteiner Straße 9
19 Idsteiner Straße / Rosselstraße
19 Goethewarte Liebigstraße

Plan 2:

siehe Seite 250

Abb. 452

Tour 13: Nordöstliches Villengebiet

Schon die Straßenführung im Stadtplan zeigt, wie malerisch sich das Villenviertel in den Sonnenberger Hang rund um die „Schöne Aussicht" und den Geisberg schmiegt. So führt diese Tour in vielen Windungen mit immer wieder überraschenden Ausblicken auf vornehme Villen, Gärten und auf das Stadtzentrum im Tal. Goethe schwärmte dazu: „Man bedarf in Wiesbaden nur einer Viertelstunde Steigens, um in alle Herrlichkeit der Welt zu blicken." Je nach zur Verfügung stehender Zeit bietet diese lange Tour viele Gestaltungsmöglichkeiten mit mehreren Abschnitten: Das erste Stück führt hinter dem Kurhaus mit den Stationen 1–8 die Sonnenberger Straße entlang. Ein Abstecher verlängert zur Dietenmühle an der Rambachtalbrücke und zur imposanten Jugendstilvilla in der Bingertstraße auf der anderen Seite des Bachtals. Ansonsten geht man von der Sonnenberger Straße die Richard-Wagner-Straße hinauf und spaziert auf halber Höhe über die Schöne Aussicht zurück in Richtung Innenstadt.

Die Fortsetzung steigt die Idsteiner Straße hinauf und quert den Hang über die Liebigstraße zur Rosselstraße, in der die besonders großzügigen und vornehmen, architektonisch für ihre Zeit aber auch sehr konservativen Villen stehen. Über den Neuberg erreicht man dann wieder das Tal.

Ein dritter Abschnitt führt (gegen die Einbahnstraße) die Kapellenstraße hinauf zum Herzogsweg. Von hier folgt man entweder der Kapellenstraße durch den Wald zur Griechischen Kapelle oder steigt am Waldrand rechts den Pfad hinunter durch die Dambachtalanlage zur Freseniusstraße, die im unteren Teil in die Straße Dambachtal übergeht und an der Geisbergstraße endet.

Abb. 450

Abb. 451

Der Name Sonnenberger Straße ist erst ab etwa 1857 gebräuchlich, bis dahin trug sie die Bezeichnung Sonnenberger Weg. Christian Zais wollte in seinem Gesamtplan von 1818 die Straßenverbindung nach Sonnenberg auf die Höhe verlegen, um den Kurpark ohne Zäsur in den grünen Hang unterhalb der Schönen Aussicht übergehen zu lassen. Er konnte sich aber mit seinem Vorschlag nicht durchsetzen, und so wurde etwa ab 1825 der Weg zur Chaussee ausgebaut.

Die ersten zehn Landhäuser entstanden – initiiert durch den Bau des Paulinenschlösschens – zwischen 1839 und 1847. Sie lagen in der zweiten Reihe der heutigen Bebauung, keines von ihnen besteht noch. Bis 1868 wurde direkt an der Sonnenberger Straße bis zur Mozartstraße sowohl nördlich als auch südlich eine Reihe von Villen errichtet, von 1868 bis 1888 bis an die Kreidelstraße und die letzten am nördlichen Ende bis 1900.

In der Blütezeit Wiesbadens als Weltbad vom letzten Viertel des 19. Jahrhunderts bis zur Krise nach dem Ersten Weltkrieg gab es in der Sonnenberger Straße eine ganze Reihe von luxuriösen Hotels, zum Teil durch den Umbau von Villen geschaffen. Von 1900 bis 1910 wurden kleinere, ältere Villen durch Neubauten ersetzt oder zu größeren umgebaut, wie es wahrscheinlich
bei der Villa **Sonnenberger Straße 9** (Abb. 1
450) erfolgte, an der der würfelförmige Kubus des Gründungsbaus von ungefähr 1860 auch nach dem Umbau durch den Architekten Paul Jacobi 1899 noch abzulesen ist. Dieser fügte an der Straßenfassade einen flachen mittleren und an der abgeschrägten NW-Ecke einen turmartigen Risalit hinzu, an der südlichen Gartenfassade einen kräftig vorspringenden Mittelrisalit. Dies alles in eleganten neobarocken Formen, die auch das Innere in der spiralförmig geführten Treppe (Abb. 451) mit dem schönen schmiedeeisernen Geländer beherrschen. Im Deckenstuck (Abb. 452) sind klassizistische Elemente mit gotisierenden gemischt, er könnte noch aus der ersten Bauphase stammen.

Die Gärten der südlichen Villenreihe haben den Vorzug, an den Grünzug des Rambachs mit dem Chaisenweg zu grenzen. Bei der jüngsten Restaurierung wurde der Garten der Villa Sonnenberger Straße 9

Abb. 453

(Abb. 453) wieder in seine ursprüngliche Gestalt mit geschwungenen Wegen und der früheren Bepflanzung zurückversetzt. Mit dem schlichten würfelförmigen Kubus gibt sich die Villa Sonnenberger Straße 7 noch als der Ursprungsbau aus der Zeit um 1862 zu erkennen. Die Form der Fensterbekrönungen und der Felder unter der Brüstung sind ebenso typisch für den Romantischen Historismus (1835–66) wie der rückwärtige Mittelrisalit mit dem flachen Dreiecksgiebel. Der neoklassizistische Vorbau ist eine spätere Zutat.

2 Auch das Haus **Sonnenberger Straße 11** (Abb. 454) ist im Kern noch der Gründungsbau von 1863–64, der erst beim Umbau zum Hotel „Royal" nach 1890 sein neobarockes Gewand erhielt und wesentlich nach Süden mit zahlreichen Balkonen erweitert wurde. Hier lebte von 1868 bis 1890 der Rittmeister Max von Chamisso-Boncourt, zweiter Sohn des berühmten Dichters Adelbert von Chamisso. Die Villa **Sonnenberger Straße 19** (Abb. 455) 3
verrät durch ihre sparsamen klassizistischen Formen und den klaren würfelförmigen Kubus, dass auch sie noch zu der Erstbebauung um 1862 gehört. Hier lebte und wirkte im zur Atelierwohnung umgebauten Dachgeschoss von 1949 bis zu seinem Tod der bekannte Maler Alo Altripp[71] (1906–1991), der nach Alexej von Jawlensky und Otto Ritschl zu den bedeutendsten Malern des 20. Jahrhunderts in Wiesbaden gezählt wird.

General-Leutnant z. D. von Gerstein-Hohenstein beantragte 1872 den Bau der Villa
Sonnenberger Straße 23 (Abb. 456). Sie 4
vertritt den Typ einer Eckturmvilla in den Formen des Strengen Historismus (1866–88) mit der Tendenz zur Asymmetrie, wie sie noch von Philipp Hoffmann mit seiner Wilhelms-Heilanstalt (Abb. 117, S. 64) begründet worden war und eine ganze Reihe von Eckturmvillen in spätklassizistischen Formen zur Folge hatte. Ursprünglich muss man sich bei der Villa Sonnenberger Straße 23 ein flaches Dach vorstellen. Das „Aufsetzen eines sogenannten Mansarddaches"[72] wurde 1876 beantragt, es dürfte eines der frühesten in Wiesbaden sein, hat aber den klaren spätklassizistischen Baukörper beein-

Abb. 454

Abb. 455

Abb. 456

Abb. 457

Abb. 458

Abb. 459

trächtigt. Im Grunde ging es nur um die Schaffung eines dritten Geschosses, das als Dach ausgegeben wurde.

5 Die Villen **Sonnenberger Straße 24**
6 (Abb. 457) **und 30** (Abb. 458) sind um 1872 als spiegelbildliches Pendant beiderseits der Zufahrt zum rückwärtigen Grundstück als spätklassizistische Eckturmvillen errichtet worden. Auf letzterem entstand 1899 die Doppelvilla Sonnenberger Straße 26/28 (Abb. 459) durch den Architekten Wilhelm Boue in den überschäumenden Formen des Neobarock das Hotel „Rose" (Abb. 223, S. 121) noch übertreffend. Von 1905 bis 1935 wurde der prachtvolle Bau als Hotel „Regina" genutzt. Der Neobarock feiert auch in der Villa Fortuna, Sonnenberger Straße 43, seine Triumphe, errichtet für den Versicherungs-Generalagenten Felix Braidt, der sich zu Beginn der 1890er Jahre auch als Immobilienhändler betätigte[73] und sich dafür mit dem Architekten Carl Schultze verband, der zwischen 1889 und 1907 diese Villa und 19 weitere in Wiesbaden schuf.

Noch vor 1868 wurde die Villa Sonnenberger Straße 44 erbaut. Sie hat vor allem historische Bedeutung, denn in die spätklassizistische Villa zog 1869 Prinz Nikolas von Nassau (1832–1905), Stiefbruder von Herzog Adolf, ein, der 1868 Natalie, Tochter des Dichters Alexander Puschkin, geheiratet hatte, nachdem bereits einen Monat zuvor die gemeinsame Tochter Sophie geboren worden war[74]. Welch ein Skandal, zumal Natalie geschieden und keineswegs standesgleich war, jedoch von Fürst Georg zu

Abb. 460

Abb. 461

Waldeck, Schwager von Prinz Nikolaus, den vererbbaren Titel einer Gräfin Merenberg erhalten hatte. Mit ihr verstärkte sich die russische Kolonie, zu der zeitweilig in der Sonnenberger Straße 7 der russische General Mansouroff, in der Nr. 54 seit 1868 Fürst Dolgoroucky gehörten. Überhaupt war die Sonnenberger Straße in jener Zeit ein beliebtes Wohngebiet für den Hochadel. Besonderen Glanz erfuhr dabei die Villa Sonnenberger Straße 64 durch den Frühstücksbesuch Kaiser Wilhelms II. am 17. Mai 1902 bei Frau von Liebenau, Witwe des zwei Jahre zuvor verstorbenen Hofmarschalls Eduard von Liebenau. Nachdem der Hochbarock wieder salonfähig geworden war, verwendete man auch andere Stilphasen des 18. Jahrhunderts, um möglichst individuelle Lösungen finden zu können.

7 Bei der Villa **Sonnenberger Straße 60** (Abb. 460) wählte der Architekt Karl Kähler 1908 den Übergangsstil zwischen Barock und Klassizismus, den man nach dem damals regierenden, 1789 durch die Französische Revolution gestürzten König Ludwig XVI. als Louis-seize bezeichnet. Das Mansarddach und die gekuppelten Säulen sind noch Relikte des Barock, die gewisse Steifheit des Mittelrisalits und die geraden Balkongitter hingegen zeugen von einer klassizistischen Abkühlung der Formen. Eine ähnliche Stilhaltung hat die Villa **Sonnenberger Straße** 8
74 (Abb. 461), so dass die Vermutung von Sigrid Russ[75], sie sei ebenfalls eine Schöpfung von Karl Kähler, viel für sich hat. Die Villa ist laut Giebelinschrift 1906, also zwei Jahre früher, vollendet worden und trägt in der vorschwingenden Loggia des Mittelrisalits und in dem steileren Giebel des Dachaufbaus auch noch stärkere neobarocke Züge, die sich mit Details des Jugendstils mischen.

Am Ende der historischen Villenbebauung geht es von der Sonnenberger Straße nach Osten ab zur ehemaligen Dietenmühle Parkstraße 44. Noch vor der Einstellung des Mühlenbetriebes 1864 gründete man 1861 eine Kaltwasser-Heilanstalt, für die eine Aktiengesellschaft 1889–90 durch den Architekten Alfred Schellenberg ein Kurhotel errichten ließ. Heute wird der stattliche, dreigeschossige Bau von Landesbehörden genutzt. Es handelt sich um einen roten Ziegelbau mit hellem Sandsteinschmuck in den Formen der deutschen Renaissance.

Einige hundert Meter weiter zweigt von der Parkstraße im spitzen Winkel die Bingertstraße ab. Hier liegt das sogenannte Weiße Haus Bingertstraße 10 (Abb. 462), einst auf einem großen parkartigen Grundstück, das bis an die Parkstraße reichte, von wo aus die Villa zu sehen war, bis man in den 50er Jahren einen Wohnungsneubau davorsetzte. Damit lag sie so versteckt, dass man sie beim Ausstellen der Denkmalliste für das Ortsstatut vergaß. Fast wäre sie dem Abbruch zum Opfer gefallen, wenn nicht der Stadtverordnete Dieter Wallenfels sie von seiner Wohnung im erwähnten Neubau gesehen hätte und einen Nachtragsbeschluss zum Denkmalschutz in der Stadtverordnetenversammlung durchgesetzt hätte.

Abb. 462

Es fand sich dann ein Käufer, der sich in das Haus verliebt hatte und es sehr sorgsam restaurierte. Dies war ein Glücksfall, denn das Weiße Haus ist ohne Zweifel die qualitätvollste und ausgeprägteste Schöpfung des Jugendstils in Wiesbaden. Der Architekt Josef Beitscher hat sie 1901 für sich selbst erbaut, musste also nicht auf einen konservativen Bauherren Rücksicht nehmen. Zwar ist auch hier die klassische würfelförmige Grundform Wiesbadener Villen noch erkennbar, wird aber verfremdet durch die originelle Bogenöffnung der Eingangshalle und die Eckpylonen mit grotesken Masken. Die Mauerflächen aus dem einst fast weißen Sandstein, der dem Haus den Namen gab, wurden mit typischen Jugendstilornamenten (Abb. 463) überzogen, bildhauerische Arbeiten von hohem Niveau.

Durch die von der Sonnenberger Straße nach Norden abgehende Richard-Wagner-Straße steigt man in Windungen zur Schönen Aussicht auf. Hinter der ersten Kurve hatte man früher einen Blick auf das Haus Schöne Aussicht 53, inzwischen durch einen Neubau verdeckt. Der berühmte amerikanische Architekt Marcel Breuer entwarf es 1954 für die Familie Harnischmacher im Internationalen Stil mit einem Naturverständnis, das noch in der Tradition von Frank Lloyd Wright steht. Das konsequent als eingeschossiger Flachdachbau konzipier-

Abb. 463

te und unter der örtlichen Bauleitung durch den Architekten Neuser ausgeführte Wohnhaus fügt sich organisch durch die Verwendung von Bruchstein und Holz in den Garten am Südhang ein. Schon einmal 1932 hatte Marcel Breuer für die Familie Harnischmacher ein Haus an der Schönen Aussicht Nr. 55 gebaut, es wurde jedoch nach der Kriegszerstörung so verändert wiederaufgebaut, dass es nicht mehr als sein Werk anzusehen ist. Den Namen Schöne Aussicht wählte man im 19. Jahrhundert, nachdem man ab etwa 1870 mit dem Bau von Villen begon-

Abb. 464

nen hatte und die historische Bezeichnung Kuhberg wenig vornehm erschien.

Im Mittelalter hatten die Ackerbürger Wiesbadens hier ihre Kühe gehütet, die Ziegen auf dem nach Westen anschließenden Geisberg. Aus bescheidenen Anfängen einer zwischen 1879 und 1888 erbauten Villa, Schöne Aussicht 39, entwickelte sich der umfangreiche Neubaukomplex des Rotes-Kreuz-Krankenhauses mit den Nummern 39–41A, der die ganze Südseite zwischen Leberberg und Abeggstraße einnimmt.

Die schräg gegenüberliegende Villa
9 **Schöne Aussicht 36** (Abb. 464) wirkt sehr viel älter als sie in der Tat ist. Denn erst 1891 wurde der Bauantrag von dem schon im Zusammenhang mit der Villa Sonnenberger Straße 43 erwähnten Versicherungs-Generalagenten Felix Braidt gestellt. Architekt war wieder Karl Schultze, der für ihn eine Reihe seiner insgesamt 20 Villen baute, wohl dem Geschmack einer bestimmten Käuferschicht entsprechend mal in neoklassizistischen, mal wie hier in spätklassizistischen Formen gehalten, die für die Entstehungszeit sehr rückständig wirken.

Dagegen zeigt das danebenstehende
Haus **Schöne Aussicht 34** (Abb. 465) ein 10
Stilgemisch aus Neorenaissance und Neobarock. Es entstand bereits 1897 vom selben Architekten und für denselben Auftraggeber. Besonders an der einst offenen Veranda im Obergeschoss des Risalits schwelgt man

Abb. 465

in den üppigen Ornamenten und Figuren des Neobarock. Welch ein Kontrast zu dem vier Jahre später entstandenen spätklassizistischen Bau nebenan!

Doch auch der gegenüberliegende Bau
Schöne Aussicht 35 stammt von Karl 11
Schultze, auf den in derselben Straße auch die Villen Nr. 44, 40, 38, 28, 24 und 22 zurückgehen, nicht alle für Felix Braidt, in diesem Fall 1889 für die Schwestern Antonie und Clementine Oeffner. Ihre Initialen ACO füllen die von zwei Greifen gehaltene Kartusche im Giebeldreieck (Abb. 466), das uns auch das Erbauungsdatum 1889 überliefert. Spätklassizismus und italienische Renais-

Abb. 466

Abb. 467

Abb. 468

sance sind hier eine Verbindung eingegangen, durch die gelben Klinker, grauen Sandsteingliederungen und blau hinterlegten, vergoldeten Ornamente zu einer besonderen Wirkung gesteigert. Italienisches Flair strahlt
12 auch die monumentale Villa **Schöne Aussicht 29** (Abb. 467) aus, vor allem durch das kräftige Kranzgesims und das durch Gesimse abgesetzte Mezzaningeschoss mit Stuckornamenten (Abb. 468), darunter Putten mit einem Hahn zwischen Akanthusranken. Am Mittelrisalit hält ein Löwe das hessische Wappen und ein Greif das Wiesbadener Wappen. Bauherr war 1895 der Bankier Wilhelm von Erlanger aus Frankfurt, der jedoch nicht die Absicht hatte, selbst dort zu wohnen, sondern um beim Weiterverkauf an Hugo Hinze von Tengg aus Berlin ein lukratives Geschäft zu machen. Er hatte das Grundstück wahrscheinlich günstig erworben, als im Auftrag des im Exil lebenden Herzogs Adolf aus dem großen Garten des Paulinenschlösschens drei Parzellen abgetrennt und an private Bauherren verkauft wurden.

Der Architekt der Villa Schöne Aussicht 29 ist noch nicht ermittelt worden, es kann sein, dass ihn Wilhelm von Erlanger aus Frankfurt mitgebracht hatte, denn dort liebte man würfelförmige Baukörper in den Formen der italienischen Hochrenaissance. Das Paulinenschlösschen selbst lag an der Elisabethstraße dort, wo sich heute der Parkplatz der Staatskanzlei und der Raiffeisen-Versicherung befindet, etwas oberhalb nördlich der Straße stand die dazu gehörende Remise, die in den 1960er Jahren abgebrochen worden ist, während die Ruine des Paulinenschlösschen nach schweren Bombenschäden bereits nach 1945 beseitigt wurde.

Die Namen zweier bedeutender Künstler sind mit der Villa Schöne Aussicht 7 verbunden. Zum einen ist es der berühmte Wiesbadener Maler Ludwig Knaus[76] (1829–1910), der sich hier nach seiner Heirat mit der Hoteliertochter Henriette Hoffmann ein Sommeratelier bauen ließ. Er wohnte wenige Minuten
entfernt im Haus **Adolfsberg 2** (Abb. 469) 13

Abb. 469

Abb. 470

an jener kleinen Straße, die vom Geisberg abgeht, aber seit dem Bau des Raiffeisenhochhauses ganz in dessen Schatten steht. Deshalb ist diese um 1860 entstandene große Mietetagenvilla besser von der Schönen Aussicht aus zu sehen. Mit ihren großen Rund- und Stichbogenfenstern ist sie ein typisches Zeugnis des Romantischen Historismus. Die polygonalen Eckpfeiler erinnern an die englische Neogotik, die orientalisierenden Ornamente in den Brüstungsfeldern der Fenster könnten vom Alhambra-Stil des Paulinenschlösschens angeregt worden sein.

14 Das Ateliergebäude **Schöne Aussicht 7** (Abb. 470) ließ Knaus 1859–60 errichten, 1861 durch einen Seitenflügel erweitern und das Sockelgeschoss zu Wohnzwecken ausbauen. Hier lebte bis zu dessen Tod 1872 sein Vater, danach verkaufte er das Haus an die Leutnantswitwe Bertha von Dewitz, die wiederum im Mai 1883 das Atelier an die zweite berühmte Künstlerpersönlichkeit vermietete, an Johannes Brahms (1833–1897), der hier fünf Monate lebte und seine Wiesbadener Symphonie komponierte. Daran erinnert eine von dem Wiesbadener Bildhauer Wolf Spemann geschaffene Bronzetafel am Eingang. Brahms hat sich immer wieder begeistert über die „Idylle auf dem grünen Hügel" geäußert und schrieb in seinem Brief an den mit ihm befreundeten Chirurgen Theodor Billroth nach Wien:

„Ich wohne hier reizend, als ob ich es Wagner nachtun wollte!" (Richard Wagner arbeitete 1862 an seinen „Meistersingern" in der Villa Rheingaustraße 137 in Biebrich). Ursprünglich von Knaus als Atelier gebaut, ist es nachträglich zum hübschen Landhaus geworden, „und so ein Atelier gibt ein herrliches hohes, kühles luftiges Zimmer".

Das Ateliergebäude ist ein klarer, spätklassizistischer Kubus des Romantischen Historismus, der sich von den hochklassizistischen Bauten durch die sehr kräftigen Lisenen unterscheidet.

Auf dem Kuhberg am alten Idsteiner Weg – heute auf der östlichen Seite der Schönen Aussicht – legte man um 1750 den Alten Jüdischen Friedhof an, der bis 1890 belegt wurde, bis man am Nordfriedhof den neuen anlegte. Der Zugang erfolgt durch ein kleines, aus Backsteinen erbautes Rundbogenportal, das um 1870 errichtet worden ist. Unter den rund 800 Grabsteinen, viele mit hebräischen Inschriften, sind eine Reihe aus dem Jahr 1852.

Die Erbauung der Villa **Schöne Aussicht 5** (Abb. 471) hängt insofern mit dem Atelierbau Schöne Aussicht 7 zusammen, als Maria Hoffmann, die Schwester von Henriette, der 15

Abb. 471

Abb. 472

Abb. 473

Frau von Knaus, war. Sie ließ sich also hier nicht zufällig 1873 nieder. So entstand in dem damals noch größeren Park durch den Architekten Louis von Rößler der stattliche Bau. Es ist die neue Tendenz zur Asymmetrie des Strengen Historismus, wie sie sich wenige Jahre zuvor an der Wilhelms-Heilanstalt erkennen lässt und eine ganze Reihe von Eckturmvillen auslöste, hier im Gewand des Spätklassizismus, wie er von der Schinkel-Schule in Berlin bis in die 1870er Jahre kultiviert worden war. Der Erwerb 1980 durch den Bundesverband Deutscher Internisten bewahrte das Grundstück vor der geplanten Bebauung mit zwei weiteren Wohnhäusern und rettete die herrliche große Blutbuche.

Die Idsteiner Straße (Abb. 472) hieß einst Idsteiner Weg oder auch Trompeterstraße, weil die fürstlich-nassauischen Postboten diesen Höhenweg nach Idstein benutzten. Die zum Teil sehr alten Eichen zeugen noch davon, dass die Straße sehr viel älter als die Bebauung ist. Zunächst entstanden einzelne, bescheidene Landhäuser, von denen das Haus Idsteiner Straße 2 aus der Zeit um 1860 noch vor einigen Jahren erhalten war, dann aber durch eine vergrößerte Nachbildung ersetzt wurde. Die Villenbebauung begann 1876–77 mit dem Haus **Idsteiner Straße 11** (Abb. 473), einer sehr noblen Eckturmvilla in spätklassizistischen Formen des Strengen Historismus (1866-88). Sie unterscheidet sich durch die viel stärkere Plastizität der Pilastergliederung und der Gesimse wie auch durch die verstärkte Risalitbildung deutlich von den Villen des Romantischen Historismus (1835–66), zum Beispiel Parkstraße 6 (Abb. 86, S. 46) oder Mainzer Straße 15 (Abb. 447, S. 233). 16

Die Bauunternehmer Christian Lamsbach und Wilhelm Bind gaben bei dem Architekten Ludwig Bind die Villen Idsteiner Straße 5, 7, 9 und 13 in Auftrag. Sie wurden städtebaulich geschickt so gegeneinander versetzt angeordnet, dass alle Bewohner einen freien Blick auf die Stadt mit ihren Kirchtürmen (Abb. 474) haben. Dies wurde auch im Grundbuch auf dem jeweiligen Gartengrundstück der unterhalb liegenden Villa abgesichert und gilt heute noch. Alle sind aus gelben und roten Backsteinen mit Gliederungselementen aus rotem Sandstein im Stil der Neorenaissance erbaut.

Abb. 474

Als erstes entstand 1890 das Eckhaus Idsteiner Straße 5, das sich mit seinem halbrunden Altan vor dem über Eck gestellten Risalit mit dem steilen Giebeldreieck zur Straßenkreuzung der Schumann- und der Rosselstraße orientiert.

17 Dagegen ist die Villa **Idsteiner Straße 7** (Abb. 475) von 1891 eine Hausbreite nach Osten von der Straße zurückversetzt und nach Süden zur Stadt ausgerichtet. Auf dem einst offenen Wintergarten über dem auf hohem Sockel liegenden Erdgeschoss setzt eine Veranda mit gusseisernen Stützen und durchbrochenem Ornamentband und darüber der Balkon des Dachgeschosses an. Die hölzerne Veranda der Erdgeschosswohnung ist eine Zutat der 1920er Jahre, die nicht sehr gelungenen Gauben stammen von 1969, als das Haus in drei Eigentumswohnungen aufgeteilt und dafür das Dachgeschoss ausgebaut wurde.

18 Das Haus **Idsteiner Straße 9** (Abb. 476) von 1894 liegt wie das Haus Nr. 5 direkt an der Straße, auf die es mit seinem polygonalen Eckturm, davorliegender Terrasse und kräftiger Balustrade ausgerichtet ist.

19 Diesem Ensemble der drei Backsteinbauten gegenüber wurde 1907 an der **Ecke** zur **Rosselstraße** die Doppelvilla Idsteiner Straße 8 (Abb. 477) von dem Architekten Karl Kähler aus ganz anderem Material – nämlich sandsteinfarbener Putz – er-

Abb. 475

Abb. 476

richtet. Der nördliche Hausteil orientiert sich mit einem Zwerchhaus zur Idsteiner Straße, der südliche zur Rosselstraße, wo sich auch dessen Eingang befindet. Zwischen beiden vermittelt ein Turm. Die Formensprache mischt spätbarocke Elemente des Louis-seize mit Details des Jugendstils.

Abb. 477

Von großer städtebaulicher Bedeutung ist die Stütz- und Einfriedungsmauer aus gelbem, leider sehr weichem Sandstein, die den Niveauausgleich zur stark abfallenden Straßenkreuzung ausgleicht. Auf dem Grundstück steht noch an der Nordostecke eine herrliche alte Eiche, durch ein Schild als Naturdenkmal gekennzeichnet.

20 An der nach Westen abgehenden Liebigstraße steht die **Goethewarte** (Abb. 478), ein turmartiger Baukörper in der Gestalt einer Feldwarte, jedoch in den Formen der Neuen Sachlichkeit mit einem abgeschrägten Dach. Sie ist erbaut vom Regierungsbaumeister Finsterwalder dank einer Stiftung von Dr. Wilhelm von Opel. Die Initiative ging vom Verschönerungsverein der Stadt aus, die damit an die Besuche Goethes auf dem Geisberg bei seinem Kuraufenthalt 1814 und 1815 erinnern wollte. Goethe wanderte mehrfach auf den Geisberg, von dem er mit den Worten schwärmte: „Man bedarf in Wiesbaden nur einer Viertelstunde Steigens, um in alle Herrlichkeit der Welt zu blicken."

Abb. 478

Dabei kehrte er oft in dem oberhalb 21
der Liebigstraße, heute von der Jonas-Schmidt-Straße aus zugänglichen **„Alten Hof" Geisberg** (Abb. 479) ein. Am Ende des 18. Jahrhunderts hatte die Regierung hier einen Gutshof angelegt, später wurde daraus ein wegen der einst großartigen Aussicht sehr beliebtes Ausflugslokal. Dessen Wirt muss recht unfreundlich gewesen sein, denn er gilt als Vorlage für den Grobian in Goethes „Schenkenbuch" in seinem „West-östlichen Diwan" mit folgenden Versen:

Abb. 479

„Setze nur nicht, Du Grobian
Mir den Krug so derb vor die Nase,
wer mir den Wein bringt,
sehe mich freundlich an
sonst trübt sich der Eilfer im Glase."

In das herzoglich-nassauische Mustergut wurde 1835 die landwirtschaftliche Lehr- und Versuchsanstalt aus Idstein verlegt[77], an der so bedeutende Wissenschaftler wie Wilhelm Albrecht (1785–1868), Johann Karl Thomae (1808–1885) und Remigius Fresenius (1818–1897) wirkten.

Die Funktion des Ausflugslokals übernahm im selben Jahr der „Neue Geisberg" im Ahornweg (Seite 253). Vom historischen Gutshof des „Alten Geisberg" existieren heute noch zwei Flügel, die sich zum Park öffnen. Es sind jene schlichten, zweigeschossigen Putzbauten mit Rechteckfenstern und Klappläden, die sowohl dem Spätbarock der Gründungszeit als auch dem Klassizismus des frühen 19. Jahrhunderts angehören könnten. Im Park steht eine mächtige Zeder und ein 1872 errichteter Obelisk zur Erinnerung an Wilhelm Albrecht, den ersten Direktor der gleichnamigen Anstalt. Seit 1928 ist der „Alte Geisberg" Eigentum der Inneren Mission, wurde durch Anbauten erweitert und durch umfangreiche Neubauten im Osten den Blicken von der Idsteiner Straße aus entzogen.

Das gesamte Areal zwischen oberer Idsteiner Straße von der Thaerstraße an, Tränkweg und Händelstraße nimmt heute das **Bundeskriminalamt** ein, in der bevorzugten Lage am Rand des Erholungsgebietes städtebaulich auch in Bezug auf den Autoverkehr keine glückliche Platzierung. Doch ahnte man bei seiner Gründung noch nicht, dass es einmal zu einer solchen Größe anwachsen würde; noch dazu im Charakter einer Festung in baulich sehr kompakter Form. Dass dieser Standort gewählt wurde, hing wohl mit dem späteren Eigentum des Bundes an dem aus den Jahren vor dem Ersten Weltkrieg stammenden Gebäude zusammen, das als Sanatorium von Dr. Otto Dornblüth genutzt wurde, dem damaligen Herausgeber des heute „Pschyrembel" genannten medizinischen Wörterbuchs. Bis nach dem zweiten Weltkrieg Jugend-
herberge, beeindruckt das **Gebäude an** 22
der Händelstraße (Abb. 480) mit seiner wuchtigen Säulengalerie und der neoklassizistischen Gliederung. Die Aufstockung um zwei Geschosse erfolgte wohl zur selben
Zeit, in der Herbert Rimpl 1953 den **Neu-** 23
bau am Ende der Thaerstraße (Abb. 481) schuf. Größer kann der Gegensatz in der Architektursprache nicht sein. Erst der abweisende Machtstil eines Neoklassizismus in erneuter Auflage, dann der demokratische Neuanfang in einer offenen, von Leichtigkeit

Abb. 480

Abb. 481

Abb. 482

Abb. 483

und Eleganz geprägten Bauweise mit der für Rimpl typischen wellenförmigen Dachform, wie sie von ihm schon bei der ehemaligen Berlinischen Leben am Dernschen Gelände (Abb. 123, S. 66) verwandt wurde.

24 In der nach 1910 angelegten **Händelstraße** steht unter der **Nr. 10** (Abb. 482) ein aufwendiges Landhaus, erbaut 1912 von Karl Kähler. Wenige Jahre zuvor hatte er noch 1906 in der Sonnenberger Straße 74 (Abb. 461) und 1908 mit der Nr. 60 (Abb. 460) zwei sehr repräsentative Bauten in einer Mischung von Spätbarock und Neoklassizismus geschaffen. Jetzt war er von der englischen Arts-and-Crafts-Bewegung beeinflusst, die dem deutschen Jugendstil Impulse gab, aber andere Stilmittel einsetzte. Am steil abfallenden Hang entfaltet der Bau seine Monumentalität, zur Händelstraße erscheint er breitgelagert und wirkt vor allem durch das voluminöse Walmdach.

25 Den Berg hinabschreitend gelangt man aus der Händel- in die Rosselstraße. Sie wurde 1906 angelegt, nach dem Historiker Karl Rossel benannt und zum bevorzugten Standort potenter, einflussreicher Bauherren, die ihre Architekten auch von außen holten. So ist die Villa **Rosselstraße 35** (Abb. 483) das Werk des Architekten Bruno Paul (1874 bis 1968) aus München, geschaffen 1911 für den seinerzeit sehr berühmten Wiesbadener Arzt Prof. Dr. Gotthold Herxheimer (1872 bis 1936). Wenn man bedenkt, dass ein Jahr zuvor Walter Gropius die Faguswerke in Alfeld begonnen hatte, wird man erkennen, wie konservativ der immer noch dem Historismus verpflichtete Bau trotz einer Versachlichung der Formen ist. Er besticht durch ausgewogene Proportionen. Sein Mansarddach, die Exedra des Wintergartens im Erdgeschoss und die Pilastergliederung sind Formen, die in dieser Zeit häufig bei Gutshäusern in Brandenburg und Ostpreußen zu finden sind. Leider entzieht sich die Villa durch den allzu starken Bewuchs an der Straßenseite immer stärker dem Blick.

Auf dem Grundstück Rosselstraße 20 stand bis zur Kriegszerstörung die großartige Villa Weintraut, ein origineller Bau von 1906. Der Nachfolgebau von 1947 für den Sektfabrikanten Karl Henkell von dem Münchener Architekten Ernst Haiger demonstriert das Weiterleben des Historismus noch nach dem Zweiten Weltkrieg und die Abneigung gegen die Sachlichkeit des Internationalen Stils bei Erzeugern von Sekt, zu dessen Genuss man meinte, den stimmungsvollen Neobarock zu benötigen.

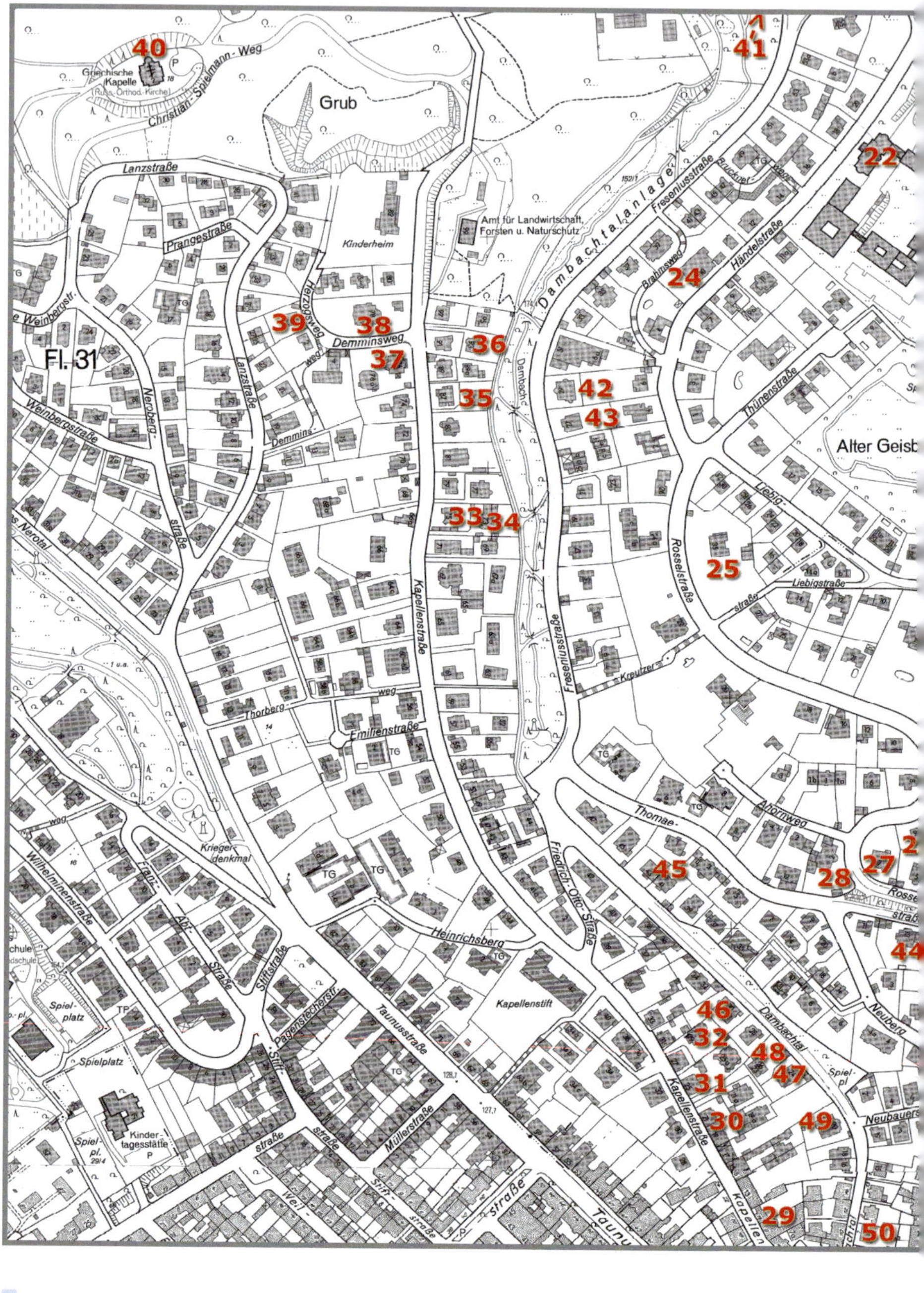

40
41
22
Griechische Kapelle
(Russ.-Orthod.-Kirche)
Christian-Spielmann-Weg
Grub
Lanzstraße
Prangestraße
Kinderheim
Amt für Landwirtschaft, Forsten u. Naturschutz
Dambachtalanlage
Freseniusstraße
Brucknerweg
Händelstraße
Brahmsweg
24
Weinbergstr.
Herzogsweg
39
38
Demminsweg
36
37
Fl. 31
Nerobergstraße
Lanzstraße
Dambach
42
43
35
Thünenstraße
Alter Geisb
Weinbergstraße
Demminsweg
Liebigstraße
33
34
25
Rosselstraße
Kapellenstraße
Freseniusstraße
Kreutzerweg
Thorbergweg
Emilienstraße
TG
Kriegerdenkmal
Franz-Abt-Straße
Wilhelminenstraße
Thomaestraße
Ahornweg
45
28
27
Friedrich-Otto-Straße
Heinrichsberg
Kapellenstift
Stiftstraße
Pagenstecherstr.
Taunusstraße
44
Neuberg
46
32
48
47
31
Dambachtal
Kapellenstraße
30
49
Neubauerstraße
Spielplatz
Kindertagesstätte
Müllerstraße
Stiftstraße
Weilstraße
29
50

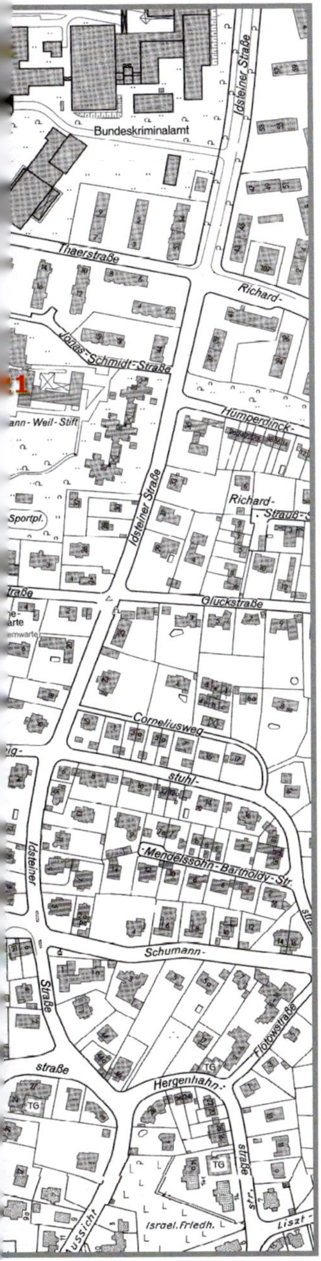

Tour 13

Plan 2:

21 Alter Hof Geisberg
22 Bundeskriminalamt, Altbau
23 Bundeskriminalamt, Neubau
24 Händelstraße 10
25 Rosselstraße 35
26 Rosselstraße 9
27 Rosselstraße 7
28 Rosselstraße 2
29 Kapellenstraße 11
30 Kapellenstraße 19, 21
31 Kapellenstraße 25
32 Kapellenstraße 29
33 Kapellenstraße 75
34 Kapellenstraße 73
35 Kapellenstraße 87
36 Kapellenstraße 93
37 Kapellenstraße 76
38 Demminsweg 1
39 Herzogweg 4
40 Griechische Kapelle
41 Forsthaus Dambachtal
42 Freseniusstraße 29
43 Freseniusstraße 27
44 Thomaestraße 13
45 Dambachtal 41, 43
46 Dambachtal 30
47 Dambachtal 24
48 Dambachtal 26
49 Dambachtal 40
50 Dambachtal 7

Abb. 484

Abb. 485

Gegenüber erhebt sich auf der Anhöhe mit großem Abstand die Villa Rosselstraße 19, 1928 ebenfalls von Ernst Haiger entworfen, in der Wirkung sachlicher und damit zeitgemäßer als sein Bau von 1947, auch durch die Verwendung eines dunkel gebrannten Klinkers, wie er schon 1908 am Hochzeitsturm in Darmstadt und später gern von Fritz Schumacher in Hamburg verwandt wurde. Der Neoklassizismus vor und nach dem Ersten Weltkrieg war eine Gegenbewegung zum Internationalen Stil der Neuen Sachlichkeit, vertreten durch jene Architekten, die beim Bau der Weißenhofsiedlung in Stuttgart nicht zum Zuge kamen und sich in der Bewegung des Heimatschutzstils zusammenschlossen. Das Gebäude ist Dienstvilla des Hessischen Ministerpräsidenten, deshalb aus Sicherheitsgründen durch Bewuchs völlig abgeschirmt.

Wie konservativ die reiche Bauherrschaft 26
in Wiesbaden war, demonstriert die Villa **Rosselstraße 9** (Abb. 484) nicht nur wegen ihrer späten Entstehung 1923, sondern auch wegen der höchst ungewöhnlichen Verwendung einer kräftigen Rustika aus Kunststein an der gesamten straßenseitigen Fassade und den Eckverzahnungen an den Seiten. Dadurch und in ihrer kubischen Geschlossenheit vermittelt sie den Stil der italienischen Renaissance; zugleich könnte man darin auch einen Schritt in Richtung Neue Sachlichkeit sehen.

Der Architekt Wilhelm Weygandt scheint 1906 bei seinem älteren Werk, der Doppelvilla Riederbergstraße 1–3, schon einen Schritt weiter in die Moderne des 20. Jahrhunderts gegangen zu sein, da die dort angewandte Cottagebauweise kaum noch historistisch wirkte. So war es wohl der Geschmack der Bauherrin Marie Ergo und das konservative Umfeld, die diesen völlig ungewöhnlichen Bau hervorbrachten.

Die Fassade der Villa **Rosselstraße 7** 27
(Abb. 485) lebt ganz aus dem sich vorwölbenden Mittelrisalit mit abschließender Balustrade und bekrönendem Segmentbogengiebel sowie der seitlichen, einst offenen Loggia. Durch Nutung gebänderter Putz verleiht dem Bau eine gewisse Eleganz und Leichtigkeit, die an den Übergangsstil des Louis-seize aus der Zeit um 1780–90 erinnert. Die Architekten waren 1910 Walter Kraitsch und Wilhelm Rehbold; letzterer gestaltete zwei Jahre zuvor wesentlich zurückhaltender die benachbarte Villa Rosselstraße 3.

Abb. 486

28 Im Sinne der Entwicklung zur Neuen Sachlichkeit ist die Villa **Rosselstraße 2** (Abb. 486) von 1912 die am weitesten fortgeschrittene. Sie beherrscht das Straßenbild durch ihre Lage in der Sichtachse vor der Krümmung und vermittelt durch die Verwendung der dunklen Klinker im breit ausladenden Sockel, die walzenförmige Gestalt der mittleren Exedra, durch die mit Hilfe einer Putzkante zu einem geschlossenen Band zusammengezogenen Fenster wie auch durch den fast völligen Verzicht auf Ornamentik einen Entwicklungsstand zur Moderne des 20. Jahrhunderts, wie er erstmals von Josef Maria Olbrich 1908 auf der Mathildenhöhe in Darmstadt mit dem Hochzeitsturm erreicht worden war. Vor dem Haus Rosselstraße 2 zweigt der Ahornweg ab, in dem sich unter den Hausnummern 1, 1a und 1b die Reste des **„Neuen Geisberg"** befinden, einer um 1835 entstandenen Gartenwirtschaft. Später entstand aus der Gastwirtschaft eine Villa, die wiederum 1936 in drei Wohnhäuser aufgeteilt wurde. Dabei ersetzte man den einst eingeschossigen Mittelteil durch einen zweigeschossigen Neubau. Die beiden würfelförmigen Eckbauten blieben erhalten.

Abb. 487

Die Rosselstraße mündet nach ihrer Vereinigung mit der Thomaestraße in die Idsteiner Straße; durch diese gelangt man herabsteigend in die Geisberg- und von dieser in die Kapellenstraße. Sie hieß einst Steinhohlweg und erhielt ihren neuen Namen, nachdem die Griechische Kapelle 1849–55 erbaut worden war. Die Straße gelangte durch die Laborbauten von Remigius Fresenius und die Augenheilanstalten von Alexander Pagenstecher zu hohem Bekanntheitsgrad. Bereits zwischen 1843 und 1857 entstanden die Häuser Kapellenstraße 3, 5, 11 und 17. Dabei handelt es sich weniger um Landhäuser als um Nutzbauten für Ackerbürger oder Gewerbetreibende in der Art der Modellbauten nach den herzoglichen Baugnaden, wie sie unter anderem bis 1810 in der Nerostraße 22 und 24 (Abb. 234, S. 129) errichtet worden waren.

Beim Haus **Kapellenstraße 11** (Abb. 29
487) ist der ursprüngliche Zustand noch am besten erhalten, das Hoftor gemäß den Vorschriften noch nicht überbaut, wie dies bei den anderen später geschehen ist. Die Gitter an den Fensterbrüstungen der Häuser Kapellenstraße 5 (Abb. 488) und 17 gleichen denen der Nerostraße 22–24

Abb. 488

(Abb. 235, S. 129), Friedrichstraße 5, Luisenstraße 5 (Abb. 153, S. 82) und Saalgasse 38. Es handelt sich um serienmäßig gegossene Schmuckelemente. Mit ihren einfachen, bis auf die Gitter schmucklosen Formen vertreten die Fassaden die Stilphase des Klassizismus (1803–35), obwohl sie zeitlich bereits dem Romantischen Historismus (1835–66) angehören.

Für die Naturwissenschaften kam dem Haus Kapellenstraße 13 bis zu seiner Kriegszerstörung 1945 geschichtliche Bedeutung zu, denn hier richtete Remigius Fresenius 1848 sein Labor ein, weshalb der Steinhohlweg anfangs auch „Alchimistenhöhle" genannt wurde. So ist verständlich, dass Fresenius die Umbenennung in Kapellenstraße betrieb. Er kaufte auch die Häuser Nr. 11 und Nr. 15 dazu; letzteres wurde ein Opfer der Bomben.

30 Die um 1855 geschaffenen Häuser **Kapellenstraße 19 und 21** (Abb. 489) standen einstmals auch völlig frei, das zwischen ihnen liegende Hoftor wurde etwas später noch im selben Stil überbaut. Der gestalterische Aufwand ist bei ihnen im Sinne des Romantischen Historismus spürbar reicher, es treten Segmentbogenfenster mit bogenförmigen oder dreieckigen Verdachungen auf. Vom Gebäudetyp her sind es jetzt Landhäuser. Das Haus Nr. 19 wurde von Herzog Adolf der Russischen Gemeinde geschenkt, die es im Winter für ihre Gottesdienste nutzte, da die Griechische Kapelle kaum warm zu bekommen war.

Abb. 489

Noch stärker als bei den Häusern Nr. 31
19 und 21 tritt der Charakter eines Landhauses bei dem allseitig freistehenden Gebäude **Kapellenstraße 25** (Abb. 490) hervor, sichtbar ausgezeichnet durch den Balkon (Abb. 491) auf gusseisernen Volutenkonsolen und mit einem sehr schönen Geländer versehen, das gotisierende Tendenzen verrät.

Der berühmte und sozial sehr engagier- 32
te Augenarzt Dr. Alexander Pagenstecher[78] nutzte die Villa **Kapellenstraße 29** (Abb. 492) in den Jahren 1868–70 als Armen-Augenheilanstalt, für die dann später der 1905 bezogene große Neubau Kapellenstraße 42 nach Plänen von Alfred Schellenberg geschaffen wurde. Die Villa Kapellenstraße 29 war kurz vor dem Einzug der Augenheilanstalt 1868 erbaut worden. Alexander Pagenstecher selbst bewohnte die 1871 erbaute benachbarte Villa Kapellenstraße 32 bis zu seinem Tod 1879 bei einem Jagdunfall. Auf

Abb. 490

Abb. 491

Abb. 492

Abb. 493

die abseits der Straße liegende Villa Kapellenstraße 29 wird man durch die große Veranda mit Gebälk und Giebeldreieck auf vier Säulen aufmerksam. Für einen nachträglichen Anbau[79] vermag ich keine Anzeichen festzustellen, denn in dieser Zeit des Strengen Historismus mit seiner Tendenz zu einer spätklassizistischen Monumentalität, wie sie der Schinkel-Schule in Berlin eigen war, sind die einheitlich wirkenden Bauformen für das Jahr 1868 möglich.

Im oberen Teil der Kapellenstraße wurden die Villen mit fortschreitender Bauzeit immer aufwendiger. Die Architekten Stanislaus Wojitowski und Kreizner & Hatzmann fanden hier ein reiches Betätigungsfeld.
Wojitowski bevorzugte beim Haus **Kapel-** 33
lenstraße 75 (Abb. 493) 1895 noch den schon recht plastischen Stil der italienischen Hochrenaissance, als Material goldgelbe Klinker und reiche Gliederungs- und Schmuckelemente aus graugelbem Sandstein am Seitenrisalit mit dem vorgebauten Wintergarten, am geschweiften Giebel und
am Eckturm. Bei der Villa **Kapellenstra-** 34
ße 73 (Abb. 494) ging er noch im selben

Abb. 494

Abb. 495

Abb. 496

Jahr 1895 zu einem pathetisch-bewegten Neobarock über, bei dem der sich vorwölbende Mittelrisalit einen halbkreisförmigen Balkon vorgesetzt bekam und die gekuppelten Säulen einen dramatisch gebrochenen Volutengiebel tragen.

35 Für denselben Pensionär L. Schramm baute Wojitowski 1896 die Villa **Kapellenstraße 87** (Abb. 495). Die Gliederung der neobarocken Fassade ist hier weniger dramatisch, um so stärker wirkt das Haubendach, wie es in Wiesbaden zum ersten Mal 1892–94 beim Staatstheater der Wiener Architekten Helmer & Fellner eingeführt worden war. Von deren monumentalem Neobarock wurde wohl Wojitowski dazu angeregt, von der Neorenaissance der Villa Kapellenstraße 75 zum Neobarock überzugehen. Die Verwendung von Zinkguss für die aufwendigen Schmuckformen wurde in dieser Zeit immer beliebter.

Fast gleichzeitig mit dem Neobarock von Wojitowski präsentierten die Architekten Kreizner & Hatzmann in den Jahren 1895–97 die
36 Villen **Kapellenstraße 93** (Abb. 496) sowie 91 und 95. Sie wählten jedoch den völlig anderen Cottage-Stil mit reichlicher Verwendung von anheimelndem Fachwerk, wie es vom englischen Queen-Victoria-Style auf das Festland gelangt war. Das neue Zeitalter der Baukunst kündigt sich durch den Architekten Georg Kohtz in der
Villa **Kapellenstraße 76** (Abb. 497) in ei- 37
nem undramatischen Neoklassizismus von 1913 an.

Die Lisenengliederung ist so stark zurückgenommen und die Betonung der schlichten Kuben in dem halbrunden wie auch dem rechteckigen Altan so sachlich, dass man die

Abb. 497

Abb. 498

Entwicklung zur Neuen Sachlichkeit des Internationalen Stils ahnen kann, wie sie wenige Schritte entfernt in der Villa Herzogsweg 4 bereits verwirklicht wurde. Dazwischen aber liegt – ebenfalls aus dem Jahr 1913 – in einem großen Gartengrundstück die
38 monumentale Villa **Demminsweg 1** (Abb. 498), die mit der Balustrade, der Exedra, dem mächtigen Mansarddach und der Kuppel des Eckturms noch stärker dem Neobarock des Späthistorismus im ausgehenden 19. als dem Neoklassizismus des frühen 20. Jahrhunderts verpflichtet ist.

39 Die erstaunlichste Leistung der Baukunst in Wiesbaden zwischen den beiden Weltkriegen ist die Villa **Herzogsweg 4** (Abb. 499), erbaut 1927 von Karl Lehr, eine für diese frühe Entstehungszeit geradezu revolutionäre Leistung eines dafür viel zu wenig bekannten Architekten. Nur ein Jahr nach Vollendung des Bauhauses 1926 in Dessau durch Walter Gropius und im selben Jahr 1927 wie die Weißenhofsiedlung in Stuttgart erreichte Karl Lehr eine gleichermaßen konsequente Umsetzung der Neuen Sachlichkeit.

Dabei erscheint der scharfkantige, würfelförmige Kubus inmitten der aufwendigen Schöpfungen des Historismus zwar als fremdartig, jedoch nicht als Störung, da er sich von den Maßen, der Erscheinung des Materials und den Proportionen eingliedert und zudem Erinnerungen an die klaren, würfelförmigen Villen des Romantischen Historismus weckt. Zur Straße hin wirkt der Bau abweisend geschlossen, öffnet sich aber an den Seiten und der Rückseite zum Tal hin in Balkonen und der großen Dachterrasse. Entsprechend den Forderungen des Funktionalismus kann man an dem senkrechten Fenster die Lage des Treppenhauses, an den kleinen, querrechteckigen die der Nebenräume ablesen. Von der Talseite aus (Abb. 500) ist zu erkennen, wie meisterhaft Lehr die neuen Möglichkeiten vorkragender Betondecken zu nutzen wusste, um so die Nachteile eines steil abfallenden Geländes zum Vorteil werden zu lassen. Damit knüpft er an das Werk von Frank Lloyd Wright an.

Abb. 499

Abb. 500

Abb. 501

40 Von der Kapellenstraße nach Westen abbiegend erreicht man durch die Christian-Spielmann-Straße die **Griechische Kapelle** (Abb. 501), die richtig Russische Kirche heißen müsste, von den Wiesbadenern aber zum Kummer der russischen Gemeinde nach wie vor fälschlich als Griechische Kapelle bezeichnet wird. Der Irrtum beruht auf der Weihe am 25. Mai 1855 nach griechisch-orthodoxem Ritus.

Sie erhielt den Status eines Baudenkmals von besonderer nationaler Bedeutung für die Epoche des Romantischen Historismus in Deutschland und ist eine wichtige Stütze für die Begründung des Antrags Wiesbadens auf Eintragung in die UNESCO-Liste des Weltkulturerbes, denn sie ist die erste und mit Abstand bedeutendste von drei weiteren Russischen Kirchen, von denen eine vom Ende des 19. Jahrhunderts in Frankfurt am Main in der Ludwig-Landmann-Straße, die zweite von 1896–99 in Bad Homburg und die dritte von 1898–99 in Darmstadt auf der Mathildenhöhe steht.

Einmalig im Sinne der Romantik ist die Lage der Grabkapelle auf dem Neroberg hoch über der Stadt (Abb. 502). Um die-

Abb. 502

se exponierte städtebauliche Lage noch zu betonen, ging man von dem ursprünglich geplanten roten zu einem sehr hellen Sandstein über und hinterpflanzte den Bau außerdem mit dunklen Fichten, die es nur hier am Rand des Buchenwaldes gibt. Schon ihre Entstehungsgeschichte passt so recht in das Zeitalter der Romantik: Herzog Adolf holt sich die Großfürstin Elisabeth, Nichte des russischen Zaren, aus dem fernen Russland zur Frau, sie aber starb noch im jugendlichen Alter von 19 Jahren am 28. Januar 1845 bei der Geburt des ersten Kindes. Der trauernde Herzog will die reichliche Mitgift des Zarenhauses nicht für sich verwenden, sondern damit eine würdige Grabkapelle finanzieren. Ein erster Entwurf des badischen Landbaumeisters Hübsch befriedigte den Bauherren nicht und so wurde Philipp Hoffmann nach Russland geschickt, um die dortige Bauweise zu studieren. Bei seinem

Aufenthalt in Moskau 1846 vermerkte er: „Unter diesen unzähligen Kirchen von der verschiedenen Gestalt, Größe und Ausstrahlung waren es aber nur die wenigen aus älterer Zeit herstammenden Überreste, welche für die vorliegende Aufgabe von besonderem Interesse gewesen sind. Dahin gehört besonders die von Iwan Wassiliewitsch durch den Italiener Rudolfo Fioravante 1479 nach dem Vorbild der Kirche zu Wladimir auf dem Kreml errichtete Kathedrale und Krönungskirche zur Himmelfahrt Mariae." Nicht die altrussischen Kirchen im romanischen oder gotischen Stil hatten Hoffmann beeindruckt, sondern die Verbindung speziell russischer Bauformen mit solchen der italienischen Renaissance. Diese bevorzugte auch Alexander Thon, Lieblingsarchitekt von Zar Nikolaus I. Thon hatte sich in jüngeren Jahren in Italien aufgehalten und nach seiner Rückkehr 1841 für die russische Sakralbaukunst ein Gemisch aus altrussischen, byzantinischen und antikisierenden Elementen vorgeschlagen.

In diesem Stil schuf er die Erlöserkirche in Moskau, die angeblich das direkte Vorbild unserer Griechischen Kapelle gewesen sein soll. Doch ist die Ähnlichkeit zwischen beiden nur allgemeiner Natur, das Erscheinungsbild durch das abweichende Verhältnis der Hauptkuppel zu den vier Nebenkuppeln ganz unterschiedlich. Auch ist nicht bekannt, wie weit der erst 1881 vollendete Bau der Erlöserkirche 1846 bei Hoffmanns Aufenthalt in Moskau bereits gediehen war. Er könnte allerdings Pläne oder ein Modell gesehen haben. Dieses Bauwerk genießt wegen seiner wechselhaften Geschichte in der Russisch-Orthodoxen Kirche eine besondere Verehrung, die es ermöglichte, dass es – nach dem Abbruch und Ersatz durch ein Schwimmbad auf Befehl Stalins – inzwischen wieder als völlige Rekonstruktion neu entstanden ist. Ob nun der Bau der Griechischen Kapelle durch das Vorbild von Alexander Thon oder direkt auf Grund seiner eigenen Italienreise 1849/50 und seiner

Abb. 503

generellen Neigung zur italienischen Renaissance beeinflusst wurde, ist abschließend nicht festzustellen. Diese wird jedenfalls sowohl am Außenbau als auch im Inneren in der Plastizität der Architekturglieder wie auch den einzelnen Schmuckformen unübersehbar deutlich.

Aus der altrussischen Ikonostasis machte Hoffmann ein Renaissance-Retabel (Abb. 503). Der aus dem griechischen Kreuz entwickelte Grundriss mit der zentralen Kuppel könnte auch von einem italienischen Baumeister der Renaissance entworfen sein. Die reiche Ausstattung mit Marmor aus Carrara und von der Lahn sowie die Malereien des Emil Alexander Hopfgarten zeigen, wie weit sich die Baukunst des Romantischen Historismus schon von der Kargheit des Klassizismus entfernt hatte. Das Grabmal der Herzogin Elisabeth und ihrer bei der Geburt verstorbenen Tochter schuf der aus München stammende Bildhauer Emil Alexander Hopfgarten, in Wiesbaden auch als Schöpfer der Marmorgruppe „Christus und die vier Evangelisten“ in der Marktkirche bekannt. Die liegende Gestalt der Toten auf dem Sarkophag erinnert an das Berliner Grabmal der Königin Luise von Christian Rauch.

Nordöstlich steht am Rand des Waldes unter der Hausnummer Christian-Spielmann-Weg 2 das Pfarrhaus der Russischen Gemeinde: ein eingeschossiger Backsteinbau mit Drempel (auch Kniestock genannt). Das wohl zur Weihe der Kirche 1855 von Philipp Hoffmann vollendete Pfarrhaus bemüht sich vergeblich, durch die Mischung von Stilelementen der Neogotik und der Renaissance an russische Baukunst zu erinnern. Philipp Hoffmann entwickelte auch die Pläne für den 1856 eingeweihten Russischen Friedhof, der unmittelbar hinter dem Pfarrhaus idyllisch unter Waldbäumen liegt. Hier befinden sich die Gräber und Grabkapellen von Angehörigen der russischen Gemeinde aus der Zarenzeit sowie von Emigranten nach 1918.

Der prominenteste von ihnen ist der 1941 verstorbene russische Maler Alexej von Jawlensky, dessen Grab kontinuierlich gepflegt wird, während die meisten anderen dringend einer Instandsetzung bedürfen und der Friedhof insgesamt ungepflegt wirkt. Als Maßstab für die Kultur der Völker hat man stets den Umgang mit ihren Toten angelegt, für die Russische Gemeinde und die Stadt Wiesbaden ist dies hier kein Ruhmesblatt.

41 Vom Neroberg kann man durch den Tränkweg zur Freseniusstraße in der Dambachtalanlage und dann in die Straße Dambachtal gelangen. Im Tränkweg erbaute Felix Genzmer 1895–96 direkt am Waldrand das **Forsthaus Dambachtal** (Abb. 504). Der Baukörper des Försterhauses ist sehr malerisch gegliedert, abweichend vom sonst in Wiesbaden üblichen würfelförmigen Villentypus. Über einem niedrigen Sockel aus grauem Sonnenberger

Abb. 504

Bruchstein erhebt sich Ziegelmauerwerk, einst mit einem rauen, grau-grünen Spritzbewurf verputzt, heute verändert mit glattem weißen Putz. Die Fenstergewände aus roten Ziegelsteinen und das Fachwerk mit den farbig abgesetzten Fächerrosetten auf den Blockstreben, wie sie im 16. Jahrhundert im Harzraum üblich waren, geben dem Bau mit seinem Schieferdach ein malerisches Aussehen. Der unregelmäßige Grundriss ergab sich aus der Funktion der einzelnen Räume und ihrer Zuordnung zueinander.

Abb. 505

42 Die **Freseniusstraße** grenzt die Grünanlagen des Dambachtals nach Osten ab. Leider hat die Kette der stattlichen Villen in den 60er Jahren empfindliche Lücken bekommen, die mit unpassenden Neubauten in Gestalt von Terrassenhäusern gefüllt wurden. Von beachtlicher Qualität ist die Villa **Freseniusstraße 29** (Abb.505), erbaut 1898 durch den Maurermeister und Bauunternehmer Max Hartmann. Der monumental wirkende Bau ist ganz symmetrisch von der Mittelachse aus auf Altan und Treppengiebel ausgerichtet und hat folglich zwei runde Ecktürme. Die aus roten Klinkern auf gelbem Grund geschaffenen Gliederungen verleihen dem Bau ein angenehmes, lebendiges Aussehen, passend zu der Nutzung als vornehme Erziehungs- und Unterrichtsanstalt für junge Mädchen des In- und Auslands. Der Baustil ist eine freie Weiterentwicklung spätmittelalterlicher Vorbilder.

43 Vom selben Maurermeister und Bauunternehmer Max Hartmann wurde ein Jahr später die benachbarte Villa **Freseniusstraße 27** (Abb. 506) geschaffen, jedoch im völlig anderen Stil des Neobarock. Der Späthistorismus war durch die Verwendung aller Stile in der Lage, in kurzen Zeiträumen viele individuelle Lösungen von beachtlicher Qualität zu finden, sogar durch einen Maurermeister, der sich aus der Praxis zu seinem eigenen Bauunternehmer und Architekten empor gearbeitet hatte. Die nach links verschobene Anordnung des Risalits mit dem Altan, der darüber liegenden Loggia und dem abschließenden Schweifgiebel wie auch der leicht schräg gestellte Eingangsrisalit verleihen dem Bau schwungvolle Bewegung und Eleganz.

Am unteren Ende der von Felix Genzmer entworfenen Anlage des Dambachtals steht unter zu groß gewachsenen Eiben verborgen das Denkmal für Carl Remigius Fresenius (1818–1897), Begründer einer Dynastie bedeutender Persönlichkeiten und eines weit über die Grenzen Wiesbadens

Abb. 506

hinaus bekannten chemischen Laboratoriums (s. Kapellenstraße 13, S. 254). Die Stele mit seiner Büste, die 1904 enthüllt wurde, ist das Werk des Berliner Bildhauers Karl Reinert.

Von der Fresenius- biegt die **Thomaestraße** nach Südosten ab und mündet zusammen mit der Rossel- in die Idsteiner Straße. Die Häuser Thomaestraße 1, 3 und 5 sind alle von dem Architekten Paul A. Jacobi 1905 für denselben Bauherren Friedrich König erbaut worden. Dieser wurde „Zucker-König" genannt, denn sein in St. Petersburg geborener Vater Georg Leopold hatte in Russland ein großes Vermögen mit dem Anbau von Zuckerrüben und der Herstellung von Zucker erworben. Mit dem Bau der Villen „auf Spekulation" in der Thomaestraße hat er beim Weiterverkauf sicher gut verdient. Die drei freistehenden Villen im Stil des Neobarock bilden ein ausgezeichnetes Ensemble.

Die Südseite des Straßenabschnitts zwischen Neuberg und Idsteiner Straße beherrscht die Villa **Thomaestraße 13** (Abb. 507), ursprünglich ein sehr viel schlichterer kubisch geschlossener Bau des 44

Abb. 507

Abb. 508

Abb. 509

Zimmermeisters Leonhard Jacob von 1875. Der Architekt Wilhelm Rehbold gestaltete 1904–06 den Umbau, indem er der Straßenfassade einen aufwendig gegliederten Mittelrisalit vorsetzte und an der Rückseite einen Turm hinzufügte. Dieser trägt nach dem Vorbild des Staatstheaters ein Haubendach. Durch diesen Umbau wurde aus dem einst schlichten Bau des Strengen Historismus eine Prachtvilla des Späthistorismus im Stil des Neobarock. Die Karyatiden am Giebel (Abb. 508) sind Schöpfungen der Keramischen Werkstätten Höppli in der Wörthstraße und kehren mehrfach an Bauten in Wiesbaden wieder, woran sich das flüchtige Auge meist nicht erinnert, die die Kamera aber ans Tageslicht bringt.

Von der Freseniusstraße führt der Weg talwärts direkt in die Straße **Dambachtal**, an deren unterem Ende in geschlossener Bauweise ab 1865 gebaut wurde. Die ersten Villen entstanden bereits ab 1855, ab Nr. 20 erst Anfang des 20. Jahrhunderts. Die Doppelvilla **Dambachtal 41/43** (Abb. 45
509) besteht aus zwei gleichartigen, aber nicht völlig gleichen Haushälften, gestaltet im Jugendstil 1904 von dem Architekten Karl Heuer, der auch Bauherr war. Die Unterschiede bestehen nur in Details und in der Farbgebung. Zu den neuen Gestaltungsmethoden des Jugendstils gehören die unterschiedlichen Arten der Flächengestaltung mit Kammputz, Spritzwurf und glattem Putz. Charakteristisch sind auch die Bogenfelder über den Fenstern mit Maskenköpfen und Rankenornamenten sowie die Balkongitter.

Als großer, rechteckiger, breiter Kubus 46
gibt sich das Haus **Dambachtal 30** (Abb. 510) als Mietetagenbau zu erkennen, geschaffen 1901 von den Architekten Werz & Faesch in sehr sachlicher Form mit einfach in die Mauern geschnittenen Fenstern, im dritten Geschoss gerahmt von Blattornamenten des Jugendstils (Abb. 511). An die Herkunft des Jugendstils aus dem Neobarock erinnern noch die geschwungenen Balkone auf Volu-

Abb. 510

Abb. 513

Abb. 511

Abb. 512

tenkonsolen, deren Gitter jedoch die Muster des Jugendstils aufweisen.

Ungewöhnlich modern durch den runden, in Veranden auf Pfeilern in drei Etagen aufgelösten Eckbau wirkt die Villa **Dambachtal 24** (Abb. 512), die der Architekt Walter Kraitsch 1908 in der Hochlage der südöstlichen Straßenseite aufführte. Mit drei Geschossen über einem hohen Sockel wirkt der Bau sehr steil, was durch die Gliederung in den Balkonturm, einen leicht konvex gewölbten Mittelrisalit und den rechten, turmartigen Eckerker noch betont wird. 47

Das schlichte Landhaus **Dambachtal 26** (Abb. 513) könnte noch vor der Verrohrung des Dambachs vor 1843 entstanden sein, weshalb es so weit von der Straße zurückliegt. Die einfachen Rechteckfenster mit Klappläden an einer schmucklosen Putzfassade und das flache Satteldach lassen eine frühe Datierung in das erste Jahrzehnt des 19. Jahrhunderts zu. 48

Zu den wenigen ausgeprägten Bauwerken des Jugendstils in Wiesbaden gehört die monumentale, hochaufragende Villa **Dambachtal 20** (Abb. 514), geschaffen 1901 von den Architekten Werz & Huber, die noch 1908 das Landeshaus in einem deutlich konservativeren Stil entworfen haben. Doch dort bauten sie für den preußischen Staat und mussten sich dem Widerwillen Wilhelms II. gegen den Jugendstil beugen. Hier, für Friedrich Werz selbst, konnten sie 49

Abb. 514

Abb. 515

Abb. 516

ihre Vorstellungen vom Bauen im neuen Jahrhundert unzensiert verwirklichen. Der regelmäßige Kubus wird zur Straße durch den polygonalen Mittelrisalit aufgelockert und durch das pagodenartig geschweifte Mansarddach belebt. Einziger Schmuck ist der in Freskotechnik gearbeitete Blumenfries (Abb. 515) unterhalb des Dachüberstands. Er ähnelt den Blumen auf den Majolikaplatten an den Häusern Linke Wienzeile in Wien, 1898–99 von Otto Koloman Wagner geschaffen, die sein Konkurrent Adolf Loos als „tätowierte Architektur" kritisierte. Die Fenster wirken wie aus der Mauer herausgeschnitten, Gewände werden nicht betont, nur schmale Putzfaschen rahmen sie in den beiden obersten Geschossen.

Die nördliche Seite im unteren Teil des bis 1843 noch offenen Dambachs war erstmals schon bis 1834 bebaut worden, wurde aber um 1865 in geschlossener Bauweise neu errichtet. Dagegen entstanden die ersten Häuser auf der südlichen Seite – Dambachtal 15, 13, 9 und 3 (Abb. 516) – bis 1879 als freistehende Landhäuser in spätklassizistischer Bauweise, die Häuser **Dambachtal 7** und 50
3 (Abb. 517) schon bis 1843. Letzteres ist durch den voluminösen Dachausbau zwar in seiner Erscheinung beeinträchtigt, gibt aber dennoch den Charakter einer Villa im Stil des Romantischen Historismus (1835–66) wieder. Dieser schlägt sich in den kräftigen Fensterverdachungen, dem Balkon mit schönem gusseisernem Gitter (Abb. 518) und dem Mittelgiebel mit den gekuppelten Rundbogenfenstern nieder. Eine ähnliche Stilhaltung nimmt die Villa Dambachtal 13 von 1868 bis 1879 ein, geht aber mit dem turmartig hochgezogenen Eckrisalit schon einen Schritt weiter in Richtung der betonten Asymmetrie des Strengen Historismus (1866–88).

Die ersten Häuser am unteren Ende der Geisbergstraße erscheinen schon im Spielmann-Plan von 1834, vollständig ist die Bebauung bis 1843 eingezeichnet, jedoch sind alle wegen der billigen Bauweise durch Neu-

Abb. 517

Abb. 518

Abb. 519

Abb. 520

bauten ersetzt worden, an der Kreuzung mit der Taunusstraße (Abb. 519) in der Zeit um 1900 mit viergeschossigen Mietshäusern im Stil der Neorenaissance.

Die Häuser Geisbergstraße 20–22 (Abb. 520) haben ihre historischen Fassaden aus der Zeit zwischen 1868 und 1879 gut bewahrt. Der seinerzeit bekannte Naturwissenschaftler Matthias Jacob Schleiden, Entdecker der Bedeutung des Zellkerns von Pflanzen[80], kaufte 1873 das etwas jüngere Haus mit dem Dreiecksgiebel, während das anschließende Haus Nr. 20 noch ganz den nassauischen Stil des Romantischen Historismus in der Form der Balkone, der plastisch gewordenen Fensterverdachungen und der Zierfelder unter den Fensterbrüstungen wiedergibt.

---

71 Zeitzeugen I, S. 172–173
72 Russ, Sigrid: S. 327
73 Zeitzeugen III, S. 96–205
74 Zeitzeugen I, S. 79–81
75 Russ, Sigrid: S. 338
76 Zeitzeugen I, S. 24–27
77 Zeitzeugen I, S. 49–50
78 Zeitzeugen I, S. 52
79 Russ, Sigrid: S. 276
80 Zeitzeugen I, S.164–166

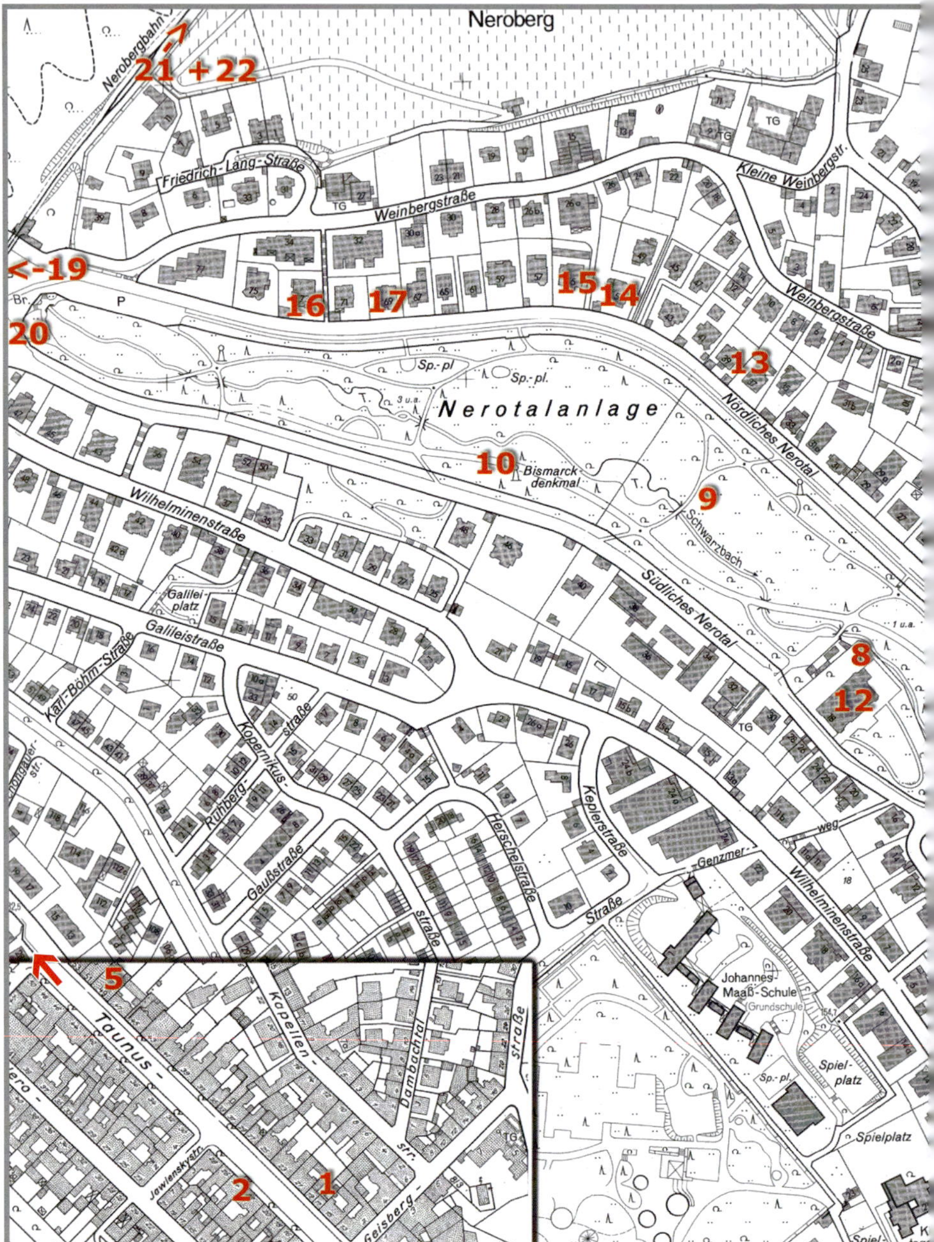
Neroberg
Nerobergbahn
21 + 22
Friedrich-Lang-Straße
Weinbergstraße
Kleine Weinbergstr.
<-19
20
16
17
15
14
13
Nerotalanlage
Sp.-pl.
10
Bismarck denkmal
9
Schwarzbach
Nördliches Nerotal
Südliches Nerotal
8
12
Wilhelminenstraße
Galilei-platz
Galileistraße
Karl-Böhm-Straße
Kopernikus-straße
Ruhberg-
Gaußstraße
Herschelstraße
Keplerstraße
Genzmer-Straße
weg
Johannes-Maaß-Schule
(Grundschule)
Spiel-platz
Spielplatz
5
Taunus-
Kapellen-
Dambachtal
straße
Jawlenskystr.
2
1
Geisberg-
str.
TG

Tour 14

Taunusstraße – Neroberg – Nerotal

1 Taunusstraße 18–20
2 Taunusstraße 15–21
3 Taunusstraße 59
4 Taunusstraße 67
5 Taunusstraße 49
6 Taunusstraße 66
7 Kriegerdenkmal Nerotal
8 Schweizerhäuschen
9 Brücke im Nerotal
10 Bismarck-Denkmal
11 Südliches Nerotal 6
12 Südliches Nerotal 18
13 Nördliches Nerotal 37, 39
14 Nördliches Nerotal 51
15 Nördliches Nerotal 65
16 Nördliches Nerotal 73
17 Nördliches Nerotal 69
18 Nerobergstraße 1
19 Beau Site, Nerotal
20 Nerobergbahn
21 Turm, Neroberg
22 Monopteros, Neroberg

Abb. 522

Tour 14: Taunusstraße – Nerotal – Neroberg

Diese sehr abwechslungsreiche Tour beginnt am Kochbrunnen. Es geht die Taunusstraße – eine der Prachtstraßen Wiesbadens – entlang stadtauswärts ins Nerotal bis zur Nerobergbahn, die den Weg auf den Neroberg erleichtert. In heißen Sommern bietet die Nerotalanlage, ein englischer Landschaftspark, den Spaziergängern Erfrischung durch die angenehme Luftzufuhr vom Taunus her und macht besonders deutlich, warum hier in reizvoller Lage die ersten Landhäuser und Villen entstanden.

Vom Bismarck-Denkmal im Park aus bieten sich zwei Varianten an: Entweder schließt man am Ende des Parks die Fahrt auf den Neroberg an und besucht die Villen am Nördlichen Nerotal auf dem Rückweg. Oder man durchquert den Park Richtung Lanzstraße (Station 18), folgt dem Nördlichen Nerotal mit seinen Villen bergaufwärts (Station 13 bis 16) und hebt sich die Fahrt auf den Wiesbadener Hausberg als krönenden Abschluss auf. Für den Weg zurück kann man den Bus nehmen.

Die Fahrt mit der historischen Nerobergbahn ist nicht nur für Technikfreunde ein Muss. Sie ermöglicht dem Besucher mühelos – und gewürzt mit einem Hauch von Nostalgie – auf den 245 m hohen Aussichtspunkt zu gelangen, der einen atemberaubenden Blick auf die gesamte Stadt bietet. Wer den Rundgang erweitern möchte, wandert von hier aus das kurze Stück zur Griechischen Kapelle. Am Fuß und auf der Höhe des Neroberges befindet sich jeweils ein Ausflugslokal.

Abb. 521

Die **Taunusstraße** gehört zu den Prachtstraßen des Historismus in Wiesbaden, da sie bis fast zu ihrem Ende am Nerotal in nahezu allen Fassaden erhalten ist. Diese bieten dem Auge ein abwechslungsreiches Gemisch aus den Phasen des Romantischen, Strengen und Späten Historismus bis hin zum Jugendstil.

Einst war die Straße mit zahlreichen Antiquitätengeschäften besetzt, heute sind es nur noch wenige, an ihre Stelle traten mehrfach gastronomische Einrichtungen. In der Zukunft könnte die Taunusstraße zu einem ähnlich attraktiven Boulevard wie die Wilhelmstraße werden, wenn es gelänge, den ruhenden Verkehr durch den Bau einer Tiefgarage in den Steilhang hinein zu verlagern, den gewonnenen Platz für eine Verbreiterung der Bürgersteige zu nutzen und diese für eine Freiraumbewirtschaftung zu verwenden.

Nach der Planung von 1815 wurde die Taunusstraße zunächst bis 1826 an der Nordseite zum Berg hin bis zur Röderstraße bebaut. Zwischen 1843 und 1857 folgte dann auch die Südseite, bei der man erst noch den offen vom Nerotal kommenden Schwarzbach in einen gemauerten Kanal unter die Straße verlegen musste. Von den ersten Häusern auf der Südseite aus der Zeit um 1850 blieben nur die Häuser **Taunusstraße 18 und** 1
20 erhalten. Sie stehen mit ihren drei niedrigen Geschossen und den einfachen, hell gestrichenen Putzfassaden im Stil des Romantischen Klassizismus bescheiden zwischen den Neubauten des Späthistorismus im Stil der Neorenaissance mit vier hohen Geschossen (Abb. 521).

Auf der Nordseite waren die ersten, bis 1826 entstandenen, freistehenden Häuser wohl nur drei- bis fünfachsige, zweigeschossige Bauten gemäß den Vorschriften der herzoglichen Baugnaden. Sie mussten im Zuge des fortschreitenden Wachstums der Stadt nach 1866 einer geschlossenen, viergeschossigen Bauweise (Abb. 522) im Stil des Spätklassizismus weichen. Inmitten der hohen gründerzeitlichen Neubauten, wie zum Beispiel auf der Nordseite, **Taunusstraße 15 bis 21** (Abb. 523), blieben auch niedrigere Häuser aus der ersten Hälfte des 19. Jahrhunderts stehen, doch stören die-

Abb. 523

se Maßstabssprünge keineswegs, sondern schaffen ein abwechslungsreiches Straßenbild mit den unterschiedlichsten Fassaden aller Stilphasen des Historismus.

3 So repräsentieren die Häuser **Taunusstraße 59** und 39 den Romantischen Historismus (1835–66), bei ersterem sind es die reizvollen Balkone auf hauchdünnen Stützen (Abb. 524) und mit filigranen Gusseisengittern, beim Haus Nr. 59 (Abb. 525), als Armen-Augenanstalt 1856–57 von Alexander Pagenstecher erbaut, sind es die ungewöhnliche Gliederung mit flachen Pilastern und horizontalen Gesimsen auf kleinen Konsolen sowie die originelle Rahmung der Fenster durch U-förmige, zarte Profile. Charakteristisch für diese Stilphase ist auch die turmartige, asymmetrische Ausbildung des rechten Risalits.

Den Strengen Historismus (1866–88) vertritt die Villa **Taunusstraße 67** (Abb. 526) 4
von etwa 1872 durch seine spätklassizistische Fassade mit den asymmetrisch angeordneten, steinernen Veranden und den plastischer gewordenen Gliederungselementen.

Stellvertretend für die vielen Fassaden des Späthistorismus (1888–1910) steht hier das Haus **Taunusstraße 49** (Abb. 527) mit 5
der sehr reich in gelben und roten Klinkern gegliederten Fassade, die ihre große Plastizität durch die beiden symmetrisch angeordneten Erker gewinnt. Die Mittelachse markieren zwei Balkone, eine segmentbogige Fensterverdachung und der obere Dreiecksgiebel. Wie häufig in Wiesbaden werden

Abb. 527

für die Klinkerfassade die Stilformen der Renaissance verwendet.

Der Jugendstil hat seinen Vertreter im
6 Haus **Taunusstraße 66** (Abb. 528), als Ho-

Abb. 528

tel 1908–11 von den Architekten Rehbold und Kraitsch erbaut. Der mächtige, viergeschossige Bau zeigt in seiner Fassade aus ockerfarbigem Sandstein das Bemühen, sich von historischen Formen zu lösen, ohne auf eine vielfältige Gliederung und Ornamentik zu verzichten. Vertikal ist der Bau durch die beiden Risalite mit abschließenden Segmentbögen gegliedert, horizontal durch die konvex vorgewölbten Balkone, die in die konkav einschwingenden Risaliten zu einem durchgehenden Band fortgesetzt werden. Die drei Giebel im Dachgeschoss versuchen, durch einen originellen Umriss von historischen Vorbildern abzurücken. Am oberen Ende zum Nerotal hin nehmen die Störungen des Ensembles durch Neubauten zu.

Blickfang für die Taunusstraße sind die Grünanlagen des Nerotals mit dem 1909 errichteten rund 10 m hohen Kriegerdenkmal (Abb. 529) für die Gefallenen der nassauischen Infanterieregimenter Nr. 87 und 88, von denen 1870/71 in den Schlachten von Weißenburg, Wörth, Sedan und Paris immerhin 423 Soldaten gefallen sind, für diesen Krieg eine große Zahl[21]. Die Namen der Toten sind auf dem hohen Postament verzeichnet, das einen germanischen Reiter auf einem muskulösen Ross trägt.

Die Schaffung eines **Kriegerdenkmals** 7
an dieser Stelle stand unter keinem guten Stern. Nachdem ein erstes, bereits 1873 eingeweihtes Denkmal schon rund 40 Jah-

Abb. 529

re später wegen Baufälligkeit abgebrochen werden musste, erregte das neue von 1909 seinerzeit durch die Nacktheit des Kriegers mit der Keule natürlich Anstoß. Die in Berlin arbeitenden Schöpfer, der Architekt Carl Krause und der Bildhauer Franz Prietel, waren die Sieger in einem Preisausschreiben mit 235 Einsendungen. Beim Transport nach Wiesbaden wurde das Reiterstandbild so stark beschädigt, dass es der Künstler ein zweites Mal aus Muschelkalkstein herausmeißeln musste.

Am Kriegerdenkmal gabelt sich die Straße nach links in das südliche, nach rechts in das nördliche Nerotal. Beide Seiten sind mit Villen besetzt, die auf der südlichen haben gerade Hausnummern, die auf der nördlichen ungerade. Die Bebauung begann bereits zwischen 1843 und 1857 mit dem Bau der Kaltwasseranstalt Südliches Nerotal 6, fand ihren Höhepunkt bis 1879 und war bis 1888 weitgehend fortgeschritten. Dazwischen lag bis dahin das naturbelassene Wiesental des Schwarzbaches, das erst 1897–98 zu einem Landschaftspark nach den Plänen des Gartenarchitekten Paul Schatter und des Stadtbaumeisters Felix Genzmer umgestaltet wurde. Mit seinem schönen alten Baumbestand, Teichen, den kleinen Brücken über den Schwarzbach, dem Bismarckdenkmal und dem Schweizerhäuschen reiht es sich in die Reihe der bedeutenden Parkanlagen Wiesbadens ein.

8 Das **Schweizerhäuschen** (Abb. 530) versteckt sich hinter dem ehemaligen Kurhaus Südliches Nerotal 18. Als sogenannter Staffagebau, wie ihn jeder englische Landschafspark hat, wurde er von Felix Genzmer 1897–98 im Stil einer Schweizer Berghütte errichtet. Über künstlichem Felsgestein steht der kleine aus Natursteinquadern gefügte Bau mit seiner aus grob behauenen Stämmen gefertigten Veranda und dem weit überstehenden flachen Satteldach.

Der Schwarzbach wurde ursprünglich Neresbach genannt, wie bei der Nerostra-

Abb. 530

Abb. 531

Abb. 532

ße und dem Neroberg wurde daraus eine nie vorhandene Verbindung zum römischen Kaiser. In den Spielmann-Plänen von 1799 und 1810 wird noch die Bezeichnung Neresbach in Klammern hinzugesetzt, ab 1817 setzte sich endgültig der Name Schwarzbach durch. Er behielt nach der Umgestaltung des Wiesentals 1897–98 in einen Landschaftsgarten seinen sich leicht windenden Verlauf, erhielt damals aber als Überquerung für

Abb. 533

das sich künstlich schlängelnde Wegenetz insgesamt
9 sechs **Brücken**. Sie sind malerisch aus Bruchsteinen gewölbt (Abb. 531) und haben sehr schöne Geländer des Jugendstils (Abb. 532).

10 Das **Bismarck-Denkmal** (Abb. 533) stand bis 1966 auf dem Rondell des gleichnamigen Platzes, der mit seiner Bebauung damals zu Gunsten des Neubaus der Dresdner Bank abgebrochen wurde. Das Denkmal wurde demontiert und aus ideologischen Gründen in das Nerotal abgeschoben, die beiden Begleitfiguren am Sockel aus Ignoranz eingeschmolzen, zumal es auch das Landesmuseum ablehnte, sie in sein Magazin aufzunehmen. Auf dem Rest des Sockels steht das von dem Berliner Bildhauer Ernst Herter 1898 geschaffene Standbild des Reichskanzlers jetzt am Rand des linksseitigen Parkweges.

Für den Dichter Friedrich von Bodenstedt (1819–92) schuf der Wiesbadener Bildhauer Ernst Dostal 1952 eine Gedenkstele als Ersatz für eine 1942 eingeschmolzene Bronzebüste, die 1894 auf einem hohen Sockel neben der Brunnenkolonnade aufgestellt worden war.

11 Der älteste, noch bestehende Teil der Bebauung im Nerotal ist die Villa **Südliches Nerotal 6** (Abb. 534), die im Spielmann-Plan von 1857 bereits vermerkt, wohl um 1850 entstanden ist. Der würfelförmige Kubus von vier Achsen und zweieinhalb Geschossen folgt noch ganz dem klassizistischen Gestaltungsideal, gehört jedoch mit dem Balkon auf zierlichen Stützen und mit schönem Geländer aus Gusseisen (Abb. 535) bereits in die Stilphase des Romantischen Historismus hinein. Errichtet wurde der zunächst ganz einsam in dem Wiesental des Schwarzbaches stehende Bau als Kaltwasserbadeanstalt, die hier bis 1874 betrieben wurde, danach wurde es als Wohnhaus genutzt.

Nachdem eine Kur des Herzogs mit einer Kaltwasserbehandlung gute Ergebnisse zeigte und sich dies in Wiesbaden herumsprach, kam es zu mehreren Gründungen dieser Art von Kureinrichtungen, zum Beispiel in der Dietenmühle, dann um 1850 in der oben beschriebenen Villa und auch in der 1838–42 errichteten Tuchwalkmühle,

Abb. 534

Abb. 535

für die der Kaufmann Samuel Löwenherz die Genehmigung erhielt, sie zu einer Kaltwasserheilanstalt umzubauen. Das Geschäft lief so gut, dass der neue Eigentümer Dr. Josef Schubert 1907 den Neubau eines luxuriösen Hotels beantragte, das den anspruchsvollen

Abb. 536

Namen „Kurhaus Bad Nerotal" (Abb. 536) erhielt. Der quer zum Verlauf des Tales stehende Bau von neun Achsen und vier Geschossen mit ausgebautem Dachgeschoss trug einst im hoch in das Dach gezogenen Mittelrisalit zwei exotisch wirkende Turmaufbauten. Ferner endeten die einachsigen Seitenrisalite in ungewöhnlich geformten Giebeln. Beide später leider entfernten Elemente trugen deutlich die Handschrift des Jugendstils, während der jetzt noch vorhandene Torso den Neobarock des Späthistorismus vermittelt. Während der Renovierung des Neuen Rathauses diente das Gebäude
12 **Südliches Nerotal 18** als Ausweichstätte.

Abb. 537

Abb. 538

Seit 1997 hat hier das private Theater „thalhaus" seine Spielstätte.

Die beiden sehr ähnlichen Villen **Nördliches Nerotal 37 und 39** (Abb. 537) sind um 1870 gebaut worden, das genaue Baudatum, die Architekten und die Bauherren sind bisher nicht ermittelt worden. Dagegen steht fest, dass die Veranda der linken Villa 1916, die der rechten 1928 genehmigt wurden. Denkt man sich anstelle dieser zu massiv wirkenden Vorbauten einen Balkon ähnlich dem am Haus Südliches Nerotal 6 (Abb. 535), vertreten beide Villen auch noch über das Ende des Herzogtums Nassau hinaus die Stilphase des Romantischen Historismus (1835–66). 13

Bei der Villa **Nördliches Nerotal 51** (Abb. 538) greifen die Architekten Zais & Wojitowski 1889 noch jenen Stil der Neorenaissance auf, wie er seit dem Bau des Neuen Rathauses durch Hauberisser für den Strengen Historismus in Wiesbaden beliebt war, mal in gelben und roten Klinkern, hier in einer sehr reichen roten Sandsteingliederung und Ornamentik. Mit der Zwiebelkuppel über dem polygonalen rechten Eckrisalit bemerkt man erste Anzeichen des Neoba- 14

Abb. 539

rock, der die vierte, die späte Phase des Historismus (1888–1910) prägt.

15 Als der Metzgermeister Johann Hetzel 1885 durch den Architekten Heinrich den Antrag auf den Bau der Villa **Nördliches Nerotal 55** (Abb. 539) stellen ließ, so hatte er kaum vor, dort für immer einzuziehen. Da er bereits 1893 den Bau verkaufte, ist zu vermuten, dass er ihn nur als Geldanlage schaffen ließ. Für eine wohlhabende, vornehme Kundschaft berechnet, wurde der repräsentative Stil der italienischen Hochrenaissance gewählt. Sie erscheint mit ihren reichen, recht plastischen Formen gestalterisch aufwendig und strahlt dennoch jene Zurückhaltung gebildeter Großbürger aus. Noch herrscht hier die Symmetrie eines würfelförmigen Baukörpers, versagt man sich die malerische Asymmetrie mit Ecktürmen und Zwerchhäusern, wie sie im Strengen Historismus üblich war.

Immer wieder bemerkt man bei der Analyse der unterschiedlichen Stilhaltung deren Abhängigkeit von der Mentalität der Bauherren und ihrer Mieter oder Käufer. Zum Ende des 19. Jahrhunderts hin wird der Neobarock im Villenbau immer beliebter. Stanislaus Wojitowski ist einer der Architekten, die ihn besonders gekonnt einsetzten. Er hat Villen im Stil der Neorenaissance und auch der Neogotik gestaltet, so die Villen Nerotal 69 und 71, Kapellenstraße 73 und 87 sowie Lanzstraße 14 und 18.

Sein erstes Werk im Stil des Neobarock 16
war die Villa **Nördliches Nerotal 73** (Abb. 540) von 1892. Der hoch aufragende Bau besitzt zwei Geschosse über einem aus dem Gelände an der Südseite voll herausragenden Sockelgeschoss. Auf den in der Diagonalansicht angelegten polygonalen Eckturm rechts antwortet auf der linken Seite ein Risalit mit vorgelagertem Wintergarten. Dazwischen liegt in der Mittelachse eine Wandnische hinter einem Altan, zu dem eine elegant geschwungene Treppe führt. Im Obergeschoss tragen zwei Karyatiden das Gesims unterhalb des Mansarddaches.

Der Reiz der Fassade liegt in den auf Asymmetrie angelegten unterschiedlichen Ecklösungen und der Ausbildung einer Mittelachse, wodurch sie wieder zu einer Gleichgewichtigkeit zusammengeführt wer-

Abb. 540

Abb. 541

den. Wojitowski erwies sich bereits hier als meisterlicher Beherrscher des Neobarock, obwohl er mit der starken Bänderung des Putzes und den Fensterformen von Turm und Giebel in der Dachzone noch Elemente der Renaissance einstreute.

17 Darauf verzichtete er zu Gunsten einer Stilreinheit des Neobarock in seinem 1895 entstandenen Werk **Nördliches Nerotal 69** (Abb. 541). Mit den Fensterbekrönungen im Obergeschoss, dem asymmetrisch links angeordneten Risalit, dessen gekuppelten Säulen im Obergeschoss, dem darüber liegenden gesprengten Giebel und der Zwiebelhaube des dahinter aufragenden Turmes wirkt diese Villa sehr viel barocker als die drei Jahre ältere mit der Hausnummer 73.

Vom Nerotal zweigt nach Norden die Nerobergstraße ab. An ihr liegt gleich am Anfang als Blickfang die Villa **Nerobergstraße 1** (Abb. 542), erbaut 1880 von dem Architekten Adolf Lautz in den monumentalen Formen der italienischen Hochrenaissance, betont vor allem durch den stark vorgezogenen Mittelrisalit mit dem kassettier-

Abb. 542

ten Tonnengewölbe der hohen Loggia und dem abschließenden Giebeldreieck. Als Baumaterial wurden gelber und roter Klinker sowie Sandstein verwendet. Das Ölgemälde (Abb. 543) auf Leinwand in der Lünette der Loggia stellt eine Mutter mit einem Kinde, zwei Musikanten und eine schwer zu deutende Person im rechten Vordergrund dar, neben ihr ein Serviertischchen, im Hintergrund ein knorriger Baum, davor ein Postament mit einer Blumenschale. Das Ganze wirkt mehr wie eine familiäre Szene und weniger wie die Symbolfigur der Caritas. Im Fries des Dreiecksgiebels liest man die Bezeichnung CEVEDALE. „Villa Christine", wie in der Denkmaltopografie vermerkt, konnte ich hier nicht entdecken.[82]

Im weiteren Verlauf der Nerobergstraße ebenso wie in der Weinbergstraße gibt es eine Reihe interessanter Villen, die alle hier

Abb. 543

Abb. 544

einzeln zu behandeln den Rahmen dieses Buches sprengen würde. Auch in der Lanzstraße 23/25 steht eine Doppelvilla im Stil der Neuen Sachlichkeit, die Johann Wilhelm Lehr 1927 ebenso erbaute, wie die darüber aufragende Villa Herzogsweg 4.

19 Die Ausflugsgaststätte **Beau Site**, Nördliches Nerotal 66 (Abb. 544), im Eingangsbereich zum hinteren Nerotal wirkt vom Erscheinungsbild her wie ein Landhaus des Romantischen Historismus. Der heute noch stehende Bau könnte um die Mitte des 19. Jahrhunderts entstanden sein. Der Standort ist aber bereits seit 1776 bekannt[83], als hier eine Gipsmühle errichtet wurde, für die man zwei Jahre später die Erlaubnis zur Führung einer Gastwirtschaft „für die besseren Stände" einholte. Doch bald sank sie zu einem fragwürdigen Ruf ab, so dass sie die Polizei als „Tanzplatz für den Pöbel" schließen musste. Aus der Gipsmühle wurde 1838 eine Lohmühle, ebenfalls verbunden mit einem Ausflugslokal. Um 1850 kauften die Herren Löwenherz und Herz die Anlage und bauten sie zu einer Kaltwasser-Heilanstalt um. Damals erhielt der Bau seine heutige Gestalt, wie die Schlichtheit des Baukörpers, die Segmentbogenfenster im Erdgeschoss und der Frontispiz des Dachgeschosses aussagen. Nach Aufgabe der Funktion als Kaltwasser-Heilanstalt 1877 wurde aus der Beau Site, zu deutsch „die schön Gelegene", ein beliebtes Ausflugslokal, was sie nach mehrfachen Unterbrechungen auch heute noch ist.

Am oberen Ende des Nerotales liegt die 20
Talstation der **Nerobergbahn**, davor ein anmutig anzusehendes Toilettenhäuschen, das nach dem Entwurf von Felix Genzmer 1897/98 in Fachwerk mit einem hölzernen Drempel und Zeltdach errichtet wurde. Es enthält heute ein Museum zur Geschichte der Nerobergbahn.

Die Technik der Nerobergbahn basiert auf einer ebenso einfachen wie genialen Konstruktion, bei der ein oberer, durch den gefüllten Wassertank beschwerter Wagen den unteren, leichteren auf den Berg zieht. Beide sind miteinander durch ein umlaufendes Stahlseil über Rollen verbunden. Die Schienen gabeln sich genau in der Mitte der Strecke mit Weichen, so dass beide Wagen aneinander vorbeifahren können. Mit einer gleichmäßigen Steigung überwindet die 483,5 m lange Strecke der Nerobergbahn die 83 m Höhendifferenz vom Nerotal zum Neroberg, ursprünglich ohne zusätzliche Energie, weil man in einem Zeitalter ohne erkennbare Wasserknappheit das Wasser des von oben ankommenden Wagens einfach in den Regenwasserkanal fließen ließ und den oberen Wagen mit Frischwasser aus den Stollen zur Wassergewinnung neu füllte. Heute werden jedoch die etwa 7 000 Liter unten in ein Auffangbecken abgelassen und dann mit elektrisch betriebenen Pumpen wieder nach oben gefördert, so dass nun doch Energie verbraucht, allerdings auch kostbares Trinkwasser gespart wird.

Die Wagen der Nerobergbahn (Abb. 545) sind in ihrer Form der Steigung der Strecke von 25 % so angepasst, dass der Fußboden immer in horizontaler Lage verbleibt. Das Stationsgebäude im Tal ist als Backsteinbau mit einem Fachwerkobergeschoss, die schützenden Bahnhallen sind als offene Holzkonstruktionen erbaut worden. Sie vermitteln einen alpenländischen Cottage-Stil. Bei der Bergstation wurde das

Abb. 545

Abb. 546

Stationshäuschen aus Fachwerk unter das Dach der Bahnhalle gelegt.

Ein Viadukt aus gelben und roten Klinkern überbrückt mit fünf weiten Rundbögen (Abb. 546) das Nerotal mit seinen Straßen. Die Nerobergbahn wurde 1888 eröffnet und wird heute noch in den Sommermonaten von den Stadtwerken betrieben. Sie verdankt ihr Entstehen der privaten Initiative des Rentners Karl Rudolph aus Baden-Baden. Leitender Ingenieur war Johann Niesen, die Maschinenfabrik aus Baden-Baden hat sie im sogenannten Drahtseil-Zahnstangen-System geschaffen.

Der 245 m über dem Meeresspiegel am südlichen Rand des Taunus aufragende Neroberg wird stets als der Hausberg der Stadt Wiesbaden bezeichnet, die an seinen Südhängen auch die beste Lage für ihr Weingut besitzt. Der Name hat mit dem römischen Kaiser Nero ebensowenig zu tun, wie der von Nerotal und der Nerostraße. Der Berg hieß früher mersberg, ersberg, örsberg oder arsberga, erst ab 1750 wurde die heutige Bezeichnung üblich. Auch der Name Taunus ist neueren Datums, zudem auch falsch, denn die von römischen Schriftstellern der Antike überlieferte Bezeichnung bezog sich nur auf jenen Höhenrücken, auf dem Friedberg liegt. Das heute Taunus genannte Mittelgebirge hieß bis zum 19. Jahrhundert „Die Höhe", was in Bad Homburg vor der Höhe oder Roßbach vor der Höhe noch weiterlebt.

Mit dem Bau der Griechischen Kapelle wuchs die Rolle des Nerobergs als Ausflugsziel, und bald begann man mit der Errichtung provisorischer Holzbaracken, die aber der stark angewachsenen Kur im späten 19. Jahrhundert nicht mehr genügten und 1880–81 durch Stadtbaumeister Lemcke zu einem ersten Steinbau in Ost-Westrichtung führten. Als sich abzeichnete, dass mit der Anlage der Nerobergbahn der Ausflugsverkehr stark steigen würde, schuf man 1887 einen in Nordsüdrichtung verlaufenden ein-
geschossigen Saalbau mit einem **Turm**, der 21
als einziger heute noch steht (Abb. 547).

Schließlich hat Felix Genzmer 1897–98 der Anlage jene malerische Gestalt gegeben (Abb. 548), wie sie den Neroberg bis zur Zerstörung durch einen gelegten Brand am 25. Mai 1986 beherrschte. Mit pittoresken Fachwerkteilen und einem den Turm in der Höhe verdoppelnden Aufbau war das Neroberghotel ein bedeutender Vertreter des Späthistorismus und wichtiger Teil des Lebenswerkes von Felix Genzmer. Seit dem Untergang des ungeliebten Bauwerks versucht man, einen Ersatz zu finden. Die 1994 angelegte sogenannte Erlebnismulde kann dies nicht leisten, wird nur wenig angenommen und bietet auch keinen Blick auf die Stadt. Das gleichzeitig zu Füßen des Turms erbaute Café wirkt im Verhältnis zu diesem spärlich.

22 Zum Glück gibt es noch auf dem Neroberg den **Monopteros** (Abb. 549), einen Aussichtstempel, der 1851 von Philipp Hoffmann geschaffen wurde. Anlass war der Wunsch von Bürgern, die Säulen der alten Kandelaber der Öllampen auf der Wilhelmstraße nicht fortzuwerfen, als neue Gaslaternen angeschafft wurden, sondern sinnvoll zu verwerten. Die heutige Methode des „Recycling" hat hier einen Vorläufer. Philipp Hoffmann schuf mit Hilfe der Säulen einen Rundtempel im Stil der Italienischen Renaissance, wie er von Bramante um 1500 in Rom mit dem „Tempietto" aus antiken Säulen erbaut worden war. Zur Schaffung der Aussicht auf die Stadt ließ Hoffmann eine Schneise in den Wald schlagen.

Abb. 547

Abb. 548

Abb. 549

Auf dem Weg vom Monopteros zur Griechischen Kapelle kommt man am Opelbad vorbei, einer bedeutenden Schöpfung der Neuen Sachlichkeit des Internationalen Stils, angelegt 1933–34 auf Grund einer Stiftung von Wilhelm von Opel, woraus sich erklärt, warum auch nach dem Machtantritt Hitlers noch ein so funktionalistischer Bau entstehen konnte. Die Industrie hielt sich häufig nicht an den offiziellen, von Albert Speer bestimmten Staatsstil des machtstrotzenden, erneuten Aufgusses eines Neoklassizismus. Baumeister war Franz Schuster, Mitarbeiter Edmund Fabry und Gartenarchitekt Wilhelm Hirsch. Durch Umbauten und Renovierungen ist die Anlage in ihrer Aussagekraft gemindert worden, am besten werden die Intentionen der Schöpfer noch durch den Sprungturm und die Rutsche wiedergegeben.

---

[81] Buchholz, Kurt: Wiesbadener Denkmäler S.102–105

[82] Russ, Sigrid: S. 385

[83] Zeitzeugen II, S.185–89

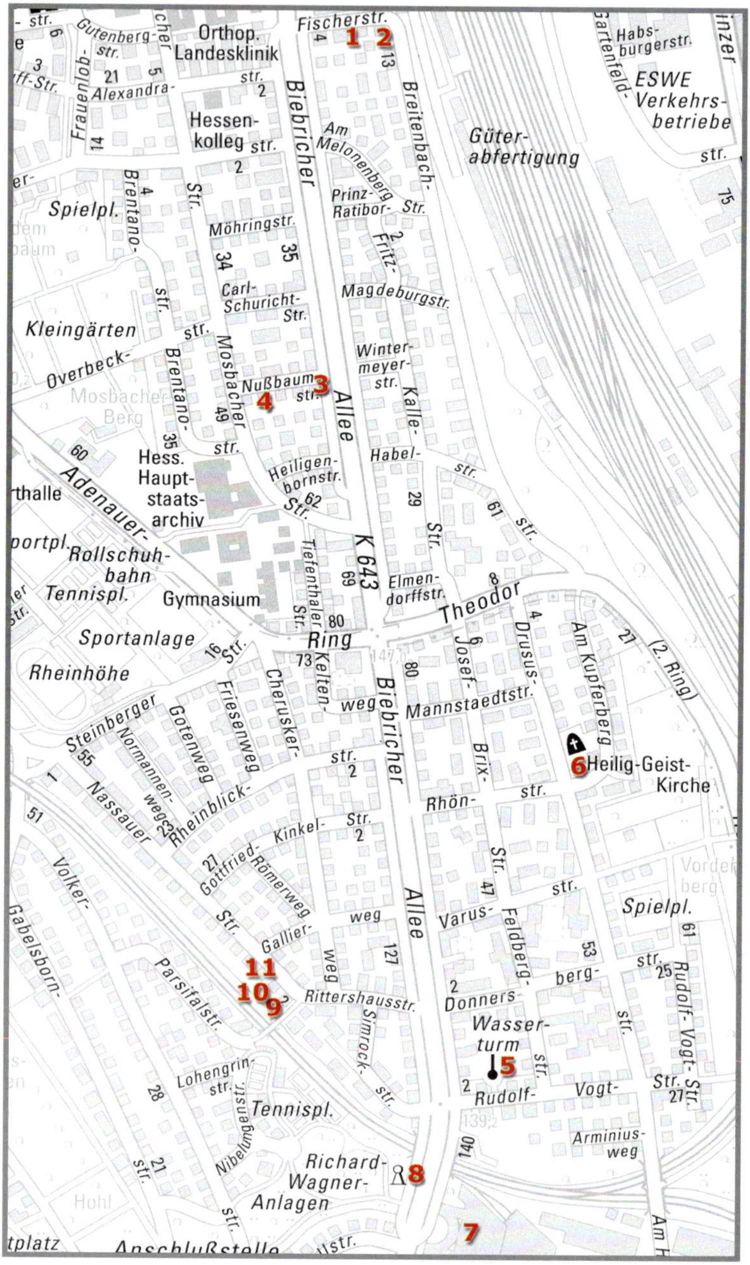
Fischerstr.
Orthop. Landesklinik
Gutenberg-str.
Alexandra-str.
Frauenlob-str.
Hessen-kolleg str.
Biebricher Allee
Breitenbach-str.
Am Melonenberg
Prinz-Ratibor-Str.
Habs-burgerstr.
Gartenfeld-
ESWE Verkehrs-betriebe
Güter-abfertigung
Spielpl.
Brentano-str.
Möhringstr.
Carl-Schuricht-Str.
Fritz-Kalle-Str.
Magdeburgstr.
Kleingärten
Overbeck-str.
Mosbacher Str.
Nußbaumstr.
Winter-meyer-str.
Mosbacher Berg
Habel-str.
Heiligen-bornstr.
Hess. Haupt-staats-archiv
Adenauer-Ring
Rollschuh-bahn
Tennispl.
Gymnasium
Tiefenthaler Str.
K 643
Elmen-dorffstr.
Theodor-Heuss-Ring (2. Ring)
Sportanlage
Rheinhöhe
Kelten-weg
Josef-Brix-Str.
Drusus-str.
Am Kupferberg
Mannstaedtstr.
Cherusker-str.
Friesenweg
Gotenweg
Steinberger
Normannen-weg
Nassauer
Rheinblick-
Heilig-Geist-Kirche
Rhön-str.
Kinkel-Str.
Gottfried-Str.
Römerweg
Volker-
Gabelsborn-
Varus-str.
Feldberg-str.
Spielpl.
Gallier-weg
Parsifalstr.
Rittershausstr.
Simrock-str.
Donners-berg-str.
Rudolf-Vogt-Str.
Wasser-turm
Lohengrin-str.
Nibelungenstr.
Tennispl.
Arminius-weg
Richard-Wagner-Anlagen
Hohl
Anschlußstelle
Am H
1 2 3 4 5 6 7 8 9 10 11

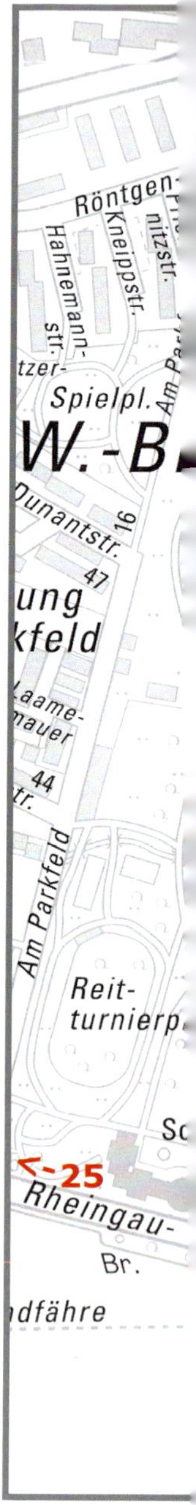
Röntgen-str.
Kneippstr.
Hahnemann-str.
Spielpl.
Am Park
W.-B
Dunantstr.
ung
kfeld
Laame-mauer
Am Parkfeld
Reit-turnierpl.
<-25
Rheingau-Br.
dfähre

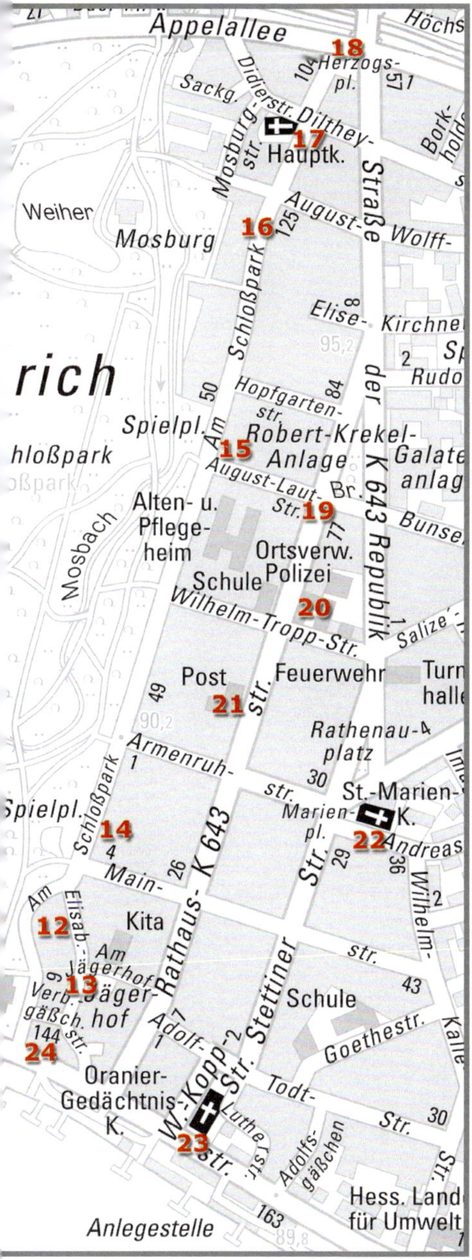

Tour 15

Biebricher Allee und Biebrich

Plan 1:

1 Fischerstraße 3, 5
2 Fischerstraße 7
3 Biebricher Allee 49
4 Nußbaumstraße 6
5 Wasserturm
6 Heilig-Geist-Kirche
7 Sektkellerei Henkell
8 Landesdenkmal
9 Nassauer Straße 2
10 Nassauer Straße 4
11 Nassauer Straße 6

Plan 2:

12 Karpfenhof
13 Elisabethenstraße
14 Am Schloßpark 33–47
15 Am Schloßpark 85
16 Alt Mosburg
17 Hauptkirche
18 Am Schloßpark / Herzogsplatz
19 Rathausstraße 72 / 72a
20 Rathaus Biebrich
21 Post, Rathausstraße 48
22 Katholische Kirche
23 Oranier-Gedächtniskirche
24 Rheingaustraße / Am Schloßpark
25 Rheingaustraße 126

Abb. 550

Tour 15: Biebricher Allee und Biebrich

Mit dem Schloss als Residenz der Fürsten und Herzöge von Nassau hat Biebrich, das seit 1926 eingemeindet ist, Wiesbaden den Rang abgelaufen. In der Stadtentwicklung war es umgekehrt: Die Nachbarstadt wuchs in weit weniger rasantem Tempo, vollzog aber die gleichen Stilstufen und Bauaufgaben nach. Neben dem mittelalterlichen Kern am Schloss entstand im 19. Jahrhundert ein Stadtzentrum mit öffentlichen Bauten wie der Post, dem Rathaus und der Oranier-Gedächtnis-Kirche, mit Mietwohnungsbau und Villen. Jedoch folgte alles bescheideneren Maßstäben. Damit zeigt Biebrich eine Entwicklung, wie sie für viele Kleinstädte Deutschlands gilt, wenn wie hier die Kriegsschäden gering waren.

Am Kaiser-Friedrich-Ring / Landeshaus westlich des Bahnhofs zweigt die breite Biebricher Allee stadtauswärts ab. Ihre Villen entstanden meist im letzten Drittel des 19. Jahrhunderts oder nach der Jahrhundertwende. Die Sektkellerei Henkell von 1907 ist ein eindrucksvolles Zeugnis der Industriearchitektur. Der Rundgang in Biebrich vollzieht die geschichtliche Entwicklung nach: vom mittelalterlich-verwinkelten Kern geht es am Schloßpark entlang, parallel zurück durch die Rathaus-Straße und abschließend auf der Rheinpromenade zur Westseite des Schlosses, wo in der Villa Rheingaustraße 126 Richard Wagner einen Teil seiner „Meistersinger“ komponierte. Von hier aus lässt sich Tour 16 anschließen.

Die Anlage eines Villengebietes zwischen Wiesbaden und Biebrich begann mit einer Ausflugsgaststätte, die den Namen „Adolfshöhe" trug. Historisch ist es das Gebiet entlang des Biebricher Teils der **Biebricher Allee**, etwa vom Landesdenkmal bis zum 2. Ring. Inzwischen nennt man aber das gesamte Villengebiet zwischen dem Hauptbahnhof und der Äppelallee so.

Der ursprüngliche Name der Biebricher Allee war Neue Mosbacher Straße, die 1749–52 angelegt worden war und damals schon denselben Verlauf hatte. Anlass war die Verlegung der Residenz der Fürsten von Nassau-Idstein von Usingen nach Biebrich durch Fürst Karl 1734. Die Möglichkeiten einer Villenbebauung beiderseits der Biebricher Allee innerhalb der Gemarkung Wiesbadens untersuchte 1856 Karl Boos.

Der Biebricher Gartenbaudirektor Carl Friedrich Telemann wollte am Eingang zur Stadt von Biebrich mit einer großzügigen gärtnerischen Gestaltung den ländlichen Charakter betonen, wie er es schon ohne Erfolg beim Gebiet südlich der Rheinstraße angestrebt hatte. In aufgelockerter Bauweise sollten hier Landhäuser in großen Gärten entstehen, eventuell sollte dabei schon eine städtebauliche Verbindung von Wiesbaden nach Biebrich geschaffen werden. In den Jahren 1856–57 legte man die berühmte Kastanienallee an, die schon in den frühen Ausgaben des Baedeker als Sehenswürdigkeit genannt, vor einiger Zeit wegen Überalterung aufgegeben und durch eine Neupflanzung ersetzt wurde. Auf der Wiesbadener Seite nannte man die Verbindungsstraße Biebricher Chaussee, auf der Biebricher Seite Wiesbadener Allee.

Die Bebauung mit Villen erfolgte von Wiesbaden aus ab 1870, zunächst nur beiderseits der Chaussee, dann auch an der 1874 angelegten Alexandrastraße durch den Bauunternehmer Otto Laux. Vermögende Großbürger waren auch hier die Bauherren, nachdem im Villengebiet am Bierstadter Hang kaum noch Grundstücke frei waren.

Am 18. 5. 1889 wurde die Dampfstraßenbahn eröffnet, diese am 28. 8. 1900 in eine zweigleisige Elektrische umgewandelt. Der Betrieb wurde in den 1960er Jahren eingestellt, die Gleise entfernt. Die Depots standen in Biebrich dort, wo sich heute die Hochbauten der Galathea-Anlage befinden.

Auf den Landkarten des 18. Jahrhunderts ist Biebrich größer als Wiesbaden eingezeichnet. Nach 1800 entwickelte sich Wiesbaden stärker. So hatte Biebrich 1870 nur 6 644 Einwohner, Wiesbaden bereits 35 450, 1910 Biebrich 21 199, Wiesbaden 109 002. Bei der Eingemeindung nach Wiesbaden 1926 wohnten in Biebrich 21 696 Einwohner.

Die **Fischerstraße** wurde erst 1887 angelegt und nach dem ersten, frei gewählten Bürgermeister Wiesbadens Heinrich Fischer (1812–1883) benannt[84]. Hier bauten die Architekten Kreizner & Hatzmann drei Villen. Sie hatten 1873 von Kreizners Schwager Dr. Krebs 18 Ar Ackerland an der Biebricher Chaussee zum Preis von 18 000 Gulden gekauft, der nach ihren eigenen Aussagen das fünfzehnfache dessen betrug, was damals üblicherweise eine gewöhnliche Ackerfläche kostete[85]. Daraus erkennt man die bereits einsetzende Bodenspekulation sogar unter Verwandten, noch bevor die Fischerstraße 1885 amtlich erschlossen worden war. Noch zuvor begannen die Architekten 1884 mit dem Bau der Villa an der Ecke zur Biebricher Allee, erst mit der Bezeichnung Biebricher Straße Nr. 2, zunächst auch ohne Baugenehmigung errichtet, dann unter Fischerstraße Nr. 1 1885 genehmigt. Leider wurde der Bau 1955 abgebrochen und durch ein Mehrfamilienhaus ersetzt. Er war wohl als kubischer Würfel mit Eckturm ähnlich gestaltet wie die Villa Fischerstraße 7.

Bei dem 1889 vollendeten Bau **Fischer-** 1
straße 3-5 (Abb. 550) handelt es sich um eine Doppelvilla, bei der Kreizner & Hatz-

Abb. 551

mann die inzwischen in Wiesbaden häufig angewandte Verbindung von Formen der nordeuropäischen Renaissance mit dem Baumaterial roter Backstein und graue Sandsteingliederungen wählte. Die beiden Hälften gleichen sich spiegelbildlich genau.

2 Einen ganz anderen Charakter hat die Villa **Fischerstraße 7** (Abb. 551), bereits 1873 bis 1874 von denselben Architekten geschaffen. Hier schätzte man gerade in den vornehmen Kreisen die Schlichtheit des Neoklassizismus mit dem klaren würfelförmigen Kubus und den sparsam eingesetzten Schmuckformen. Der städtebaulichen Situation an der Biegung der Breitenbachstraße wird die Villa durch die Anordnung eines polygonalen Eckturmes mit einem Belvedere gerecht, von dessen umlaufender Galerie man einen schönen Blick auf die Stadt hatte.

Von Kreizner & Hatzmann stammt auch die Villa Biebricher Allee 14, 1893/94 für den Oberstleutnant a. D. des niederländisch-indischen Heeres Adolf Winter erbaut. Daran erkennt man, dass Wiesbaden nicht nur auf Persönlichkeiten gehobenen Standes aus Deutschland eine große Anziehungskraft ausübte. Die Architekten benutzten auch hier die Stilformen der Neorenaissance in Verbindung mit Backsteinmauerwerk. Sogar noch 1902, als Beitscher schon seine Jugendstilvilla in der Bingertstraße 10 schuf, wandte Georg Schlink bei der sogenannten Villa Schnitzler, Biebricher Allee 42 die Neorenaissance in Verbindung mit dem Backsteinmaterial an.

Aus den zahlreichen Bauten beiderseits 3
der Biebricher Allee ragt durch ihre Größe und Monumentalität die Villa **Biebricher Allee 49** (Abb. 552) hervor. Der Architekt Karl Kähler erbaute sie 1907–08, trat dabei zunächst auch als Bauherr auf, um sie dann – trockengewohnt – 1910 sicher mit Gewinn an den Kaiserlichen Geheimen Kommerzienrat Leopold Lazard zu verkaufen, der zuvor Handelsrichter und Direktor der Luxemburger Internationalen Bank in Metz gewesen war[86]. Der würfelförmige, kubisch klare Baukörper trägt neoklassizistische Züge, der von gekuppelten Kolossalsäulen gerahmte Mittelrisalit mit dem großen Dreiecksgiebel wie auch das Mansarddach wirken neobarock.

Abb. 552

Abb. 553

Abb. 554

4 Eine ähnliche Stilhaltung kennzeichnet die sehr qualitätvolle Villa **Nussbaumstraße 6** (Abb. 553), vom Architekten Eduard Didion 1910 ebenfalls im eigenen Auftrag geschaffen. Bei ihr ist jedoch die Entwicklung zum Neoklassizismus entsprechend der um drei Jahre späteren Entstehungszeit weiter fortgeschritten, worauf die vorgewölbten Fensterbrüstungen und der die gesamte Hausbreite umfassende geschweifte Giebel hinweisen.

5 Der **Wasserturm** auf der Biebricher Höhe (Abb. 554) entstand 1896–97 nach dem Entwurf von Stadtbaurat Thiel. Auf kreisförmigem Grundriss mit einem Durchmesser von 11 m erhebt er sich heute bis zu einer Höhe von 42,50 m. Als er noch anstelle des heutigen Belüftungsaufsatzes eine kleine Laterne und eine Fahnenstange besaß[87], waren es 52 m. Als Baumaterial wurden gelbe und rote Klinker verwandt, für einzelne Elemente Sandstein. Der Wasserbehälter ist durch eine Gliederung hervorgehoben, die bekrönende Kuppel mit den Ochsenaugen ist mit grün patiniertem Kupferblech gedeckt. Bis zur Spitze des heute ohne Funktion als Denkmal erhaltenen Wasserturmes muss man 238 Stufen steigen.

Abb. 555

Die **Ev. Heilig-Geist-Kirche** (Abb. 555), 6
Am Kupferberg / Ecke Drususstraße, ist das Werk von Herbert Rimpl, für die Entstehungszeit von 1961 ein ungewöhnlich progressiver und qualitätvoller Bau. Dabei hatte Rimpl beim 1960 durchgeführten Wettbewerb nur den zweiten Preis erhalten, doch entschied die Baukommission diesen Ent-

Abb. 556

wurf, und nicht den des ersten Preises von Neuser auszuführen, der dann allerdings mit der Bauleitung beauftragt wurde. Es handelt sich auch technisch um ein kühnes Werk, denn der Bau wurde aus Stahlbeton in einem Stück auf Holzschalung gegossen. Er besteht aus einem parabelförmigen Tonnengewölbe, das bis auf den Boden herabgezogen ist. Je vier parabelförmige Fenster auf den Langseiten dienen der Belichtung. Von der Grundidee her erinnert der Bau an die 1942–43 entstandene Kapelle Sao Francisco des Architekten Oscar Niemeyer in Pampulha bei Belo Horizonte (Brasilien). Durch Architekturzeitschriften verbreiteten sich nach dem Zweiten Weltkrieg neue Bauformen sehr rasch über den gesamten Globus. Der frei stehende Glockenturm hat die Form eines großen, oben abgerundeten Buchstabens A. Wegen der Empfindlichkeit des Stahlbetonbaus bei nicht korrosionsfreier Bewehrung musste er bereits 1979 umfassend instandgesetzt werden.

Rechts und links der Biebricher Allee unterhalb des Wasserturms befanden sich riesige Sandgruben, aus denen man für die zahlreichen Bauvorhaben in Wiesbaden das Material entnommen hatte. Im Zuge der von Wiesbaden aus immer mehr expandierenden Bebauung und der Aufwertung der Adolfshöhe durch die um 1905 einsetzende Villenbebauung beschlossen die Stadtväter von Biebrich, die nach Einstellung der Sandentnahme brach liegenden Flächen zu gestalten und einer Nutzung zuzuführen. Für die östlichen Sandgruben gelang es, den Sektfabrikanten Otto Henkell als Käufer zu gewinnen und ihn dadurch zum Umzug von Mainz nach Biebrich zu bewegen. Für diese Nutzung erwies sich das Gelände als besonders geeignet, da man die tief ausgeschachteten Sandgruben zum Bau der in fünf unterirdischen Stockwerken angeordneten Keller für die Lagerung von fünf Millionen Sektflaschen nutzen konnte.

Als erstes siedelte Otto Henkell 1907 in seine neu in der Beethovenstraße errichtete Villa um, die leider in den 1970er Jahren abgebrochen wurde. Ebenfalls 1907 wurde ein Wettbewerb für die Firmengebäude an der Biebricher Allee ausgeschrieben, an dem sich namhafte Architekten wie Hermann Billung (Karlsruhe), Martin Dülfer (Dresden), Friedrich Pützer (Darmstadt) und andere beteiligten. Otto Henkell war jedoch von dem Entwurf des damals unbekannten, erst 30jährigen Paul Bonatz so begeistert, dass er ihm direkt den Auftrag erteilte. Der Baubeginn erfolgte im Oktober 1907, die Betriebseröffnung am 1. 12. 1909.

Das Hauptgebäude der **Sektkellerei** 7 **Henkell** (Abb. 556) ist ein breitgelagerter, dreigeschossiger Bau mit einer Fassadenverblendung aus Travertin. Flache Kolossalpilaster gliedern die 14 seitlichen Achsen und den fünfachsigen Mittelrisalit, der von einem flachen Dreiecksgiebel abgeschlossen wird. Das voluminöse Walmdach ist zu zwei Dritteln in Kupfer, im First mit Glas gedeckt. Die Reklame für Henkell Trocken war beim Wettbewerb vorgeschrieben und so auch von Bonatz entworfen. Die acht Meter hohe, 1911 aufgerichtete Sektflasche existiert nicht mehr. Flache Seitenflügel mit Eckpavillons bilden einen Cour d'honneur (Ehrenhof), eine Anlehnung an den barocken Schlossbau, mit dem man für Sekt bewusst werben wollte. Dazu gehört auch der neobarocke Stuck im Inneren, mit dem die schlichte Innenarchitektur von Bonatz 1929 überformt wurde.

8 Auf der gegenüberliegenden Seite hatte der Magistrat der Stadt Biebrich 1906 die westlichen Flächen der ehemaligen Sandgruben für 300 000 Reichsmark angekauft und schrieb einen Wettbewerb für einen Denkmalplatz, eine Parkanlage und ein Villengebiet aus. Aus den 43 eingesandten Beiträgen wählte die Jury den Entwurf des Gisteninspektors Lippel aus Mannheim aus und ließ den Henkellpark anlegen. Bis zum Ersten Weltkrieg konnten nur wenige der geplanten 23 Villen ausgeführt werden. Im Henkellpark wurde das **Landesdenkmal** (Abb. 557) verwirklicht. Schon bald nachdem Adolf von Nassau 1890 Großherzog von Luxemburg geworden war, haben die Bürger ihm ihre Absicht übermittelt, ihm ein Denkmal zu errichten. Doch war der Großherzog damit nur unter der Bedingung einverstanden, dass dies nicht mehr zu seinen Lebzeiten geschehe. Nachdem er am 17. November 1905 verstorben war, sammelten seine Getreuen mehr als 100 000 Reichsmark, die Städte Wiesbaden und Biebrich beteiligten sich mit je 10 000 Reichsmark. In Gegenwart der großherzoglichen Familie wurde das Landesdenkmal am 26. 11. 1909 eingeweiht. Ein

Abb. 557

Empfang fand in Schloss Biebrich statt, das damals noch im Eigentum der Nassauer war, die es erst 1935 an den preußischen Staat verkauften. Das Denkmal entwarf der in Wiesbaden geborene Bildhauer Fritz Gerth aus Berlin. Über einem hohen, treppenförmigen Unterbau mit der Bronzefigur des nassauischen Löwen erhebt sich auf einem Postament das Bronzestandbild von Herzog Adolf (1817–1905) vor einem hohen Obelisken aus Granit. Das Postament wird umstanden von einem Fries mit Darstellungen 20 nassauischer Bürger in der Landestracht, eine Huldigung an ihren ehemaligen Landesherren, von den Preußen demonstrativ durch die Anwesenheit von Prinz August Wilhelm bei der Einweihung toleriert.

Nördlich des Henkellparks schuf der Bauunternehmer Carl Störmann aus Biebrich 1905–06 eine Villenkolonie im Stil der damals beliebten Gartenstädte nach englischem Vorbild, wie sie auch im Norden Wiesbadens in der Eigenheimsiedlung angelegt wurde. Sie umfasst die Ritterhausstraße, die Nassauer Straße, den Römer- und den Cheruskerweg. Es entstanden anheimelnde Landhäuser in einem ähnlichen Stil wie in

Abb. 558

Abb. 560

der Villenkolonie Buchschlag (südlich Frankfurts bei Sprendlingen), dort von Friedrich Pützer ab 1904 geplant. Hier in Biebrich waren es die Architekten J. A. Keller, J. Kraef und W. Rehbold, die sich an den fortschrittlichen Bauten von Metzendorf und Pützer orientierten. Die Häuser wurden schlüsselfertig erbaut und dann in der Zeitschrift „Das Landhaus" angeboten.

9 Das Haus **Nassauer Straße 2** (Abb. 558) ist eingeschossig mit einem tief herabgezogenen Mansarddach, wie auch der Giebel verschiefert. Die Formen sind sehr sachlich, auf historische Schmuckformen wurde bewusst verzichtet.

10 Auch das Haus **Nassauer Straße 4** (Abb. 559) wird stark von dem schiefergedeckten, gebrochenen Dach geprägt, das jedoch nicht so weit heruntergezogen ist, so dass der Baukörper im Mittelrisalit der Straßenseite zweigeschossig angelegt werden konnte. Auch hier verzeichnet man eine deutliche Abkehr von historischem Schmuck.

Abb. 559

Dem gegenüber liegt das Haus **Nassauer Straße 6** (Abb. 560) durch seinen 11
würfelförmigen, zweigeschossigen Kubus mit dem Walmdach noch in der Tradition der Wiesbadener Villen des Historismus. Es legt mit seiner Exedra der Veranda, der Lisenengliederung des Obergeschosses und dem großen Giebeldreieck noch Wert auf Repräsentation, verzichtet aber auch auf historisierende Ornamentik. In der stilistischen Haltung der Jahre 1902–05 gleicht es der Villa Rosselstraße 35 von Bruno Paul aus dem Jahr 1911.

Die bis 1926 selbstständige Stadt Biebrich ist aus dem Zusammenwachsen der Dörfer Mosbach und Biebrich entstanden, hieß 1832 noch Biebrich-Mosbach, erhielt 1891 Stadtrecht und wurde ab 1893 nur noch Biebrich genannt.

Zu den Keimzellen Biebrichs gehören der 12
Jägerhof, der Adelheidhof und der Karpfenhof. Während die beiden ersteren 1964 zu Gunsten des Nachbarschaftsheims abgebrochen worden sind, besteht der **Karpfenhof** noch heute. Der nach der Kaiserin Adelheid (Gemahlin Otto I.) genannte Hof

war Reichsgut, aus dem Kaiser Otto III. (983–1002) ihn 991 zum Gedächtnis seiner Großmutter Adelheid dem Kloster Selz im Elsass schenkte. Der Karpfenhof hat seinen Namen vom ehemaligen Gasthof „Zum Karpfen", dessen Fachwerkbau (Abb. 561) zu einer Zeit entstanden sein könnte, als er im Situationsplan von 1704 als Eigentum von Fritz Speeth verzeichnet wurde. Bald darauf gelangte das Anwesen an die fürstliche Verwaltung. Seit 1854 wurde der Karpfenhof als Marstall, Sattelkammer, Schreinerei und Gesindehaus für das Residenzschloss genutzt, als man das bis dahin für die Pferde genutzte Erdgeschoss des östlichen Schlossflügels zu Wohnzwecken umbaute. Das schöne barocke schmiedeeiserne Eingangstor wurde 1803 vom Kloster Eberbach hierher versetzt. Tritt man durch das Tor, sieht man rechts einen klassizistischen Bau mit einem Säulenportikus, der als Schlosswache diente.

Der **Marstall** (Abb. 562) liegt an der Rückseite des geräumigen, heute der Schloßparkverwaltung dienenden Hofes und grenzt ebenso wie der nördlich anschließende, eingeschossige Putzbau mit dem Mansarddach an die Elisabethenstraße. Dieses Verwalterhaus dürfte am Ende des 18. Jahrhunderts erbaut worden sein. In ihm wurde 1823 Wilhelm Heinrich Riehl geboren, zuletzt Direktor des Bayerischen Nationalmuseums und Generalkonservator des Königreichs Bayern, wegen seiner Verdienste geadelt und 1897 in München verstorben. Eine Gedenktafel erinnert an ihn. Der Marstall ist ein langgestreckter spätklassizistischer Bau mit einem hohen Walmdach, massivem Erdgeschoss und einem Obergeschoss aus schlichtem, ursprünglich für Verputz gedachtem Fachwerk.

Die **Elisabethenstraße** (Abb. 563) 13
steigt mit einer Krümmung vom Rheinufer auf die hochwassersichere Anhöhe, auf der die genannten Adelshöfe lagen und um die herum sich das Dorf Biebrich bildete.

Abb. 561

Abb. 562

Abb. 563

Abb. 564

Abb. 565

In der Kurve liegt das Haus Elisabethenstraße 6 (Abb. 564), das unter den sonst schlichten Bauten durch seinen stattlichen, quer zur Straße angeordneten Baukörper herausragt. Der genutete Putz des Erdgeschosses, die stattliche, doppelflügelige Haustür und die Fenster sprechen durch ihre klassizistischen Formen für eine Entstehungszeit um 1830.

An der Ecke Elisabethenstraße / Am Schloßpark befand sich von 1733 bis 1820 die älteste Schule Biebrichs. Das heutige Gebäude Am Schloßpark 31 (Abb. 565) ist erst um 1870 als zweigeschossiger spätklassizistischer Bau entstanden und nimmt mit dem Erker Rücksicht auf die Ecklage.

Die Straße **Am Schloßpark** wurde erst Anfang des 19. Jahrhunderts als Verbindung zwischen Biebrich und Mosbach angelegt. Sie wurde zum bevorzugten Wohnsitz adeliger Hofkavaliere, Hofbeamter und auswärtiger Geschäftsträger. Diese errichteten freistehende klassizistische Traufenhäuser, wie sie im Straßenbild mit den Häusern

Abb. 566

Am Schloßpark 33 bis 37 (Abb. 566) auf- 14
treten. Die Torwege zwischen den Häusern lassen nicht etwa auf eine landwirtschaftliche Nutzung schließen, sondern dienten der Zufahrt für die Equipagen. Das Straßenbild gleicht der früheren Bebauung in Friedrich-, Wilhelm- und Luisenstraße von Wiesbaden mit den nach den herzoglichen Baugnaden seit 1803 entstandenen Häusern.

Von der Größe und der Eckstellung an der August-Laufstraße ragt das Haus **Am
Schloßpark 85** (Abb. 567) heraus. Seine 15

Abb. 567

klassizistischen Formen, insbesondere das rechteckig gerahmte gekuppelte Rundbogenfenster im großen Giebeldreieck zum Schloßpark, lassen auf eine Entstehungszeit um 1835 schließen.

16 Von der Hausnummer 52 an ist auch die Parkseite der Straße bebaut. Zwischen den Häusern Am Schloßpark Nr. 52 und 54 setzt vorübergehend ein Maßstabssprung durch die sehr viel höhere gründerzeitliche Bebauung ein. Dann aber dominiert mit bäuerlichen Hofreiten, zum Teil in Sichtfachwerk, der dörfliche Charakter von **Mosbach** im Straßenbild (Abb. 568).

Im Haus Am Schloßpark 90 wurde laut Inschrifttafel 1825 der Sprachgelehrte und Bibelforscher Dr. Seligmann Baer geboren. Angeblich wurde das Haus 1696 erbaut, wirkt aber jünger und war von 1705 bis 1820 die Mosbacher Schule, woran der dörfliche Charakter des Ortes deutlich wird.

Das Pfarrhaus der Hauptkirche Am Schloßpark 129 wurde nach Aussage des dort angebrachten Chronogramms 1696 durch den Eberbacher Abt Albrecht Kraus von Boxberg erbaut. Nur bis 1868 diente es als Pfarrhaus, dann wurde es in Privatbesitz verkauft. Nach der Restaurierung 1980–81 nannte man es fälschlicherweise Diltheyhaus, weil man glaubte, hier sei am 19. November 1833 der berühmte Philosoph Wilhelm Dilthey geboren. Dieser erblickte aber das Licht der Welt in der alten Hofkaplanei, die dort stand, wo sich heute das Nachbarschaftsheim an der Elisabethenstraße befindet. Erst nach der Geburt seines Sohnes Wilhelm konnte der Vater Pastor Maximilian Dilthey in das endlich von seinem Vorgänger geräumte Pfarrhaus Am Schlosspark umziehen. Allerdings hat sein Sohn Wilhelm hier seine Kindheit verbracht und ist damit eng mit Biebrich verbunden, auf dessen Friedhof er 1911 bestattet wurde.

Die **evangelische Hauptkirche** bildet 17
den historischen und städtebaulichen Mittelpunkt des ehemaligen Dorfes Mosbach, das zusammen mit der Mosburg und dem Karpfenhof noch vor dem Bau des Schlosses eine Keimzelle für die Entwicklung zur Stadt Biebrich war. Eine Kirche in Mosbach (ecclesia in Mussebach) wird bereits 1085 in einer Urkunde des Erzbischofs von Trier genannt. Von einem der Vorgängerbauten hat die heutige, ab 1712 von Johann Jacob Bager erbaute Kirche den Westturm aus dem frühen 16. Jahrhundert übernommen, an dessen stattlicher Gestalt man ablesen kann, wie groß damals schon die Kirche und mit ihr das Dorf Mosbach gewesen sein müssen.

Abb. 568

Der hochbarocke Neubau wurde nicht nur durch den Schlossbau ausgelöst, sondern auch durch die wachsende Einwohnerschaft in beiden Ortsteilen, denn bis zum Bau der Oranier-Gedächtnis-Kirche

Abb. 569

Abb. 570

1902–05 war sie die einzige Pfarrkirche der beiden allmählich zur Stadt Biebrich heranwachsenden Dörfer. Das langgestreckte, im Osten gerade abschließende Kirchenschiff (Abb. 569) ist ein schlichter Putzbau mit Eckverzahnungen, hohen barocken Bogenfenstern und einem voluminösen Walmdach. Der Turm trägt einen hohen Pyramidenhelm über vier Giebeldreiecken, zwischen denen vier Wichhäuschen angeordnet sind, um den Ausblick in alle Himmelsrichtungen zu ermöglichen, was bei Feuer und sich nahenden feindlichen Heerhaufen wichtig war.

Im Inneren (Abb. 570) wird der rechteckige Saalraum durch eine flache, hölzerne Tonnendecke abgeschlossen und an drei Seiten von zweistöckigen Emporen umgeben. Im Osten steht der Kanzelaltar, dort gibt es an der Seite eine kleine Empore und darunter die umbauten Stühle für die fürstliche Familie. Die Orgel schuf Johann Friedrich Macrander aus Frankfurt. Bei der jüngsten Renovierung gelang es, die originale Farbigkeit an den Säulen und Brüstungen der Emporen mit aufgemalten Bibelsprüchen freizulegen.

18 Das Eckhaus **Am Schloßpark 141 / Herzogsplatz 1** (Abb. 571) hat großstädtischen Charakter und bildet heute das Entrée zur Innenstadt von Biebrich. Der viergeschossige Putzbau aus der Zeit um 1900 mit reicher Sandsteingliederung in den Formen deut-

Abb. 571

scher Renaissance trägt auch Jugendstildetails, besonders deutlich bei der Haustür Herzogsplatz 1 (Abb. 572).

Den Eingang von Biebrich bildet die **Straße der Republik**, angelegt erst in der Zeit um 1900 und bebaut mit drei- bis viergeschossigen, großstädtischen Häusern des Späthistorismus und des Jugendstils, zum Beispiel beim Haus Straße der Republik 53 (Abb. 573), erbaut 1904. Den Mittelerker trägt die monumentale Figur des Atlas.

19 

Abb. 572

Die gesamte, recht breite und von Baumreihen eingefasste Straße der Republik hat bis zur Robert-Krekel-Anlage einen großstädtischen Charakter mit einer geschlossen erhaltenen späthistoristischen Bebauung. Sie mündet in die schmalere, kleinstädtischer wirkende **Rathausstraße** (Abb. 574) mit überwiegend zweigeschossigen Häusern. Das Eckhaus zur August-Laut-Straße, **Rathausstraße 72/72a**, ist im Rundbogenstil des Romantischen Historismus (1835–66) erbaut worden.

Abb. 573

Abb. 574

Abb. 575

Das **Rathaus** (Abb. 575) von Biebrich 20
ist das Werk des begabten, leider sehr früh verstorbenen Architekten Georg Friedrich Fürstchen, dem Wiesbaden auch die Villa Clementine (Abb. 72, S. 42) verdankt. Doch ist der neoklassizistische Bau von 1875/76 leider 1904–05 um ein Geschoss erhöht worden, wobei man die Säulen des Mittel-

Abb. 576

risalits gestreckt hat. Nach Norden wurde er zudem erweitert. Die ursprünglich sehr ausgewogenen Proportionen haben unter diesen Veränderungen gelitten.

Die neue **Reichspost** wurde 1895 in 21
der Rathausstraße 48 (Abb. 576) als zwei-

Abb. 577

Abb. 579

geschossiger Sandsteinbau in den Formen des Neobarock erbaut. Mit seinem von einer kleinen Kuppel betonten Mittelrisalit, dem asymmetrisch angeordneten Turm mit seitlich weit vorspringendem Risalit entstand eine malerische Fassade.

22 Die **katholische Pfarrkirche** (Abb. 577) liegt am Marienplatz im Schnittpunkt der Stettiner, Breslauer und Andreas-Straße. Der 1874–76 nach den Plänen des Aachener Architekten Hugo Schneider aus gelben Klinkern mit roten Sandsteingliederungen errichtete neugotische Bau ist wegen der hohen, ihn umgebenden Bäume fotografisch schwer darzustellen und ist meist verschlossen. Die Andreasstraße (Abb. 578) ist durch eine einheitliche, zweigeschossige Bebauung im Stil des Neobarock geprägt, errichtet wohl um 1900 als Werkswohnungen der Firma Kalle.

Abb. 578

Die **evangelische Oranier-Gedächtnis-Kirche** (Abb. 579) ragt wie eine Gottesburg an der Böschung zum Rhein aus der sie umgebenden Bebauung empor. Aus dem 1866 vom preußischen Fiskus übernommenen Grundbesitz überließ Kaiser Wilhelm II. für einen symbolischen Kaufpreis das Grundstück der Gemeinde, das in dieser bevorzugten Lage auch mit einem stattlichen Gewinn zu veräußern gewesen wäre. Dass der Kaiser auf diese Weise einen 23

Abb. 580

580) relativ einheitlich mit zwei- bis dreigeschossigen Putzbauten des späten 18. und frühen 19. Jahrhunderts besetzt, dazwischen auch spätere Bauten des Historismus.

Unmittelbar westlich des Schloßparks, getrennt nur durch die Straße, steht die Villa **Rheingaustraße** 25
126 (Abb. 581), ein vornehmer spätklassizistischer Bau aus der Zeit um 1870. Der würfelförmige Kubus wird durch Kolossalpilaster gegliedert und besitzt in der Mitte einen Säulenportikus sowie einen Frontispiz.

Der stattliche, als erster von Osten direkt am Rheinufer stehende Bau Rheingaustraße 137 (Abb. 582) wird Villa Wagner genannt, denn in den nach Osten gelegenen zwei Zimmern hat Richard Wagner einen Teil seiner „Meistersinger" komponiert. Der Architekt Wilhelm Frickhofer, Erbauer der Rheinkaserne von 1859–61, hatte die Villa 1860–62 erbaut und die Zimmer an Wagner zum Trockenwohnen vermietet, um sie später zu verkaufen. Wagner wurde vom

Kirchenbau zu finanzieren half, der doch an die Gegner Preußens im Krieg 1866 erinnert, zeugt ebenso von Toleranz wie die genehmigte Errichtung des Landesdenkmals. In einem Wettbewerb mit 122 Einsendungen setzte sich der Karlsruher Architekt Karl von Loehr durch und erbaute in den Jahren 1902–05 die dreischiffige neogotische Hallenkirche mit dem hohen, asymmetrisch angeordneten Turm.

Der 750 Sitzplätze bietende, von einem Netzgewölbe überdeckte Innenraum folgt dem bei der Ringkirche entwickelten Wiesbadener Programm mit der zentralen Stellung von Altar, Kanzel und Orgel. Die schweren Kriegszerstörungen mit dem Totalverlust der reichen dekorativen Ausmalung erforderten eine farbliche Neugestaltung in Weiß und kräftigem Gelb mit vergoldeten Blattkapitellen. Die Farbfenster mit Szenen aus dem Neuen Testament sind Schöpfungen von Margret Thomann-Hegner.

Von der Einmündung der Straße Am Schloßpark in die Rheingaustraße bis zur Oranier-Gedächtnis-Kirche
24 ist die **Rheinfront** (Abb.

Abb. 581

Abb. 582

Hund des Architekten in den Daumen gebissen, konnte keine Noten schreiben, wodurch auch die Zahlungen des Schott-Verlages ausblieben. Er richtete deshalb das unten im Zusammenhang mit der Mosburg zitierte Gesuch an Herzog Adolf, dort kostenlos wohnen zu können[89]. Der stattliche Bau hat an den Ecken polygonale Risalite, die wohl unter dem Einfluss des Paulinenschlösschens entstanden sind. Die Villa wurde 1889 von Rudolf Dyckerhoff erworben und umgebaut. Damals fügte man in die Mitte der Langseite zur Straße hin einen polygonalen Risalit hinzu und legte davor ein durch Balustraden eingefasstes Rondell an. Die aus Gusszement hergestellten Baluster sind heute noch intakt, wahrscheinlich, weil man auf die Bewehrung mit Eisen verzichtete, wodurch die Sprengwirkung durch Rostbildung verhindert wurde.

[84] Russ, Sigrid: S. 565
[85] Stephanitz, Iris von: S. 52–53
[86] Zeitzeugen III, S.13–17
[87] Kopp,Klaus: Wasser von Taunus, Rhein und Ried, Wiesbaden 1986. S. 179–80
[88] Wolf, Stefan: Kirchen in Wiesbaden, S. 66–67
[89] Fink, Ott: Biebrich am Rhein, herausgegeben vom Verschönerungs- und Verkehrsverein Biebrich 1970, S. 42

Semmel-
weisstr.
Röntgen-
Prieß-
nitzstr.
Kneippstr.
Hahnemann-
str.
Weiher
3
Mos
Str.
Saarburger Str.
Colmarer Str.
52
1
3
Paul-
Ehrlich-Str.
72
Allee
Albert-
Schweitzer-
Platz
Spielpl.
Am Parkfeld
W.-Biebrich
4
Dunantstr.
Dunantstr.
16
Str.
Kita
hallen
le
Schweitzer-
23
47
Spi
Schloßpark
Schloßpark
Paracelsus-
weg
Siedlung
Parkfeld
Alt
Pf
h
Mosbach
2
Laame-
mauer
Albert-
1
Nansenstr.
Nansenstr.
44
ingstr.
6
2
Am Parkfeld
49
90
Arn
1
str.
Elsa-Brändström-
Str.
Schloßpark
Spielpl.
Reit-
turnierpl.
4
Main-
31
Sauerbruchstr.
K 648
Am
Elisab.-
Kita
2
137
Schloß
Am
Jägerhof
83,0
85,2
9
1
Verb.
Jäger-
hof
gäßch.
str.
144
Rheingau-
Br.
Oranier-

Tour 16

Biebricher Schloss

1 Schloß Biebrich
2 Orangerie im Schloßpark
3 Mosburg im Schloßpark

Tour 16: Das Biebricher Schloss

Am Rhein liegt die ehemalige Residenz der Fürsten und späteren Herzöge von Nassau. Die hufeisenförmige Anlage entstand in mehreren Bauabschnitten aus einem Gartenhaus für einen Barockgarten. Erst auf den zweiten Blick beim Rundgang entlang der Rheinfassade und im Ehrenhof verrät die Architektur ihre lange Baugeschichte.

Einen Einblick in einige Innenräume, vor allem die beeindruckende Rotunde, können wir Ihnen auf diesen Seiten vermitteln. Das Schloss dient für Staatsempfänge der Landesregierung und als Sitz des Landesamtes für Denkmalpflege Hessen. Es ist mit gesonderten Führungen sowie jedes Jahr am Tag des offenen Denkmals am zweiten Wochenende im September zu besichtigen.

Der Park ist ganztägig frei zugänglich und lohnt Spaziergänge zu jeder Jahreszeit. Er war zunächst als Französischer Garten angelegt, wie er zu einem Barockschloss gehört und wurde 1817 zum Englischen Landschaftspark umgestaltet und dabei erweitert. So konnte die Mosburg als romantische künstliche Ruine einbezogen werden. Hochinteressant ist auch ein botanischer Rundgang zu den rund 90 verbliebenen, zum Teil exotischen Baumarten. Da man nach Biebrich von Wiesbaden aus entweder mit öffentlichen Verkehrsmitteln oder mit dem Auto fährt, sei ein Hinweis auf den Parkplatz am westlichen Parkeingang erlaubt.

Die Dörfer Biebrich und vor allem Mosbach sind älter als das **Schloß Biebrich**, doch hat dieses zum Aufstieg des Ortes entscheidend beigetragen. Es begann zunächst recht bescheiden mit der Anlage eines Gartens und dem Bau von Gartenhäusern durch den Fürsten Georg August Samuel von Nassau-Idstein und seiner Gemahlin Henriette Dorothea, Tochter des Fürsten Albrecht Ernst von Oettingen, der hier der Adelheidshof zur persönlichen Verfügung stand.

1 Sie begann bald nach der Hochzeit mit dem Zukauf und Tausch von Grundstücken, um einen Barockgarten am Ufer des Rheins anlegen zu können. Die Luft ist hier im Sommer erträglicher als im Talkessel von Wiesbaden, die Winter sind hier milder als im Taunus und das Leben an dem stark befahrenen Strom abwechslungsreicher als in Idstein. Mit dem Ankauf des Rokoch´schen Freigutes 1696 waren die Voraussetzungen für den Baubeginn eines Gartenhauses und die Anlage eines Barockgartens geschaffen, so dass bald nach 1700 der westliche Pavillon entstand, jedoch nur so weit, wie das Mansarddach reicht. Die Jahreszahl 1702 gibt das Datum seiner Vollendung an.

Wahrscheinlich war Julius Ludwig Rothweil für den Entwurf verantwortlich, die Bauleitung lag bei Johann Jacob Bager. Der Westpavillon diente dem Fürsten zum vorübergehenden Aufenthalt, für die Fürstin errichtete man wenig später den Ostpavillon in einer Entfernung von 86 m (Abb. 582a).

Den Plan beschaffte man sich beim „Baumeister aus Kassel", wie er im Briefwechsel ohne Nennung des Eigennamens bezeichnet wurde; damals zählten die Baumeister noch zu den Domestiken und waren für die Fürsten nicht einer Erwähnung ihres Namens wert. Man vermutet, dass Paul du Ry gemeint war. Warum überhaupt ein neuer Architekt gebraucht wurde, obwohl doch der Ostpavillon genau dem Westpavillon nachgebildet wurde, ist heute schwer nachzuvollziehen. Vor der Errichtung der beiden Gartenhäuser hatte man das sanft zum Rhein abfallende Gelände so aufgeschüttet, dass eine ebene Fläche entstand. Der beachtliche Niveauunterschied zum Rhein hin, aber auch zu den Seiten, führte dazu, dass das Schloss zum Park hin wesentlich niedriger erscheint als zur Rheinseite, an der es ein Geschoss mehr aufweist und monumentaler wirkt.

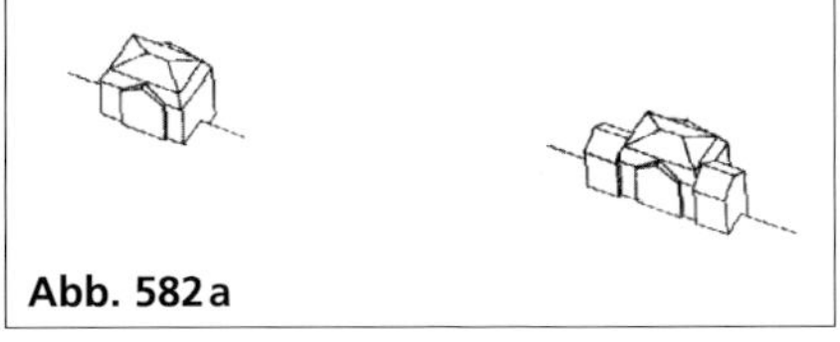

Abb. 582a

Bald reichte der Raum in den freistehenden beiden Pavillons auch für einen kurzen Aufenthalt nicht mehr aus, und man erweiterte sie 1706 an beiden Schmalseiten um kurze Flügel mit Satteldächern (Abb. 582 b). Die beiden an der Böschung zum Rhein stehenden fürstlichen Gartenhäuser waren wohl durch eine Balustrade miteinander verbunden.

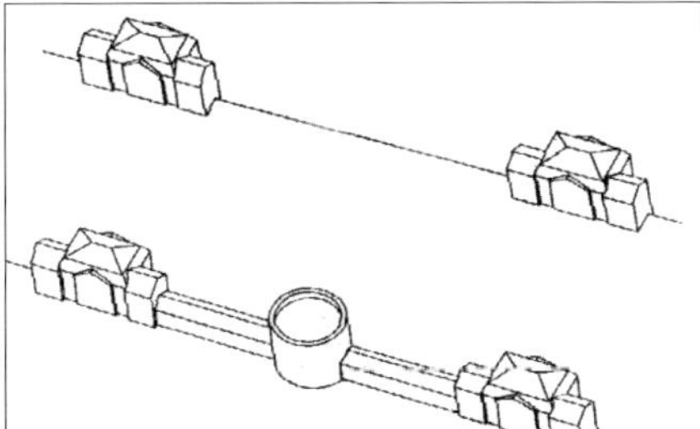

Abb. 582 b

Das fürstliche Paar gab sich jedoch mit dem Geschaffenen nicht zufrieden, wünschte es doch an dieser landschaftlich schönen Stelle ein Lustschloss für Festveranstaltungen zu haben, um sich seinen Standesgenossen gegenüber als gleichwertig

Abb. 583

erweisen zu können. Denn die Nassauer hatten bis 1688 nur dem Grafenstand angehört; in diesem Jahr wurde Georg August Samuel von Nassau-Idstein als erster seines Geschlechts in den Fürstenstand erhoben und konnte im selben Jahr eine Fürstentochter heiraten.

Des neuen Ranges musste er sich erst würdig erweisen und das bedeutete in jener Zeit, prachtvoll zu bauen. Und so wurde 1707 Maximilian von Welsch mit dem Bau eines Festsaals und zweier Verbindungsgalerien beauftragt. Er stand seit 1704 in den Diensten des Mainzer Kurfürsten Lothar Franz von Schönborn, der wie viele Angehörige dieses Adelsgeschlechts vom „Bauwurmb" befallen war.

Maximilian Welsch trat als Hauptmann und Ingenieur in seine Dienste, war also auch für den Festungsbau zuständig und stieg zu einem der bedeutendsten Barockarchitekten Deutschlands auf, wurde 1714 in den Adelsstand erhoben und erhielt 1729 den Rang eines Generals und Befehlshabers der Kurmainzer Infanterie.

Dass die Fürsten sich die Architekten, aber auch die Maler und Kunsthandwerker ausliehen, war in der Zeit durchaus üblich. So legte Welsch 1707 den Barockgarten an und erbaute genau in der Mitte zwischen den beiden Gartenhäusern einen Festsaal in Form einer Rotunde, also eines Rundbaues nach dem Vorbild des antiken Pantheon in Rom. Damit man trockenen Fußes von der Rotunde in die Pavillons gelangen konnte, wurden Verbindungsgalerien geschaffen, die zunächst zum Park hin eingeschossig, zum Rhein hin zweigeschossig waren.

Noch unter der Herrschaft von Fürst Georg August Samuel wurden die Galerien 1719–20 um ein Stockwerk erhöht, um mehr Platz zu haben, aber wohl auch, weil die ursprünglichen Flachdächer nicht dicht zu bekommen waren. Sie bildeten nämlich Aussichtsterrassen, von denen aus man einerseits Feuerwerk, Ballettvorführungen und andere Lustbarkeiten im Garten, andererseits künstliche Wasserschlachten auf dem Rhein sehen konnte. Doch lief zwischen den Sandsteinplatten des Flachdaches Wasser in die Stuckdecken der darunterliegenden Galeriesäle, so dass man sich nur mit einer Aufstockung und Satteldächern (Abb. 583) zu helfen wusste.

Am unharmonischen Einschneiden der Obergeschosswände in die Wandgliederung der Rotunde erkennt man noch diese Verlegenheitslösung, die Maximilian von Welsch gewiss nur ungern, aber auf Befehl getroffen hat. Denkt man sich nämlich die nachträglichen Aufstockungen weg, wird die Anlage sehr viel eleganter und ihren Vorbildern in Lustschlössern Österreichs ähnlicher. Diese hatte von Welsch bei seinem Aufenthalt in Wien kennengelernt. Es waren dies das Gartenpalais Althan in Wien und das Schloss Engelhartstätten. Beides sind Schöpfungen des Wiener Architekten Bernhard Fischer von Erlach (1656 bis 1723). Gleichzeitig mit der Erbauung der Rotunde und der Galerien wurde – ebenfalls nach Plänen von Welsch – der Garten angelegt, der damaligen Mode folgend als ein französischer Garten mit regelmäßigen Rabatten, geometrisch exaktem Wegenetz und beschnittenen Bäumen, seitlich begrenzt durch Balustraden, nach Norden durch eine Orangerie. Diese wurde noch vor 1741 zu Gunsten der Anlage von in die Landschaft ausstrahlenden Alleen abgebrochen.

Als Fürst Georg August Samuel 1721 mit zwei seiner Töchter in Schloß Biebrich an den Blattern starb, waren Rotunde und Galerien noch nicht ganz vollendet. Alle Bauarbeiten kamen für 13 Jahre zum Erliegen. Schließlich gelangte die Liegenschaft durch Erbgang an den Fürsten Karl von Nassau-Usingen, der beschloss, seine Residenz hierher an den Rhein zu verlegen, wo das Leben ohne Zweifel interessanter war als im hinteren Taunus. Mit der dritten Nutzung als ständige Residenz nach Gartenhaus und Lustschloss war eine Erweiterung unvermeidlich.

Man begann 1734 mit der Errichtung des Ostflügels, der im Erdgeschoss den Marstall für 48 Pferde und im Oberschoss Büros für die fürstliche Verwaltung enthielt. Baumeister war Friedrich Joachim Stengel, der nach Fertigstellung des Ostflügels 1737 die 1721 unterbrochenen Arbeiten in der Rotunde und den Galerien fortsetzte und auf der Grundlage seines neuen Gesamtplanes 1740 mit dem Bau des Westflügels begann. Dessen kostbare Innenausstattung war 1744 im wesentlichen vollendet, einzelne Restarbeiten zogen sich noch bis 1750 hin.

Es war nun nach einer Bauzeit von rund 50 Jahren und nach den Konzepten von drei Architekten eine hufeisenförmige Anlage entstanden, die auf den ersten Blick völlig einheitlich wirkt und ihre Baugeschichte erst bei näherem Hinsehen offenbart (Abb. 582 c). Man erkennt dann die Überschneidungen der Fenster in den Pavillons mit den Verbindungsgängen der neuen Flügelbauten ebenso wie das schon erwähnte Einschneiden der aufgestockten Galerien mit der Pilastergliederung der Rotunde.

Auf der Attika der Rotunde stehen 16 Statuen antiker Götter, auf der Rheinseite rechts von der Mitte beginnend Minerva und Mars, Venus und Merkur, Zeus und Juno, Apoll und Diana, dann wiederholt sich der Zyklus um acht weitere Figuren gleicher Gestalt. Warum hier vier Götterpaare zweimal erscheinen, ist nicht mehr mit Sicherheit zu ergründen. Vielleicht waren beim Abformen der völlig verwitterten Originale 1896–98 die Figuren schon zu sehr zerstört, so dass Höppli nur

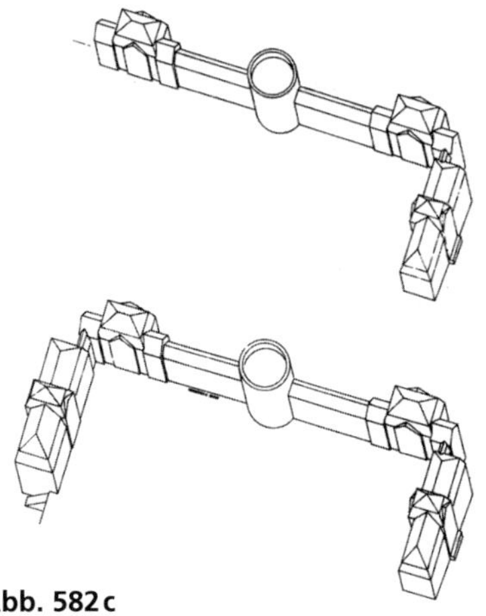

Abb. 582 c

die acht am besten erhaltenen Figuren zweimal kopieren konnte. Die einheitliche rotweiße Farbgebung, erstmals 1965 und dann 1982 auf Grund des Befundes der Originalfassung rekonstruiert, trägt dazu bei, die architektonischen Unterschiede zu übersehen. Hinzu kommt, dass Stengel sich bemühte, seine Formen denen der mehr als 30 Jahre älteren Pavillons anzupassen.

visorisch in Holz anlässlich des Zarenbesuches 1824, dann bald danach in Stein.

Bis 1841 diente Schloß Biebrich als Residenz der Fürsten, ab 1806 Herzöge von Nassau, dann verlegte man diese in das neu erbaute Stadtschloss Wiesbaden und Biebrich wurde bis 1866 als Sommerresidenz genutzt. Auch nach der Okkupation Nassaus durch Preußen blieb Schloß Biebrich im Eigentum der Nassauer, da es deren Pri-

Abb. 584

So verwendet er auf der Ostseite des Westflügels (Abb. 584) noch deren längst überholte rechteckige Fenster mit den ausgeklinkten Ecken, Ohren genannt, während er auf der Westseite (Abb. 585) die modernen Segmentbogenfenster einsetzt. Ungewöhnlich ist, dass der Ehrenhof des nunmehr dreiflügeligen Schlosses mit dem Eingang zum Park liegt; an der Rheinseite gab es ursprünglich nur Eingänge zu den Räumen im Souterrain. Die prächtig in zwei Läufen geschwungene Freitreppe zur Rotunde wurde von dem Architekten Friedrich Ludwig Schrumpf, dem Erbauer des Jagdschlosses Platte, hinzugefügt, zunächst pro-

vatbesitz war. Erst 1935 verkauften die inzwischen zu Großherzögen von Luxemburg aufgestiegenen Nassauer Schloß Biebrich an den Preußischen Staat, da man inzwischen wohl die Hoffnung aufgegeben hatte, wieder den Herzogsthron in Nassau besteigen zu können. Im Zweiten Weltkrieg wurde der Ostflügel bis auf die Außenmauern zerstört, diese wurden auch noch abgebrochen. Das Schloss wurde immer mehr vernachlässigt und wäre am Ende total verfallen, hätten sich nicht Filminstitute hier niedergelassen und es wenigstens notdürftig unterhalten.

Beschwerden von Touristen aus den Niederlanden und Luxemburg veranlassten die Hessische Landesregierung, 1961 bis 1965 das Äußere instandzusetzen und den Westflügel so herzurichten, dass hier 1967 die Dienststellen des Landeskonservators und des Landesarchäologen von Hessen einziehen konnten. Seine heutige Gestalt gewann das Schloss unter Ministerpräsident Börner 1980–82 zurück, der den Ostflügel wieder aufbauen und alle Innenräume sorgfältig restaurieren ließ. Der Mittelteil mit dem Ostpavillon dient seitdem der Hessischen Landesregierung für repräsentative Veranstaltungen, der Ost- und der Westflügel sowie der Westpavillon dem 1974 aus den beiden oben genannten Ämtern geschaffenen Landesamt für Denkmalpflege Hessen.

Mittelpunkt ist der **Festsaal** in der Rotunde, entworfen von Maximilian von Welsch nach dem Vorbild des Pantheon in Rom, worauf schon der Hofpoet Daniel Wilhelm Thriller 1737 in seiner Schrift hingewiesen hat. Von dort übernahm Welsch die Kreisform und die Kuppel mit dem Oberlicht, doch bereicherte er den Raum, indem er dem Zylinder der Außenmauern einen Säulen-Rundtempel (Monopteros) einbeschrieb. Die acht mächtigen, freistehenden Säulen bestehen aus echtem nassauischem Marmor aus den Brüchen von Vilmar und Runkel. Das Gebälk wurde aus Stuckmarmor geschaffen, desgleichen die Oberfläche der Außenwände. Dabei haben wir es aber nicht mehr mit dem barocken Zustand zu tun, sondern mit einer Veränderung des Klassizismus 1828–29 aus Anlass der Verlobung des Herzogs Wilhelm mit der Prinzessin Pauline von Württemberg, einer ebenso wohltätigen wie sittenstrengen Dame, der die üppige Sinnenfreudigkeit des Barock zuwider war.

Abb. 585

So wurde die elegant geschwungene barocke Galerie durch eine kühlere klassizistische ersetzt, die Putten auf dem Gebälk und die Wandnischen mit Göttergestalten beseitigt. Auch ersetzte man in der Mitte den Marmorfußboden durch ein Parkett, dessen Muster aus konzentrischen Kreisen besteht und bis 1980 in der Bemalung der Kuppel wiederkehrte.

Dort hatte Pauline nämlich das barocke Deckenfresko übermalen lassen, weil sie an den nackten Göttergestalten Anstoß nahm. Es wurde 1980 freigelegt (Abb. 586), weil es zu den besten Leistungen barocker Deckenmalerei in Hessen gehört. Geschaffen wurde es 1719–21 vom italienischen Maler Luca Antonio Colomba, der aus Arogno bei

Abb. 586

Lugano stammte, 24 Jahre im Dienst des Herzogs Eberhard von Württemberg tätig war und von diesem an den Fürsten Georg August von Nassau-Idstein ausgeliehen wurde. Das als echtes Fresko auf die Innenseite der Kuppel aufgetragene Gemälde stellt die Aufnahme des Aeneas in den Olymp dar. Dieser wurde, der antiken Mythologie nach, wegen seiner Taten von den Göttern in den Kreis der Unsterblichen aufgenommen, zum ersten wegen der Rettung seines greisen Vaters Anchises, den er auf seinen Schultern aus dem brennenden Troja gerettet hatte, und zum zweiten wegen der legendären Gründung des römischen Staates durch ihn, nachdem er mit einer Schar trojanischer Flüchtlinge an den Gestaden Italiens gestrandet war. Steht man vor der nach Süden gerichteten Mitteltür zum Rhein hin und schaut nach Norden in die Höhe, erkennt man die pathetisch bewegte Rückenfigur des Aeneas, der im Unterschied zu den Götterfiguren vollständig mit einem langen Gewand bekleidet ist, von Putten emporgetragen wird, verzückt die Arme ausbreitet und den Blicken des Betrachters die Sohle seines rechten Schuhes darbietet.

Unmittelbar links neben ihm sitzt mit nachdenklich aufgestütztem Haupt Minerva (Athena), Göttin des Krieges, aber auch von Wissenschaft und Kunst, links neben ihr direkt vor dem gemalten Pilaster Herkules mit der Keule, rechts von diesem eine Nymphe. Sie weist mit ihrem Arm nach oben auf den einst dort schwebenden Jupiter. Dieser hing, aus Holz geschnitzt, auf einem Adler reitend frei von der Kuppel herab, bis ihn die Herzogin Pauline zerstören ließ. Über der Nymphe erscheint ganz oben im Licht Diana (Artemis), Göttin der Jagd, mit Köcher und Bogen.

Blickt man im Uhrzeigersinn nach rechts in das zweite der insgesamt acht von den gemalten Pilastern gebildeten Felder, erkennt man rechts neben Diana Fama, die Verkörperung des guten Rufes. Sie stößt gerade in die lange, lorbeerumwundene Heroldstrompete, um die guten Taten des Aeneas zu verkünden. Über ihr sitzen zwei düster wirkende Frauen mit einem Spinnrocken, von dem ein Faden zu einer dritten auf der Wolke gegenüber gehalten wird. Es sind dies die drei Parzen, die Göttinnen des Schicksals, die den Lebensfaden des Menschen spinnen und damit die Länge des Lebens bestimmen. Unter der dritten, der lichten Parze sitzt als Greis mit Flügeln und einer Sense Saturn (Chronos), der Gott der Zeit und des Ackerbaus. Rechts über ihm erkennt man mit weinbekränztem Haupt Bacchus (Dionysos), den Gott des Weines und heiterer Feste, rechts darunter eine Bacchantin, unter dieser dann mit einer Korngarbe und Früchten Ceres (Demeter), die Göttin der Fruchtbarkeit.

In Abschnitt vier thronen auf der Wolke Vulkan (Hephaistos), Gott der Schmiede und Neptun (Poseidon), Gott des Meeres. Hoch oben im fünften Abschnitt vertreibt Apoll, Gott des Lichts, mit Pfeil und Bogen die drei Furien, Mächte der Finsternis, die kopfüber herabstürzen. Vor dem Pilaster zwischen Abschnitt sechs und sieben sitzt Mars, der Kriegsgott in der Rüstung.

Die liegende männliche Figur rechts unter ihm mit einem Haupt auf einer Stange wird neuerdings als Theatergott gedeutet, rechts darüber erkennt man Kybele, die große Mutter der Götter, und Merkur (Hermes), den Götterboten.

Den Reigen beschließen in Abschnitt acht Flora, die Göttin alles Blühenden, und Juno (Hera), die Gemahlin des Zeus (Jupiter), erkennbar an ihren Attributen Zepter und Pfau.

Die Darstellung der Aufnahme des Aeneas in den Olymp gibt wohl in symbolischer Weise die Erhebung des Grafen Georg August Samuel in den Fürstenstand 1688 wieder. Die nicht mehr erhaltenen Fresken in den unteren Galerien mit Szenen aus den Abenteuern des Aeneas und Odysseus sind als glückliche Heimkehr des Fürsten nach langjährigen Reisen durch Europa und von den Feldzügen gegen die Türken zu verstehen.

An der schmalen Ringtonne oberhalb der Empore sind die acht Wissenschaften und Künste in Gestalt von Putten dargestellt: im Süden die Geographie mit Globus und Stechzirkel, im Südwesten die Malerei mit Staffelei, Porträt des Fürsten und Palette, im Westen die Physik mit Linse und Glaszylinder, im Nordwesten die Architektur mit Plan, Zirkel, Winkel und Lot, im Norden die Kriegskunst mit Rüstung und Waffen, im Nordosten die Musik mit Geige und Flöte, im Osten die Literatur mit Büchern und im Südosten die Bildhauerei mit Meißel, Schlegel und Frauenbüste. Sie alle sollen den Fürsten als Förderer von Kunst und Wissenschaft rühmen.

Die unteren Galerien wurden 1828–29 klassizistisch verändert. Die mit rautenförmigen Stuckfeldern verzierten Decken spiegeln sich in den gleichartigen Parkettböden. Als einzige besitzt die obere Westgalerie noch den barocken Deckenstuck von Carlo Maria Pozzi, der nie farbig gefasst worden war, weil man die oberen Galerien bald nach ihrer Erbauung 1719–20 zu Büroräumen für die fürstliche Verwaltung unterteilt und die Decken abgehängt hatte. Nach der Beseitigung der Trennwände 1980 kamen die schönen Stuckaturen mit den schwungvollen Akanthusranken wieder zum Vorschein.

Der Westflügel wird in den Urkunden als „neuer Schlossbau" oder „Winterbau" bezeichnet, weil er zum einen die Wohnräume der fürstlichen Familie enthielt, zum zweiten als einziger richtig zu heizen war. Dazu dienten Kachelöfen, die von den Korridoren aus beheizt wurden, so dass die Diener die hohen Herrschaften nicht zu stören

Abb. 587

brauchten. Für die kostbare Ausstattung des Westflügels setzte Friedrich Joachim Stengel den Stuckateur Johann Peter Jäger aus Mainz und den Biebricher Hofschlosser Leonhard Vay ein. Leider sind alle Möbel entweder 1935 nach Luxemburg gebracht oder nach 1945 gestohlen worden. Auch wurden damals von eingewiesenen Mietern die geschnitzten Wandvertäfelungen und die Parkettböden verheizt.

Sehenswert ist noch das **Treppenhaus** (Abb. 587), dessen Vestibül alle drei Achsen des Westflügels einnimmt und ohne Zäsur in das eigentliche Treppenhaus von nochmals zwei Achsen übergeht. In sanfter Steigung mit breiten flachen Sandsteinstufen steigt die einläufige Treppe gemächlich auf und bringt Besucher nach einem Umkehrpodest und einer zweiten, rückläufigen Treppe in das obere Vestibül. Das schöne schmiedeeiserne Treppengeländer schuf Leonhard Vay, den spritzigen Stuck Johann Peter Jäger. Die übrigen Räume des Westflügels dienen als Büro für das Landesamt für Denkmalpflege Hessen und sind der Öffentlichkeit nur am Tag des offenen Denkmals an jedem 2. Samstag im September oder bei speziellen Führungen zugänglich.

Zum hochbarocken Lustschloss gehörte ein französischer **Garten**, der durch die Aufschüttung des Geländes zu einer ebenen Fläche gemacht, mit einem geometrischen Wegenetz regelmäßig gestaltet und mit steinernen Balustraden sowie der Orangerie im 2
Norden eingefasst war.

Dieser erste, von Maximilian von Welsch im Zusammenhang mit dem Bau der Rotunde und den Galerien entworfene Garten ist auch heute noch ablesbar in den Stützmauern nach Westen, den Rasenflächen mit dem Gefälle nach Norden zu der großen Platane hin, in den beiden neu angepflanzten Kastanienalleen im Westen und Osten sowie in den beiden Brunnen im vorderen Parterre zwischen den Seitenflügeln des Schlosses.

An die Umgestaltung zum englischen Landschaftspark 1817 durch Friedrich Ludwig von Sckell (1750–1823) erinnern die große Trauerbuche vor dem Westflügel, die Kastanien vor dem Ostflügel und die jüngst rekonstruierte große Fontäne, die asymmetrisch nach Osten verschoben angeordnet ist. Dazwischen gab es einen Zustand durch die Erweiterung des barocken Gartens zu einem raumgreifenden Park ab 1740, der nach dem Abbruch der Orangerie nach Norden in der Längsausdehnung bis auf die Höhe der Armenruhstraße ausgedehnt wurde. Dabei kam es auf der Stadtseite zu einer Bodenspekulation, die in eine Einstellung des weiteren Landerwerbs seitens der fürstlichen Verwaltung mündete, woraus sich die ganz unregelmäßig geführte östliche Längsseite des Parks erklärt. Damit wird deutlich, dass der Absolutismus in Deutschland sich nie so rücksichtslos wie in Frankreich über die Rechte der Bürger hinwegsetzen konnte oder auch wollte.

Von der Mittelachse der ehemaligen Orangerie gingen strahlenförmig drei Alleen aus, von denen die nach Nordosten gerichtete, sogenannte „Dicke Allee" noch vorhanden ist – allerdings mit stark gelichtetem Baumbestand und zu niedrigen Nachpflanzungen, die das Bild einer geschlossenen Allee stören.

Die Umgestaltung ab 1817 durch von Sckell, verbunden mit einer nochmaligen, noch stärkeren Ausweitung nach Norden, wurde erst möglich durch den Erwerb der Mosburg 1804 von der letzten Erbin der Familie Penzenau. Zusammen mit weiteren Grundstückskäufen wuchs der Schloßpark auf eine Größe von 200 Morgen an, das

Abb. 588

Abb. 589

heißt, auf das Zehnfache des ursprünglichen Barockgartens. Die neu geschaffene Blickachse (Abb. 588) ist im Sinne des Landschaftsgartens nicht streng axial und gerade, sondern malerisch durch Baumgruppen belebt.

2 Der Park wurde durch die Pflanzung exotischer Bäume, besonders gefördert durch Herzog Adolf, bereichert, was die ausdrückliche Anerkennung Goethes fand. Von den einst 190 Baumsorten sind nur noch rund 90 erhalten, in den letzten Jahren durch Nachpflanzungen wieder angereichert. Ein unter Herzog Adolf errichtetes Palmenhaus wurde nach dem erzwungenen Abgang des Herzogs ins Exil an den Frankfurter Palmengarten verkauft, wo einige Palmen zu dessen Grundstock wurden. Als Ersatz für die 1740 abgebrochene barocke **Orangerie** errichtete Karl Boos 1836 am westlichen Rand des Schloßparks eine neue (Abb. 589) in den schlichten Formen des Klassizismus als langgestreckten Putzbau.

Auf den Grundmauern der mittelalter- 3
lichen Burgruine führte der Hofbaudirektor Carl Florian Götz 1805–16 die **Mosburg** als eine für die Baukunst der Romantik typische künstliche Ruine (Abb. 590 a und b) auf. Einst hatte sie eine Nutzung, um die sich Legenden ranken, die durchaus einen Wahrheitsgehalt haben könnten. So soll Richard Wagner mit einem Gesuch

Abb. 590 a

Abb. 590 b

den Herzog gebeten haben, ihm die Mosburg zum Wohnen zu überlassen, weil „im Schloßpark die Nachtigallen so lieblich sängen" und ihn zum Komponieren inspirieren würden. Wenn man in den „Meistersingern" keine Nachtigallen hört, so liegt es an der Absage, die von den Hofbeamten damit begründet wurde, „daß der Herzog sich selbst gern in die Mosburg zurückzuziehen pflege, um ehelichten Zwisten auszuweichen".

Durch bauliche Vernachlässigung nach 1945 wurde die Mosburg von der künstlichen zur echten, nicht benutzbaren Ruine. Sie ist inzwischen zwar baulich gegen weiteren Verfall gesichert, harrt aber immer noch einer sinnvollen öffentlichen Nutzung, die an diesem idyllischen Ort im Interesse der Bevölkerung und der Touristen sehr zu wünschen wäre.

Quellen

Ausstellungskatalog der Architektursammlung der Technischen Universität und des Münchner Stadtmuseum 1: Friedrich von Thiersch, München 1977

Baatz, Dietwulf und Hermann, Fritz-Rudolf (Hg.): Die Römer in Hessen, Stuttgart, 1982

Baedeker: Wiesbaden-Rheingau, 2001

Beenken, Hermann: Der Historismus in der Baukunst, in: Historische Zeitschrift 157, 1938, S. 27-68

Bergh, Ulrike van den: Der Hessische Landtag – Ein Schloß als Parlamentssitz, Königstein 1995

Biehn, Heinz: Residenzen der Romantik, München 1970

Bubner, Berthold: Wiesbaden, Baukunst und Historische Entwicklung, Wiesbaden 1983

Bubner, Berthold: Wiesbaden, Baudenkmale und Historische Stätten, Wiesbaden 1993

Cöntgen, F.: Denkwürdigkeiten der Stadt Wiesbaden, 1800

Czysz, Walter: Vom Römerbad zur Weltkurstadt, Wiesbaden 1997

Czysz, Walter: St. Bonifatius Wiesbaden, Schnell Kunstführer Nr.1893, München 1992

Dehio, Georg: Handbuch der deutschen Kunstdenkmäler, Hessen, München 1982

Denkmaltopographie der Bundesrepublik Deutschland – Kulturdenkmäler in Hessen, Wiesbaden II – Die Villengebiete. Von Sigrid Russ, Wiesbaden 1988

Dilger, Thomas (Hg.): Architektur und Städtebau in Wiesbaden nach 1945, Heidelberg 1995

Döringer, Wilhelm: Der kleine Heimatforscher in der Stadt Wiesbaden, Wiesbaden 1977

Emig, Erik, Knop, Detlef, Steinbach, Hartmut (Hg.): Der Luisenplatz in Wiesbaden, Wiesbaden 1985

Emig, Erik und Weiler, Clemens: Wiesbaden, Frankfurt 1967

Fischer, Thomas: Die Römer in Deutschland, Stuttgart 1999

Friedrich, Waltraud: Das ehemalige Prämonstratenserkloster Konradsdorf, in: Quellen und Forschungen zu hessischen Geschichte, Darmstadt und Marburg 1999

Funk, Birgit: Die Arbeiten des Wiesbadener Architekten Wilhelm Bogler, in: Nassauische Annalen Bd. 99, S. 110 ff.

Geschichtswerkstatt Wiesbaden e.V. (Hg.): Wiesbaden und Rheingau zu Fuß, Verlag für regionale Kultur und Geschichte, Wiesbaden 2002

Gideon, Siegfried: Spätbarocker und romantischer Klassizismus, München 1922

Goethe, Johann Wolfgang von: Von deutscher Baukunst, Hamburger Fliegende Blätter 1773

Gruber, Karl: Die Gestalt der deutschen Stadt, München 1952

Hase, Ulrike von: Wiesbaden – Kur- und Residenzstadt, in: Die deutsche Stadt im 19. Jahrhundert, Studien zur Kunst des 19. Jahrhunderts, Bd. 24, München 1974

Herrmann, Albert: Gräber berühmter und im öffentlichen Leben bekannt gewordener Personen auf den Wiesbadener Friedhöfen, Wiesbaden 1928

Hermann, Fritz-Rudolf und Jockenhövel (Hg.): Die Vorgeschichte Hessens, Stuttgart 1990

Hermann, Fritz-Rudolf: Lich-Arnsburg, Führungsblatt in der Reihe: Archäologische Denkmäler in Hessen 6

Hildner, Heinz: Wiesbadener Wohnbauten der klassizistischen Zeit, Dissertation Juni 1931, Maschinenschrift

Hirt, Alois: Die Baukunst nach den Grundsätzen der Alten, Berlin 1809

Hoffmann, Hans-Christoph: Die Theaterbauten von Fellner und Helmer, München 1966

Honekamp, Gerhard, Jung, Wolfgang, Wunderer, Hartmann (Hg.): Historische Erkundigungen in Wiesbaden und Umgebung, Wiesbaden-Erbenheim 1994

Kiesow, Gottfried: Vom Klassizismus zur Romantik in: Herzogtum Nassau 1806-66, Ausstellungskatalog Museum Wiesbaden 1981, S. 305-329

Kiesow, Gottfried: Romanik in Hessen, Stuttgart, Theiss-Verlag 1984

Kiesow, Gottfried: Der Mittelrhein, eine Kulturlandschaft, in: Land am Strom, 75 Jahre Mittelrheinische Gesellschaft zur Pflege der Kunst, Wiesbaden 1999

Kiesow, Gottfried: Gesamtkunstwerk – Die Stadt, Deutsche Stiftung Denkmalschutz, Bonn 1999

Kur- und Verkehrsverein e.V. (Hg.): Von Biebrich nach Wiesbaden, Köln und Wiesbaden 1998

Luthmer, Friedrich: Die Bau- und Kunstdenkmäler des Regierungsbezirks Wiesbaden, Band V, 1914

Mattiaca, Gesellschaft zur Pflege von Dialekt und Stadtgeschichte Wiesbaden (Hg.) Zeitzeugen, Wiesbadener Häuser erzählen ihre Geschichte, Thorsten Reiß Verlag Wiesbaden, 1. Band 1996/99, Bd. II 1998/2003, Bd. III 2000

Mitscherlich, Alexander: Die Unwirtlichkeit unserer Städte. Anstiftung zum Unfrieden, Frankfurt 1965

Müller, C. U.: Das neue Wiesbaden, Verlag der L.Schellenberg'schen Buchdruckerei, Wiesbaden 1924

Müller-Werth, Herbert: Zur städtebaulichen Gestaltung Wiesbadens in der zweiten Hälfte des 19. Jahrhunderts, in: Nassauische Annalen, Bd. 70, 1959, S. 234-258

Pevsner, Nikolaus: Möglichkeiten und Aspekte des Historismus, in: Historismus und bildende Kunst, Studien zur Kunst des 19.Jahrhunderts, Bd. I, Prestel – Verlag München 1965, S. 13-24

Pevsner, Nikolaus: Das Englische in der englischen Baukunst,

Quincy, Quatremere de: Geschichte berühmter Architekten und ihrer Werke, Leipzig 1931

Reidelbach: König Ludwig I. von Bayern mit besonderer Berücksichtigung seiner Kunstschöpfungen, München 1888

Renkhoff, O.: Siegel und Wappen der Stadt Wiesbaden, Nassauische Annalen, Bd.68, 1957

Renkhoff, Otto: Wiesbaden im Mittelalter, Wiesbaden 1980

Rullmann, G. C. W.: Wiesbaden und seine Heilquellen, Wiesbaden 1823

Russ, Sigrid siehe Denkmaltopographie

Sachs, Edwin O.: Modern Opera Houses and Theaters, London 1896-98

Schabe, Peter: Felix Genzmer, Architekt des Späthistorismus in Wiesbaden, Historische Kommission für Nassau, Wiesbaden 1997

Schabe, Peter: Solmsschlößchen in Wiesbaden – gestern und heute, Mühltal Reinehr-Verlag 1996

Schaefer, Albert: Wiesbaden, von der Römersiedlung zur Landeshauptstadt, Frankfurt 1969

Scheffler, Hans A.: Wiesbaden ...aus der schönen alten Zeit, Verlag Beleke, Wiesbaden 1986

Schoppa, Helmut: Wiesbadens römische und alamannisch-merowingische Vergangenheit, Wiesbaden 1974

Schüler, Winfried: Das wilhelminische Wiesbaden, in: Nassauische Annalen, Bd. 99, S. 89-110

Semper, Gottfried: Vorläufige Bemerkungen über bemalte Architektur und Plastik bei den Alten, erschienen bei J.F.Hammerich, Altona, 1834

Siedler, Wolf Jobst, Niggemeyer, Elisabeth, Angreß, Gina: Die gemordete Stadt, Abgesang auf Putte und Straße, Platz und Baum, München 1967

Spielmann, Christian und Krake, Julius: Historischer Atlas der Stadt Wiesbaden, Frankfurt 1812, neu herausgegeben als CD-Rom mit Begleitbuch in der Bearbeitung von Thomas Weichel und Rudolf Krämer, Wiesbaden 2002

Stephanitz, Iris von: Die Wiesbadener Bauten der Architekten Kreizner & Hatzmann, Thorsten Reiß-Verlag, Wiesbaden 2002

Stieglitz, C.L.: Lehrbuch Altdeutscher Baukunst, 1820

Struck, Wolf-Heino: Wiesbaden im Biedermeier, bei Steiner, Wiesbaden 1981

Struck, Wolf-Heino: Wiesbaden in der Goethezeit, Wiesbaden 1979

Vollmer, Eva Christina: Das Schloß in Wiesbaden, Verlag H.G.Seyfried, Wiesbaden 1983

Wagner-Rieger, Renate: Wiens Architektur im 19.Jahrhundert, Österreichischer Bundesverlag für Unterricht, Wissenschaft und Kunst, Wien 1970

Weber, Philipp: Beschreibung der Bäder zu Wißbaden, Frankfurt 1636

Weddigen, Otto: Geschichte des Theaters in Wiesbaden, Wiesbaden 1894

Weichel, Thomas: Wiesbaden im Bombenkrieg – 1941–1945,

Gudensberg-Gleichen 2004

Weiler, Clemens: Romantische Baukunst in Nassau, in: Nassauische Annalen, Bd.63, Wiesbaden 1952

Wiesbaden – Geschichte von der Römerzeit bis zur Gegenwart, Essen 1981

Wiesbaden – Stadtgestalt und Denkmalschutz im Städtebau, Beitrag der Landeshauptstadt Wiesbaden zum Wettbewerb 1978, Wiesbaden 1979

Wiesbaden – Baudenkmale und Historische Stätten, beschrieben von Stefan Thiersch, Berthold Bubner, Ingeborg Büttner, Wiesbaden 1979

Abbildungsnachweis

Ein Großteil der Abbildungen stammt vom Autor selbst und findet keine gesonderte Erwähnung. Einige Abbildungen werden mehrfach gezeigt, die jeweils erste Abbildungsnummer wird nachfolgend verzeichnet.

Ilona Surrey: Titelmotiv Schloss/Landtag
Bärbel Maul: Haniel-Villa, Umschlagklappe hinten
Stadtarchiv Wiesbaden: Museum Wiesbaden, Umschlagklappe vorne
Renate Gruber: Seite 2, gegenüber Innentitel
Vermessungsamt der Stadt Wiesbaden: Stadtkartenausschnitte Umschlagklappen innen

Landesmuseum Wiesbaden: Abb. 1, 3, 9, 32
Stadtarchiv Wiesbaden: Abb. 17, 18, 23, 49, 79, 85, 87, 93, 141, 158, 161, 253, 261, 262, 264, 364, 422, 439, 447, 487, 488, 494, 496, 530
Kurbetriebe Wiesbaden: Abb. 509, 595
Hans von Papen: Abb. 5, 7, 10, 11, 14, 15, 19, 31, 57, 61, 65, 71, 75, 80, 99, 102-105, 107–113, 116, 159, 162, 192, 200, 254, 263, 265, 272, 273, 300, 303, 305, 306, 312, 316, 326, 337, 349, 358, 419, 448 und Seite 300
„Architektur und Städtebau in Wiesbaden nach 1945", Landeshauptstadt Wiesbaden (Hrsg.), Edition Braus, Heidelberg 1995: Abb. 13, 133, 168, 174, 175
Christian Kiesow: Abb. 44, 48, 53, 101
Wiesbaden im Bombenkrieg 1941–1945, Thomas Weichel, Wartberg Verlag, Gudensberg-Gleichen 2004: Abb. 170
Fremdenführer durch Wiesbaden, Schellenberg'sche Hofbuchdruckerei: Abb. 155, 156, 160, 520, 524, 527–529

Die DVD

Diesem Buch ist eine DVD beigefügt, die dem Leser mit dem elektronischen Medium weitere Möglichkeiten bietet:

- In einem 20-minütigen **Film** führt der Autor Gottfried Kiesow anhand von Bauwerken aus Wiesbaden in die fünf Stilphasen des Historismus ein.
- Die DVD enthält den vollständigen Buchtext.
- Die Pläne lassen sich soweit heranzoomen, dass man einzelne Hausnummern zuordnen kann. Nutzen Sie zum Bewegen des Plans die Cursor-Tasten.
- Auch die Bilder kann man auf Programmfenstergröße zoomen und im Detail anschauen.
- Mit der Volltextsuche lässt sich jedes Stichwort aufsuchen.
- Darüber hinaus gibt es eine Schnellsuche für die besprochenen Objekte.
- Ein Glossar erläutert kunsthistorische Fachbegriffe.

Wenn Sie Fragen zur Bedienung haben, nutzen Sie das Hilfe-Menü auf der DVD.

Technische Daten

Die DVD läuft auf Microsoft®-Betriebssystemen ab Windows 2000. Es muss das Programm Quicktime® ab Version 7 oder ein anderer Quicktime®-kompatibler Player installiert sein. Das Programm kann auch von der DVD nachinstalliert werden. Für den PC liegt der Film in zwei verschiedenen Auflösungen vor: Für die hochauflösende Video-Version ist ein PC mit mindestens 2 Gigaherz Taktfrequenz sinnvoll.

Der Film kann auch auf handelsüblichen DVD-Playern abgespielt werden.

Museen

Außer dem **Museum Wiesbaden** mit der Sammlung Nassauischer Altertümer und der bedeutenden Jawlensky-Sammlung zeigen das Museum für Deutsch-Jüdische Geschichte und die 13 Heimatmuseen viel Interessantes zur Geschichte der Region.

In unmittelbarer Nachbarschaft zum Museum Wiesbaden plant die Hessische Landeshauptstadt bis 2010 den Neubau eines **Stadtmuseums**. Schon jetzt bietet das Projektbüro Stadtmuseum kleine Ausstellungen, Stadtspaziergänge oder Vorträge zur Stadtgeschichte an:

Nähere Informationen bei:
Projektbüro Stadtmuseum, Kulturamt
Schillerplatz 1-2, 65185 Wiesbaden
Tel. 06 11 / 3 60 82 62
www.wiesbaden.de/stadtmuseum

Bei der Vorbereitung eines Wiesbaden-Besuchs erhalten Sie hilfreiche Unterstützung durch die

Tourismus Information
Marktstraße 6, 65183 Wiesbaden
Tel. 0611 / 17 29-780 oder -930
Fax 0611 / 17 29-798
E-Mail tourist-service@wiesbaden.de

Informationen zur Bewerbung der Stadt Wiesbaden als Weltkulturerbe der UNESCO erhalten Sie von:

Landeshauptstadt Wiesbaden
Stabsstelle Weltkulturerbe
Dr. Thomas Weichel
Rathaus, 65183 Wiesbaden
Tel. 0611-313 420
Fax 0611-313 903
E-Mail thomas.weichel@wiesbaden.de

Viele andere nützliche Kontakte und Informationen finden Sie im Internet unter:
www.wiesbaden.de

Deutsche Stiftung Denkmalschutz

Die Deutsche Stiftung Denkmalschutz ist die größte Bürgerinitiative für den Denkmalschutz in Deutschland und steht unter der Schirmherrschaft des Bundespräsidenten. Über 170 000 Bürgerinnen und Bürger machen mit ihren Spenden deutlich, wie viel ihnen der Erhalt der Denkmallandschaft bedeutet. Dank ihrer Hilfe und der Mittel aus der Fernsehlotterie GlücksSpirale konnte die Stiftung bisher mehr als 3 400 Denkmale in ganz Deutschland mit über 400 Millionen Euro bewahren helfen.

Wettlauf gegen den Verfall

Doch gegenwärtig erreichen die Stiftung so viele Hilferufe wie nie zuvor, denn die drastische Kürzung öffentlicher Mittel und die Folgen des Strukturwandels zeigen dramatische Auswirkungen. Oft stehen wertvolle Bauten vor dem Verfall, für unzählige Denkmale ist auch die kontinuierliche Pflege nicht mehr gewährleistet – im Osten wie im Westen.

Wiesbaden – das Stadtdenkmal des Historismus – verdankt sein besonderes Flair und die Wohnqualität der Baukunst des 19. Jahrhunderts, den Wohnbauten, öffentlichen Gebäuden und den Kirchen. Dass dies so bleibt, stellt große Anforderungen an die Hauseigentümer. Ebenso ist das gemeinnützige Engagement aller Bürger gefragt, die durch ihre Spenden helfen, die Baukunst vergangener Jahrhunderte für die Allgemeinheit zu bewahren.

Seit Jahren stehen Gerüste an der **Marktkirche**, dem hochstrebenden Backsteinbau in der Mitte Wiesbadens. In einzelnen Bauabschnitten wird schrittweise das Mauerwerk gefestigt, Ziegel müssen ersetzt werden, die Oberflächen der Tonreliefs werden restauriert. Es ist nicht nur der „Zahn der Zeit", der an dem bedeutenden Backsteinbau nagt. Viel mehr noch haben Umwelteinflüsse, Schadstoffe in der Luft und im Regen zu großen Schäden geführt.

„Wer finanziert das eigentlich?"

Für ein so großes Restaurierungsvorhaben ist das Zusammenwirken vieler Institutionen notwendig: An der Marktkirche, einem Denkmal von nationaler Bedeutung, engagieren sich der Bund, das Land, die Landeskirche, die Marktkirchengemeinde selbst mit ihren Gemeindemitgliedern sowie die Deutsche Stiftung Denkmalschutz aus ihren bundesweiten Spendenaufrufen und aus Mitteln der Lotterie GlückSpirale.

Darüber hinaus hat die Stiftung bisher in Wiesbaden Stuck und Malereirestaurierung in der Griechische Kapelle, Außenrestaurierung des Turms auf dem Neroberg, statische Sicherung und Restaurierungen im Altbestand des Jagdschlosses Platte, Natursteinsanierung bei der Oranier-Gedächtniskirche in Biebrich sowie Dach- und Fensterrestaurierung bei Schloss Freudenberg in Dotzheim fördern können. Diese Bauwerke gehören zu den Sehenswürdigkeiten der Stadt.

Zustiftungen für dauerhafte Pflege

Zusätzlich konnten Restaurierungsarbeiten an Grabstätten auf dem Alten Friedhof Bernhard-May-Straße durch die Bernhard von Wiesen-Stiftung, eine Treuhandstiftung in der Verwaltung der Deutschen Stiftung Denkmalschutz, begonnen werden.

Die Nikolaus-Stiftung in der Deutschen Stiftung Denkmalschutz konzentriert sich auf Restaurierungs- und Erhaltungsaufgaben an der ältesten Wiesbadener Kirche in Bierstadt. Beide Treuhandstiftungen nehmen gern Zustiftungen und Spenden an.

Weitere Informationen erhalten Sie bei der Deutschen Stiftung Denkmalschutz, Bonn, Stiftungszentrum, Frau Dr. Iris Reepen, Tel. 02 28 / 9 57 38-983.

Drei-Lilien-Quelle, historische Aufnahme (l.) und Zustand 2007

Spenden für ein konkretes Objekt

Das ehrenamtlich arbeitende **Ortskuratorium Wiesbaden** informiert über die Deutsche Stiftung Denkmalschutz und sammelt zur Zeit Spenden für die Restaurierung des Innenraums der historischen **Drei-Lilien-Quelle**, einer in den Formen des Jugendstils gehaltenen Trinkthermalquelle in Wiesbadens Innenstadt, die schleichend verwahrlost ist. Für die Finanzierung hofft das Ortskuratorium Wiesbaden der Deutschen Stiftung Denkmalschutz auf weitere Förderer.

Mehr Informationen erhalten Sie bei Frau Susanne Lenfers, Deutsche Stiftung Denkmalschutz, Bonn, Tel. 02 28/9 57 38-968.

Zu den Satzungsaufgaben der Deutschen Stiftung Denkmalschutz gehört auch die Sensibilisierung der Öffentlichkeit für die Belange der Denkmalkultur. Die bundesweite Koordinierung des **Tags des offenen Denkmals** und Jugendarbeit gehören dazu wie das Schulprojekt **denkmal aktiv**, das Schulklassen die Beschäftigung mit Denkmalen ermöglicht oder die **Jugendbauhütten**, das Freiwillige Jahr in der Denkmalpflege.

Die **DenkmalAkademie** der Deutschen Stiftung Denkmalschutz bietet in Schloss Romrod bei Alsfeld, im Görlitzer Waidhaus und ab 2007 im Alten Schloss, Frankfurt-Hoechst, Seminare für Bauherren und für Kulturinteressierte an, darunter auch ein Seminar zum Historismus in Wiesbaden.

Das Seminarprogramm erhalten Sie bei der DenkmalAkademie, Schloss Romrod, 36329 Romrod, Tel. 0 66 36/9 18 19 18.

DEUTSCHE STIFTUNG DENKMALSCHUTZ

Koblenzer Straße 75 · 53177 Bonn
Tel. 02 28/9 57 38-0 · Fax 02 28/9 57 38-23

Spendenkonto 30 5555 5 00
Commerzbank Bonn · BLZ 380 400 07

Spenden Drei-Lilien-Quelle
Konto-Nr. 30 55555 06
Commerzbank Bonn · BLZ 380 400 07
Verwendungszweck 1002384

LANDESHAUPTSTADT

Kultur- und Festspielstadt

Wiesbaden

Wiesbaden, eine Stadt mit einer Vielzahl kultureller Highlights in attraktivem Rahmen, ist zu jeder Jahreszeit einen Besuch wert. Im Mittelpunkt des gesellschaftlichen und kulturellen Lebens stehen das historische Veranstaltungszentrum Kurhaus und das Hessische Staatstheater mit der seit mehr als 100-jährigen Tradition der Internationalen Maifestspiele. Zahlreiche Museen und Ausstellungen, Musik-Festspiele mit hochkarätigen Aufführungen und lebendige Straßenfeste füllen den Veranstaltungskalender der Hessischen Landeshauptstadt.

Wiesbaden Tourist Information
Marktstraße 6
65183 Wiesbaden
Tel.: 0611 - 17 29 930
tourist-service@wiesbaden.de

WIESBADEN

APRIL/MAI

Internationale Maifestspiele

Seit dem Jahre 1896 kann sich Wiesbaden mit dem Attribut Festspielstadt schmücken. Im ganzen Monat Mai sind jedes Jahr herausragende Gastspiele aus den Bereichen Oper, Ballett und Schauspiel zu sehen.

MAI

Internationale Oldtimer Rallye

Vier Tage lang verwandeln 180 historische Fahrzeuge Wiesbaden, die Taunushöhen und die Rheingau-Region in ein rollendes Museum kostbarer Ingenieursleistungen. Traditionell startet die Tour mit einem Auftakt auf dem Schloßplatz Wiesbaden.

MAI

Internationales Wiesbadener Pfingstturnier

Seit 1929 treffen sich alljährlich zu Pfingsten die Spitzen des internationalen Reitsports im Schlosspark Biebrich. Neben Dressur, Springreiten und dem Wettbewerb um den „Großen Preis von Wiesbaden" ist die Gala-Show „Wiesbadener Pferdenacht" eine besondere Attraktion.

www.wiesbaden.de

JUNI

Theatrium

Der Straßenfestklassiker auf Wiesbadens Prachtboulevard, der Wilhelmstraße, ist auch nach mehr als 30 erfolgreichen Jahren ein Publikumsmagnet. Künstler- und Theaterflair ist überall spürbar. Ein Stelldichein der Phantasie, Augen- und Ohrenschmaus, Lust und Lebensfreude unter freiem Himmel!

JUNI

Neue Stücke aus Europa:
Theaterbiennale des Hessischen Staatstheaters Wiesbaden

Ein alle zwei Jahre stattfindendes Festival der Gegenwartsdramatik, das zum ersten Mal im Juni 2004 in Wiesbaden und Frankfurt veranstaltet wurde. Es werden europäische Produktionen in Originalsprache gezeigt, alle Stücke werden simultan ins Deutsche übersetzt. Ein umfangreiches Rahmenprogramm mit Workshops, Lesungen und Symposien komplettieren das vielseitige Gastspielprogramm.

JUNI - AUGUST

Rheingau Musik Festival

Auch das Rheingauer Musik Festival wird das Publikum wieder mit Konzerten von Weltklasse-Solisten und - Orchestern begeistern. Rund 120.000 Musikliebhaber von nah und fern kommen alljährlich nach Wiesbaden und in den Rheingau, um an über 40 zumeist historischen Spielstätten Konzertgenuss vom Feinsten zu erleben.

JULI

Schiersteiner Hafenfest

Das Fest rund um den Schiersteiner Hafen – nicht nur für Wasserfreunde. Mit Vergnügungspark und einer 500 Meter langen „Fressgass" auf der Hafenpromenade.

AUGUST

Rheingauer Weinwoche

An rund 115 Weintheken präsentieren die Weinbauer Wiesbadens und der Rheingau-Region ihre köstlichen Produkte, zusammen mit einem Angebot an lokalen Spezialitä-ten und Unterhaltung.

SEPTEMBER

Taunusstraßenfest

Anwohner der legendären „Antiquitätenmeile" und engagierte Mitglieder der „Initiative Taunusstraße" rollen den roten Teppich aus und laden zu einem stilvollen zweitägigen Straßenfest ein, bei dem nicht nur kulinarische Köstlichkeiten, sondern auch Kunst und Kultur eine Hauptrolle spielen.

OKTOBER/NOVEMBER

European Youth Circus

Alle zwei Jahre im Herbst findet sich in Wiesbaden der Artistennachwuchs zu diesem Festival ein. Aber nicht nur die Artisten, sondern zahlreiche Zirkus- und Varietédirektoren sowie Agenturen kommen in Wiesbaden zusammen, um die Artisten für ihre Unternehmen und Shows zu engagieren.
Der European Youth Circus in Wiesbaden wird in Fachkreisen als Artistenbörse gehandelt und ist wichtiger Bestandteil im Kalender der großen europäischen Zirkusfestivals. Neben den Circusfestivals in Paris und Monte Carlo ist der European Youth Circus das bedeutendste Event dieser Art in Europa.

NOVEMBER/DEZEMBER

Sternschnuppen Markt

Stimmungsvolle Kulisse für den Wiesbadener Sternschnuppen Markt ist der Schloßplatz. Auf den Besucher warten Kunsthandwerk, vorweihnachtliche und winterliche Spezialitäten und ein ebenso stimmungsvolles Begleitprogramm mit Chören, Krippenspielen, Turmbläsern, Konzerten, Märchenerzählungen und vielem mehr.

Gottfried Kiesow

(* 7. August 1931 in Alt Gennin) zählt zu den führenden Fachleuten der europäischen Denkmalpflege. Prof. Dr. Dr.-Ing. E.h. Gottfried Kiesow ist Vorsitzender der Deutschen Stiftung Denkmalschutz. Seit 1966 wohnt er mit seiner Frau in Wiesbaden.

Der Sohn eines Pfarrers studierte nach seinem Abitur 1951 Kunstgeschichte, Klassische Archäologie, Geschichte und Theaterwissenschaft in Göttingen. Bereits nach fünf Studienjahren promovierte er zum Dr. phil. mit dem Thema: „Das Maßwerk in der Deutschen Baukunst bis 1350". Auf Grund seiner wissenschaftlichen Begabung erhielt er 1956 ein Forschungsstipendium am Kunsthistorischen Institut der Universität in Florenz, um die gotische Architektur der Toskana zu erforschen. Versehen mit diesem theoretischen und praktischen Rüstzeug wurde er zunächst Bezirksdenkmalpfleger in Hannover, dann in Braunschweig.

Ab 1966 bestimmte er als Präsident des Landesamtes für Denkmalpflege maßgeblich Denkmalschutz und Denkmalpflege in Hessen für die nachfolgenden drei Jahrzehnte. Daneben war er als Honorarprofessor für das Fach Kunstgeschichte an der Johann-Wolfgang-Goethe-Universität in Frankfurt am Main tätig. Angeregt durch positive Erfahrungen englischer Denkmalschützer gründete er zusammen mit Spitzenmanagern der deutschen Wirtschaft 1985 die Deutschen Stiftung Denkmalschutz, deren Vorsitzender er heute ist.

Für seine Leistungen wurde Gottfried Kiesow mit dem Großen Bundesverdienstkreuz (2000), mehreren Ehrenbürgerschaften in Görlitz (1995), Morschen (1997), Quedlinburg (1998), Wismar, Stralsund (2004), Zittau (2005) und Romrod (2006) sowie den Kulturpreisen der Länder Hessen (2001) und Mecklenburg-Vorpommern (2002) ausgezeichnet. 2004 wurde ihm die Ehrendoktorwürde der Technischen Universität Dresden verliehen.

Impressum

Gesamtorganisation: Gerlinde Thalheim

Lektorat: Anja Hoffmann, Sonja Lucas, Gerlinde Thalheim, Irene Vollmer
Gestaltung und Satz: Rüdiger Hof, Bonn / Wachtberg
Druck: Medienhaus Plump, Rheinbreitbach

DVD-Konzeption, Layout, Grafik, Animation: Klaus Kiesow, Sabine Klarmann
DVD-Programmierung und Film: Klaus Kiesow

2. Auflage 2008

Verlag: Deutsche Stiftung Denkmalschutz – Monumente Publikationen
Dürenstraße 8, 53173 Bonn, Tel. 02 28 / 9 57 35-0, Fax 02 28 / 9 57 35-28, www.denkmalschutz.de

Die Überschüsse aus der Verlagstätigkeit kommen den gemeinnützigen Aufgaben der Deutschen Stiftung Denkmalschutz zugute.

Die Deutsche Bibliothek – CIP-Einheitsaufnahme:
Kiesow, Gottfried: Architekturführer Wiesbaden. Stadt des Historismus – Bonn : Dt. Stiftung Denkmalschutz, Monumente Publ. – 2. Aufl. – (2008). Mit DVD

ISBN 978-3-936942-71-2